C0-BXA-654

WITHDRAWN

HARVARD LIBRARY

WITHDRAWN

Das neulateinische Schuldrama „Nabal" von Rudolf Gwalther und seine deutschen Fassungen

Zürcher Beiträge
zur Reformationsgeschichte

Herausgegeben von
Fritz Büsser

Band 13

PETER LANG
Bern · Frankfurt am Main · New York · Paris

Maria Witkowska

Das neulateinische Schuldrama „Nabal" von Rudolf Gwalther und seine deutschen Fassungen

PETER LANG

Bern · Frankfurt am Main · New York · Paris

CIP-Kurztitelaufnahme der Deutschen Bibliothek

Witkowska, Maria:
Das neulateinische Schuldrama „Nabal" von Rudolf
Gwalther und seine deutschen Fassungen / Maria
Witkowska. – Bern; Frankfurt am Main; New York;
Paris: Lang, 1987.
(Zürcher Beiträge zur Reformationsgeschichte;
Bd. 13)
ISBN 3-261-03688-5

NE: GT

BR
1035
.W58
1987

© Verlag Peter Lang AG, Bern 1987

Alle Rechte vorbehalten. Nachdruck oder Vervielfältigung, auch auszugsweise,
in allen Formen wie Mikrofilm, Xerographie, Mikrofiche, Mikrocard, Offset verboten.

Druck: Weihert-Druck GmbH, Darmstadt

VORWORT DES HERAUSGEBERS

Die Reformationsgeschichtsforschung im allgemeinen, diejenige Zürichs im besonderen, ist in der Haupt- sache nach wie vor an den zentralen Gestalten inter- essiert. Nun war die Reformation gerade in Zürich von Anfang an Sache nicht nur der politischen Behör- den, sondern auch eines ganzen Teams kompetenter und vielseitig gebildeter Theologen. Zu diesem gehörten - neben Zwingli und Bullinger - Linguisten vom Rang eines Pellikan und Bibliander, Naturwissenschafter wie C. Gessner, gehörte nicht zuletzt auch Rudolf Gwalther (1519-1586). Schwiegersohn Zwinglis, Schü- ler, Mitarbeiter und Nachfolger Bullingers war die- ser seiner Zeit gleichermassen bekannt als Prediger, Exeget, Übersetzer und Herausgeber der Werke Zwing- lis wie als Dichter. Angesichts dieser Tatsache gehört es zu den erfreulichen Zufällen, dass unabhängig von- einander in den 1970-er Jahren zwei gross angelegte Untersuchungen über Gwalthers biblisches Schuldrama "Nabal" (1549) entstanden sind.

Zum einen gab Sandro Giovanoli den "Nabal" samt einer eigenen deutschen Prosaübersetzung und der 1560 gedruckten deutschen Fassung des Schaffhausers Sebastian Grübel neu heraus. (Rudolf Gwalthers "Na- bal". Ein Zürcher Drama aus dem 16. Jahrhundert. Hg. und übers. v. Sandro Giovanoli, Bonn 1979). 1980 ver- öffentlichte er seine Zürcher Dissertation, in der er Gwalthers "comoedia sacra" in ihrer eigenen Indivi- dualität erfasst und als ein grosses Drama der Re- formationszeit würdigt, Grübels deutsche Umarbeitung jedoch kurz als holprigen, derb-anschaulichen, volks- tümlichen Ableger der lateinischen Vorlage charakteri- siert. (Giovanoli, Sandro. Form und Funktion des Schuldramas im 16. Jahrhundert. Eine Untersuchung zu Rudolf Gwalthers "Nabal" (1549), Bonn 1980).

Zum andern fand Frau Dr. Maria Witkowska, wis- senschaftliche Mitarbeiterin für Germanistik an der Universität Thorn/Toruń, den Weg zu Gwalther und des- sen "Nabal", der vom Verfasser dem Polen Florian

Susliga gewidmet worden war. Auslöser war bei ihr
die beste der deutschen Fassungen, d.h. jene des
in Danzig wirkenden Hessen Heinrich Moller, die dort
1564 aufgeführt und gedruckt worden ist. Ausführlich,
aber anders als Giovanoli, behandelt auch sie das
lateinische Original, vergleicht es mit weiteren
Dramen der Zeit und zeigt Gwalthers Selbständigkeit
gegenüber der schweizerischen Dramentradition, um
dann die im Blick auf Gwalther mehr oder weniger
stark abfallenden deutschen Umarbeitungen, und kurz
auch die dänische Fassung, zu werten.

Obwohl Frau Witkowska einen Preis des polnischen
Erziehungsministeriums errang, liessen äussere Gründe die vorgesehene Drucklegung in der Reihe der Wissenschaftlichen Gesellschaft Thorn (Towarzystwo
Naukowe Toruń) nie zustande kommen. Da schwere Krankheiten die Verfasserin hindern, Giovanolis Untersuchung einzuarbeiten und somit ihr bereits 1975 ab-
geschlossenes Werk grundlegend umzugestalten, legen
wir hier die ursprüngliche Fassung ihrer Arbeit vor.
Damit überlassen wir es dem interessierten Leser,
selber Vergleiche anzustellen. Die Veröffentlichung
ist im übrigen Hinweis auf die alten Verbindungen
zwischen der Schweiz (Zürich) und Polen im 16. wie
im 20. Jh.

Auch im Namen der Verfasserin danke ich meinem
Kollegen, Prof. Dr. A. Haas, für ein Gutachten aus
germanistischer Sicht, Frau S. Seger und Herrn K.J.
Rüetschi für die Mühen des Korrekturenlesens, nicht
zuletzt den Geldgebern (Emil Brunner-Stiftung, Stif-
tung der Schweizerischen Landesausstellung 1939,
Ulrico Hoepli-Stiftung), welche den Druck dieser
Arbeit überhaupt erst ermöglicht haben.

                                        F. Büsser

INHALT

Erste Begegnung von Abigail und David,
Gobelin aus Brüssel, um 1640
(Statni Zamek, Namest nad Oslavon, Böhmen)

I
VORWORT

In der vorliegenden Arbeit stellte ich mir die Aufgabe, eine Reihe von deutschen Schuldramen aus dem
16. Jahrhundert literarisch zu analysieren. Es handelt sich um das neulateinische, aber trotzdem - wie
ich im weiteren darlegen werde - zum Bereich der
deutschen Literatur gehörende Schuldrama "Nabal" von
Rudolf Gwalther, gedichtet im Jahre 1549 in Zürich,
und um seine drei deutschen Bearbeitungen: die von
Sebastian Grübel, zustandegebracht im Jahre 1560 in
Schaffhausen, die von Heinrich Moller, verfasst im
Jahre 1564 in Danzig/Gdańsk, und die von Georg
Mauricius dem Älteren, verfertigt im Jahre 1607, gedruckt in Leipzig. Diese drei deutschen Versionen
sind literaturgeschichtlich erfasst worden. Ausserdem gab es, wie ich es einwandfrei feststellen konnte, noch andere deutsche Bearbeitungen dieses Schuldramas, die jedoch höchstwahrscheinlich leider ver-
schollen oder jedenfalls zur Zeit unauffindbar sind.
    Die genannten Dramen sind bis 1975, wie es sich
auf Grund bibliographischer Nachforschungen nachwei-
sen lässt, noch von niemandem auf breiterer wissenschaftlicher Basis behandelt worden[1]. Sie teilten
bisher das Schicksal einer stattlichen Anzahl von
deutschen Schuldramen, die bedauerlicherweise in
literaturgeschichtliche Vergessenheit geraten sind.
Die Schuldramenproduktion, die in Deutschland, sowie
in vielen anderen Ländern Europas, in der Epoche des
Humanismus begann und sich über mehr als zwei Jahrhunderte erstreckte, zudem auch eine grosse terri-
toriale Ausdehnung erreichte, war bekanntlich unvor-
stellbar reich. Es ist natürlich als selbstverständlich vorauszusetzen, dass in einer so ungeheuren Masse von Stücken viele wertlose, handwerkmässige Erzeugnisse entstanden - das ist leider eine zwar
höchst unerwünschte, aber unvermeidliche Begleiterscheinung jeglicher Massenproduktion. Die Aufgabe

des Forschers besteht hier eben darin, aus dieser
Masse wertvollere und interessante Positionen heraus-
zusondern. Dies ist freilich einstweilen keine leichte Aufgabe, denn das Gebiet des Schuldramas bildet
bislang in der deutschen Literatur eine Art Neuland.
Es muss noch sehr viel Untersuchungsarbeit geleistet
werden, wenn diese Lücke auch nur einigermassen ausgefüllt werden soll. Es scheint jedoch, dass diese
Arbeit durchaus lohnend, wünschenswert, ja erforderlich sei. Wir gelangen zu dieser Einsicht, wenn wir
uns die Tatsache vor Augen halten, dass - worauf ich
im weiteren genauer hinweisen werde - das Schuldrama zwei Jahrhunderte lang einen mächtigen Faktor im
deutschen Kulturleben überhaupt und ein wichtiges
Glied in der Entwicklung der deutschen Literatur bildete. Angesichts dieses Sachverhalts erscheint es angebracht, dem Gebiet des Schuldramas unsere Aufmerksamkeit zuzuwenden und die seiner literaturgeschichtlichen Rolle gebührende Beachtung zu schenken.

Die vorliegende Dissertation ist als ein be-
scheidener Beitrag zu den genannten, in Angriff zu
nehmenden Forschungen zu betrachten. Mein Bestreben
ging dahin, die Beschaffenheit und Spezifik der einzelnen in Rede stehenden Dramen zu veranschaulichen,
ihren literarischen Rang festzusetzen, ferner die
etwaigen gegenseitigen Einflüsse und Abhängigkeiten
zutage zu fördern, das Verhältnis der deutschen
Stücke zueinander und zu ihrem Original zu bestim-
men, schliesslich die sich aus dieser Analyse erge-
benden Schlussfolgerungen zu ziehen.

Ich möchte mit Nachdruck betonen, dass ich mich
in meiner Arbeit grundsätzlich auf die literarische
Analyse beschränke. Der sprachwissenschaftliche
Aspekt der in Rede stehenden Dramen ist hier also be-
greiflicherweise - von einigen Ausnahmen abgesehen -
nicht in Betracht gezogen worden.

Es sei mir an dieser Stelle gestattet, darauf
hinzuweisen, dass mich bei dieser Arbeit die Suche
nach den teilweise verlorengeglaubten Inkunabeln der
einzelnen deutschen Stücke und des lateinischen Originals sowie das Herbeischaffen von Fotokopien viel

Mühe und Aufwand gekostet haben. Ich möchte deswegen
allen, welche mir bei der Überwindung dieser Schwierigkeiten behilflich gewesen sind, meinen herzlichen
Dank aussprechen, und zwar besonders den Herren
Dr. Hans Lieb (Staatsarchivar in Schaffhausen) und
Kurt Jakob Rüetschi (Luzern), der mir wertvolle Informationen zukommen liess. Einen besonders herzlichen
Dank für die sich auf meine Arbeit beziehenden metho-
dologischen Hinweise möchte ich jedoch meinem Promo-
tor, Herrn Doz. Dr. habil. E. Klin, übermitteln. Meine
aufrichtige Dankbarkeit gilt schliesslich auch Herrn
Prof. Dr. B. Nadolski, dessen wertvolle Anregung den
eigentlichen Impuls für den Beginn meiner Arbeit bedeutet.

Thorn/Toruń, 1975

Anmerkungen

1 Inzwischen sind von Sandro Giovanoli in Zürich erschienen:
  1. Rudolf Gwalthers "Nabal". Ein Zürcher Drama aus dem
  16. Jahrhundert, herausgegeben und übersetzt von Sandro
  Giovanoli (Studien zur Germanistik, Anglistik und Kompara-
  tistik, hg. v. Armin Arnold und Alois M. Haas, Band 83),
  Bonn 1979 - (Dieses Buch enthält Gwalthers Nabal, S.8-193,
  auf den geraden Seiten den lateinischen Originaltext und
  parallel auf den ungeraden eine deutsche Prosa-Übersetzung
  von Sandro Giovanoli, und auf S.197-346 Sebastian Grübels
  Nabal) - Seitenzahlen und Verszählung dieser Ausgabe wurde
  in Witkowskas Arbeit von K.J. Rüetschi 1986 nachgetragen.
  2. Form und Funktion des Schuldramas im 16. Jahrhundert.
  Eine Untersuchung zu Rudolf Gwalthers "Nabal" (1549) von
  Sandro Giovanoli (Studien... Band 101), Bonn 1980.

  Einen Briefwechsel über Gwalthers "Nabal" behandelt:
  Ernst Gerhard Rüsch: Eine Betrachtung Joachim Vadians über
  christliche Dichtung in: Theologische Zeitschrift, Jahr-
  gang 42, Basel 1986, S.14-25.

II
DAS SCHULDRAMA IN DEUTSCHLAND

Eine erschöpfende Monographie der literarischen Form,
welche sich im Rahmen der europäischen dramatischen
Gattung herausgebildet hat und in die deutsche Literaturgeschichte unter der Bezeichnung Schuldrama ein-
ging, wartet noch - soweit es sich auf Grund der
neuesten bibliographischen Angaben feststellen
lässt[1] - auf ihren Verfasser. Da jedoch das in Rede
stehende Drama "Nabal", wie bereits erwähnt, ein
Schuldrama ist, müssen wir, bevor wir es zum Gegenstand eingehender Betrachtung machen, nichtsdestoweniger seine Form unter literaturgeschichtlichem
Gesichtspunkt in Erwägung ziehen und mit ihr etwas
näher bekannt werden.

In dem Bestreben uns eine genauere Vorstellung
von dieser, um mit Merker-Stammler zu sprechen[2],
"imponierenden Kulturerscheinung" zu verschaffen,
sind wir auf eine Reihe von Teilbearbeitungen und
Beiträgen sowie auf die in den Abhandlungen über Reformation, Humanismus und Renaissance über die Geschichte des Schul- und Theaterwesens enthaltenen
Informationen angewiesen. Diese sekundären Quellen
bilden Arbeiten, die unter sorgfältiger Überprüfung
der primären Quellen geschrieben wurden, was ihre
wissenschaftliche Zuverlässigkeit und Exaktheit in
hohem Masse gewährleistet. Aus diesem bunten Mosaik
von verschiedenartigen Nachrichten lässt sich ein
einigermassen ganzheitliches Bild zusammenfügen, das
uns die Herkunft des Schuldramas in Deutschland,
sein Wesen, seine Spezifik, seine reiche Geschichte,
seine mannigfachen Aspekte vor Augen führt. Es hat,
wie wir sehen werden, seit dem Beginn des 16. Jahrhunderts ungefähr zweihundert Jahre eine ausschlaggebende Rolle in der deutschen Schulbildung gespielt
und überdies einen wesentlichen Bestandteil des allgemeinen kulturellen Lebens der zeitgenössischen
Gesellschaft gebildet.

Das Schuldrama ist ein spezifisches Produkt des Humanismus. Bevor wir also zur Besprechung seines Geburtsortes schreiten, müssen wir seinen Ursprung auf breiterer Basis der humanistischen, sich auf Pädagogik und Schulwesen beziehenden Bestrebungen erörtern. Das alte, mittelalterliche Schulsystem erwies sich gegenüber den neuen Lebensanforderungen, die das Zeitalter an den Menschen stellte und die neue Weltanschauung zur Geltung brachte - als unbrauchbar. Die Scholastik hatte sich überlebt. Infolgedessen wurde eine durchgreifende Schulreform zum dringenden Zeitbedürfnis. Es kommt hier ein Zusammenspiel mannigfacher Faktoren in Betracht. Die erste Anregung zur Änderung des Schulsystems ging wahrscheinlich von der grossen Welle der Wiederbelebung der antiken Literatur aus. Die Gebildeten in ganz Europa, also auch in Deutschland, wandten sich in dieser Epoche bekanntlich der antiken Kunst und Literatur zu und dies mit einem Eifer und mit einer Begeisterung, von der wir heute kaum noch eine Vorstellung haben. Maassen[3] spricht diesbezüglich schlechthin von einem "mystischen" Elan, der für die Anfänge des Humanismus in Europa bezeichnend war und in dem Glauben, an den "Anbruch eines goldenen Zeitalters", ja an eine "Neugeburt der Menschheit" gipfelte. Gumbel[4] äussert in bezug auf den deutschen Humanismus eine höchst interessante Meinung. Er behauptet, der letztere habe eine Synthese der Antike mit dem Christentum zustandegebracht. Diese Synthese kam in einem neuen, eigenartigen Bildungsbegriff und Bildungsideal zum Ausdruck, welchen Gumbel als eine "ästhetisch-literarische Bildungsgläubigkeit" bezeichnet. "Religion und Kultus", lesen wir, "sind bedroht von der Unbildung; wer nicht richtig Latein und die Bücher des Kultus nicht lesen kann, der ist ein Zerstörer des Glaubens und ein Gespött des aufmerksam gewordenen Volkes; gute Bildung dient also dem Evangelium". Daraus ergab sich eine Hochwertung der sprachlich-grammatischen Bildung, des Wortes und der Form. Es entwickelte sich ein Wort- und Formkultus. Die Form wurde als ein Faktor aufgefasst, der "die wahre Menschenwürde zu verleihen und darzustellen vermag". Der Formalismus "vergass seinen dienenden Sinn und wurde zum Selbstzweck". In dieser Auffassung erblickt Gumbel das Charakteristikum des deutschen Humanismus. Er sieht die Wiedererweckung des klassischen Altertums, die Entdeckung der klassischen Literatur lediglich als Begleiterscheinungen des genannten Prozesses an.

Dieser Strömung sowie den erwähnten schulreformatorischen Tendenzen kam Martin Luther entgegen, indem er eine tiefeinschneidende Reform des Schulwesens veranlasste. Seine berühmte, von Holstein[5] zitierte Mahnschrift vom Jahr 1524 wurde zum "Stiftungsbrief deutscher Gymnasien". Luther hat bekanntlich gemeinsam mit Melanchthon die Schulordnungen der meisten Lateinschulen inspiriert. Zustandegebracht wurde die Reform hauptsächlich von zwei Menschen. Es sind: Johannes Sturm, der Leiter des berühmten akademischen Gymnasiums in Strassburg, "der grösste Pädagoge seiner Zeit", "der neue Cicero", und Melanchthon, der mit dem Ehrentitel "totius praeceptor Germaniae" bedacht wurde. Bei der Schulreform scheint auch die Stadt Deventer in Holland und die dort von Gerd Grote gegründete "Brüderschaft des gemeinsamen Lebens" eine beträchtliche Rolle gespielt zu haben. Hier wurde, wie Tittmann[6] berichtet, das scholastische System bekämpft und der Jugendunterricht "in andere Wege geleitet". Ähnliches lesen wir bei Holstein[7], bei Burdach[8] und bei Arnold[9], welcher über die humanistisch-pädagogische Tätigkeit der Brüder des gemeinsamen Lebens folgendermassen berichtet: "Ihr christlicher Humanismus wanderte später rheinaufwärts bis in das Elsass". Hat sich vielleicht der grosse Strassburger Reformator Sturm auch von Deventer inspirieren lassen?

Diese neue humanistische Schule hatte eigentlich nur ein Ziel: den "homo Latinus" auszubilden. Er sollte das Ergebnis aller pädagogischen Bemühungen der Humanisten sein. "Latine loqui - Latein zu sprechen - war das Unterrichtsziel jener Zeit und zwar das einzige" bemerkt hierzu Schmidt[10]. Diese Vorherr-

schaft der lateinischen Sprache im europäischen
Schulwesen der Zeit gründet sich bekanntlich auf
ihre Anwendung als Gelehrten-, Diplomaten-, Amts-
und Kirchensprache und als internationales Verstän-
digungsmittel.

Mit dem oben geschilderten Bestreben der Humanisten lässt sich die Lerngier und der Wissensdurst
des zeitgenössischen Bürgertums in Einklang bringen.
Nach der Ansicht Maassens[11] verlangte das humanistische Bürgertum nach Bildung, aber dies nicht so sehr
um ihrer selbst willen, sondern um sich durch sie
"allgemeine praktische Lebensweisheiten" anzueignen,
um "seinen Besitzstand zu vergrössern". Der Trieb
nach der neuen Bildung "berauschte" den Bürger.
"Wissen ist Macht" lautete nach der Formulierung
Kleinbergs[12] das Schlagwort des Humanismus. So wurde nach der Meinung Kleinbergs die Bildung grundsätzlich zum Vorrecht der besitzenden Klassen und
begründete "das grosse Schisma", die Kluft zwischen
Gebildeten und Ungebildeten. Kleinberg beschuldigt
das mittlere Schulwesen, also die Lateinschulen, das
Bildungsprivileg der Wohlhabenden ausgebaut zu haben.
Wenn wir letzteres als ein Attribut der herrschenden
Klasse betrachten, so erblicken wir darin einen der
mannigfachen Aspekte der sozialen Ungerechtigkeit
der Epoche, auf die ich im weiteren näher eingehen
werde. Die Schulkomödie "Stylpho" von Wimpfeling
stellte in dieser Hinsicht angeblich ein Programm
dar. Sie bringt nämlich die Propaganda der Bildung
und die Missbilligung der Ignoranz zum Ausdruck[13].
Arnold[14] meint dagegen, der deutsche Humanismus
habe sich verhältnismässig wenig von den breiten
Volksmassen entfremdet und betont, dass "den Lehr-
sälen der Humanisten Hörer aus allen Schichten der
Nation" zuströmten, darunter auch Bürger- und Bauern-
söhne.

Als das erfolgsreichste und sicherste Mittel
zur Heranbildung des "homo Latinus" wurden nun von
den Pädagogen der Lateinschulen die Aufführungen von
lateinischen Schuldramen erklärt. So trifft in diesem Fall die geistreiche Bemerkung von Hirt zu[15],

16

der sich über das Wesen des Dramas folgendermassen
äussert: "Der jeweilige Gesellschaftszustand und sein
höchster Wille, ausgesprochen in der Weltanschauung,
wandelt... die ewige Form des Dramatischen zum eigentlichen Stil einer historischen Epoche". Im Ergebnis
des Zusammenspiels vieler Faktoren, von denen ich
hier die wichtigsten zu kennzeichnen versucht habe,
verwandelte also der Gesellschaftszustand der Epoche
des Humanismus "die ewige Form des Dramatischen" in
die Gestalt des Schuldramas. Das besagt freilich
nicht, dass dieses die einzige dramatische Form der
Zeit bildete. Es gab damals bekanntlich ausserdem
noch das Volks- und das Bürgerdrama mit seinen verschiedenen Varianten. Das Schuldrama ist jedoch vor-
herrschend, es repräsentiert eben "den eigentlichen
Stil" der Epoche und drückt dem 16. und 17. Jahrhundert seinen eigenartigen Stempel auf.

Was die Herkunft des Schuldramas anbetrifft, so
gehen die Meinungen der sich damit beschäftigenden
Forscher ziemlich stark auseinander. Es überwiegt
die Meinung, dass es in Sachsen entstanden ist. Als
sein Ausgangspunkt wird die Stadt Zwickau bezeichnet.
Borcherdt[16] berichtet, dass die Zwickauer Schulordnung als erste (1523) die Schulaufführungen vor-
schrieb. Ähnliches lesen wir auch bei Merker-Stammler[17]. Ohne vorschriftsmässige Regelung kamen sie
aber schon früher zustande. Mann[18] berichtet nämlich,
dass bereits im J. 1512 in der Strassburger Münster-
schule ein Schuldrama von Seb. Brandt, nämlich
"Hercules am Scheidewege", aufgeführt wurde. Entschieden andere Meinung bezüglich des Ursprungs der
Schulaufführungen äussert S. Kot[19], welcher behauptet, das Schuldrama sei aus Strassburg, aus der
berühmten Lehranstalt Sturms hervorgegangen: "On
d.h. Sturm wprowadził przedstawienia szkolne..."
schreibt Kot - "... Młodzież bardzo zasmakowała w
tych produkcjach, które ściągały na scenę szkolną
rzesze publiczności, a przytym bądź co bądź
wprowadzały urozmaicenie w życie szkolne. Oto geneza
teatru szkolnego".

Nach der Ansicht K. Heilands[20] wären die ersten
Anfänge der Schulkomödie in den mittelalterlichen
Mysterien zu suchen. Als Beweis für seine These zitiert der Autor "das Spiel von den zehn Jungfrauen",
welches im J. 1332 in Eisenach "a clericis et scho-
laribus" aufgeführt wurde. Genée[21] erblickt den Ursprung des Schuldramas in den geistlichen Komödien,
welche die deutschen Ordensritter "in den frühen
Jahrhunderten" aufführten. Da jedoch weder Heiland
noch Genée die Quellen ihrer Nachrichten angeben,
muss die für unser Thema übrigens völlig unwesentliche Frage, ob der Anfang der Schulvorstellungen,
der gewöhnlich auf die dreissiger Jahre des 16. Jahrhunderts festgesetzt wird, um einige Jahrhunderte
vorzuverlegen ist, einstweilen dahingestellt bleiben.
(In der Nachricht von Heiland kommen wirklich Schüler - scholares - in Betracht, die Vorstellungen
der Ordensritter hingegen können wir höchstens als
einen Impuls für die Schulvorstellungen betrachten[22].) Gervinus[23] informiert ebenfalls über lateinische Komödienaufführungen "auf Schulen und Universitäten...", die "schon vor Reuchlin" stattfanden.
Im J. 1497 wurden bereits Komödien "ausdrücklich in
diesem Zwecke gedruckt und von der Jugend dargestellt". Im Sachwörterbuch der Deutschkunde[24] finden wir die Nachricht, dass bereits im 15. Jahrhundert lateinische Gesprächsspiele aufgeführt worden
sind. Es liegt nahe, darin eine Vorstufe des eigentlichen Schuldramas zu erblicken.

Wenden wir uns nun zunächst dem Zweck des Schul-
dramas zu, den verschiedenartigen Zielen, denen die
Schulaufführungen dienen sollten. Das Hauptziel dieser
Übungen bestand darin, den Schülern die bestmögliche
Beherrschung der lateinischen Sprache zu vermitteln.
Bei allen in Frage kommenden Autoren wird diesem Ziel
die erste Stelle eingeräumt: "Erstlich, dass sie
(d.h. die Schüler) sich üben in der lateinischen
Sprache" lautet der vielzitierte Ausspruch Luthers,
den wir im Hinblick auf die überragende geistige
Autorität und das rege pädagogische Interesse des
Reformators in dieser Hinsicht als repräsentativ an-

sehen dürfen. Manche von den sich mit dem Schuldrama
beschäftigenden Autoren führen[25] die einzelnen Schulordnungen an, welche mit Nachdruck betonen, dass die
Schüler durch die Aufführungen "den Stylum latinum
exercieren" und sich "an das zierliche Lateinreden
gewöhnen" sollen. Die vernacula lingua, die einheimische - in diesem Fall die deutsche - Sprache war bekanntlich in den Lateinschulen verpönt und ihr Gebrauch wurde bestraft. Diese Verbannung der deutschen
Sprache aus den deutschen Lateinschulen war selbstverständlich eine unnatürliche und höchst bedauerns-
werte Erscheinung. Sie bedeutete eine Verzerrung der
im Grunde nicht unrichtigen Überzeugung von der be-
deutsamen, völkervereinigenden - mithin die europäische Gemeinschaft fördernden - Rolle der lateinischen Sprache, auf welche Borinski[26] hinweist. Er
nennt diese Sprache sehr zutreffend "eine Art Par-
quett, das obgleich auf eine künstliche Weise, aber
doch erfolgreich die Klüfte überbrückte, welche im
Mittelalter zwischen den Nationen gähnten". Diesem
Zweck ist ein zweitrangiges Ziel untergeordnet, nämlich die Übung des Gedächtnisses. Die jungen Schüler,
zuweilen noch Kinder, vollbrachten erstaunliche
mnemotechnische Leistungen, wenn sie, grundsätzlich
ohne Souffleur, sehr umfangreiche Textpartien - und
dies in lateinischer Sprache - auswendig lernten und
sie auf der Bühne rezitierten. Schmidt[27] bringt diesbezüglich ein Zitat von J. Rasser, dem Verfasser
einer "bandwurmartigen Schulkomödie", aus welchem
hervorgeht, dass sechs-, sieben- oder achtjährige
Knaben in ihren Rollen zwei- oder dreihundert "und
noch mehr", zwölf- oder dreizehnjährige hingegen
"acht-, neunhundert oder mehr reymen in kurtzer zeit"
auswendig lernen mussten. Wenn man die Tatsache in
Betracht zieht, dass es auch Stücke von dreitägiger
Spieldauer gab, so kann man sich eine Vorstellung
von dem Ausmass der damaligen Gedächtnisübungen verschaffen.
Das zweite Hauptziel bestand in der rhetorischen
Ausbildung der Schüler. Der "homo Latinus" sollte
auch ein "vir dicendi peritus" sein. Hier haben wir

offensichtlich mit einem Aspekt des oben erwähnten,
für die Zeit charakteristischen Bildungskultus zu
tun, der in einer Überbewertung des Bildungsbegrif-
fes gipfelte, von dem Gumbel[28] berichtet. Man über-
trug auf diesen Begriff sogar sittliche Werte. Durch
höhere Bildung hebe sich nach der von Gumbel angeführten Meinung Wimpfelings Sittlichkeit und Glaube. Der Ungebildete besitzt nach dieser Auffassung
"keine Menschenwürde", ja - er wird verdammt! Wer
Sprachfehler macht, ist kein rechter Mensch. "Der
grammatische Fehler ist Symbol der Unbildung, die
man der Bestialität und Barbarei gleichachtet",
lesen wir bei Gumbel. In diesem Wissens- und Bil-
dungsbereich gelangte eben die Redekunst - neben
der Dichtkunst - zur höchsten Würde. Die obige Ansicht wird durch einen von Gumbel[29] zitierten Ausruf von Celtis veranschaulicht, der wegen seiner
bezeichnenden Verstiegenheit hier angeführt zu werden verdient: "Denn was würde es nützen", sagt
Celtis, "viel zu wissen, Schönes, Hohes zu erkennen,
wenn man nicht davon in Würde, Eleganz und Erhaben-
heit reden wollte, was der einzige Schmuck der
menschlichen Glückseligkeit ist!" Man schrieb
schlechthin, nach dem Ausdruck Paulsens[30], "dem
Mangel an Eloquenz die Schuld an allen Übeln in der
Bildung und in den Sitten des Klerus zu". Die Überzeugung von der unzertrennlichen Verbundenheit der
Eloquenz mit der Weisheit und Tugend bringt die berühmte Parole Sturms zum Ausdruck, in der er den
Endzweck aller seiner pädagogischen Bestrebungen
formuliert: er wollte bei seinen Zöglingen die
"sapiens atque eloquens pietas" ausbilden. Die Eloquenz sollte gleichsam zu Humanität führen. Eine
solche didaktische Konzeption, welche die Missbilligung mancher Pädagogen erregte, wird von Maassen[31]
als "verrationalisierte Frömmigkeit", "bürgerlicher
Utilitarismus" und als "ins deutsch kleinbürgerliche
Mass verkehrte ars humanitatis" bezeichnet. Kleinberg[32] meint, die Sprachen seien hier "zum rein
formalen Bildungselement, zur Grundlage der Bered-
samkeit, Wortspielerei und Debattierkunst", also zur
"Form um der Form willen" geworden.

20

Das nächste Ziel der Aufführungen, welches
eigentlich mit dem vorigen zusammenhängt, ist in der
Gewöhnung der Schüler an ein sicheres, furchtloses,
gewandtes Auftreten in der Öffentlichkeit zu erblicken. Die Vorstellungen sollten ihnen die "galan-
te Manier", die "weltmännische Haltung", die "rechte Kühnheit", die "geziemende Hardiesse" - oder wie
immer es bezeichnet wurde - verleihen. Die jungen
Schüler sollten "coram plebe et in coetibus audacter
loqui" lernen, wie sich der Strassburger Schulmeister
Otto Brunfels, nach Schmidt[33], ausdrückt. Dies heben
mit Nachdruck die verschiedenen Schulordnungen hervor, wie z.B. die von demselben Autor[34] zitierte
Magdeburger Schulordnung vom Jahr 1533, wo wir lesen:
"Comoediarum actiones putantur prodesse ad iustam
audaciam in animis puerorum confirmandam". Auf diesem Wege wollte man nach der Formulierung Kleinbergs[35] "brauchbare Pastoren, Schulmeister und Für-
stendiener produzieren". Besonders verdient in bezug
darauf die Ansicht Gotscheds angeführt zu werden.
Er fasste in seiner geplanten Theaterreform auch
das Schultheater ins Auge und seine Stücke wurden
auf den Schulbühnen gespielt. "Nur diejenigen",
sagte er[36], "werden einmal beliebte und geschickte
Prediger, gute Lehrer und angenehme Hofleute werden,
die ihre Rollen mit besonderer Anmuth und Lebhaftig-
keit spielen können". Das Schultheater war für ihn
"ein Probierstein zur Erkenntnis der Fähigkeit der
Schüler".

An dritter Stelle muss ein sehr wichtiges Ziel
erwähnt werden, nämlich die moralische Wirkung, welche das Schuldrama sowohl auf die Darsteller als
auch auf die Zuschauer ausüben sollte. Das Stück
sollte erzieherisch, belehrend, erbaulich wirken.
Dieses Moment wird in der gesamten sich auf das
Schuldrama beziehenden Literatur mit grösstem Nachdruck betont. Borinski[37] nennt die Schulaufführungen
schlechthin "eine moralisierende Übung im Anhang an
die Schullektüre". Eine derartige Tendenz stellt
übrigens, wie ich es an anderer Stelle dieser Arbeit
ausführlicher darzulegen mich bemühen werde, kein be-

sonderes Charakteristikum des Schuldramas dar; es
bildet vielmehr das signum specificum der zeitgenössischen deutschen Literatur überhaupt. "Eine
Poesie ohne lehrhafte Absicht ist im 16. Jahrhundert
ganz undenkbar", bemerkt dazu Koch[38]. Der praktisch
orientierte Bürger erwartete damals von der Literatur die Vermittlung moralischer Werte. Man entdeck-
te, um mit Gumbel[39] zu sprechen, den pädagogischen
Nutzen der Form und stellte ihn in den Dienst des
Ethos. Die Pädagogen wollten durch die Schulaufführungen die Menschen dazu bringen

> "das man der Dugendt hangte an,
> die Laster wölte fahren lan,"

wie es ein von Holstein[40] zitierter Wunsch Georg
Binders zum Ausdruck bringt. Gumbel[41] bezeichnet deswegen die Schulspiele als "eine moralische Anstalt"
und Genée[42] fasst es folgendermassen zusammen: "Das
bretterne Schaugerüst ist zur Kanzel geworden".

Neben diesen drei Hauptzwecken der Schulvorstellungen sind noch einige Nebenzwecke zu erwähnen.
So galt es dabei auch u.a. ein edles Gegenstück zum
verhassten, rohen Fastnachtspiel zustandezubringen.
Letzteres übte nämlich vielfach einen negativen Einfluss auf die Jugend aus, der z.B. in dem von
Devrient[43] verzeichneten "unfug erregenden Gebrauch
des Schulstürmens", oder im von Maassen[44] erwähnten
"allerlei Sauffen und Stechen" zum Vorschein kam.
Letzterer zitiert diesbezüglich[45] ein Fragment einer
Schulordnung des Jahres 1581. Demzufolge führte man
zur Fastnacht Schulkomödien auf, "ut scholasticis
omnis vulgandi et tumultuandi occasio praecidatur et
tamen honestam relaxationem a seriis studiis habeant".
Die "heidnische Fastnacht" sollte in eine geistliche
verwandelt und jegliche Auswüchse im Betragen der
Jugend verhindert werden. In der von Nadolski[46] erwähnten Einladung zum Plautinischen Miles Gloriosus,
den man im Jahr 1663 im Gymnasium von Thorn/Toruń
zur Aufführung brachte, wird ausdrücklich betont,
dass die Jugend nicht an Tanz und Vergnügen denken
sollte. Statt dessen sollte sie sich an den Schulaufführungen beteiligen. Die Richtigkeit der erwähnten,

22

etwas anachronistisch fast modern klingenden Bezeichnung "honesta relaxatio", die auf die Schulaufführungen angewandt wurde, stellt Maassen[47] übrigens grundsätzlich in Frage. "Diese Zeit", meint er, "kennt nicht das von Zielen und Zwecken befreite Spiel als Ausfluss des Spieltriebs der Jugend. Ihr Spiel ist Vorschrift, Zwang und Pflicht."

Als ein weiterer Nebenzweck der Schulvorstellungen ist der Ansporn der Jugend zum besseren Lernen zu nennen, also die Veranstaltung eines edlen Wettbewerbes in den Schulen. Die Schüler wurden für ihre schauspielerischen Leistungen öffentlich gelobt; die Aufführungen stellten daher eine Art öffentliche Prüfung dar. Aus diesem Grunde bemühten sich die Schulmeister, möglichst viele Schüler dabei zu beschäftigen. Aus einer von Creizenach[48] zitierten Bemerkung geht hervor, dass diese Methode, den Ehrgeiz der Schüler anzuspornen, nicht ohne Erfolg blieb. Man wollte überdies durch die Vorstellungen das Erziehungssystem der Schule propagieren; dabei kamen die Zuschauer, vor allem die Eltern der Schüler, die Schulpatrone und Gönner, die "auch etwas davon haben wollten", ebenfalls auf ihre Kosten. Sie bekamen die Ergebnisse der Arbeit der "Präzeptoren" vor Augen geführt und konnten sich gleichzeitig am schönen "spectaculum" ergötzen.

Was den Wettbewerb anbelangt, so wurde er, wie Borcherdt[49] berichtet, nicht nur innerhalb der Lateinschulen veranstaltet, sondern es gab auch einen solchen zwischen den Schauspielern der Schulkomödien und den Spielern des Meistersingerdramas. In Augsburg ist, nach Borcherdt, sogar eine Zusammenarbeit zwischen den Schülern und den Meistersingern zustandegekommen. Der Schullehrer Sebastian Wild arbeitete für die Meistersingerbühne, was eine "Personalunion" der beiden Bühnen ergab[50]. Von Merker-Stammler[51] erfahren wir, dass die Schüler zuweilen sogar mit den englischen Komödianten zusammenarbeiteten. Devrient[52] berichtet, dass es aus Schülern, Studenten und jungen Bürgern zusammengesetzte Gesellschaften gab, die gemeinsam öffentliche Vorstellungen veranstalteten.

Nach der Ansicht Creizenachs[53] gibt es keine scharfe
Trennungslinie zwischen den Schüler- und den Bürger-
vorstellungen. Zuletzt muss noch ein marginaler Zweck der Schü-
leraufführungen erwähnt werden, nämlich die Verbesserung der finanziellen Lage der Schulmeister. Für
die Leitung der Spiele erhielten sie jedesmal ein
kleines Honorar, das für sie trotzdem - in Anbetracht
ihrer unzureichenden und überdies noch unregelmässig
gezahlten Gehälter - eine erstrebenswerte materielle
Hilfe, "ein merklich accidens", wie sie es nannten,
bedeutete. (Die Form, in der man den Pädagogen die
sogenannte "Verehrung" oder "Rekreation" zukommen
liess, war verschieden. Der betreffende Schulpatron,
d.h. der Stadtrat oder der Landesfürst zahlte beispielsweise dem Schulmeister "eine runde Summe" aus.
Es wurde auch zuweilen Eintrittsgeld für die Vorstellung gezahlt, oder man sammelte freiwillige Gaben[54].
Das ohnehin, um den Ausdruck Creizenachs[55] zu gebrauchen, "nicht sehr glänzende" Honorar musste der
Lehrer noch in manchen Fällen mit den Schülern teilen. Dass letztere nicht immer den erwünschten Gebrauch von ihrem Einkommen machten, geht aus der von
Schmidt[56] zitierten, im Register des Michaelisklo-
sters in Lüneburg befindlichen Bemerkung hervor: man
habe den "Jungen, so in der Comedie mit gewesen, das
Geld vereret - nicht zu versupen, sondern ihre Studia zu befördern".) Diese entwürdigende Jagd nach
dem kleinen zusätzlichen Einkommen, zu der die Pädagogen oft gezwungen waren, wird mit höchster Missbilligung kommentiert. So schreibt Michael[57]: "Manch
notleidender Schulmeister hoffte durch seine de- und
weh-mütige Widmung die Gunst eines Patrons, einer
Gemeinde, vielleicht ein Amt, wenigstens aber ein
Geldgeschenk zu erzielen". Maassen[58] berichtet, dass
es Fälle gegeben hat, wo ein Stück nur um des Ver-
dienstes willen aufgeführt wurde. Die Stadträte verboten oft solche Spiele als Bettelei. Maassen prägte
für solche Vorstellungen sogar die Bezeichnung "Bet-
telspiele". Am Rande sei schliesslich bemerkt, dass
vereinzelt noch andere Zwecke im Zusammenhang mit

24

den Schulvorstellungen genannt werden. Besonders spielt hier die "Autoreneitelkeit" eine Rolle. So glaubt Tieck[59] feststellen zu können, dass gelehrte Dichter Komödien "zur Ergötzung anderer Gelehrter" schrieben, "welche die ächte Latinität zu würdigen wissen".

Die Entwicklung und die rasche Verbreitung der Schulaufführungen in Deutschland wurde durch die entschieden positive Stellungsnahme Luthers zu dieser Erscheinung begünstigt. Er beteiligte sich, wie bereits erwähnt, persönlich an der Schulreform und sprach sich bekanntermassen wiederholt ausdrücklich für die Vorstellungen aus.

Die Schuldramen können im Hinblick auf ihre Themen- und Stoffkreise in verschiedene Gruppen eingeteilt werden. Die eingehendste Betrachtung der Schuldramenarten unter diesem Gesichtspunkt finden wir bei Maassen[60] Er teilt sehr übersichtlich die Stoffkreise der Dramen in drei Gruppen ein. Die erste Gruppe behandelt demzufolge die Beziehung des Menschen zur Religion, die zweite die Gestaltung eigener Persönlichkeit, die dritte die Beziehungen der Menschen zueinander. Diese Themen treten in den Dramen natürlich nicht immer gesondert auf; sie können vielmehr einander ergänzen, oder durchschneiden.

Maassen verzeichnet das Fehlen von soziologischen und heldischen Stoffen im Bereich des Schuldramas. Er erörtert die wichtigsten für den gegebenen Typus repräsentativen Stücke und weist auf die internationalen Zusammenhänge auf diesem Gebiet hin. Diese werden besonders durch das den angelsächsischen Stoffkreis entnommene berühmte Motiv des Schicksals von "Everyman" veranschaulicht. In dem so betitelten Stück, das auch unter dem Namen "Hecastus" (d.h. Jedermann) und "Homulus" ("Menschlein") bekannt ist, wird das Schicksal des Menschen als solchen, des "Adammenschen", geschildert, und zwar unter dem Gesichtswinkel des Todes, der das gemeinsame Los aller Menschen bedeutet. Hier kommt der Repräsentant der Menschheit schlechthin zur Sprache. Dieses Drama bringt also nach dem von Gum-

bel[61] gebrauchten Ausdruck "die grosse Uniformität
der Zeit" zum Vorschein.

Erwähnenswert ist hier noch eine spezielle Art
von Schuldramen, die im allgemeinen in der sich auf
das Schuldrama beziehenden Literatur ausser acht gelassen worden ist und auf welche Maassen[62] hinweist.
Es handelt sich hier um die sogenannten Triumphspiele. Ihr Vorbild ist in Italien zu suchen, in Dantes
Triumph der Beatrice, deren carro trionfale auf den
Triumph der altrömischen Sieger Bezug nimmt und den
Ruhmkultus der Antike in die Renaissance hinüber-
trägt. Maassen betrachtet es als eine verlorene Möglichkeit der deutschen Literatur, dass in deren Bereich - abgesehen von zwei Proben von Celtis und
Locher - kein nennenswertes "genuin - deutsches"
Triumphdrama geschaffen wurde. Das "monumental-
heroische" Element verwandelte sich leider im deutschen Schuldrama ins "literarisch-erzieherische",
kommentiert unser Autor. Mit höchstem Bedauern stellt
er fest: "Diese Triumphspiele und die grossen Tragödien der Antike hätten die Grundlage eines neuen
deutschen Dramas überhaupt werden können. Das Zeitalter liess diese Möglichkeit unbenutzt vorüberge-
hen, weil es ihr im Grunde nicht gewachsen war".

Ausser den eigentlichen Dramen gab es im Bereich des Schuldramas noch sogenannte Redeakte
- actus oratorii - oder Dialogspiele. Maassen[63] berichtet über ihren verschiedenartigen Inhalt. Sie
schildern das Verhältnis zwischen Lehrer und Schüler,
enthalten "Gruss- und Abschiedsformeln, Formeln für
Gästeeinladung und Empfang, für Überreichung von Ge-
schenken, Bittformeln um Erlaubnis für die verschie-
densten Gelegenheiten, für Vorkommnisse im Schüler-,
Familien- und Stadtleben, Erkundigungen nach Heimat,
Verwandten und Freunden und nach jeder Art persönlichem Anliegen des Gegenüber. Das Verhalten in der
Schule, Schulleiden und Schulstreitigkeiten kommen
in ihnen zur Sprache". Sie waren also, wie ersichtlich, eine Art Enzyklopädie des guten Benehmens, ein
"Schüler-savoir vivre". Auch zeitgeschichtliche Stoffe wurden in diesen Dialogen behandelt. Die Grenzen

zwischen Dialog und Drama waren, wie ich es an anderer Stelle genauer darzulegen bemüht sein werde, für die Humanisten nicht deutlich. Man brachte beispielsweise die Colloquia des Erasmus oder die Dialoge des Lukian auf die Bühne, in der Überzeugung, dass man es mit einem Drama zu tun habe.

Man kann jedoch die Schuldramenarten auch unter einem anderen Gesichtspunkt gruppieren. Meines Erachtens lassen sich hier folgende Grundformen unterscheiden:

1. Übernommene antike Originaldramen
2. Übersetzungen von Terenzdramen
3. Terenznachahmungen
4. selbständige Schöpfungen deutscher Autoren:
   a) biblische Dramen
   b) polemische Dramen
   c) die Jesuitendramen.

Was die Aufführungen von antiken Originaldramen betrifft, so ist zu sagen, dass hier vor allem die römische Komödie und in ihrem Bereich Terenz in Betracht kommt. Plautus tritt hier entschieden an die zweite Stelle. Als ausgesprochene Seltenheit werden Vorstellungen von Stücken des Aristophanes, ja sogar des Sophocles - und dies in griechischer Sprache! - verzeichnet[64] Grundsätzlich haben wir es jedoch mit einem fast beispiellosen Terenzkultus zu tun, welcher die humanistische Schulbildung auf die markanteste Weise geformt hat. Seine ersten Spuren sind bekanntlich bereits im 10. Jahrhundert zu finden. Schrieb doch Hrotsvith von Gandersheim sechs Dramen, die das christliche Gegenstück zum allgemein beliebten heidnischen Terenz bilden sollten. Jetzt wurde Terenz, um mit Kleinberg[65] zu sprechen, zum "humanistischen Klassiker" schlechthin. "Die Terenzgläubigkeit" der Zeit wird durch den bekannten Ausspruch des Erasmus veranschaulicht, welcher lautet: "Sine Terentio nemo umquam evasit Latinus". Auch die beiden Scaliger und sogar Montaigne priesen, wie Francke[66] berichtet, die "mira et prope ineffabilis amoenitas", die "elegantia et venustas" der Terenzischen Sprache. Brożek[67] zitiert sogar den

verstiegenen Ausdruck Montaignes in der französischen
Version. Terenz wird hier als "la mignardise et
grâce du langage latin" bezeichnet, was uns fast an
die Bezeichnung "amor et deliciae generis humani"
erinnert, mit der bekanntlich der römische Kaiser
Titus bedacht wurde. Brożek betont, dass diese "Te-
renzverehrung" noch bei den französischen Schriftstellern der späteren Jahrhunderte, La Fontaine,
Bossuet, La Bruyère, Fénelon ihren Nachklang fand.
Nach der Meinung Franckes sind alle diese Lobgesänge
auf die diesbezüglichen Äusserungen des Quintilian
und des Horaz zurückzuführen. Da jedoch der Inhalt
terenzischer Komödien nichts weniger als erbaulich
ist, wurde deren Verwendbarkeit in den Schulaufführ-
rungen trotz des eleganten Lateins von den Moralisten bald in Frage gestellt. Auch aus Polen wird
eine solche Stimme als Beispiel von Brożek zitiert[68],
nämlich die von Marcin Bielski aus dem 16. Jahrhundert, bei welchem der Inhalt der terenzischen Komödien Anstoss erregte. (Er versichert, dass er sein
Stück "Komedia Justyna i Konstancji" ... "nie ku
zgorszeniu jako pirwej bywały komedyje Terentii ...
Plauti i inne, zkąd pogorszenie młodzi ludzie mieli"
... schrieb.) Die zahlreichen Terenzverehrer, die
diesen Autor als den besten Lehrer der Sprache und
des Lebens priesen, ja ihn zuweilen neben dem Unterricht des Katechismus als das Beste für die Jugend
empfahlen (Melanchthon nannte, wie Holstein[69] berichtet, diejenigen Staaten glücklich, deren Jünglinge
durch die Schule des Terenz gebildet zu den Staats-
ämtern gelangten und meinte, nach Francke[70], er form-
te besser das sittliche Urteil der Jugend, als die
meisten Kommentare der Philosophen), bekämpften auf
verschiedene Weise die Einwände der Moralisten. Sie
zitierten beispielsweise in bezug darauf den Gemein-
platz von den Bienen, die in den Blumen das Gift von
dem Honig zu scheiden verstehen, führten Zitate aus
den Kirchenvätern an[71], brachten eine - doch wohl
kaum ernst zu nehmende - Ausrede vor, Terenz habe
die anstosserregenden Stellen "nicht ernst gemeint".
Schliesslich griff man zu radikaleren Massnahmen und

reinigte den Terenztext für den Schulgebrauch von
allen Unsittlichkeiten. Die Jesuiten boten - nach
Brożek[72] - ihren Schülern die terenzischen Texte als
"comoediae ab omni obscuritate in scholarum usum
purgatae" dar. Es erschien auch ein von Schoneus ver-
fasster "Terentius Christianus", der in einer Sammlung meist biblischer Stücke bestand, trotzdem aber,
nach Holstein[73], auch nicht ganz frei von Obszönitäten war. Es wiederholte sich hier also in etwas ver-
änderter Form der Fall Hrotsvith: man wollte ein
christliches Gegenstück zum heidnischen Terenz
schaffen.

Was die Übersetzungen und Nachahmungen der antiken Stücke betrifft, so begann man sie nach der im
Aufriss[74] der deutschen Literaturgeschichte enthaltenen Information während der ersten "Welle" des deutschen Humanismus, also in den Jahren 1460-90, anzu-
fertigen. In diesem Anfangsstadium waren die deutschen Humanisten verständlicherweise "vorwiegend
rezeptiv" gestimmt. Sie stillten ihren Bildungshun-
ger, lernten, übersetzten, bearbeiteten und ahmten
die antiken Muster nach. Auf diese Weise entstand
eine beträchtliche Anzahl von mehr oder weniger ge-
lungenen "Translatzen" und Nachahmungen.

Schliesslich begannen die deutschen Autoren inhaltlich selbständige Stücke zu schreiben. Die Nachahmung beschränkte sich auf die Form - der terenzische
Fünfakter war das Vorbild. Diese wurde aber mit neuem,
meist der Bibel entlehntem Inhalt gefüllt. Bevorzugt
wurde das Alte Testament, weil man, wie Kurtz[75] bemerkt, fand, dass es weit mehr echt dramatische Stoffe enthält als das Neue. So setzte in den dreissiger
Jahren des 16. Jahrhunderts eine Massenproduktion
von Schuldramen ein. Ein "Meer", ein "unermesslicher
Wald", eine "Sintflut" von Werken wurde zustandegebracht von einer, um den Ausdruck von Prutz[76] zu
gebrauchen, "unübersehbaren Zahl", einer "Heerschar"
von Autoren. Wir haben hier wirklich mit einem einzigartigen, einmaligen literarischen und theatralischen
Phänomen zu tun: "Geistliche und Gelehrte, Bürger
und Bauern, Studenten und Schüler" - lesen wir bei

Devrient[77] - "alles dichtet und spielt Komödie". Der
Prologus im "Gericht Salomonis" von J. Baumgart[78]
konnte also im Jahr 1561 feststellen:

> "Der Brauch ist itzund weit und ferren,
> Das man aufs wengst ein mal im Jar
> Comedias spielet offenbar,
> Der Obrigkeit zu sonder Er,
> Gemeiner Jugend z'nutz und Ler,
> In Summa jederman zum Frommen".

Es soll damals fast keinen Schulmeister gegeben haben,
der nicht Komödien gemacht hätte! Zu den beliebtesten,
meistbearbeiteten Themen gehörten: das Opfer Abrahams, Susanna, der reiche Mann und der arme Lazarus,
David, Joseph und der verlorene Sohn. Mit dem letzteren beschreiten wir das Gebiet der konfessionellen
Polemik. Diese lässt sich in direkte und indirekte
einteilen. Die indirekte arbeitet mit Symbolen. So
diente z.B. das Gleichnis vom verlorenen Sohn zur
Veranschaulichung der protestantischen These von
der Rechtfertigung. Man wollte den Gegner dadurch
überzeugen, ohne ihn jedoch anzugreifen. Die direkte
Polemik zeichnete sich hingegen - um die dafür üblichen Ausdrücke zu benutzen - durch "fanatische An-
griffslust", "scharfe Ironie" und "unerbittlichen
Hass" aus, wobei sie zuweilen in Pasquille ausartete.
Als solches wurde z.B. allgemein die "Monachoporno-
machia" von Simon Lemnius bezeichnet. Im Reallexikon
von Merker-Stammler[79] wird sie als "das schändlichste
Machwerk der ganzen Zeit" gebrandmarkt. Als die lei-
denschaftlichsten protestantischen Autoren polemischer Schuldramen gelten Naogeorgus (Kirchmayr)
und Macropedius (Langfeldt).

Einen Vorläufer des konfessionell-polemischen
Schuldramas erblickt Kleinberg[80] im Fastnachtspiel,
welches sich gleich am Anfang der reformatorischen
Bewegung am Kampf der beiden Parteien zu beteiligen
begann, und zwar mit "höllischer Wut" und "dämoni-
scher Kraft".

Eine Sonderstellung nimmt in der Geschichte des
Schuldramas in Deutschland das Jesuitendrama ein,
welches deswegen unsere spezielle Beachtung verdient.

Es unterschied sich vom protestantischen Drama
erstens selbstverständlich durch die entgegengesetzte religiöse Tendenz und zweitens durch die
prachtvolle äussere Ausstattung. Die Jesuiten wollten "die Welt durch die Welt" besiegen. Die reiche
finanzielle Unterstützung von seiten der katholischen Fürsten machte es ihnen möglich, in der Ausstattung ihrer Stücke eine "sinnenberauschende"
Pracht zu entfalten, wodurch sie eine starke Kon-
kurrenz für das szenisch karg ausgestattete, "puri-
tanisch-nüchterne" protestantische Schuldrama bildeten. Alle neuesten Errungenschaften der theatralischen Technik, alle in Frage kommenden Akzessoires
wurden dort aufgeboten: herrliche Szenerie, Dekora-
tionen, Musik, Pantomimen, Feuerwerk und alle möglichen audiovisuellen Effekte[81]. Das Ganze war durch
eine hervorragende Regie gekrönt. Der äussere Aufwand stellte schliesslich die Hauptsache, d.h. den
Inhalt in den Schatten. Für das Vorbild der Deutschen
in dieser Hinsicht hält Wolkan[82] die barocke Jesuitenbühne des Theatro Olympico in Vicenza, was auf
die Verwandtschaft der späten Jesuitenbühne mit der
jungen Oper hinweist. Der Andrang der Zuschauer war
überaus gross. Witczuk[83] berichtet über eine Schulvorstellung vom Jahre 1555 in Wien, der 3000 Personen beigewohnt hätten! Die Wiener Jesuiten gaben
ihre Vorstellungen nicht selten in Anwesenheit des
kaiserlichen Hofes; diese Aufführungen hiessen "ludi
caesarei". Es sind noch zwei spezifische Merkmale
des Jusuitendramas zu erwähnen. Erstens die Tatsache,
dass sein Stoffkreis sich ungleich umfangreicher gestaltete, als der des protestantischen Schuldramas.
Die Jesuiten schöpften ihre Themen sogar aus der
spanischen Dramaturgie, ferner aus dem Humanisten-
drama, aus dem Fastnachtspiel, aus den englischen
Moralitäten und Mysterienspielen, schliesslich aus
dem Gebiet der katholischen Missionen, wodurch sie
ihre Dramen um exotische Elemente bereicherten und
somit noch attraktiver gestalteten. Fast alle Stoffe
der Weltgeschichte wurden hier, nach der Formulierung Röhls[84], berücksichtigt. Witczuk[85] gibt als

Quellen des Jesuitendramas die antike sowie die niederländische Dramaturgie und schliesslich - was besonders modern anmutet - die regionale Folklore an.

Das zweite specificum des Jesuitendramas war
der Dualismus der Handlung, von Merker-Stammler[86]
Präfiguration genannt. Diese aus dem geistlichen
Drama des Mittelalters stammende dramatische Technik bestand in einem Parallelismus; die Haupthand-
lung wurde durch eine parallele symbolische Neben-
handlung begleitet, die das ganze Stück erklären,
kommentieren und die damit zusammenhängenden Moral-
lehren den Zuschauern gleichsam tiefer einprägen
sollte. Dieser Dualismus kam meistens bereits im
Titel des Stückes zum Vorschein, wie z.B. "Pietas
victrix sive Flavius Constantinus de Maxentio Tyran-
no Victor". Als Beispiel einer Parallelhandlung
wird die Aussetzung der Andromeda im "Opfer Isaaks"
zitiert.

Das Jesuitendrama hatte grossen Erfolg. Es
feierte seine Triumphe in Bayern und in Österreich,
wo sich die Lateinschulen vorwiegend in den Händen
der Jesuiten befanden, und trug auf eine entscheidende Weise zur Rekatholisierung Österreichs bei.

Wir erfahren von Merker-Stammler[87], dass im
17. Jahrhundert das Schuldrama durch das Drama der
englischen Komödianten beeinflusst wurde. Nach dem
dreissigjährigen Krieg verwandelte es sich aus einem
humanistischen in ein barockes Drama. Dieser Wandel
trat sowohl in stofflicher als auch in schauspiele-
risch-technischer Hinsicht zutage. Die Schulmeister
schrieben jetzt oft die Stücke nicht mehr selbst,
sondern entlehnten sie dem Répertoire der Wandertruppen. In die Schulen drang auch das barocke Drama
von Gryphius und Lohenstein ein. Die Lehranstalten
wurden sogar zur Hauptpflegestätte dieser Autoren.
Auch die italienische Oper verschaffte sich schliesslich Eingang in das Schuldrama und trug dadurch
- neben dem Eindringen volkstümlicher Elemente - zu
dessen völliger Auflösung bei.

Nunmehr ist die Frage der Sprache, in der die
Schulkomödien verfasst und aufgeführt wurden, zu er-

örtern. Anfänglich kam hier, wie bereits erwähnt, ausschliesslich die lateinische Sprache in Betracht. Die deutsche Sprache galt als "sermo barbarus, foedus atque turpis", also zur Behandlung erhabener Stoffe gänzlich ungeeignet. Als man jedoch die Schulaufführungen "den Müttern und Schwestern" der Schüler, sowie "den ungelehrten unter den Vätern" darzubieten begann, setzte sich trotz heftiger Proteste von seiten der Gelehrten, die in der Lateinschule keine deutschen Vorstellungen dulden zu können glaubten, die Sitte durch, dass man die lateinische Aufführung am folgenden Tage in deutscher Übersetzung wiederholte. Bei den polemischen Stücken erwies sich das als unumgänglich, wenn man durch sie auf die breiten Volksmassen wirken wollte. Und dieses Moment war doch hier von ausschlaggebender Bedeutung.

Überdies verlangte das Volk verständlicherweise nach Vorstellungen in deutscher Sprache und brachte seine Missbilligung der lateinischen Sprache gegenüber auf eine unzweideutige Weise zum Ausdruck. Holstein[88] bringt im Zusammenhang damit eine bezeichnende, im Prolog zu den "Hectiogermani" enthaltene Bemerkung Frischlins: "Wenn man lateinische Stücke spielt ... dann murren die, die die Sprache nicht verstehen, belfern die Weiber, lärmen Mägd und Knechte, Wurstmacher, Fleischer, Schmied und andere Zünfte und fordern laut in deutscher Sprache ein Stück; da man dies nicht gewährt, so ziehen sie Seiltänzer, Taschenspieler und dergleichen Volk uns unverhohlen vor". Es meldeten sich jedoch auch aus den gelehrten Kreisen Verteidiger der deutschen Sprache, wie der von Holstein[89] zitierte Valentin Boltz, welcher meinte, die deutsche Sprache habe "gleich der lateinischen Facundiam und Zier, ebensowohl als andere Sprachen". So begann man die lateinischen Versionen der Stücke stufenweise zu verdeutschen. Man versah sie anfänglich, wie uns Prutz[90] informiert, mit deutschen Argumenten, dann schob man zwischen lateinische Szenen entsprechende deutsche ein. Allmählich wurden die Einschiebsel zur Hauptsache und verdrängten gänzlich den lateinischen

Text. Auf diese Weise siegte im Schuldrama die deutsche Sprache und gewann Gleichberechtigung mit dem Latein. Gelegentlich wurde zwar deren Gebrauch auch noch in späteren Zeiten untersagt. Merker-Stammler[91] berichtet beispielsweise über ein Aufführungsverbot eines Jesuitendramas durch das Dresdener Konsistorium, das in der deutschen Übersetzung von Siegmund von Birken in der Leipziger Thomasschule gespielt werden sollte. Ein gewisses curiosum bildet in sprachlicher Hinsicht die Vorstellung eines "actus oratorio-patheticus" vom Jahr 1695, über die K. Heiland[92] berichtet. Man sprach darin nämlich "theils deutsch, theils lateinisch, theils griechisch" und sogar auch hebräisch. Ein wirklich seltsames Sprachkonglomerat! In dem oben erwähnten Sieg, der eine Analogie zum Sieg der deutschen Sprache im Drama des Mittelalters bildet, erblickt Merker-Stammler[93] "eine Gesetzmässigkeit, die stärker ist, als aller humanistischer Wille".

Die Anlässe zu Schulaufführungen waren mannigfaltig. Die gewöhnlichen Spielzeiten bildeten die Tage des Jahresfestkreises, also die Weihnachtszeit, die Pfingstzeit, der Gregoriustag, die Fastnachtzeit, ferner Festtage der Bürgerschaft, Geburtstage des Herzogs, besondere Schulfeste, wie z.B. Schuleinweihungen, ausserdem auch die Sommerferien und - in Handelsstädten - die Messtage[94].

Christian Weise, ein allgemein hochgeschätzter Schuldramatiker, führte nach Holstein[95] in seiner Schule den Brauch ein, drei Tage nacheinander zu spielen. Die Reihenfolge der Stücke verdient unsere besondere Beachtung. Am ersten Tag wurde ein biblisches Stück gespielt, am zweiten - ein historisches, am dritten - "eine freie Erfindung". Zuweilen folgte noch am vierten Tage ein Possenspiel. Diese eigentümliche Konfiguration ist eine evidente Reminiszenz der Dramenaufführungspraxis, die im antiken Athen üblich war. Während der Feste der grossen Dionysien oder Lenäen pflegte man nämlich eben eine solche Tetralogie aufzuführen. Den an drei nacheinander folgenden Dramen wurde am vierten Tag ein Satyrdrama hinzugefügt. Die Analogie ist hier unverkennbar.

Die Spielorte waren sehr verschieden. Wir werden darüber von Schmidt[96] informiert. Anfänglich spielte man in den Klassenräumen, was einfach im Rahmen des normalen Unterrichts geschah. Der berühmte Sturm ging in seinem Spieleifer so weit, dass er das Schultheater "keine Woche lang" unbenutzt lassen wollte. Dann wurde das Spiel in die Auditoria, in die Schulsäle verlegt. Schliesslich, als der Andrang der Zuschauer zu wachsen begann, sahen sich die Schulmeister genötigt, nach anderen geeigneten Spielorten Umschau zu halten. Die Stelle der internen Vorstellungen nahmen jetzt öffentliche Aufführungen ein, welche, wie wir von Schmidt erfahren, im Rathaus, auf dem Marktplatz, oder "auf dem Tanzboden" stattfanden, ferner auf Schützenhöfen, in leeren Kirchensälen, in einzelnen Fällen sogar in fürstlichen Räumen. Von dem berühmten österreichischen Schuldramenverfasser Wolfgang Schmelzl wird berichtet, dass er jährlich eine Komödie am Wiener Kaiserhof zur Aufführung brachte. Von den "ludi Caesarei" war bereits oben die Rede. Eine interessante Nachricht finden wir bei Francke[97]. Er berichtet nämlich, dass - wahrscheinlich im 17. Jahrhundert - in München für eine Schulkomödie ein ganzer Stadtteil den Aufführungsort bildete, was wir doch wohl als einen Ausnahmefall betrachten müssen.

Zur schönsten Blüte gelangte das Schuldrama nach der Ansicht von Merker-Stammler[98] in Strassburg, dessen berühmte Lehranstalt dank ihrer streng klassisch-lateinischen Richtung, dank dem äusseren, mit dem Jesuitendrama vergleichbaren Glanz der Vorstellungen und in ihrer Eigenschaft als Gegenstück zu der Berufsdramatik der englischen Komödianten in der Geschichte des deutschen Schuldramas eine Sonderstellung einnimmt. Die Ausnahmestellung Strassburgs kommt auch in der Tatsache zum Vorschein, dass sein akademisches Gymnasium über eine Dauerbühne verfügte. Das berühmte Theatrum Argentoratense verwandelte sich später in ein Stadttheater.

Die Frage nach den Bühnenverhältnissen des deutschen Schuldramas gehört mehr zur Theater- als zur
Literaturgeschichte, deswegen lasse ich hier diesen
Aspekt der Schulvorstellungen in der Hauptsache un-
berücksichtigt. Es beschäftigen sich mit diesem Problem eingehend besonders zwei Autoren: Schmidt[99] und
Borcherdt[100]. Ich beschränke mich lediglich auf die
kurze Schilderung der Schulbühne, die sich als ein
synthetischer Begriff aus diesen Nachrichten ergibt:
Die Schulbühne des 16. Jahrhunderts kann demnach als
ein Mittelding zwischen der mittelalterlichen Simultanbühne und der antiken Terenzbühne betrachtet werden. Die Rückwand war grundsätzlich durch eine Reihe
von "Zellen" abgeschlossen, welche die den spielenden Personen gehörenden Häuser andeuten sollten. Die
Handlung fand ausserhalb der Zellen auf der neutralen
Bühne statt, die hinsichtlich der Dekoration "alles
der Phantasie der Zuschauer überliess" - so wie im
antiken griechischen Theater die hinweisende Gebär-
de, die δετξιτ, jede beliebige Raumvorstellung zu
"evozieren" imstande war. Die Phantasie der Zuschauer wirkte "raumgestaltend". Die Schulbühne vertrat durch das Nacheinander der Szenen bereits das
Prinzip der modernen Bühne, mit dem Unterschied,
dass man in Ermangelung eines Vorhangs sich der
"gesprochenen Dekoration" und des "gesprochenen
Schauplatzwechsels" bediente. Kostüme wurden mit
Vorliebe benutzt. Der Gesamtcharakter des Spiels
war mehr deklamatorisch als schauspielerisch. Es
kam weniger auf die Geste, als auf den Vortrag an.
Die Stücke wurden mehr rezitiert als gespielt.
    Die Begeisterung, welche die Schulaufführungen
im ganzen deutschen Sprachgebiet zwei Jahrhunderte
lang hervorriefen, war gross und fast allgemein. In
Ermangelung eines eigentlichen nationalen Theaters
bildeten sie für die gebildeten Schichten wenigstens
eine Art Ersatz dafür. Die kritischen Stimmen inbezug auf das Schuldrama erhoben sich erst später, als
der literarische Geschmack des Publikums feiner zu
werden begann.
    An dem Gesamteindruck einer allgemeinen Beliebt-
heit der Schulspiele ändern die Nachrichten über ver-

36

einzelte Fälle ablehnender Haltung der Pädagogen gegenüber den Vorstellungen nichts. Sie sind lediglich als die Regel bestätigende Ausnahmen zu betrachten. So hören wir beispielsweise vom Augsburger Rektor Hieronymus Wolf, dass er, wie K. Heiland[101] berichtet, die Schulaufführungen nicht gern sah, weil die Jugend dadurch andere Studien vernachlässige. Friedrich Wilhelm I. von Preussen soll, nach Paulsen[102], verboten haben, die "actus dramatici" in den Schulen zu veranstalten, weil sie "die Gemüter vereitelten und nur Unkosten verursachten". Auch der Rektor Prätorius in Nürnberg lehnte nach Holstein[103], die Vorstellungen ab wegen des "ausgelassenen Mutwillens" "nimia protervitas", den die "leichtfertigen deutschen Spiele" angeblich bei den Schülern auslösten. Michael[104] berichtet über die negative Stellungnahme eines Stadtrates zum Schulspiel, der einem Magister erlaubte, ein lateinisches Stück aufzuführen, jedoch für ein zweites - deutsches - die Erlaubnis verweigerte mit der Zurechtweisung, der Schulmeister "soll lieber seine Lektionen ordentlich halten, sonst müsse man ihn entlassen". Es fragt sich, ob es sich hier um ein "zu viel" von deutschen Stücken oder um ein "zu viel" von Vorstellungen überhaupt und das damit verbundene Zeitversäumnis handelte.

Die Blütezeit des Schuldramas fällt in das 16. und 17. Jahrhundert; seine Nachklänge finden wir noch am Ende des 18. Jahrhunderts. Bei Prutz[105] lesen wir, dass 1762 im Grauen Kloster Gottscheds Bearbeitung der "Zaire" von Voltaire und in Hannover sogar noch in den achtziger Jahren Goethes neu herausgegebenes Stück "Clavigo" zur Aufführung gelangten. Das Schuldrama musste dann schliesslich dem Theater der englischen Komödianten und der Oper Platz machen. Bei Merker-Stammler[106] finden wir die Ansicht, das Schuldrama wäre zu Beginn des 18. Jahrhunderts dem Geist des Pietismus zum Opfer gefallen.

Im Zusammenhang mit der Geschichte des deutschen Schuldramas muss zum Abschluss noch eine wesentliche Frage aufgeworfen werden, nämlich die Frage, welche Rolle es in der deutschen Literatur-

und Kulturgeschichte gespielt hat, welchen Einfluss
es hier ausübte und welche Bedeutung ihm demnach in
diesem Bereich beizumessen ist.

Hier begegnen wir bei den sich mit dem Schuldrama beschäftigenden Autoren meistens einer positiven
Einschätzung. Holstein[107] äussert sich beispielsweise diesbezüglich folgendermassen: "Aber wir dürfen
nicht vergessen, dass sie (d.h. die Schulvorstellungen) nicht bloss das neulateinische Drama zu einer
eigenen literarischen Gattung erhoben, sondern, dass
sie auch auf die deutsche Dichtung einen Einfluss
ausübten; denn die kurzen poetischen Inhaltsangaben
und die deutschen Übersetzungen ... schufen eine
neue, reiche dramatische Literatur..." Ähnlich lautet
die Ansicht Gumbels[108]: "Hunderte von Stücken, tau-
sende von Aufführungen bildeten ein gewichtiges Moment im geistigen Entwicklungsgang der Zeit". Wolkan[109] bezeichnet die Komödie "Henno" von Reuchlin
als ein Werk, welches zur Entwicklung des deutschen
Dramas überhaupt hätte führen können, wenn die Reformation diesen Prozess nicht zum Stehen gebracht
hätte. Im Rahmen des Schuldramas habe sich - nach
der Meinung K. Heilands[110] - "ein vollständiges
deutsches Drama herausgebildet", das "von der le-
bendigsten Teilnahme des Volkes getragen wurde".
Devrient[111] weist auf die wichtige Rolle hin, die
das Jesuitendrama im Werdegang der deutschen Dramaturgie gespielt hatte. Die Jesuiten "leiteten den
reichen Strom der spanischen dramatischen Poesie"
auf dem Wege über die Niederlande nach Deutschland
über. Die deutsche Dramaturgie verdankt ihnen demnach die Kenntnis solcher Autoren wie Lope de Vega
und Calderon und somit sehr wesentliche künstlerische Anregungen.

Das wichtigste Verdienst der Schuldramatiker ist
jedoch nach der Ansicht Borcherdts[112], welcher wir
beistimmen müssen, auf dem Gebiet der Stilgeschichte
zu suchen. Das Schuldrama rettete nämlich die deutsche Dichtung vor dem Verfall in die Formlosigkeit:
"In dem Augenblick, in dem das geistliche Schauspiel
und das Fastnachtspiel einer naturalistischen Form-

auflösung zu verfallen drohte" - lesen wir bei diesem Autor - "entwickelte sich, vor allem in Mitteldeutschland, eine zunächst noch didaktisch gebundene Stilkunst, die wieder Formempfinden lehrt und das deutsche Drama mit den antiken Gestaltungsprinzipien befruchtet". Die Formlosigkeit und Stilwidrigkeit der "alten christlich-volkstümlichen Kunst" wird auch von Busse[113] hervorgehoben. Die in Rede stehende stilgeschichtliche Rolle der Schuldramatik betont auch S. Kot[114]. Bei Kürschner-Boriński[115] finden wir die Feststellung, dass die Humanisten das deutsche kunstmässige Drama begründet haben. Dieser Ansicht begegnen wir auch im Aufriss der deutschen Literaturgeschichte[116], wo das Schuldrama ebenfalls als die früheste Form eines deutschen Kunstdramas bezeichnet wird. Dieser Meinung schliesst sich auch Röhl[117] an, welcher von einem entscheidenden Einfluss des Schuldramas auf dem in Rede stehenden Gebiet spricht. Als "entscheidend" bezeichnet diesen Einfluss auch Wilpert[118]. Das Schuldrama war, wie bereits erwähnt, das Theater der bürgerlichen Intelligenz, die, wie Wolff[119] richtig bemerkt, ausser in Residenz- oder Universitätsstädten keine Gelegenheit hatte,"literarischen" Vorstellungen beizuwohnen, weil sie die Wanderkomödianten verachtete und der Besuch dieses Theaters unter ihrer Würde war. Deswegen sollen die Spielleiter die Aufführungen sehr sorgfältig vorbereitet haben. Sie ignorierten sogar alle moralische Rücksicht auf die Jugend, wenn es galt,den Stadtbürgern oder den Landesfürsten mit ihrem Werk zu imponieren.

Die Aufführungen hoben ferner das Volk "geistig und sittlich", brachten ihm durch den Kontrast zu den rohen Volkspielen, wie es Tittmann[120] betont, einen besseren ästhetischen Geschmack bei. Mann[121] sagt, dass sie "beim Autor und bei den Spielenden Formschulung, beim Publikum hingegen höhere Formerwartung" bewirkten. Sie hielten allgemein, wie Bednarski[122] und Wolkan[124] es treffend hervorheben, "den Sinn für grosse öffentliche Vorstellungen wach" und erfüllten dadurch ihre kulturelle Aufgabe. Am

Rande sei hier noch bemerkt, dass die Schulkomödie
auch in der Theatergeschichte eine nicht geringe Rolle gespielt hat. Prutz[124] meint, dass die Reformation
das Theater erst eigentlich geschaffen habe. Bei dem
Begriff "Reformation" kommt natürlich nicht ausschliesslich, aber doch hauptsächlich das Schultheater in Betracht. Das "kümmerliche" Theater der letzten Jahrzehnte des 15. Jahrhunderts verwandelte sich
nunmehr in einen "lebendigen Ausdruck der Zeit", in
eine "grosse und einzige Erscheinung". Wenn auch die
globale von Schmidt[125] angeführte Behauptung von Emil
Riedel, welche besagt, dass sich aus den Schulaufführungen, kurz gefasst, das gesamte deutsche Thea-
terwesen entwickelt habe, etwas übertrieben anmutet,
so haben doch gewiss diejenigen Autoren recht, welche
wie Witczuk[126] oder Michael[127] auf die verschiedenen
Elemente hinweisen, die das moderne Theater dem
Schuldrama zu verdanken hat.

Auch Mann[128] äussert die Meinung, dass die Schulaufführungen in humanistischer Form ein städtisches
Theater vorbereiteten.

Aus allen diesen Darlegungen erhellt, dass, wie
eine von Schmidt[129] angeführte Formulierung es ausdrückt, "ohne das Schuldrama in der Entwicklung des
deutschen Dramas eine Lücke eingetreten und das
deutsche Drama eingeschlafen wäre", dass also - was
abschliessend festzustellen ist - die Schulkomödie
in der deutschen Literatur und Kultur überhaupt eine
nicht zu unterschätzende Rolle gespielt hat.

Anmerkungen

1 siehe Internationale Bibliographie zur Geschichte der deutschen Literatur, S.769.
2 Merker-Stammler, Reallexikon der deutschen Literaturgeschichte, S.199.
3 J. Maassen, Drama und Theater der Humanistenschulen in Deutschland, S.29.
4 H. Gumbel, Deutsche Kultur vom Zeitalter der Mystik bis zur Gegenreformation, S.144 - Handbuch der Kulturgeschichte.
5 H. Holstein, Die Reformation im Spiegelbilde der dramatischen Literatur des 16. Jahrhunderts, S.33.
6 J. Tittmann, Schauspiele aus dem 16. Jahrhundert, S.XVII.
7 H. Holstein, Die Reformation..., S.9.
8 F. Burdach, Aufriss der deutschen Literaturgeschichte, S.72.
9 R.F. Arnold, Die Kultur der Renaissance, S.122.
10 E. Schmidt, Die Bühnenverhältnisse des deutschen Schuldramas, S.7.
11 J. Maassen, op.cit., S.28.
12 A. Kleinberg, Die deutsche Dichtung in ihren sozialen zeit- und geistesgeschichtlichen Bedingungen, S.86.
13 siehe diesbezüglich H. Röhl, Geschichte der deutschen Dichtung, S.85.
14 R.F. Arnold, Die Kultur der Renaissance, S.122 u. 130.
15 E. Hirt, Sachwörterbuch der Deutschkunde, Bd.I, S.257.
16 H. Borcherdt, Das europäische Theater im Mittelalter und in der Renaissance, S.153
17 Merker-Stammler, op.cit., S.93 ff.
18 O. Mann, Geschichte des deutschen Dramas, S.42.
19 S. Kot, Historia Wychowania, S.175 f.
20 K. Heiland, Über die dramatischen Aufführungen im Gymnasium zu Weimar.
21 R. Genée, Lehr- und Wanderjahre des deutschen Schauspiels, S.195.
22 Zur Frage des Ursprungs der Schuldramen siehe auch L. Tieck, Deutsches Theater, S.IX.
23 G.G. Gervinus, Geschichte der poetischen Nationalliteratur, Bd.II, S.376 f.
24 Bd. I, S.263.
25 passim
26 K. Boriński in: Deutsche Nationalliteratur, hrsg. v. Kürschner, S.8.

41

27 E. Schmidt, op.cit., S.55.
28 H. Gumbel in: op.cit., S.146.
29 H. Gumbel in: op.cit., S.151.
30 F. Paulsen, Geschichte des gelehrten Unterrichts auf den
   deutschen Schulen und Universitäten vom Anfang des Mittelalters bis zur Gegenwart, S.35.
31 J. Maassen, op.cit., S.34
32 A. Kleinberg, Die europäische Kultur der Neuzeit, S.15.
33 E. Schmidt, op.cit., S.9 f.
34 E. Schmidt, op.cit., S.10.
35 A. Kleinberg, Die deutsche Dichtung, S.98.
36 nach K. Heiland, op.cit., S.6.
37 K. Boriński in: Deutsche Nationalliteratur, S.70.
38 M. Koch, Geschichte der deutschen Literatur, S.95.
39 H. Gumbel in: op.cit., S.147.
40 H. Holstein, Die Reformation, S.155.
41 H. Gumbel in: op.cit., S.169.
42 R. Genée, op.cit., S.34.
43 E. Devrient, Geschichte des deutschen Schauspiels, S.127.
44 J. Maassen, op.cit., S.39.
45 J. Maassen, op.cit., S.40.
46 B. Nadolski, Teatr szkolny gimnazjum toruńskiego w XVII i
   XVIII w. in: Zeszyty Naukowe UMK, Filol.Polska VII, S.131.
47 J. Maassen, op.cit., S.38.
48 W. Creizenach, Geschichte des neueren Dramas, Bd.II, S.123.
49 H. Borcherdt, op.cit., S.160.
50 Siehe dazu auch F. Witczuk, Dramat i scena niemiecka od
   16 do 18 wieku, S.26.
51 Merker-Stammler, op.cit., B.III, S.99.
52 E. Devrient, op.cit., S.129.
53 W. Creizenach, op.cit., Bd.II, S.373.
54 siehe dazu, E. Schmidt, op.cit., S.13 f.
55 W. Creizenach, op.cit., Bd.III, S.375.
56 E. Schmidt, op.cit., S.80.
57 F. Michael, in: R. Arnold, Das deutsche Drama, S.61.
58 J. Maassen, op.cit., S.53.
59 L. Tieck, op.cit., Deutsches Theater, S.IX.
60 J. Maassen, op.cit., S.70 f.
61 H. Gumbel in: op.cit., S.169.
62 J. Maassen, op.cit., S.84.
63 J. Maassen, op.cit., S.92.

64 siehe E. Schmidt, op.cit., S.96.
65 A. Kleinberg, Die deutsche Dichtung..., S.98 f.
66 O. Francke, Die lateinische Schulkomödie in Deutschland, S.12.
67 M. Brożek, Terencjusz i jego komedie, S.283.
68 M. Brożek, op.cit., S.286.
69 H. Holstein, Die Reformation..., S.26.
70 O. Francke, op.cit., S.14.
71 siehe dazu W. Creizenach, op.cit., Bd.II, S.23.
72 M. Brożek, op.cit., S.286.
73 H. Holstein, Die Reformation..., S.64 f.
74 Das Zeitalter des Humanismus und der Reformation, S.72.
75 H. Kurtz, Deutsche Literaturgeschichte, S.308.
76 R. Prutz, op.cit., S.113.
77 E. Devrient, op.cit., S.139 f.
78 Ich zitiere nach J. Tittmann, op.cit., S.XIX.
79 Merker-Stammler, op.cit., Bd.III, S.159.
80 A. Kleinberg, Die deutsche Dichtung..., S.151.
81 siehe dazu u.a. J. Okoń, Dramat i teatr szkolny scen jezuickich w 17 wieku, S.238 f.
82 E. Wolkan in: R. Arnold, Das deutsche Drama, S.156.
83 J. Witczuk, op.cit., S.28.
84 H. Röhl, Geschichte der deutschen Dichtung, S.92.
85 J. Witczuk, op.cit., S.29.
86 Merker-Stammler, op.cit., Bd.III, S.196.
87 Merker-Stammler, op.cit., Bd.III, S.199.
88 H. Holstein, Die Reformation..., S.62.
89 H. Holstein, Das Drama vom verlorenen Sohn, S.48.
90 R. Prutz, Vorlesungen über die Geschichte des deutschen Theaters, S.119.
91 Merker-Stammler, op.cit., Bd.III, S.200.
92 K. Heiland, op.cit., S.17.
93 Merker-Stammler, op.cit., Bd.III, S.196.
94 siehe dazu J. Maassen, op.cit., S.54.
95 H. Holstein, Joh. Reuchlins Komödien..., S.5.
96 E. Schmidt, op.cit., S.36 ff.
97 O. Francke, op.cit., S.155 f.
98 Merker-Stammler, op.cit., Bd.III, S.199.
99 E. Schmidt, op.cit., S.89 ff.
100 J. Borcherdt, op.cit., S.175 ff.
101 K. Heiland, op.cit., S.2.

102 F. Paulsen, op.cit., S.93.
103 H. Holstein, Joh. Reuchlins Komödien, S.293.
104 F. Michael in: R. Arnold, Das deutsche Drama, S.74.
105 R. Prutz, op.cit., S.121.
106 Merker-Stammler, op.cit., Bd.III, S.194
107 H. Holstein, Die Reformation..., S.60.
108 H. Gumbel in: op.cit., S.168 f.
109 F. Wolkan in: R. Arnold, Das deutsche Drama, S.132 f.
110 K. Heiland, op.cit., S.18.
111 E. Devrient, op.cit., S.138 f.
112 H. Borcherdt, op.cit., S.160.
113 B. Busse, Das Drama, S.49.
114 St. Kot, Historia wychowania, S.177.
115 Kürschner-Boriński, op.cit., S.64.
116 Aufriss..., S.71 f.
117 H. Röhl, op.cit., S.93 u. 118.
118 G. Wilpert, Sachwörterbuch der Literatur, S.558 f.
119 Wolff in: R. Arnold, Das deutsche Drama, S.259.
120 J. Tittmann, op.cit., S.XIX.
121 O. Mann, Geschichte des deutschen Dramas, S.46.
122 St. Bednarski, Upadek i odrodzenie szkół jezuickich w
    Polsce, S.438.
123 R. Wolkan in: R. Arnold, Das deutsche Drama, S.156.
124 R. Prutz, op.cit., S.49 f.
125 E. Schmidt, op.cit., S.213.
126 J. Witczuk, op.cit., S.30.
127 F. Michael in: R. Arnold, Das deutsche Drama, S.48.
128 O. Mann, Geschichte des deutschen Dramas, S.47.
129 E. Schmidt, op.cit., S.2.

III
DIE LITERARISCHE ANALYSE DES SCHULDRAMAS "NABAL" VON RUDOLF GWALTHER

1. Einleitung

A. DIE DEUTSCH-LATEINISCHE DOPPELSTRUKTUR DER DEUTSCHEN LITERATUR DES HUMANISMUS

Der literarischen Analyse des Schuldramas "Nabal" von Rudolf Gwalther ist eine grundlegende Feststellung vorauszuschicken, nämlich, dass das Stück trotz der lateinischen Sprache zum Bereich der deutschen Literatur gehört. Wir müssen uns in diesem Fall Rechenschaft darüber geben, dass im Zeitalter des Humanismus in den europäischen Kulturvölkern auf dem Gebiet der Literatur eine sprachliche Ambivalenz herrschte. Wir haben hier mit der Epoche der neulateinischen Dichtung zu tun, und letztere gelangte überall, also auch in Deutschland, neben der volkssprachigen Literatur zur Geltung. Diese Tatsache bildet ein Phänomen, welches bislang oft unter falschem Gesichtspunkt in Betracht gezogen wurde. Manche deutschen Literaturhistoriker scheinen die neulateinische Literatur der Renaissance zu ignorieren in der Überzeugung, dass diese zur deutschen Literaturgeschichte nicht gehöre. So äussert beispielsweise Koch[1] sein Bedauern über die Herrschaft des Lateins im deutschen Schrifttum des Humanismus: "Es blieb für die deutsche Literatur doch ein dauernder Verlust, dass im 16. Jahrhundert, da die Spanier und Engländer nach dem Vorbilde der bereits vorangegangenen Italiener eine grosse nationale Dichtung schufen, Frankreich die Grundlagen seiner späteren klassischen Literatur vorbereitete, in Deutschland das Lateinische die Dichtung, die Theologie, die Prosa beherrschte. Echt deutsche Naturen und hervorragende lateinische Dichter, wie Hutten und Frischlin, waren als Schriftstel-

ler ihrer Muttersprache nicht genügend mächtig".
Darauf muss man entgegnen, dass es sich hier lediglich um eine Verspätung Deutschlands im Vergleich mit den erwähnten Völkern handelt. Es legte auf dem literarischen Gebiet denselben Weg zurück wie jene - nur hat dieser Prozess hier später begonnen und entwickelte sich vielleicht in langsamerem Tempo. Auch die anderen Völker erlebten in ihrer Literaturgeschichte die Phase der neulateinischen Dichtung, sie haben sie lediglich früher überwunden. Dieser Vorgang, die Überwindung der lateinischen Tradition ist, wie Newald[2] hervorhebt, in allen abendländischen Literaturen zu beobachten, nur vollzog er sich offenbar reibungslos in den romanischen Sprachen, da sich diese ihrer Abkunft von der gemeinsamen Mutter Latinitas immer bewusst blieben und der Aufstieg der Volkssprache zumeist auf soziologischen Voraussetzungen ruht. Ausserdem, meint Newald, kam die Sättigung der Dichtung mit humanistischen Werten bei den "religiös und politisch einheitlich ausgerichteten Nationen" schneller als in dem politisch und religiös gespaltenen Deutschland zustande. Newald spricht in diesem Zusammenhang ausdrücklich von der "Zweisprächig‹ keit" der deutschen Literatur der in Rede stehenden Epoche. An anderer Stelle[3] schreibt Newald: "Wie die Rennaissance-Literatur Italiens ist in ihrer Gesamtheit auch die des deutschen Renaissance-Humanismus zweisprachig: neulateinisch und frühneuhochdeutsch".

Koch lässt bei seinen Erwägungen gänzlich die Tatsache ausser acht, dass die genannten Völker die bewunderte literarische Blüte in beträchtlichem Mass doch gerade der Schulung durch den Neolatinismus zu verdanken haben. Treffend wird dieser befruchtende Einfluss von Kot[4] gekennzeichnet. Er hält uns nämlich die Tatsache vor Augen, dass durch die neulateinische Dichtung in Europa der literarische Geschmack ausgebildet und das ästhetische Empfindungsvermögen entwickelt wurde. Er stellt fest, dass in der mittelalterlichen Gesellschaft das Formgefühl sehr schwach entwickelt war. Die Schulung mehrerer Generationen in der "sklavischen" Nachahmung künstlerisch voll-

kommener Werke der antiken Literatur schliff die Denk-
fähigkeit und das Ausdrucksvermögen der Schriftsteller, lehrte sie die Einfühlung in die feinsten Nuancen der Sprache. Diese formale Bildung trug später
reiche Früchte in den einzelnen Nationalliteraturen.
Die Völker schüttelten das "Joch" der "sklavischen"
Nachahmung ab, und dann begann die lange "gymnasti-
sche Dressur", in den nationalen Sprachen herrlichste
Meisterwerke zu zeitigen. Sie verlieh diesen Sprachen
Leichtigkeit, Geschmeidigkeit und Anmut.

Die Zugehörigkeit der neulateinischen Dichtung
zur deutschen Literatur wird auch mit Nachdruck von
Mann[5] hervorgehoben, dessen entschiedene Feststellung hier angeführt zu werden verdient: "Die Humanisten haben eine umfangreiche lateinische Dichtung
hervorgebracht. Man ist oft geneigt, sie in der Geschichte einer Nationalliteratur zu übergehen, da,
wie man sagt, Dichtung in fremder Sprache diesem
Bereich nicht angehören könne. Doch hat diese Geschichte alle die Faktoren zu erfassen, die zur Bildung einer Nationalliteratur geführt haben. Ohne die
Schulung in der lateinischen Literatur und Dichtung
ist das Werden der deutschen Literatur und Dichtung
nicht zu verstehen. Es trat mit dem Humanismus in
eine neue Phase, indem man zunächst Nachbilder der
klassischen römischen Urbilder gab. Darin übten sich
Dichter von Rang. Das klassische Latein wurde noch
nicht als tote, sondern als die gereinigte Bildungs-
sprache erfahren. In ihr schulte man sich in einer
Dichtung, die dann wieder Muster für Versuche in der
eigenen Sprache werden konnte". Weiter[6] betont Mann:
"Stets war es ein letztes Ziel des Humanismus, eine
nationale Literatur auf der Höhe der antiken Dichtung
zu schaffen". Auch Maassen[7] hebt den höchst positiven
Einfluss der neulateinischen Dichtung auf die nationalen Literaturen hervor. Bei Merker-Stammler[8] wird
unter den Grundzügen der deutschen neulateinischen
Dichtung ebenfalls das nationale Element erwähnt.

Auf die prägnanteste Weise wird dieses Problem
im Aufriss der deutschen Literaturgeschichte[9] ge-
klärt. Der Autor weist hier ebenfalls auf die eigen-

artige Doppelstruktur der deutschen Literatur der
Renaissance hin und bezeichnet die neulateinische
Dichtung als "die künstlerische Oberströmung der
Zeit". Die von Goedeke angegebene - bestimmt noch
unvollständige - grosse Zahl der neulateinischen
Dichter Deutschlands repräsentiert demnach *einen
wesentlichen Bestandteil der nationalen Literatur.*
Wenn viele Literaturgeschichten diese Tatsache ausser
acht lassen, ja direkt ignorieren, so sei es fast
eine unbewusste Geschichtsfälschung. Der Verfasser
vergleicht die neulateinische humanistische Literatur mit der deutschen und kommt dabei zu der Schlussfolgerung, dass die erstere die zweite in künstleri-
scher Hinsicht weitgehend überragt; er gibt natürlich zu, dass "unter den Millionen lateinischer Verse" auch viel "handwerkmässige Mache" zu finden ist,
"Gelegenheitsware", "blosse cento-Poesie", die durch
Zweckgebundenheit, Phantasiearmut und Stimmungsleere
gekennzeichnet ist. Dessen ungeachtet hat diese Literatur aber Werke von hohem künstlerischem Wert aufzuweisen, die auf der deutschen Seite nicht vorhanden sind. Der Autor führt die Namen bedeutender neulateinischer Dichter an wie Hutten, Eobanus Hessus
("rex poetarum"!), Henricius Cordus, Simon Lemnius,
Sabinus, Bocer, Haslob und Petrus Lotichius Secundus.
Ihre hochliterarischen Leistungen bestehen in einer
wirklich individuellen, seelisch betonten Erlebnis-
und Bekenntnisdichtung. "So lange die zünftige Wissenschaft", lesen wir weiter, "und der geschichtliche
Unterricht diese ganze Welt der humanistischen Kultur
und neulateinischen Dichtung ganz ausser acht lässt,
kann die Vorstellung von dem geistesgeschichtlichen
Aufbau des 16. Jahrhunderts mit seiner eigentümlichen
Doppelstruktur keine festen und richtigen Grundlagen
gewinnen. ... Die deutsche Literaturgeschichte handelt von der literarischen und sprachkünstlerischen
Auswirkung deutschen Menschentums und deutscher See-
lengeschichte. Sie kann nicht von den poetischen
Leistungen deutscher Menschen absehen, die einer
zeitgeschichtlichen Modeirrung folgend es für angebracht hielten, ihre Erlebnisse, Gedanken, und Stim-

mungen mit dem vornehmer scheinenden und biegsamen
Mittel der lateinischen Sprache zum Ausdruck zu bringen". Dies bezieht sich auf die deutsche Literatur
im allgemeinen, also auf alle literarischen Gattungen.

Was nun das Drama, besonders das Schuldrama anbetrifft, so möge hier der Ausspruch Borcherdt gelten: "So entsteht in lateinischer Sprache ein neuer
deutscher Dramentyp, der im Wetteifer mit der Antike
die *klassische Komödie ersetzen soll*".[10] Gewichtig
sind in diesem Zusammenhang für uns noch die Meinungen von zwei Kennern des lateinischen Schuldramas in
Deutschland, welche mit der obigen These genau über-
einstimmen. Francke[11] bezeichnet die lateinische Komödie als "einen Zweig der deutschen Nationalliteratur" und Schmidt[12] weist genau dieselbe Auffassung
auf. Er betrachtet die neulateinischen Schuldramen
als deutsche Schuldramen, indem er schreibt: "Die zu
Grunde liegende Literatur besteht natürlich zunächst
aus den lateinischen und deutschen Dramen, die im
16. Jahrhundert in Deutschland hervorgebracht wurden; die Bezeichnung "deutsches Schuldrama" im Titel
ist geographisch, oder, wenn man lieber will, natio-
nal auf die Sprache, in der die einzelnen Stücke geschrieben sind , bezogen". Arnold[13] meint diesbezüglich schlechthin: "Ein wahrhaft *nationales*, ein dem
englischen ebenbürtiges Leidenschaftsdrama schien
sich (in der lateinischen Sprache) zu entwickeln und
in die deutsche Dichtung hinüberfliessen zu wollen".
Dieser Prozess sei in der ersten Hälfte des 17. Jahrhunderts durch verschiedene Faktoren leider zum Stehen gebracht worden. Angesichts dieses Sachverhalts
kann man - mutatis mutandis - auf das lateinische
Drama des Humanismus überhaupt und auf das Schuldrama insbesondere den Ausspruch von Koch[14] übertragen,
der sich auf ein lateinisches Drama des Mittelalters
- auf den berühmten Tegernseer Ludus - bezieht: "In
der gesamten Literatur des Mittelalters ist kein
gleich grossartiges, *trotz der lateinischen Sprache
nationales Drama* vorhanden, wie das Tegernseer
Spiel". Hier möge der zweite Satzteil ins Auge ge-

fasst werden, welcher unsere These evident veranschaulicht.

Es lohnt sich bezüglich unseres Problems noch
einmal Newald zu Wort kommen zu lassen, weil er dieses Phänomen auf breiter wissenschaftlicher Basis
und mit bewundernswertem Weitblick behandelt. Er
weist[15] zunächst auf die vereinigende Rolle der lateinischen Sprache "als Ausdrucksform aller Erscheinungen des geistigen Lebens" hin, als "Sprache der
abendländischen Bildungsgemeinschaft", in deren Bereich ihr universaler Gebrauch eine Selbstverständ-
lichkeit war. Angesichts dieses Sachverhalts lief
auch, nach der Feststellung Newalds, die Erforschung
des deutschsprachlichen Schrifttums und die des lateinischen meist nebeneinander. Newalds Bemerkungen
über den Prozess des Übergangs von den neulateinischen zu den einheimischen Sprachen in der Nationalliteratur sind für unser Thema von ausschlaggebender
Bedeutung, weil hier eine grundlegende Korrektur der
oben erwähnten falschen Stellungnahme mancher Literaturhistoriker erstrebt wird. "In diesem Zusammenhang", schreibt Newald, "gebraucht man gerne Ausdrücke wie Beugen unter ein fremdes Joch oder Befreiung. Man sollte vorsichtiger mit deren Anwendung
sein. Gewiss ist nationaler Ehrgeiz am Werk, hinter
den dichterischen Leistungen anderer Nationen nicht
zurückzustehen, oder die Absicht, durch systematische
Übersetzungsübung die Vorbilder zu erreichen. Gewiss
versucht man die gelehrten Kreise aus ihrer internationalen sprachlichen Sonderstellung herauszuheben.
Doch hätte das allein kaum eine so allgemeine Entwicklung hervorrufen können. Man muss sich von der
Gewohnheit befreien, die neulateinische Dichtung
lediglich als Schulübung, Centopoesie, mosaikartiges
Zusammensetzen, in dem es bestenfalls zu einer vir-
tuosen Beherrschung der Technik kommen kann, anzusehen. Bedeutung und Wert der Dichtung lagen nicht
im schöpferischen Gestalten der Sprache, sondern in
der Vermittlung geistiger, ethischer und unmittelbar
damit verbundener formaler Werte. Werden deren Überlegenheit und absolute Vorbildlichkeit anerkannt,

50

so beugt man sich widerspruchlos der Regel, da diese
aus einer höheren Ordnung abgeleitet wurde... Man
erfüllte seine Aufgabe in der Nachahmung, sei es in
der Wiedergabe des Vorbildes in der gleichen Sprache
und Form, sei es - und damit tun wir den Schritt in
die nationalen Literaturen - der Angleichung des Vorbildes mit den Mitteln und Ausdrucksformen einer anderen Sprache". Solche Leistungen wurden auch allgemein hoch eingeschätzt.

Mann[16] bemerkt richtig, dass man in dieser Zeit
im lateinischen Dichten "seinen eigentlichen Ausweis"
suchte, weil "die Vollendung der lateinischen und die
Unzulänglichkeit der Nationalsprache zuerst zur lateinischen Dichtung führte, mit der man sich "das Fertige der ästhetischen Formen und der zum Schönen gebildeten Sprache zueignete". Treffend hebt Mann im Zusammenhang damit die Tatsache hervor, dass selbst
Petrarca seine lateinische Dichtung höher schätzte
als seine Sonette in italienischer Sprache.

Ich möchte noch ergänzend auf eine Erscheinung
aus dem 17. Jahrhundert hinweisen, welche eine Ähnlichkeit mit der in Rede stehenden Zweisprachigkeit
der humanistischen Literatur aufweist und mit ihr in
einem gewissen Grade verglichen werden kann. Ich
meine hier den geradezu paradox anmutenden Gebrauch
der ausländischen Sprachen - der italienischen, der
französischen und der spanischen - in den deutschen
Sprachgesellschaften, welche doch bekanntermassen
ausschliesslich der Pflege der deutschen Sprache
dienen sollten und in ihrem puristischen Bestreben
so weit gingen, dass sie selbst die Eindeutschung
aller Fremdwörter verlangten. Wenn wir nun all die
obigen Erwägungen, deren Richtigkeit wohl kaum ange-
zweifelt werden dürfte, in Betracht ziehen, dann
wird es für uns klar, dass das Schuldrama "Nabal"
von Rudolf Gwalther als ein zur deutschen Literatur
gehörendes Werk anzusehen und als solches entsprechend zu behandeln ist, und dies umsomehr, als
Gwalther, wie Creizenach[17] es betont, ohne Zweifel
deutsch empfunden hat.

Anmerkungen

1   M. Koch, op.cit., S.72.
2   R. Newald in: H. De Bohr - R. Newald, Geschichte der deutschen Literatur, Bd.V, S.2.
3   De Bohr-Newald, op.cit., Bd.IV, Teil 1, S.410.
4   St. Kot, op.cit., S.5.
5   O. Mann, Deutsche Literaturgeschichte, S.124.
6   O. Mann, op.cit., S.131.
7   J. Maassen, op.cit., S.18.
8   Merker-Stammler, op.cit., Bd.III, S.470.
9   Aufriss..., Das Zeitalter des Humanismus und der Reformation, S.69 f.
10 H. Borcherdt, op.cit., S.153.
11 O. Francke, op.cit., S.1.
12 E. Schmidt, op.cit., Vorwort.
13 R. Arnold, Die Kultur der Renaissance..., S.125.
14 M. Koch, op.cit., S.65.
15 H. De Boor, R. Newald in: R. Newald, loc.cit.
16 O. Mann, Geschichte des deutschen Dramas, S.36.
17 W. Creizenach, op.cit., Bd.III, S.386.

B. RUDOLF GWALTHER - DIE PERSÖNLICHKEIT DES VERFASSERS

Das in Rede stehende Drama - die neulateinische Schulkomödie "Nabal" - wurde von Rudolf Gwalther verfasst. Über seine Person, sein Leben und Wirken, seine wissenschaftliche und literarische Tätigkeit finden wir einige spärliche Angaben in der Allgemeinen Deutschen Biographie[1], in der Neuen Deutschen Biographie[2] und im Allgemeinen Gelehrten-Lexikon[3]. Kurz wird er bei Goedeke[4], bei Creizenach[5], bei Kosch[6] und bei Bolte[7] erwähnt. Von der Aufzählung einiger sich auf Gwalther beziehenden beiläufigen Erwähnungen, denen wir bei den sich mit dem Schuldrama beschäftigenden Autoren begegnen, sehe ich hier ab, weil diese ausser dem Titel seiner Komödie - "Nabal" - und ihrem Entstehungsdatum nichts Wesentliches enthalten.

Die meisten und genauesten Nachrichten über Gwalther verdanke ich dem im Vorwort erwähnten Kurt Jakob Rüetschi, einem in Luzern lebenden Schweizer Wissenschaftler. Er hat neuerdings grossangelegte Untersuchungen über das Leben und den literarisch-wissenschaftlichen Nachlass unseres Autors in Angriff genommen und bereitet eine umfassende Gwalther-Bibliographie vor. Auch hat er mir freundlicherweise die Ergebnisse seiner bisherigen Nachforschungen zugänglich gemacht. Aus all diesen Nachrichten lässt sich die höchst interessante Silhouette eines humanistischen Gelehrten und Schriftstellers entwerfen.

Was zunächst Gwalthers Namen anbetrifft, so weist dieser eine Reihe von Varianten auf. Gwalther selbst unterschrieb seine deutschen Werke, wie uns Rüetschi[8] informiert, als Rudolf Walther, die lateinischen Werke hingegen mit "Rudolphus Gualtherus Tigurinus". Je einmal benutzte er folgende Decknamen: Eubulos Dynateros und Eustorgus Philopater. In den an ihn gerichteten Briefen finden wir, nach Rüetschi, alle möglichen Versionen seines Namens: Gualthert, Gualthart, Gwaltherus, Gualter, Galter. Wie er eigentlich von Haus aus hiess, wissen wir nicht. Sein

Pflegevater Bullinger nannte ihn oft "Walthart". Vermutlich ist Walther der richtige Name unseres Autors gewesen. Trotzdem gebraucht Rüetschi den Namen Gwalther mit der Begründung, dass der Name Walther wegen seines häufigen Vorkommens leicht zu Verwechslungen führen könnte, und zudem sei Gwalther die entsprechende Verdeutschung der lateinischen Version "Gualtherus". Diese wird bereits im 16. Jahrhundert bezeugt und ist - im Unterschied zu Walther - ein seltener Name. Ein zusätzliches Argument für die Wahl dieser Namenform bildet für Rüetschi die Tatsache, dass der Name Gwalther so seinen Kindern im Taufbuch zu St. Peter in Zürich eingeschrieben ist.

Rudolf Gwalther wurde 1519 in Zürich als Sohn eines Zimmermanns nach dessen Tod geboren. Wegen seiner offensichtlichen geistigen Begabung wurde der Knabe auf Kosten der Stadt Zürich ausgebildet. Während seiner Schulzeit wohnte er im Hause seines Pflegevaters Heinrich Bullinger. Er studierte später an den Universitäten in Lausanne, in Basel und in Marburg, hörte den berühmten Dichter Eobanus Hessus, erwarb die Kenntnis der französischen und auch der italienischen Sprache. Ein gewisses curiosum bildet die Tatsache, dass man ihm - trotz evidenter überdurchschnittlicher Begabung - verwehrt hatte, die Magisterwürde zu erlangen, und dies aus zwei Gründen: weil es zu teuer sei und weil die Stadt Zürich "keine mit Titeln geschmückte, sondern nur wohlgebildete, gottesfürchtige Männer" in ihrem Dienst zu sehen wünschte[9]. Nachdem Gwalther im Jahr 1541 Prediger in Schwamendingen und Provisor an der Grossmünsterschule in Zürich geworden war, heiratete er Regula Zwingli, die Tochter des bekannten Reformators. Im nächsten Jahr wählte ihn die Gemeinde der St. Peterskirche in Zürich zu ihrem Pfarrer. Nach dem Tode Bullingers wurde Gwalther dessen Nachfolger als erster Pfarrer (Antistes) von Zürich. Er predigte nun im Grossmünster, stand dem Examinatorenkonvent und - zusammen mit dem Bürgermeister - der Kirchensynode vor. Gwalther starb an Weihnachten 1586.

Aus den Berichten der eingangs genannten Bio-
graphien und Literaturgeschichten, vor allem aber
aus den Informationen Rüetschis[10] taucht vor unseren
Augen eine Dichter- und Gelehrtengestalt auf, welche
keineswegs zu den Durchschnittspersönlichkeiten zu
rechnen ist, sondern vielmehr ein nicht alltägliches
Format aufweist. Wir erfahren, dass Gwalther eine
überaus umfangreiche wissenschaftliche Tätigkeit entfaltet hatte. Neben der Ausübung seines Predigeram-
tes legte er zahlreiche philosophische Arbeiten vor.
Er vollendete die von Leo Jud begonnene lateinische
Züricher Bibel zusammen mit Bibliander, Kolin und
Pellikan. Später übersetzte er die Bücher Mose ins
Deutsche. Ein für die Zwingli-Forschung wichtiges
Werk ist Gwalthers Übersetzung der deutschen Schriften Zwinglis ins Lateinische. Er verfasste auch die
Vorrede zu den von ihm herausgegebenen vier Bänden
der Gesamtausgabe von Zwinglis Werken. Eine besondere Stelle in Gwalters wissenschaftlich-literari-
schem Nachlass nehmen seine deutschen Predigten und
lateinischen Homilien ein. Einige Predigten wurden
ins Englische, Französische, Italienische, Tschechi-
sche und Niederländische übertragen. Gwalther ver-
öffentlichte selber 1544 Homilien. Seine Ausbildung
war - nach Rüetschi - im wesentlichen mehr humanistisch als theologisch, und seine Begabung qualifi-
zierte ihn sowohl zur Laufbahn eines Predigers als
auch zu der eines Sprachgelehrten.
Die erwähnten Leistungen Gwalthers haben einen
ambivalenten - weil zugleich einen philologischen
und einen kirchenpolitischen - Aspekt. Er wurde zu
Recht neben Zwingli und Bullinger zu den Zürcher Reformatoren gerechnet, auch wenn er erst nach den
entscheidenden Durchbrüchen zur Welt kam. Calvin -
Beza auf der einen und Bullinger - Gwalther auf der
anderen Seite lassen sich parallel setzen, und erst
nach Gwalthers Ableben verlor Zürich, meint Rüetschi,
seine Stellung als ein Zentrum der Reformation.
Gwalther machte u.a. eine Reise nach England, führte
ausserdem einen regen und weltweiten Briefwechsel.
Er gehört auch zu den frühen, reformatorischen Staats-

denkern, und übte als solcher einen erheblichen Einfluss auf die Gestaltung der anglikanischen Staats-
kirche aus.

Von der Bedeutung seiner politisch-wissenschaft-
lichen Leistungen zeugt die Tatsache, dass sie europäischen Ruf erlangten. Die Mehrzahl von Gwalthers
Büchern wurde mehrmals aufgelegt und nicht nur in
der Schweiz, sondern auch in Deutschland, England,
Frankreich, in den Niederlanden, in Ungarn, in der
Tschechoslowakei und in Polen gelesen. Rüetschi
schätzt unseren Autor als eine bedeutende, dichte-
risch begabte Persönlichkeit ein. Wir erfahren, dass
zuweilen die Persönlichkeit Gwalthers mit der
Zwinglis oder Bullingers verglichen wurde. Seine
Predigten erregten höchste Bewunderung und wurden
von Kennern als "ein Übergang zur modernen Predigt-
weise" bezeichnet. Es herrscht die Meinung, Gwalther
hätte als erster die Predigt als eine Kunst behandelt. "Worin liegt der Erfolg seiner Predigten?"
fragte Johann Baptist Ott, ein Zürcher Pfarrer an
der Wende vom 17. zum 18. Jahrhundert, und er antwortet: "Er liegt in seiner Erzählkunst - Gwalther
ist ja auch Dichter -, im richtigen Mass ... er
liegt darin, dass er auch bei langen Predigtfolgen
jede einzelne Homilie für sich abzuschliessen, als
ein Ganzes zu behandeln wusste, er liegt in dieser
besonderen Methode". Nach den Angaben Rüetschis
reichte Gwalthers Ruhm bis in 17. Jahrhundert hinein.
Er wurde seinerzeit zu den bedeutendsten Schweizer
Dichtern gerechnet, ja sogar vom reformierten Kir-
chenliederdichter Ambrosius Blaser mit dem Titel des
"begabtesten Dichters der Zeit" bedacht[11].

Wie aus diesen Informationen zu ersehen ist,
wies Gwalther - dem humanistischen Ideal des uomo
universale gemäss - ein vielseitiges Talent auf. Die
weite Spannung seiner wissenschaftlichen Interessen
beweist die in der Allgemeinen Deutschen Biographie[12]
enthaltene Nachricht, dass er auch ein historisches
Werk verfasst hat unter dem Titel "De Helvetiae
origine, successu, incremento etc." Gwalther beschäftigte sich auch mit philologischen Bearbeitungen

griechischer Autoren. Von Jöcher[13] erfahren wir, dass
unser Gelehrter das Onomasticon von Pollux ins Lateinische übersetzt hat. Dies wird durch die bei Taylor[14]
befindliche Nachricht bestätigt. Wir lesen dort:
"Rodolphus Gualtherus has translated Pollux. Both
- the Latin and the Greek Onomasticon have been print-
ed. The Greek Onomasticon has a Latin and a very rich
Greek index".

Neben allen seinen wissenschaftlichen Interessen
höheren Ranges hatte er noch eine künstlerische Leidenschaft: die Vorliebe für das Theater. Diesem seinem
Interesse verdanken wir eben die Entstehung unseres
Stückes. Es ist also ein Nebenprodukt der wissen-
schaftlich-literarischen Tätigkeit seines Verfassers.
Der sich mit Gwalthers literarischem Nachlass be-
schäftigende Autor des Artikels in der Neuen Deutschen Biographie[15] spricht zwar von Gwalthers Komödien; nirgendwo wird jedoch ausserdem das Vorhandensein einer anderen Komödie von Gwalther bescheinigt.
Deswegen müssen wir annehmen, dass es sich um diesen
Fall, d.h. beim Gebrauch der Mehrzahlform "Komödien"
um einen Irrtum handelt.

Als ein gewisses curiosum ist im Zusammenhang
damit zu verzeichnen, dass Gwalthers theatralische
Neigungen und die Tatsache, dass er eine Komödie verfasst hat, bei den orthodoxen reformierten Theologen
des 17. Jahrhunderts so grosse Bedenken hervorriefen,
dass spätere Biographen unseres Dichters sich genötigt sahen, diese seine Leidenschaft als eine "ver-
zeihliche Jugendsünde" darzustellen und sie mit
"langen Exkursen über das Spiel in der christlichen
Kirche" zu rechtfertigen[16].

Angesichts des oben geschilderten Sachverhalts
ist es also eine verlockende Aufgabe, das einzige
dramatische Werk - nicht eines dramatischen Dichters
par excellence, sondern eines Gelehrten von hohem
Rang - ins Auge zu fassen und es zum Gegenstand literarischer Untersuchungen zu machen.

Anmerkungen

1 Allgemeine Deutsche Biographie, Bd.X, S.239 f.
2 Neue Deutsche Biographie, Bd.VII, S.360.
3 Ch.G. Jöcher, Allgemeines Gelehrten-Lexikon, Bd.IV, Sp.1806 A.
4 K. Goedeke, op.cit., Bd.I, S.136 u. 183.
5 W. Creizenach, op.cit., Bd.III, S.386.
6 W. Kosch, Deutsches Literatur-Lexikon, Biographisches und bibliographisches Handbuch, Bd.I, S.762.
7 J. Bolte, Geschichte des Danziger Theaters, S.3 f.
8 K.J. Rüetschi, Private briefliche Mitteilungen.
9 K.J. Rüetschi, loc.cit.
10 K.J. Rüetschi, loc.cit.
11 K.J. Rüetschi, loc.cit.
12 Allgemeine Deutsche Biographie, loc.cit.
13 Ch.G. Jöcher, loc.cit.
14 Archer Taylor, A history of bibliographies of bibliographies, S.5.
15 Neue Deutsche Biographie, loc.cit.
16 K.J. Rüetschi, loc.cit.

2. Inhalt

A. INHALTSANGABE

Unser Stück behandelt eine Episode aus dem Leben
zweier biblischer Gestalten: Nabal und David. Es besteht aus 5 Akten.

1. Akt. Der von Saul verfolgte, in der Nähe von
Carmel in Judäa mit seinen Kriegern umherirrende
David erfährt, dass in seinem Heerlager infolge der
dort herrschenden Hungersnot eine Meuterei ausgebrochen ist. Durch diese Lage der Dinge gezwungen wendet
er sich an Nabal, einen in der Nähe wohnenden reichen, aber geizigen und dummen Viehzüchter mit der
bescheidenen Bitte um eine Lebensmittelspende für
seine hungernden Leute.

2. Akt. Davids Boten werden von Nabal, der gerade aus Anlass der Schafschur ein prächtiges Mahl
für seine dazu eingeladenen Nachbarn zubereiten liess,
hartherzig abgewiesen und verjagt, wobei David mit
Schmähungen überhäuft wird. Die Gäste lassen lange
auf sich warten. Derweil unterhalten sich zwei Hausknechte Nabals über ihren Herrn. Von dem einen wird
Nabal wegen seines Geizes und wegen der harten und
hochmütigen Behandlung seines Hausgesindes angeklagt,
während der zweite Knecht seinen Brotgeber zu verteidigen sucht. Nach dem Erscheinen der Gäste überlässt sich Nabal zusammen mit ihnen schwelgerischen
Tafelfreuden. Der übermässige Weingenuss endet mit
Nabals völliger Betrunkenheit.

3. Akt. Die zurückgekehrten Boten erstatten
David inzwischen Bericht über die schmachvolle Behandlung, die sie von Nabal erfuhren. Zornentbrannt
fasst David den Beschluss, sich sofort an Nabal für
die erlittene Kränkung zu rächen. Er bereitet einen
Überfall auf dessen Haus vor. Dadurch will er zwei
Ziele erreichen: seinem beleidigten Stolz Genugtuung
zu verschaffen, um zugleich durch die auf diese Weise erbeuteten Lebensmittel der Hungersnot seiner
Krieger abzuhelfen. Von diesem Vorhaben erfährt zu-

fällig ein Hausknecht Nabals. Er benachrichtigt davon dessen Gemahling, die schöne und kluge Abigail. Diese beschliesst nach kurzem innerem Kampf, das Haus und ihren Ehemann Nabal aus der höchsten Gefahr zu retten, obgleich sie sich kurz zuvor in einem Monolog über die moralische Schlechtigkeit ihres Mannes und über das schwere Schicksal, das sie an dessen Seite zu ertragen hat, bitter beklagt hat. Sie will dem heranziehenden David mit einer reichen Lebensmittelspende entgegeneilen, um auf diese Weise seinen Zorn zu besänftigen und seine Rache zu verhindern.

   4. Akt. Während der betrunkene Nabal in seinem Haus eingeschlafen darnieder liegt, macht sich David mit seinen Leuten auf den Weg, um Nabals Haus in Schutt und Asche zu legen. Da tritt ihm Abigail mit ihrem mit herrlichen Gaben beladenen Gesinde entgegen. Obgleich ihr der Anblick des bewaffneten Heeres den grössten Schrecken einjagt, zwingt sie sich mit höchster Willensanstrengung zu dessen Überwindung und überreicht David das Gebrachte. Zugleich bittet sie diesen demütig um Vergebung der Schuld ihres Gatten. Von deren Schönheit und Demut tief beeindruckt, lässt David seinen Vorsatz fällen, empfängt freudig die dargebrachten Lebensmittel und entlässt Abigail huldvoll.

   Nach Hause zurückgekehrt wirft Abigail ihrem aus dem Schlaf erwachten Mann sein törichtes Benehmen David gegenüber vor und schildert die Gefahr, die als folge dieser seiner Tat für das ganze Haus entstand. Ihre Worte versetzen Nabal in solche Bestürzung, dass er auf der Stelle tödlich erkrankt[1]. Bald darauf wird vom Hausknecht Nabals Tod bekanntgegeben.

   5. Akt. Der von Nabals plötzlichem Tod benachrichtigte David fasst gleich den Beschluss, dessen Witwe zu heiraten. Er sendet an sie Boten, welche die Brautwerbung zustande bringen sollen. Die überraschte Abigail willigt nach Überwindung anfänglicher Bedenken, welche eine so frühe Wiederverheiratung bei ihr aufkommen liess, ein. David hofft durch diese Heirat zwei Vorteile zugleich zu erzielen: erstens seiner Verliebtheit Folge zu leisten und zweitens seine materielle Lage durch den Reichtum Abigails auf die Dauer sicherzustellen. Das Stück schliesst in freudiger Stimmung mit der Ansage der Hochzeits-feier.

"Nabal" ist also, wie ersichtlich, ein bibli-sches Drama. Wir wissen bereits, dass biblische The-men sich bei den Schuldramenautoren einer grossen Beliebtheit erfreuten. Wir erfahren von Tittmann[2], dass Luther bei seiner Bibelübersetzung auf die Be-deutung der Bibel als Quelle dramatischer Motive hingewiesen hatte. Er meinte sogar, die Juden hätten auf Grund der Bibel angefertigte Dramen aufgeführt. Nach der Einteilung Franckes[3] bilden die biblischen Dramen die zweite Gruppe der Schuldramen. Als die erste werden hier Stücke mit weltlichem und erdach-tem Inhalt (fabula ficta) bezeichnet, als die zwei-te: Stücke, deren Themen der Bibel oder der Legen-den- und Kirchengeschichte entnommen wurden (historia sacra et vera), die dritte: Komödien, welche eigent-lich gar keine Handlung haben, und deren Tendenz eine ausgeprägt pädagogisch-didaktische oder poli-tische, auch kirchlich-satirische ist. Francke be-tont an anderer Stelle[4], dass die biblischen Spiele vom Klerus begünstigt wurden, welcher in diesen ein Gegenstück nicht nur zu Terenz, sondern auch zu den sittlich bedenklichen Stücken von Locher und Hegen-dorffinus erblickte und zugleich ein Mittel, die oft missachteten Geschichten der Bibel und der Legende für das Volk attraktiver zu gestalten.

Im Zusammenhang mit der Inhaltsangabe unseres Stückes erscheint es angebracht, die Frage nach dem Ursprung der biblischen Stücke in Deutschland auf-zuwerfen. Ein Impuls in dieser Richtung - das heisst die Empfehlung Luthers - wurde hier bereits erörtert. Interessant ist für uns jedoch noch die sich auf diese Frage beziehende Meinung Michaels[5], wonach der Ursprung der humanistischen biblischen Dramen in den alten Passionsspielen zu suchen sei. Diesen wurden nämlich gelegentlich als Begleitspiele kurze

Stücke mit biblischem Inhalt hinzugefügt. Letztere
hätten sich später von den Passionsspielen losgelöst
und gelangten zur Geltung als selbständige Stücke.
Aufschlussreich ist für uns die Nachricht, dass im
Jahr 1498 in Frankfurt am Main vor einem Passionsspiel vier biblische Szenen aufgeführt wurden, welche genau dieselben Themen behandeln, die später am
häufigsten dramatisiert wurden, nämlich: Abrahams
Opfer, Susanna, der reiche Mann und der arme Lazarus sowie der verlorene Sohn. Die einzelnen Figuren
wurden hier oftmals nach der Meinung Michaels "je
von einer Zunft dargestellt". Deswegen haben sich
diese Szenen vom grossen Passionsspiel losgelöst
und wurden von den kleinen Wandertruppen der Spiel-
gesellschaften aufgegriffen. Solche Vorstellungen
können die Schuldramatiker gesehen und daraus Impulse für sich geschöpft haben. Nach der Ansicht von
Michael ist die berühmte "Susanna" von Rebhuhn als
eine Reminiszenz der Frankfurter, Heidelberger und
Wiener Aufführungen anzusehen. Michael weist auch
auf die Vorbilder anderer beliebter biblischer Dramen des 16. Jahrhunderts hin. Ob es nun in unserem
Fall auch ein solches Vorbild unter den Anhängseln
an die Passionsspiele gegeben hat, ist natürlich
schwer zu ermitteln. Es dürfte jedoch kaum der Fall
sein, denn die von Gwalther gewählte Episode aus dem
Leben Davids und Nabals ist weit weniger bekannt,
als die oben erwähnten Themen. Die Person Davids ist
zwar wohl als eine der bekanntesten Gestalten des
Alten Testaments anzusehen - davon zeugt u.a. die
Beliebtheit des Davidstoffes in der deutschen Literatur - die Gestalt Nabals ist jedoch, wie es scheint,
vor Gwalther kaum allgemein bekannt gewesen. Über
die Person Nabals informiert uns die Podreczna Encyklopedia Biblijna[6]. Es war ein reicher aber geizi-
ger Viehzüchter, der in der Nähe von Carmel in Judäa
lebte. Seine Herden bestanden aus 3000 Schafen und
1000 Ziegen. Seine Name stammt vom hebräischen Wort
"nābhāl" und bedeutet "dumm". Er wird hier als ein
boshafter, verbitterter, der Trunksucht verfallener

Mensch geschildert. Die von Gwalther dramatisierte
Episode wird an dieser Stelle kurz angegeben.

Allem Anschein nach hat Gwalther als erster
diese biblische Episode aufgegriffen und für dramatische Zwecke verwendet, auf welche ich noch im weiteren eingehen werde. Die Autoren, welche sich mit
David beschäftigt hatten, bearbeiteten - meines Wissens - andere Episoden aus dessen Leben, besonders
den Kampf mit Goliath. Diese Geschichte erlangte eine
grosse Popularität. Die Episode hingegen, welche den
Gegenstand unseres Stückes bildet, finden wir meines
Wissens sonst nirgends.

Anmerkungen

1 Er erliegt einem fürchterlichen Krankheitsanfall, welchen
   wahrscheinlich seine langandauernde Trunksucht herbeigeführt hat. Der Schrecken, der ihn bei Abigails Erzählung
   überfiel, ist hier wohl der Faktor gewesen, der die lang-
   sam und unmerklich heranschleichende Krise zum Ausbruch
   brachte.
2 J. Tittmann, op.cit., S.XXV f.
3 O. Francke, Terenz und die lateinische Schulkomödie in
   Deutschland, S.118.
4 O. Francke, op.cit., S.62.
5 F. Michael in: R. Arnold, Das Deutsche Drama, S.57.
6 K. Gasiorowski in: Podręczna Encyklopedia Biblijna, S.127.

B. VERGLEICH DES INHALTS MIT DER QUELLE

Gwalther hat den Stoff zu seinem Drama, wie er es
selbst im Titel angibt, aus dem 25. Kapitel des
1. Buches der Könige geschöpft. Es gilt also den Inhalt unseres Stückes mit der Quelle zu vergleichen,
um nachzuforschen, inwiefern unser Autor seine
Grundlage befolgt, d.h. ob er irgendwelche Bestandteile des biblischen Textes geändert oder etwa eigene
Elemente hinzugefügt hat. Im Ergebnis eines eingehenden Vergleiches gelangen wir zu folgenden Feststellungen: Gwalther hat den biblischen Text in der Hauptsache treu wiedergegeben, ihn jedoch um einige Nebenmotive bereichert und die ganze Handlung durch Einführung zusätzlicher fiktiver Personen sehr geschickt ausgebaut. Unsere besondere Aufmerksamkeit
verdient das Motiv der in Davids Lager infolge der
dort herrschenden Hungersnot ausgebrochenen Meuterei,
welches erstens ein zusätzliches Moment der dramatischen Spannung bedeutet und zweitens für uns noch im
Zusammenhang mit einem Problem, das ich an anderer
Stelle erörtern werde, sehr wichtig ist. Im 1. Buch
der Könige[1] lesen wir nur, David habe gehört, dass
Nabal das Fest der Schafschur feiert. Er nahm diese
Gelegenheit wahr, um den Viehzüchter um eine Lebensmittelspende für seine hungernden Leute zu ersuchen.
Durch Gwalthers Zusatz wurde die Situation viel dramatischer gestaltet, von Nabals Hilfe hängt jetzt
das Schicksal Davids ab, denn wenn der Hunger der
meuternden Krieger nicht sofort gestillt wird, kann
die Aufruhr im Lager für David unabsehbare Folgen
haben. Im Buch der Könige sprechen Davids Boten nicht
von der im Lager herrschenden Hungersnot, wie es die
Boten bei Gwalther tun. Nabals Absage wirkt in unserem Stück dadurch viel schärfer, wird auch von Gwalther viel plastischer dargestellt.

Einige unwesentliche Einzelheiten seines Grund-
textes hat Gwalther ausgelassen oder ein wenig geändert. So lesen wir beispielsweise in der Bibel[2],
dass David "decem iuvenes" zu Nabal geschickt hat,
während es bei Gwalther nur zwei Personen sind. Auch

die Menge des David von Abigail überreichten Pro-
viants stimmt nicht ganz genau mit der im Buch der
Könige angegebenen Menge überein. In der Bibel lesen
wir[3]: "Festinavit igitur Abigail, et tulit ducentos
panes et duos utres vini et quinque oves coctas et
quinque sata farinae et centum fasces uvae passae
et ducentos massas caricarum et imposuit super
asinos...". Bei Gwalther ist die Aufzählung nicht
so genau. Wir lesen dort[4]:
```
"... Parabo igitur cito
Panes ducentos et cados vini duos
Addam his oves, uvas ficusque ..."
```
Andere Auslassungen, die er vorgenommen hat, bespre-
che ich bei den deutschen Versionen. Viele Stellen
wurden jedoch von Gwalther aus der Bibel treu übernommen. Unsere besondere Aufmerksamkeit verdient in
dieser Hinsicht das Gespräch, welches zwischen Abigail und David im Augenblick ihrer dramatischen Begegnung stattgefunden hat. Die Ansprache Abigails
wurde nämlich von Gwalther aus der Bibel fast unverändert übernommen. Wir finden hier ganze Fragmente,
in denen wir eine stellenweise fast wörtliche, immer
aber eine genaue inhaltliche Übereinstimmung feststellen können. So lautet im Buch der Könige[5] die
erwähnte Aussprache Abigails folgendermassen:
```
"In me sit domine mi haec iniquitas, loquatur,
obsecro, ancilla tua in auribus tuis, et audi
verba famulae tuae".
```
Dem entspricht bei Gwalther der Passus[6]
```
"Supplex venio et mihi amputare te velim
Omnem hanc iniquitatem, qua peccavit in
Te vir meus: quare precor, ut ancillulam
Tuam tibi loquentem benignius audias."
```
Im Buch der Könige lesen wir weiter:
```
"Ne ponat, oro, dominus meus, rex cor suum
contra Nabal virum istum Belial, quia secundum
nomen suum stultus est, et stultitia est cum eo.
Ego autem ancilla tua non vidi pueros tuos,
domine mi, quos misisti."
```
Das Gegenstück bei Gwalther[7] lautet:

"Peccavit in te Nabal, idque gravissime
... quid ab hoc te accepta movet iniuria?
Nam quantus est, Nabal est et nomini
Respondet ...
Quod si tui me convenissent nuntii,
Nunquam haec patrata in te fuisset iniquitas."
Im Buch der Könige spricht Abigail weiter:
"Nunc ergo, domine mi, vivit Dominus et vivit
anima tua, quia prohibuit te Dominus, ne venires
in sanguinem et servavit manum tuam tibi. Et nunc
fiant, sicut Nabal, inimici tui, et qui quaerunt
domino meo malum."
Bei Gwalther (Fortsetzung)[8]:
"Sed bene Deus consuluit adhuc, qui sanguinem
Ne funderes prohibuit ...
sintque similes
Nabalis omnes, qui malum tibi struunt."
Im Buch der Könige (Fortsetzung):
"Ecce benedictionem hanc, quam attuli ancilla tua
domino meo, et da pueris, qui sequuntur te do-
minum meum".
(Nach dem Wort "ecce" ist hier evidenterweise aus Ver-
sehen ein Zeitwort wohl "accipe" oder "suscipe" aus-
gelassen worden.)
Bei Gwalther (Fortsetzung)[9]:
"Tu potius, quod offero munusculum
Benignus accipe, ut tuis sit servolis,
Quo nunc famis necessitatem mitigent."
Im Buch der Könige (Fortsetzung):
"... quia bella DOMINI, domine mi, tu geris."
Bei Gwalther (Fortsetzung)[10]:
... "illius tu proelia geris."
Im Buch der Könige (Abigail-Fortsetzung):
"Si enim surrexerit aliquando homo persequens
te, vel quaerens animam tuam, erit anima domini
mei custodita quasi in fasciculo viventium apud
DOMINUM Deum tuum. Porro inimicorum tuorum anima
rotabitur tamquam in funda."
Bei Gwalther (Fortsetzung)[11]:
... "Licet ergo contra te quam plurimi
Insurgere ausint, et peremptum postulent,

66

Nihil tamen proficient: nam tuebitur
Te dominus et animam tuam custodiet,
Hostesque tuos funda rotatos plumbei
Globi instar abijciet procul."
Im Buch der Könige (Fortsetzung):
"Cum autom fecerit tibi DOMINUS domino meo omnia
haec, quae de te locutus est, bona, et praecepe-
rit, ut sis dux super Israel, non erit tibi hoc
in genitum et offendiculum cordis domino meo,
quod effuderis sanguinem frustra, aut ipse te
ultus fueris, et tunc benefaciet DOMINUS domino
meo et recordaberis ancillae tuae."
Bei Gwalther (Fortsetzung)[12]:
     ... "Tunc regio
Insignis honore digna laudis praemia
Feres: nec hoc postremum erit quo gaudeas,
Quod sanguine innocente non foedaveris
Manus: sed et nec mens sibi male conscia
Terrebit: Horum memor animum iratum preme
Et si quando horum te meminisse iuverit,
Tuae simul memineris, oro, ancillae."
Wie ersichtlich, ist der Verlauf des dramatischen Ge-
sprächs zwischen Abigail und David - hauptsächlich
kommt hier die Aussprache Abigails in Frage - grund-
sätzlich genau wiedergegeben worden. Obgleich in
etwas andere - meist im Vergleich mit dem Original
synonyme - Worte gekleidet, ist die Gedanken- und
Satzfolge die nämliche geblieben. Stellenweise hat
Gwalther die umständliche Ausdrucksweise der Bibel
knapper und expressiver gestaltet. Auch in einem
anderen dramatischen Moment des Stückes - im Gespräch, das zwischen Nabal und Davids Boten stattfand - ist eine ähnliche Übereinstimmung der beiden
Texte zu verzeichnen. Der ganze Verlauf der Handlung
stimmt in unserem Drama in der Hauptsache mit dem
Inhalt der in der Bibel geschilderten Episode überein. Gwalthers Stück endet genau so, wie der biblische Bericht, mit der Hochzeit Davids und Abigails.
Unser Drama weist also eine grundsätzliche Treue
dem biblischen Original gegenüber auf. Ohne irgendwelche grösseren Änderungen vorzunehmen, hat unser

Autor es jedoch - wie wir sehen werden und wie bereits erwähnt - verstanden, den gegebenen Inhalt geschickt auszubauen und zu erweitern, um einige Nebenmotive und zusätzliche fiktive Personen zu bereichern.

Anmerkungen

1 Pentateuchus ... Libri Regum ... Wittenbergae 1529, Auctore Philippo Melanchthone Liber primus, Capitulum XXV, Fol. CXI-CXII. (In der Zürcher Bibelübersetzung: 1. Samuel 25,2-42)

2 Primus liber Regum (1 Sam 25,5).

3 Primus liber Regum (1 Sam 25,18).

4 Akt III, Sz. V. S.64. Da der Druck dieses Dramas und seiner deutschen Versionen keine Pagination hat, führte ich zwecks Erleichterung der Orientierung meine eigene Pagination ein. (Giovanolis Ausgabe S.120/122, Z.1164-1166).

5 Primus liber Regum (1 Sam 25,24).

6 Akt. IV, Sz. II, S.70 (Giovanolis Ausgabe S.134, Z.1292-1295).

7 loc.cit. (1 Sam 25,25; S.134, Z.1296-1306).

8 (1 Sam 25,26; S.134, Z.1307-1311)

9 (1 Sam 25,27; S.134, Z.1312-1314).

10 (1 Sam 25,28; S.136, Z.1320 f).

11 (1 Sam 25,29; S.136, Z.1321-1326).

12 (1 Sam 25,30-31; S.136, Z.1326-1333).

C. DREI ASPEKTE DES DRAMAS

a) "Nabal" als allgemein-didaktisches Drama

Wenn wir unser Drama einer eingehenden Betrachtung
unterziehen, dann gelangen wir zu der Feststellung,
dass es hinsichtlich seiner inhaltlichen Tendenz
einen dreifachen Aspekt aufweist. Es bietet sich uns
nämlich erstens als ein allgemein-didaktisches, zweitens als ein konfessionelles und drittens als ein
Familiendrama dar.
Richten wir unser Augenmerk zunächst auf den
allgemein didaktischen Aspekt des Stückes.
Die Didaxis, d.h. die - wie sie von Lockemann[1]
bezeichnet wird - ausserkünstlerische Wirkung der
Dichtung, hat bekanntlich in der europäischen Literatur eine uralte Tradition, worauf Mann[2] hinweist,
indem er u.a. Vergils "Georgica" zitiert. Wir könnten aber hierbei noch weiter - bis zu Hesiod und
seinen Ἔργα καὶ ἡμέραι ausholen, die Mann nicht erwähnt. In der deutschen Literatur beginnt die didaktische Tendenz sich auch früh geltend zu machen.
Bereits die höfische Lehre wird - nach dem Ausdruck
Manns - "zum Vorhof für die übergreifende Morallehre",
welche auch in der literarischen Produktion der Geistlichen naturgemäss den Vorrang hatte. Später war es
- wie Mann bemerkt - für den "praktisch denkenden
Bürger ganz selbstverständlich, dass die Dichtung
moralisch nützlich sein müsse". Unser Autor führt
hier den "Ring" Wittenweilers, Winsbeke, den "Wel-
schen Gast" von Zerklaere, Freidanks "Bescheidenheit" und natürlich Hans Sachs an, in dessen Stücken
der Ehrenhold anzusagen pflegte, was man aus diesen
lernen könne und den Zuschauern meistens drei gute
Lehren auf den Weg mitgab. Auch erzählende Werke
(Stricker) wurden, wie Mann sich ausdrückt, "mit
Lehren befrachtet" und entstanden oft schlechthin
nur "als Mittel zur Lehre", ja - sie "lösten sich
in Lehre auf". Die Didaxis drang, wie Mann darauf
hinweist, auch in die Tierfabel ein, welche - so wie
die Komödie - "den Spiegel des menschlichen Lebens"

darstellen sollte. Die Satire hatte bekanntlich gleich-
falls moralisierende Zwecke. Hugo von Trimberg schrieb
beispielsweise um 1300 seinen "Renner" (in 24'000 Versen!), in dem er die sittlichen Mängel aller Stände
brandmarkte. Selbst Sebastian Brandt beschäftigt sich
im "Narrenschiff" mit nichts anderem als mit den
menschlichen Charakterschwächen.

Dieses didaktische Element behauptete sich in
der deutschen Literatur mehrere Jahrhunderte lang, ja
es wies eine erstaunliche Lebensfähigkeit auf, so
dass es sich noch im 18. Jahrhundert aus dem literarischen Bereich nicht verdrängen liess. Mann[3] weist
im Zusammenhang damit auf Lessing hin, nach dessen
Meinung ein moralischer Nutzen der Dichtung so selbstverständlich war, dass sich "eine Diskussion darüber
erübrigte".

Die didaktische Strömung scheint nun sowohl in
der europäischen als auch in der deutschen Literatur
in der Epoche des Humanismus ihren Höhepunkt erreicht
zu haben. Dies bezieht sich jedenfalls auf das Gebiet
des uns hier interessierenden Schuldramas. Letzteres
bildete durch seine ungemein breite gesellschaftliche
Resonanzebene naturgemäss ein ausserordentlich geeignetes Instrument zur Verbreitung moralischer Lehren.
Ulewicz bemerkt diesbezüglich richtig[4]: "Chyba żaden
rodzaj literacki nie jiał wówczas tak szerokiego
zaplecza społecznego, jak właśnie dramat". Obgleich
die Didaxis, wie gesagt, in der Literatur der in Rede
stehenden Epoche eigentlich allgegenwärtig war - treffend drücken diesen Sachverhalt zwei Bemerkungen aus:
die bereits zitierte von Koch, wonach im 16. Jahrhundert eine Poesie ohne lehrhafte Absicht undenkbar
war und die von Borcherdt[5], wonach man damals keine
didaktische Poesie als Gattung kannte, weil einfach
alle Poesie didaktisch war -, so bildete doch das
Drama, besonders das Schuldrama, ihre Lieblingsdomäne.
Es kam den Autoren auf die "unmittelbare Veranschaulichung eines Lehrsatzes, einer Moral" an. "Eine moralische Nutzanwendung findet man in allen biblischen
Dramen", betont Holstein[6]. Maassen[7] zitiert eine Übersetzung der "Menaechmi" von Plautus aus dem Jahre

1570, in der das Vorhandensein einer didaktischen
Tendenz im Drama als Vorschrift formuliert wurde:
"In Tragoedien und Comoedien würt nicht allweg be-
wisen, was recht gethon sey, sonder würt angezeigt,
wie es recht gethon sollte sein". Er bemerkt ferner,
"lehrhaft und erzieherisch" seien die ständig gebrauchten, landläufigen epitheta für das Schuldrama.
Er berichtet, dass diese moralpädagogische Tendenz
bei den Schuldramenautoren mit der Zeit derartig
zu überwuchern begann, dass man selbst, wie bereits
oben angedeutet wurde, den Sinn der an sich zweck-
freien Terenzkomödien entstellte, indem man sie den
Zwecken des didaktischen Schulhumanismus dienstbar
zu machen suchte. Bezeichnend ist im Zusammenhang damit der von Nadolski[8] angeführte Ausspruch von
Andreas Aurifaber: "Haud abs re fuerit multum operae
et studii in fabulis Terentianis cognoscendis ponere
pueros, ut vitia mature noscant, ut cum cognorint,
perpetuo oderint; comoedia enim vitam humanam seu in
speculo nobis proponit spectandam, ut ex aliis
exemplis et usu quod sit capiamus: virtutem quam
sequamur laudibus evehit, contra vitia proscindit
conviciis et fugienda nobis ea non aliter ac pestem
admonet".

Von diesem "moralpädagogischen Bann", wie es
Michael[9] bezeichnet, blieb schliesslich, wie Maassen[10]
bemerkt, sogar das geistliche Lied nicht verschont,
welches an die Stelle der subjektiven Erlebnislyrik
die Katechese treten lässt und sich in dieser Hinsicht der zeitgenössischen Dramatik angleicht. Auch
hier handelt es sich um "bewusst gewollte ethische
Beeinflussung" der Mitmenschen. Verständlicherweise
erfuhr dieser lehrhaft-erzieherische Zug des Schauspiels, wie Maassen[11] bemerkt, im deutschsprachigen
Drama - im Vergleich mit dem lateinischen - eine Verstärkung, weil das erstere seine Wirkung auf einen
weit grösseren Empfängerkreis ausüben konnte.

Den Autoren bot sich hier die beste Gelegenheit
dar, diejenigen Stoffe zu verwenden, welche - nach
dem Ausdruck Maassens - "dem bürgerlichen Sinn der
Zeit entsprachen, der darauf ausging,Gesetze für sein

Leben zu schaffen, und der in besonderer Weise im
Sinne der innerweltlichen Askese des Luthertums die
tägliche Berufsarbeit, das Leben im Hause, in der
Gemeinde, in der Ehe zu formen suchte". So musste
man denn schon bei der Wahl des Stoffes darauf achten, "was nutzbarkeyt darvon entspring"[12]. Dieser
Autor[13] hebt hierbei die Bedeutung der Bibel hervor,
als Quelle praktischer Anweisungen für das Leben:
Die Bibel "galt als ein Buch, das praktische Anweisungen gab zum moralischen Leben, zur Ehrbarkeit
und Sittenstrenge und den Weg wies zur innerweltlichen Askese. Die Fülle der Stoffe, welche die Gestalten der Bibel boten, sind also weniger religiöser Art, als vielmehr moralische Anweisungen zum Leben in der Gemeinde und Gesellschaft". Michael[14] informiert uns, dass zu didaktischen Zwecken in den
Dramen jedoch nicht ausschliesslich biblische Stoffe
genutzt wurden, sondern auch historische und sogar
novellistische, die ihre didaktische Pointe zum mindesten im Epilog aufwiesen. Mann[15] schildert diesen
Sachverhalt folgendermassen: Das emporkommende Bürgertum besass zunächst noch keinen weltlichen Bil-
dungsstand, und deswegen wurden die Geistlichen in
dieser Epoche wieder einmal Bildungsträger. Dadurch
erklärt sich die Präponderanz des religiös-morali-
schen Elements in der bürgerlichen Literatur der in
Rede stehenden Zeit. Mann erblickt hierin die Wiederholung des Vorgangs von Cluny, indem er schreibt:
"Rückhalt der bürgerlichen Literatur war in beiden
Fällen der zum religiösen Leben erweckte Laie".
Was die didaktische Dramenkonzeption betrifft, so erhielt sie sich in Europa, wie Spingarn[16] betont, bis
zum Ende des 18. Jahrhunderts. Auf die Spitze getrieben wurde sie bekanntlich von den englischen Puri-
tanern, welche verlangten, dass das Drama nur noch
ein moralisches Lebensgemälde bieten solle.
        Ausser dem besprochenen Faktor, d.h. dem Ver-
langen des Bürgertums nach praktischen Lebensanwei-
sungen, müssen hier aber noch andere Faktoren erörtert werden, welche den "moral-pädagogischen Bann"
in der zeitgenössischen Literatur aufrecht erhielten.

Eine ausschlaggebende Rolle hatten hier zweifellos die humanistische Poetik und literarische Kritik
gespielt. Eine Zusammenfassung und Synthese aller
humanistischen Lehren auf diesem Gebiet bietet uns
das grundlegende Werk des eben erwähnten Spingarn.
Die humanistische Poetik gründet bekanntlich in der
Ars Poetica des Horaz, dessen Autorität immer aktuell
blieb. "At no period from the Augustan Age to the
Renaissance does the Ars poetica seem to have been
entirely lost ..." bemerkt diesbezüglich Spingarn[17].
Ihre These, die Poesie solle "aut prodesse, aut
delectare", behielt ihre Gültigkeit. Was die für uns
hier in Frage kommende Dramengattung anbetrifft, so
ist eine sich darauf beziehende Bemerkung Manns anzuführen[18]: "Schon für Aristoteles stand es fest,
dass die dramatische Kunst nicht nur erfreuen, sondern auch nützen solle".

Um auf die bekannte Formel des Horaz zurückzukommen: In der Epoche des Humanismus gelangte eben
das "prodesse" zur Vorherrschaft. Die humanistischen
Literaturtheoretiker räumten der erzieherischen
Funktion der Poesie die erste Stelle ein: "It was this
ethical and civilizing function of poetry, which was
first in the minds of humanists, action being the best
of all studies, poetry must stand or fall in proportion as it conduces to righteous action", sagt Spingarn[19]. Scaliger vertritt nach unserem Autor[20] die
Ansicht, dass, was die dramatische Dichtung anbetrifft, die Tragödie ethische Ziele verfolgen müsse:
"For Scaliger the aim of tragedy, like that of all
poetry is purely ethical one". Spingarn zitiert hierzu auch die Meinung Ronsards[21]: "Ronsard asserts,
that tragedy and comedy are entirely didascaliques
et enseignantes". Er beruft sich ferner[22] auf den
italienischen Theoretiker Varchi, der von der Literatur und von den Autoren an erster Stelle die ethische Qualität verlangt: "Varchi tells us in a brief
but important fragment - "Qualità che si ricercano
nelli scrittori e nelli scritti" - and these qualities
are four: ethical quality (bontà) and philosophical
soundness (dottrina) with regard on the content of

literature, eloquence (eloquenza) and art (arte) with
regard to its treatement. Of these, says Varchi, the
two first are nobler, than the two last ...". Here
obviously", bemerkt Spingarn weiter, "we are listening
once more to the old humanistic catch-words, doctrina
et eloquentia, matter and form, words and things,
profit and pleasure". Die letzten Worte führen uns
unmittelbar zum Horazischen "prodesse aut delectare"
zurück.

Auf welche Weise soll nun der moralische Zweck
des Dramas erreicht werden? Darüber äussern sich die
humanistischen Theoretiker ausgiebig, wobei in bezug
auf die Tragödie das Aristotelische, bekannte Medium
von "Furcht und Mitleid" erörtert wird. Spingarn zitiert im Zusammenhang damit den Ausspruch eines bekannten italienischen Theoretikers Giraldi Cintio[23]:
"Giraldi Cintio points out, that the aim of comedy and
of tragedy is identical, viz. to conduce to virtue;
but they reach this results in different ways: for
comedy attains its end by means of pleasure and comic
jests, while tragedy, whether it ends happily or un-
happily, purges the mind of vice through the medium
of misery and terror and thus attains its moral end".

Und weiter lesen wir: ... "man who are bad, are
placed in such pitiable and terrible positions that
we fear to imitate their vices". Das Böse muss im
Drama endgültig bestraft und das Gute endgültig belohnt werden: "For Scaliger", schreibt Spingarn[24],
"the moral aim is attained ... by the representation
of wickedness ultimately punished and virtue ultimately rewarded ..." Die Zuschauer sollen "embrace
the good and abstain from the bad". Diese Absicht,
bei den Zuschauern eine moralische Erschütterung
hervorzurufen, wird auch jetzt den antiken Dramen-
dichtern zugeschrieben und zwar sowohl den griechischen als auch den römischen. Thomann[25] schreibt
beispielsweise über Seneca: "Es ist ganz selbstverständlich, dass Seneca in seinen Tragödien zu warnen,
tadeln und erziehen sucht, wie es ihm als römischem
Moralpädagogen lag". "Es war überdies", fügt er hinzu[26], "seit jeher eine Hauptaufgabe des antiken Dich-

ters, des Tragikers der griechisch-klassischen Zeit
sich als Lehrer und Mahner seines Volkes zu erweisen".

Auf dieselbe Ansicht eines Teils der sich mit
der griechischen Tragödie beschäftigenden Gelehrten
weist Srebrny hin[27]: "Nach der Meinung der anderen
(Forscher) sind die Tragiker ... Lehrer und Propheten.
Es geht ihnen nicht um psychologische Konsequenz der
Gestalten, sondern sie wollen durch deren Mund bestimmte religiöse, philosophische und moralische
Thesen verkünden; die von den Personen ausgesproche-
nen Worte sind vor allem persönliche Worte des Dichters". Wir begegnen auch Auffassungen, nach denen
nicht nur die antiken Tragiker, sondern auch die Komiker als "Lehrer" des Volkes anzusehen sind. Von
Francke[28] erfahren wir, dass Daniel Heinsius "gerade so gut die römischen Komiker δίδάσκαλοί nannte,
als die Griechen ihre tragischen Dichter".

Was übrigens die Epoche des oben erwähnten
Seneca betrifft, so schreibt ihr Thomann[29] "eine
allgemeine lehrhafte Tendenz" zu, worin eine Analo-
gie zu der allgemeinen moralischen im Schrifttum der
Renaissance nachweisbaren Tendenz zu erblicken wäre.
Thomann berichtet[30], dass einige Forscher sogar in
Seneca schlechthin nicht den Dichter, sondern den
Moralprediger sahen und meinten, er habe seine Dramen
überhaupt nicht fürs Theater geschrieben, sondern
lediglich als Lesedramen, als "Kompendien seiner
Lehrmeinungen". (Diese Bezeichnung liesse sich wohl,
nebenbei gesagt - peiorativ aufgefasst - auf manche
Schuldramen unbegabter Autoren anwenden.) Francke[31]
bezeichnet die didaktische Auffassung des Dramas,
also auch der Komödie, der wir bei den humanistischen
Dramenautoren begegnen, als "unbegreiflich engherzig".
Diese Autoren stützten sich nach seiner Meinung auf
folgende Definition des Donatus: "Comoedia est fabula
diversa instituta continens affectuum civilium ac
privatorum, quibus discitur quid sit in vita utile,
quid evitandum etc."

Um auf die humanistischen Literaturtheoretiker
zurückzukommen: Es gab freilich neben den Theoreti-

kern, welche vor allem die ethische Dramenkonzeption
gelten liessen, auch einige wenige, die dem ästhetischen Gestaltungsprinzip den Vorrang zu geben suchten. Einige wenige nur, denn "... all or nearly all
avoid or ignore the consideration of literature on
its purely aesthetic side" stellt Spingarn[32] fest
und bekräftigt noch[33]: "This purely aesthetic conception of art did not prevail by itself in the sixeenth
century ...". Solche Ansichten waren isoliert. Spingarn zitiert diesbezüglich den Ausspruch Brunis,
eines Verfechters der ästhetischen Konzeption des
literarischen Werkes[34]: "Bruni means ... that poetry
is to be judged by the success of the artist and not
by the efficacy of moralist ... (We criticise the
artist and not the moralist - war seine These.)
Spingarn kommentiert ihn folgendermassen: "This is a
distinct attempt at the aesthetic appreciation of
literature, but while such ideas are not uncommon
about this time, they express isolated sentiments
rather, than a doctrine strictly coordinated with
an aesthetic theory of poetry".
     Der praktische und der ästhetische Standpunkt
auf diesem Gebiet haben übrigens stets nebeneinander existiert. Wir berühren hier eine derart fundamentale Frage der Theorie der Literatur, dass es
sich lohnt, im Zusammenhang mit unseren Erwägungen
über die didaktische Richtung der humanistischen
Theorie ihr hier ein wenig Beachtung zu schenken
und den Unterschied zu kennzeichnen, welcher auf
diesem Gebiet zwischen den früheren und den modernen
Ansichten besteht. Eingehend beschäftigen sich mit
dem hier zur Sprache gebrachten Verhältnis zwischen
Gehalt und Gestalt im literarischen Kunstwerk Wellek-
Warren in ihrer grundlegenden "Theorie der Literatur"[35], indem die uralte fundamentale Frage nach
der Funktion der Literatur überhaupt aufgeworfen
wird. "Die Frage nach der Funktion der Literatur",
lesen wir dort[36], "hat in der westlichen Welt eine
lange Geschichte, die von Plato bis zur Gegenwart
reicht". Das didaktische Element, welches in unserem
Fall die Hauptrolle spielt, schliesst grundsätzlich

eine ästhetische Wirkung aus. Es bildet nämlich
Wellek-Warren zufolge[37] neben dem Schmerzlichen, dem
Hässlichen und dem Praktischen "das widerspenstigste
Material" für ein Kunstwerk. Es gab Verteidiger der
sogenannten "reinen Literatur" (Poe), welche so weit
gingen, dass sie die blosse Anwesenheit ethischer
oder gesellschaftlicher Elemente in einem Roman oder
in einem Gedicht als "didaktische Ketzerei" bezeich-
neten. Eine ähnliche Meinung bringen Wellek-Warren
zum Ausdruck, wenn sie schreiben[38]: "Ein grosser
Feind (des ästhetischen Erlebnisses) ist die Nützlichkeit". Das Angenehme und das Nützliche seien
- nach der Ansicht unserer Autoren - die uralten Be-
griffspole, um die sich die Wertung der literarischen
Werke dreht. Die Geschichte der Ästhetik lässt sich
beinahe als ein dialektischer Vorgang auffassen, meinen sie[39], in dem das Horazische dulce et utile ...
als These und Gegenthese wirken. Sehr richtig bemerken sie, dass "Präzision im Gebrauch kritischer
Begriffe erst jüngsten Datums ist". Deswegen gilt
die Formel des Horaz sowohl für die alten Römer als
auch für die Schriftsteller der Renaissance. Unsere
Autoren betonen, dass die Nützlichkeit der Kunst
nicht im Aufdrängen einer Morallehre zu liegen
braucht. Letzteres war bei den Schuldramenautoren
aber gerade der Fall.
    Das Verhältnis zwischen Gehalt und Gestalt in
einem Kunstwerk bildet auch den Gegenstand eingehender Studien von Walzel. Er äussert in seiner Arbeit[40]
u.a. die Ansicht, man habe in Deutschland überhaupt
auf dem Gebiet der Dichtung dem Gehalt - auf Kosten
der Gestalt - zu viel Rechte eingeräumt. Es kam den
Autoren zu oft mehr auf das "was", als auf das "wie"
an. Dieses Problem - d.h. das Verhältnis zwischen
Gehalt und Gestalt - beschäftigte, wie Walzel[41] darlegt, u.a. die Ästhetiker des Hochklassizismus und
der Frühromantik. Unser Autor führt bezüglich der
Tendenzdramen, zu welchen die in Rede stehenden didaktischen Schuldramen zu rechnen sind[42], den Ausdruck "eine künstlerische Sünde" ein. Er formuliert
die Norm der künstlerischen Wertung eines Kunstwerkes

folgendermassen: "Der Leser oder der Zuschauer solle
von der Kunst nicht zu sittlichen Affekten oder gar
zu Entschlüssen oder Taten aufgefordert werden".
Darauf kam es aber gerade den Autoren der didaktischen Schuldramen an! Sie wollten eben bei den Lesern oder Zuschauern "sittliche Affekte und Ent-
schlüsse" hervorrufen. Es genügt hierzu beispielsweise die von Schmidt[43] zitierte Bemerkung von
Macropedius anzuführen, die er bezüglich eines seiner Dramen machte, und die diese Absicht ausdrücklich betont. Sie lautet: "Ne miretur lector candidus
actorum frequentiam, *quod magis utilitati auditorum
nostrorum, quam artificio comico studuimus*". Diese
kurze, prägnante Formulierung kann in unserer Frage
als repräsentativ und programmässig gelten. Eine
derartige Auffassung weicht weit von der idealen
Konzeption eines literarischen Werkes ab, welche wir
bei Wellek-Warren[44] finden. Sie lautet: "Funktioniert
ein Werk der Literatur richtig, dann sollten die beiden Elemente, Vergnügen und Nutzen, nicht bloss nebeneinander existieren, sondern ineinander fliessen".
Diese These mutet fasst wie eine Korrektur des Hora-
zianischen "aut prodesse, aut delectare" an. Ein solches Gleichgewicht und Ineinanderfliessen der beiden
Faktoren zu erreichen, ist freilich keine leichte Aufgabe. Deren Bewältigung konnte wohl den Schuldramenautoren nicht zugemutet werden, weil sie sich doch
nicht nach der modernen, sondern nach der humanistischen Theorie richteten. Das oben erwähnte "Gleichgewicht und Ineinanderfliessen" könnte höchstens zufällig als Ergebnis einer ausnahmsweisen Begabung
eines Autors zustandekommen.

Den dritten Faktor, der das Aufblühen der didaktischen Dichtung in der in Rede stehenden Epoche be-
günstigte, müssen wir - wenn wir den zeitgenössischen Zeugnissen Glauben schenken wollen - in dem
niedrigen sittlichen Niveau der Gesellschaft suchen.
Wir begegnen im Schrifttum des deutschen Humanismus
zahlreichen Klagen der Moralisten und Pädagogen über
den allgemeinen Sittenverfall. Menschen, welche meinen, die Sittenverderbnis habe in ihren Zeiten ein

78

noch bisher nicht verzeichnetes Ausmass erreicht,
gibt es bekanntlich in jeder Epoche. Das sind die
"laudatores temporis acti", welche immer und grundsätzlich "frühere Zeiten" für besser halten, als die
"neuen". Nichtsdestoweniger kann es sich jedoch in
unserem Fall um ein allgemeines Empfinden gehandelt
haben, denn das Zeitalter wurde, wie wir wissen,
als "grobianisch" bezeichnet und man erdachte eigens
einen "Sankt Grobian" als Patron und Repräsentanten
der Epoche. In der Allgemeinen Deutschen Biographie
wird darauf hingewiesen[45], dass Gwalther die Züricher Kirche in einer Zeit führte, da "in der protestantischen Geistlichkeit und in den einflussreichen
Ständen überhaupt manche sittliche Schäden herrschten".

Im Hinblick darauf erscheint uns die moralpädagogische "Verbesserungswut" der Schriftsteller teilweise verständlich. Tittmann[46] schreibt diesbezüglich: "Auch auf dem Gebiete des sittlichen Lebens
galt es einen ernsten Kampf. So richtet sich das
Drama auch gegen die Gebrechen des öffentlichen sowohl als des Privatlebens". Klagen über Sittenverderbnis begegnen wir, wie Dziatzko[47] mit Recht meint,
auch in der antiken römischen Dichtung. Es sind jedoch nach den von Dziatzko gebrachten Zitaten nur
kurze Ausrufe wie "Hocine saeculuum!"[48], oder "o sce-
lera, o genera sacrilega"[49]. Ähnliches drückt die
berühmte Ciceronianische Klage "O tempora, o mores!"
aus. In den Dramen unserer Epoche begegnen wir hingegen längeren sich auf dieses Problem beziehenden
Exkursen von grosser emotionaler Expression, wie
beispielsweise im Drama "Hofteufel" von Chryseus[50].
Blepsidemus beklagt dort in seinem Monolog[51] die
immer mehr um sich greifende unmoralische Lebensauffassung:

> "Wer jetzt wohl liegn und triegn kann,
> Ey der (spricht man), der tut verstan,
> Wie er sein schragen setzen sol,
> Ist er gleich allr untugent vol ...
> Hat er nur gelt, so hats nicht not,
> Wo nicht, so ist er gar verspot,

From sein gilt nichts zu dieser Zeit.
Möcht jemand fragn, wo erbarkeit,
In des abr blieb, man schweig nur still,
Mir Erbarkeit, sie hilft nicht vil.
Nach der fragt jetzt garnicht die welt" ...
Er klagt weiter nicht nur über "betriegn, liegn",
sondern auch über "Wuchr", der sich als eine besondere Form des oben genannten Geldkults im zeitgenös-
sischen Leben verbreitet. Nicht nur Bürger, sondern
auch Adlige treiben Wucher mit "gelt und korn". Es
gibt auch viele Strassenräuber. Die Klage wird mit
dem üblichen Refrain beschlossen, dass es früher
besser war:
"Die Alten habens nicht gethan,
Habn Erbarkeit gesehen an,
Habn tracht nach tugend und nach sitn" ...
Im Drama "Ölkrug der Witwe" von Leonhard Culmann[52]
ertönt aus dem Munde des Richters eine Klage über
die Unausrottbarkeit der menschlichen Vergehen. Die
Menschen bessern sich nicht, weil:
"... das niemand zu herzen nemen wil,
all tag für rat, gricht kummern vil
bös hendel, gross sünd und schand,
Krieg und teurung im ganzen land;
dennoch bleibt jederman wie vor,
obgleich alle plag sind vorm tor,
niemand will sich zu bessern fahen an,
kein straf schier die leut bessern kann."
Und weiter wird hier festgestellt:
"schwer ehebruch, liegen, hurerei,
neid, hass, zoten und füllerei
haben so gar überhand genummen" ...
Dieselbe Ansicht - nämlich, dass trotz aller Ermahnungen der Moralisten "jedermann wie vor bleibt",
dass demnach alle didaktischen Bestrebungen der Dramenautoren im Grunde genommen erfolglos bleiben -
äussert nach Francke[53], auch Birck in der Vorrede
zu seiner "Susanna", indem er schreibt: "malus manebit
usque malus". Auch Joachim Greff schilderte, nach
Holstein[54], im Vorwort zu Hams "Andria" das Sitten-
bild der Zeit in düsteren Farben: Faulheit, Trunk-

80

sucht, Diebstahl, Lügen, Zuchtlosigkeit herrschen
allenthalben:

> "... Kein Mensch acht mehr
> Keiner Kunst, dazu weder zucht noch ehr.
> Man achte nicht mehr Gottes furcht.
> Kein kindt nicht mehr sein eltern gehorcht,
> Und wiederumb die eltern danach
> Fragn auch nicht mehr nach solcher sach.
> Sie sehn auf ihre kinder nicht,
> Dasselb itzt überall geschieht.
> Sie halten sie zu keiner lahr,
> Vielmehr zu buberei, man sichts zwar ..."

Es folgt eine Ermahnung für die Eltern zur rechten
Kindererziehung:

> "Die Kinder solt man zihen zu erbarkeit,
> Auf das aus in würden redlich leut,
> Die nachmals könten helfen und raten
> Dem gemeinen nutz mit wort und thaten.
> Was tun wir aber itzt bei uns?
> Saufen und fressen ist unser kunst,
> Fluchen, schelten und dergleich.
> Das lernet itzt beid arm und reich,
> Das lern wir unser kinder eben ..."

Derselbe Greff stellt, nach Holstein[55], an anderer
Stelle fest, dass "jetzt gute Künste, alle Erbarkeit
und Redlichkeit, alle gute Sitte, Zucht bei jung und
alt, arm und reich so gar verachtet, geschändet, und
nachgelassen werde".

Wenn wir auch alle derartigen Äusserungen "cum
grano salis" entgegennehmen und die Möglichkeit einer
Übertreibung in Betracht ziehen, so ist doch anzunehmen, dass die Wirklichkeit nicht sehr weit von
solchen Schilderungen entfernt gewesen sein dürfte.
Angesichts dieses Sachverhaltes ist es nicht verwunderlich, dass auch Gwalther sich von dem didaktischen
"Bann" der Epoche beeinflussen liess und, seinen Neigungen Folge leistend, ein didaktisches Drama schrieb.
Über das Entstehen unseres Dramas wissen wir eigentlich nichts. Welchem Anlass, welchem konkreten Impuls
wir es zu verdanken haben, bleibt einstweilen ungewiss. Die einzige Information, die wir diesbezüglich

besitzen, ist die Nachricht, dass es in dem berühmten akademischen Gymnasium in Strassburg 1562 zur
Aufführung gelangte[56].

Wir dürfen hierbei die Möglichkeit nicht ausschliessen, dass der berühmte Sturm bei Gwalther eine
Komödie für sein Schultheater bestellte, denn wir
wissen, dass diese beiden Gelehrten einander persönlich kannten. Jöcher berichtet nämlich[57], dass Gwalther im Jahr 1541 in Regensburg, wo er als Begleiter
des Landgrafen von Hessen Philippus Magnanimus weil-
te, welcher ihn "zum Secretario seiner theologorum
bestellte", viele bekannte Persönlichkeiten - darunter auch Sturm - kennengelernt hatte. Dass Sturm bei
Gwalther ein Schuldrama bestellt haben kann, ist
freilich nur eine Vermutung, gegen die der Zeitab-
stand, welcher zwischen dem Erscheinungsjahr unseres Dramas (1549) und seinem Aufführungsjahr (1562)
zu verzeichnen ist, zu sprechen scheint.

"Nabal" entstand, wie gesagt, als Nebenprodukt
der ernsten literarisch-wissenschaftlichen Tätigkeit
seines Autors, als Ausdruck von dessen leidenschaft-
lichen theatralischen Interessen. Gwalther rechnete
mit scharfer und boshafter Kritik seiner Gegner, welche es ihm bestimmt übelnehmen würden, dass er in
der schweren Zeit der konfessionellen Krise sich mit
derartigen Dingen beschäftigt. In dem an Florian
Susliga aus Warschau gerichteten Widmungsbrief klagt
er über das "calumniae monstrum", welches das signum
specificum seiner Zeit bildet und schreibt[58]: "Non
defuturos puto, Floriane amplissime, qui hunc meum
laborem iniquius et maligne interpretentur". Gwalther meint hier die Feinde der reformierten Kirche,
welche grundsätzlich alle literarischen Produkte
der Protestanten negativ beurteilen: "Quicumque enim
privatis de causis nostrae ecclesiae iniquiores sunt
et proinde omnia nostra Theonino dente arrodere
consuevere, mox vociferabuntur, immane et nulla
dignum venia facinus a me commissum esse, qui hoc
tum afflicto communis ecclesiae statu in comoediis
scribendis occuper, quasi quod agam non sit aliud".
Er verteidigt sich gegen die voraussichtlichen An-

griffe dieser Leute, indem er zugibt, dass es "in-
finita alia" gebe, die "maiori cum fructu et necessa-
rio quidem tractari debent"; er überlässt diese Themen jedoch denjenigen, die ihn "eruditione et rerum
longo usu multis parasangis superant". Er bean-
sprucht für sich als für den weniger Begabten das
Recht, sich mit den "leviora" - damit sind wohl die
didaktischen Schriften im Vergleich zu den theologi-
schen gemeint - zu beschäftigen. Eine erstaunlich
bescheidene Ausrede bei einem Gelehrten, der sich
doch sein Leben lang gerade einer grosses Wissen,
überdurchschnittliche Begabung und "erudito" er-
fordernden literarischen Tätigkeit gewidmet sowie
einen europäischen Ruf erlangt hatte, der sich ausserdem auch, wie wir im weiteren sehen werden, literarisch mit ernsten konfessionellen Auseinandersetzungen befasste.

Die didaktischen Absichten Gwalthers stehen
ausser Zweifel, weil er sie selber in seinem Widmungsbrief ausdrücklich erwähnt. Bereits bei der
Wahl des Themas treten sie evident zutage. Er suchte
sich ein für sein Vorhaben sehr geeignetes Thema
aus. Indem er seinen Stoff aus der Bibel schöpfte,
folgte er der Zeitmode, entsprach aber gleichzeitig - es fragt sich, ob bewusst, oder unbewusst -
der Anforderung, welche manche humanistischen Literaturtheoretiker an dichterische Werke stellten,
deren Autoren auf moralische Wirkung Anspruch erhoben - nämlich, dass ihr Thema nicht fiktiv sein
darf. Wir lesen bei Spingarn[59]: "Lionardo Bruni ...
argues that when one reads the story of Heneas and
Dido, he pays his tribute of admiration to the genius
of the port, but the matter is known to be fiction,
and so leaves no moral impression."

Die Geschichte von Nabal bot allerlei Möglichkeiten, didaktische Tendenzen gelten zu lassen, die
Gwalther geschickt auszunutzen verstand. Es gibt
hier gute Vorbilder, die nachzuahmen sind, und
schlechte Charaktere, die abschreckend wirken sollen. "Ut interim de privatis hominibus", lesen wir
im Widmungsbrief[60], "omittam dicere, qui singuli quod

hinc documenti hauriant habere possunt ..." Den ersten Platz räumt er dem Laster der Trunksucht ein.
"Discent singuli, quae et quanta sint ebrietatis et
crapulae incommoda eoque aequioribus animis tempe-
rantiae legibus sese gubernari patientur". Die Trunksucht betrachtet Gwalther als eine ernste Gefahr, die
den Menschen der Neuzeit bereits von Christus prophezeit wurde: "Atqui quam haec doctrina nostro
saeculo necessaria sit", lesen wir weiter, "vel sola
Christi admonitio testari potest, qui novissimorum
temporum hominibus gravissimum ex crapulae et gulae
studio periculum minitatur".

Nach der Ansicht von Bednarski[61] bildete die Bekämpfung der Trunksucht und der Faulheit in den meisten Fällen das Ziel der didaktischen Schuldramen
- nicht nur in Deutschland. Was Deutschland anbetrifft, so wird die Sachlage auf diesem Gebiet durch
den in der von Mauricius verfassten Version unseres
Stückes[62] befindlichen Passus illustriert, welcher
lautet:

"Die Deutschen (welches Gott sei gklagt)
Saufen sich, wie Philippus sagt,
Blutarm, todtkranck, ja gar ind Hell,
Man sag gleich darzu, was man wöll".

Es ist anzunehmen, dass mit dem Namen Philippus hier
Melanchthon, der berühmte "Praeceptor Germaniae",
gemeint ist. Sein Urteil dürfte doch wohl glaubwür-
dig und ernst zu nehmen sein, ist also für unser
Problem als repräsentativ aufzufassen. Die Bekämpfung
der Trunksucht nahm demnach im didaktischen Programm
der Moralisten die erste Stelle ein. Dies wird auch
von Frischlin bestätigt, welcher im IV. und V. Akt
seines "Julius Redivivus", nach Mann[63], bei seinem
Hinweis auf die moralischen Mängel der Deutschen die
Trunksucht an erster Stelle erwähnt. Ausserdem gibt
es aber noch andere Laster zu bekämpfen.

Alle Menschen finden in unserem Stück gute Vorbilder und Belehrungen für sich: "Habebunt denique",
lesen wir weiter im Widmungsbrief, "absit verbo
invidia, quod ad institutionem transferant, servuli,
rustici, milites, convivae, cives, peregrini, senes,

84

iuvenes omnes denique cuiuscumque sint loci, aeta-
tis, sexus aut ordinis." Alle Stände, alle Lebensalter, beide Geschlechter können aus dem Drama Nutzen für sich ziehen. (Vielleicht ist diese Formulierung, die sich "an alle Stände" richtet und auch von
anderen Schuldramenautoren mit Vorliebe gebraucht
wird, auf Luthers von Tittmann[64] zitierte Tischrede
zurückzuführen, welche folgendermassen lautet:
"Komödien zu spielen solle man den Schülern nicht
wehren, sondern gestatten, erstlich, dass sie sich
üben in der lateinischen Sprache, zum andern, dass
in Komödien fein künstlich erdichtet, abgemalet und
fürgestellet werden solche Personen, dadurch die
Leute unterrichtet und ein jeglicher seines Amtes
und Standes erinnert und vermahnet werde, was einem
Knecht, Herrn, jungen Gesellen und Alten gebühre,
wohl anstehe, und was er tun soll.") Gibt es doch
heutzutage, schreibt Gwalter weiter, fast keinen
Menschen, der nicht eine moralische Unterweisung
nötig hätte: "... quando omnes paene hominum ordines
docendo in viam redigi et in officio retineri maxime
necessarium est."

Im Prolog betont Gwalther seine didaktischen
Absichten noch einmal mit besonderem Nachdruck, indem er die einzelnen Personen des Stückes aufzählt
und dabei erklärt, welche guten Lehren jede von
ihnen den Zuschauern darbietet. (Den Prolog bespreche ich eingehend an anderer Stelle und in anderem
Zusammenhang.) Im Argumentum der III. Szene des
I. Aktes[65] weist er darauf hin, wie die Gestalten
Davids und Abiathars in didaktischer Hinsicht zu
interpretieren sind: "David cum Abiathar de exilii
aerumniis colloquitur: Sic, ut ille quidem boni
principis, hic vero fidelis antistitis typum praefe-
rat."

Es gibt keinen anderen Ausweg aus den "afflic-
tionibus tam privatis quam publicis", lesen wir im
Widmungsbrief weiter, als dass jeder Busse tue und
seine Pflichten erfülle. Dies wird zwar ständig in
den Kirchen gepredigt, genügt aber leider nicht.
Die Belehrung muss auf den Markt, ins Rathaus, ins

Theater hinausgetragen werden, damit die Menschen an diesen Orten, welche ihnen bisher Gelegenheit zur Sünde geboten hatten, jetzt "vel inviti sapere discant" - selbst gegen ihren Willen Weisheit lernen. Besteht ja doch eben die Verderbnis der Zeit darin, dass die Menschen Gottes Wort, wenn es einfach und unverziert - "nudum et simplex" - dargeboten wird, zu hören verschmähen. Um diesem Unheil Abhilfe zu schaffen, muss man die Ermahnungen in attraktive Form kleiden. Man muss eben in diesem Fall die guten Ärzte nachahmen, welche die Kranken mit frommer und heilsamer List betrügen, indem sie die für diese bestimmten bitteren Arzneien mit Honig vermengen, damit die Kranken sie ohne Widerwillen einnehmen[66]: "Necessarium puto ut fideles medicos imitemur, qui farmaca acerbiora melle condire, vel labra pyxidum eodem inungere solent, ut aegrotos, qui morosi nimium amara et acerba fastidiunt, hoc pio et salubri dolo fallant." Hier haben wir eine evidente Entlehnung aus Lucrez "De rerum Natura" zu verzeichnen. Im ersten Buch des genannten Werkes lesen wir nämlich[67]:

"Sed veluti Pueris absintia tetra medentes
Cum dare conantur, prius oras pocula circum
Contingunt mellis dulci flavoque liquore,
Ut Puerorum aetas improvida ludificetur
Labrorum tenus interea perpotet amarum
Absinthi laticem, deceptaque non capiatur,
Sed potius tali facto recreata valescat:
Sic ego nunc ..."

Diese Reminiszenz legt ein beredtes Zeugnis vom Niveau der Bildung unseres Autors ab. Ein solches Verfahren, schreibt Gwalter weiter, ist keine Erfindung der Neuzeit. Auch die antiken Dichter pflegen erhabene Inhalte in anziehende Form zu kleiden, um ihnen Eingang in "verweichlichte Ohren" zu verschaffen. "Nec id primi nos facimus cum multorum exempla extant, inter veteres quoque, qui res sacras carminum lepore et venustate splendidius exornatas delicatulis illis auribus proposuerunt. Quorum tanta est auctoritas, ut hac sola fretus, cum Poeta dicere possem."

"Rumores rabularum et invidorum
Omnes unius aestimemus assis"
Der "Poeta", auf den sich hier Gwalther beruft, ist
kein anderer als Catullus. Unser Autor travestierte
hier eine Stelle aus Carm. V "Vivamus mea Lesbia",
welche lautet:
"Rumoresque senum severiorum
Omnes unius aestimemus assis."
(Die Überzeugung von der Notwendigkeit und Wirksam-
keit dieser Methode - d.h. der Darbietung moralischer
Lehren in attraktiver Form - muss in Gwalthers Zeit
unter den Dramenautoren verbreitet gewesen sein,
denn wir finden dieses Motiv auch anderswo, wie bei-
spielsweise im Prolog zum "Nehemias" von Schonaeus,
wo wir, nach Francke[68], lesen:
"Quod in sacris aedibus e suggestu docent
Hoc nos spectandum proferemus plenius
Magis, ni fallor, mens vobis movebitur,
Cum rem, uti gesta est cernetis exhiberier.")
Eine Vorstellung ist nicht nur interessanter als
eine Predigt, sondern sie prägt sich auch durch ihre
Plastik viel tiefer ins Gemüt ein. "Man war überzeugt", bemerkt dazu Maasen[69], dass man "jetzund
Gottes Wort und Lehre, gute Sitten der tollen Welt
und ungezogenen Jugend fürtragen müsse mit Reimen,
Liedern, Sprüchen, Spielen der Comedien und Trage-
dien etc., ob vielleicht, die das Predigen nicht
hören noch sonst zucht leiden wollen," durch Spiel
und Gesänge möchten erworben werden." (Dieser pädagogische Griff muss auch später noch beliebt gewesen sein, denn wir lesen bei Mann[70], dass auch Lohenstein beispielsweise in seinem Roman "Grossmütiger
Feldherr Arminius" nach seinem eigenen Ausdruck
"unter dem Zucker einer Romanfabel auch Würze nütz-
licher Kenntnisse und ernsthafter Staatsachen ein-
mischen und also die zärtlichen Gemüter, gleichsam
spielend und unvermerkt und sonder Zwang auf den
Weg der Tugend leiten" wollte.)
   Die Bekämpfung der "crapula" steht also, wie
wir wissen, im Vordergrund des didaktischen Aspek-
tes unseres Dramas. Gwalther wendet viel Fleiss auf,

um dieses Laster auf die abschreckendste Weise darzustellen. Nabal wird als ein toller Schlemmer und
Trinker geschildert, der seinem Laster rettungslos
verfallen ist. Keinen Mahnungen, keinen Zurechtwei-
sungen, keinem verständigen Rat zugänglich taumelt
er in sein Verhängnis hinein. Im Argumentum der
IV. Szene des II. Aktes[71] wird er von Gwalther als
"typus hominis sordidi et omnis consilii vacui" bezeichnet. Er muss seinen Mangel an Verstand mit einem
schrecklichen Tode büssen. Die V. Szene des II. Aktes
sowie die II. Szene des III. Aktes sind mit der
Schilderung des von Nabal veranstalteten Trinkgela-
ges ausgefüllt. Die üblen Folgen des übermässigen
Weingenusses werden den Zuschauern mit abschrecken-
der Deutlichkeit vor Augen geführt. Gastrodes beschreibt seine durch den Wein verursachten Beschwerden in der II. Szene des II. Aktes[72], Nabal in der
III. Szene des IV. Aktes[73]. Sein tödlicher Krankheitsanfall - wohl eine Art delirium tremens - wird[74]
mit allen Details und fast mit medizinaler Genauigkeit in seiner ganzen Grässlichkeit wiedergegeben.

Als sein positiver Gegentypus erscheint im Drama Eubulus, der im Argumentum zur V. Szene des
II. Aktes[75] als "ratione et consilio valens" bezeichnet wird. Er verabscheut ein solches Leben,
wie es Nabal führt. Er stellt in derselben Szene[76]
philosophische Betrachtungen über die Dummheit der
Menschen, über die Verschiedenheit von deren Charakteren an:

"Quam variae sunt mortalibus sententiae
Quamque varia studia? ut alteri gratum siet,
Quod alius horret et fastidit maxime.
Sic sunt, quibus nihil videtur suavius,
Quam si dies noctesque vini pocula
Exhauriant, quorum studia sic displicent
Mihi, ut nihil perinde ut istud oderim:
Ut qui magis rei assuevi domesticae
Operam dare, ocioque literario."
Weiter klagt er, sich an Dysigamus wendend:
"Et vix credas quam sit molestum nunc mihi
Nabalis futurum quid siet, quod ebrius
Omnes suis nos enecabit ineptiis."

Er würde es vorziehen, zu sterben, als sich bewusst
dem Laster der Trunksucht auszuliefern, versichert er
weiter[77]:

"At ego potius confestim me emori velim
Quam me scientem immodico vino perdere."

Gastrodes, der ähnlich wie Nabal den Weingenuss liebt,
hält Ebulus und Dysiganus, welcher ebenfalls den
Grundsatz der Mässigkeit im Trinken verficht, für
dumm und sich für den Klügeren. Er sagt[78]:

"... nam dum sapere prae caeteris
Vultis, video vos plus aliis stultescere.
Nam quae /malum/ dementia est ieiuniis
Curisque vos conficere? Ego longe rectius
Mihi ut bene sit curo, vivoque splendide,
Nec sentio hinc ullum vel animae aut corporis
Incommodum vobisque sum sapientior
Multo et habitior."

Dieser Meinung schliesst sich auch Glycologus an[79].
Er sagt:

"... dum corpus sufficit,
Utamur et fruamur naturae bonis."

Auf Nabals Behauptung, der Wein sei das schönste von
allen Dingen, die die Natur hervorgebracht und den
Göttern sowie den Menschen geschenkt hat, entgegnet
Eubulus[80]:

"Bene pronuntias.
Sed cogitandum simul erat, modum omnibus
Inesse rebus, quem excedere nefas siet.
Alioqui quod natura mater condidit
Saluti ut serviat, veneni iustar nocet."

Gwalther predigt hier also den Apollinischen Grundsatz "Μέτρον ἄρωιο× πάντων" und "Μηδὲν ἄκν" sowie
die Horazianische "aurea mediocritas". Das Überschreiten des Masses bewirkt, dass sich an sich gute
Gaben der Natur in Gift verwandeln. Nicht nur die
Trunksucht, sondern auch die Schlemmerei überhaupt,
das Schwelgen in kulinarischen Genüssen, besonders
die Vorliebe für ausländische Speisen werden von
Eubulus verurteilt. Glycologus hat, um sich Nabals
Gunst zu sichern, die ausgesuchtesten, fremdländi-
schen Speisen für die Gäste zubereiten lassen. Der

"novus et incognitus apparatus", welcher Nabal in
Entzückung versetzt, ruft bei Eubulus schärfsten
Tadel über die unnütze Verschwendung hervor. Auf
Nabals Frage, wie ihm die neuartigen Speisen gefal-
len, antwortet er[81]:

"Placerent optime
Nisi peregrinum saperent, quod placere non potest.

Eubulus fährt im Predigerton fort:

"Deus, rerum creator omnium
Recte beneque et sapienter ista condidit,
Quae cernimus coram omnia: tum quoque singulis
Gentibus populisque liberaliter dedit,
Quibus hanc queant vitam fovere lubricam
Et si nostrae telluris opes consyderes
Prae caeteris esse instructam fateberis.
Hac nos decebat uti, Nabal, et bonis
Patrii soli contentos vitam ducere.
Id quia minus facis, probare non queo
Quod legibus Domini puto contrarium."

Möglicherweise haben wir bei diesem zurechtweisenden
Exkurs mit einer Anspielung auf den Standpunkt
Luthers in der erörterten Frage zu tun, auf welchen
uns Mann[82] aufmerksam macht. Der Reformator tadelte
demzufolge die Gewohnheit der Deutschen, aus fremden Ländern "Seiden, Wein, Würze zu importieren".
Dies sei um so verwerflicher, als sie im eigenen
Land an allem Nötigen Überfluss haben. Gwalther war
zwar, wie wir wissen, ein Zwinglianer, es ist aber
nicht ausgeschlossen, dass die Ansichten von Luther
und Zwingli in dieser Hinsicht übereinstimmten, oder
dass Gwalther persönlich Luthers Einwände in diesem
Fall billigte.

Für Nabal bedeutet der Weingenuss den Inbegriff
der menschlichen Glückseligkeit, das Heilmittel gegen
alle Krankheiten des Körpers und des Geistes. Sein
Weinspruch lautet[83]:

"Nunc laudo te liquor suavissime
Unica voluptas et salus mortalium
Tu corporis morbos et animi pellere
Soles, gravesque curas et molestias
Tuo sapore diluis: pereant tibi
Qui male volunt."

Der vernünftige Eubulus sucht ihn durch seine Argumente zum Verstand zu bringen. Er fragt[84]:

"Vidisti ne umquam inter tuos ovium greges
Ut praebibendi certamen susceperint?
Vel dic, si equos bovesque tales videris,
Quales ego vos nunc invitus conspicor."

Ist doch das Vieh verständiger, als die Menschen, denn niemand sah es je Wein trinken! Das Vieh hat eben keinen Verstand - entgegnet Nabal darauf -, darum trinkt es nicht:

"Vah stultitiam: iumenta sunt expertia
Rationis; homines nos sumus qui rectius
Ratione ducti iudicare possumus
De singulis."

Eubulus antwortet mit einem Exkurs, in dem er Nabal zu überzeugen sucht, dass die Menschlichkeit der einem Laster frönenden Personen nur in der äusseren Erscheinung besteht, ihr Verstand jedoch durch die Leidenschaft geknechtet wird:

"... quia rationem affectibus
Subiecimus totamque praefocavimus."

Das Vieh verhält sich klüger als die Menschen, weil es im Essen und Trinken Mass zu halten versteht, während die Menschen durch übermässigen Genuss sich selber ganz bewusst ins Verderben treiben:

"Eo redegit nos sathan dementiae,
Ut nec naturae iura nec leges sequi
Possimus, et multo minus illis obsequi.
Iumenta enim pecudesque si observaveris,
Quantum satis est, quantumque natura expetit
Edunt bibuntque, nec minis nec fustibus
Unquam efficios, ut amplius quicquam bibant
Edantve: solus homo naturae legibus
Minus obsequens eo venit vesaniae,
Ut se sciens volensque perdat improbe ..."

Nabal ist keinen Argumenten zugänglich; er verharrt bei seinem Lebenscredo. Sein Ableben wird von den Anwesenden entsprechend kommentiert. Seht - will Gwalther gleichsam den Zuschauern zurufen - so endet ein Trinker und Schlemmer! Philoponus sagt zu Dysigamus wie folgt[85]:

"Hoc siquidem ebrietas stipendio
Suos solet remunerare milites,
Tu fac heri exemplo sapias in posterum."
Darauf stösst Dysigamus einen Seufzer aus:
"Utinam sapere mecum queant quam plurimi
Qui praeter ventrem crapulamque nesciunt
Aliquem Deum."
Der kluge, vernünftige Spudaeus verhält sich hier
skeptisch. Er ist überzeugt, dass die Sache hoff-
nungslos sei. Die einem solchen Laster frönenden
Menschen sind durch gar nichts zu retten:
"... Qui tales sunt, moverier
Nullis queunt exemplis aut rationibus."
Auch Dysigamus äussert bezüglich Nabal eine solche
Meinung, wenn er sagt[86]:
"Nec ego mutarier hunc posse credo".
Eine derartige Schlussfolgerung mutet fast wie eine
Kapitulation des Autors an: Alle Besserungsver-
suche, alle Mahnungen sind in solch einem Fall wie
Nabals umsonst und aussichtslos; solchen Menschen ist
nicht zu helfen - sie sind rettungslos verloren.
Eine derartige Pointe würde jedoch die beabsichtigte
didaktische Wirkung des Stückes verfehlen. Wir müssen
die Sache daher anders verstehen, nämlich - als eine
Warnung: Man soll es eben nicht erst so weit kommen
lassen. Ein Ausweg aus dem Verhängnis ist vorhanden,
eine Rettung ist möglich - aber beizeiten! Man muss
beizeiten von dem schlechten Weg umkehren, ehe es
zu spät wird!
    Dysigamus stellt anlässlich des grausamen Er-
eignisses philosophische Betrachtungen über die fa-
tale Macht des Lasters der Trunksucht an[87]:
"Saepius equidem miror, quae vis occultior
Ad crapulam tam perdite homines pertrahat.
Nam si reliqua, quibus peccant, consyderes
Talia fere sunt, ut voluptatem afferant
Sensusque aliqua iucunditate mulceant,
At ebrietas sola interturbare omnia
Solet, quibus gaudent homines, et si quis est
Sensus voluptatis aliunde, pellitur
Veneno intemperantiae: nihilominus

Hanc corporis animaeque pestem ita expetunt
Homines, quasi voluptas omnis in hac sita siet."
Was für eine geheime Macht treibt die Menschen in die
Arme der Trunksucht? Andere Sünden bereiten den Sin-
nen Genuss, die Trunksucht hingegen - ganz umgekehrt.
Sie zerstört alle menschlichen Freuden durch das
"venenum intemperantiae", das Gift des Nicht-Mass-
halten-Könnens.

Die Antwort auf diese Frage ist eine typisch
reformatorische Pointe: Es besteht kein Zweifel daran, dass der Teufel eigentlich an allem Schuld ist,
"der mortalium hostis publicus". Es ist möglich,
dass hinsichtlich der Lehre vom Teufel die zwingli-
anische Konfession mit der lutheranischen überein-
stimmte. Vielleicht auch brachte Gwalther hier seine
persönliche Überzeugung zum Ausdruck.

Spudaeus sagt also weiter:
"Non dubito, quin mortalium hostis publicus
Author siet: Nam cum paucissimos queat
Impellere, ut ipsi consciscant necem sibi
Laqueo vel ense (quod unice cupit) malum hoc
Commentus est, ut poculis quam plurimi
Sese scientes et volentes perdere
Studeant: necij dixisse perperam mihi
Videntur, EBRIETAS quibus vesania
Spontanea dicta est."
Strebt doch der gemeinsame Feind der Menschen danach,
so viele wie möglich von ihnen ums Leben zu bringen.
Da er nur die wenigsten zum Selbstmord zu treiben
vermag, so hat er die Trunksucht erfunden, durch
welche sich die Menschen selbst bewusst und frei-
willig - scientes et volentes - den Tod bereiten.
Die Trunksucht ist also als Wahnsinn zu bezeichnen.

Am Beispiel des Titelhelden Nabal bemühte ich
mich, die Weise zu veranschaulichen, auf welche Gwalther seine didaktischen Tendenzen realisierte. Nabal
ist der schlechteste von allen im Stück vorkommenden
Menschen. Er wurde auch für seine Missetaten am
schwersten bestraft.

Indem Gwalther Nabal vor allem als einen unheil-
baren Trinker darstellt, weicht er eigentlich von

der Charakteristik des biblischen Nabal ab. Im Buch
der Könige[88] wird dieser vor allem als "vir durus,
pessimus et malitiosus" gekennzeichnet; seine Trunksucht wird nicht besonders hervorgehoben. Nach dem
Gastmahl wird er freilich als "ebrius nimis" bezeichnet; daraus ist aber nicht zu ersehen, ob der
übermässige Weingenuss bei ihm eine Gewohnheit war.
Ob sein jäher Tod hier die Folge des ganannten übermässigen Weingenusses ist, oder des Schreckens, der
ihn bei der Schilderung der überwundenen Gefahr über-
kam, bleibt dahingestellt. Gwalther machte aus ihm
einen Trinker par excellence.

Der zweite negative Typus ist der Schmarotzer
Glycologus. Nabal exemplifiziert die Trunksucht,
Glycologus die Faulheit. Wir haben hier also mit
den beiden Lastern zu tun, die nach der oben angeführten Ansicht von Ulewicz in den didaktischen Dramen am häufigsten angegriffen wurden. Der Schmarotzer ist natürlich auch ein Schädling in der menschlichen Gesellschaft, deswegen wird er am Ende des
Stücks ebenfalls bestraft. Seine Schuld hat aber ungleich weniger verheerende Folgen als die Trunksucht;
deswegen ist seine Strafe entsprechend milder als die
Nabals. Dieser muss sterben, der Schmarotzer büsst
seinen schlechten Lebenswandel einstweilen nur mit
dem Verlust seines Lebensunterhalts. Nach Nabals Tod
wird er aus dessen Haus verjagt und bleibt wieder
ohne Mittel zum Leben.

Die positiven Gestalten des Dramas werden hingegen für ihre Tugenden belohnt. David heiratet
Abigail, was für ihn, wie gesagt, einen zweifachen
Gewinn bedeutet: Erstens gehen seine Liebeswünsche
in Erfüllung und zweitens wird durch Abigails Vermö-
gen seine materielle Lage sichergestellt. Die zweite
positive Gestalt, Abigail, wird ebenfalls für ihre
Tugenden belohnt. Sie wird von ihrem schlechten Gatten befreit und heiratet den strahlenden Held, den
von ihr bewunderten und verehrten David. So wurde
in unserem Stück die oben angeführte Voraussetzung
erfüllt, die die humanistischen Literaturtheoretiker
an ein Drama stellten: Die Sünde wurde hier, nach

94

dem bereits angeführten Ausdruck Spingarns "ultimately punished" und die Tugend - "ultimately rewarded". Diese Gestalten stehen hier im Vordergrund; andere, ebenfalls gute Menschen, wie der edle Priester Abiathar, Nabals kluger Freund Eubulus, die treuen Diener, Spudaeus und Philoponus erhalten freilich keine sichtbare Belohnung für ihr ehrbares Leben, vielleicht deswegen, weil sie lediglich den guten Durchschnitt repräsentieren. Die drei oben erwähnten Personen ragen dagegen evidenterweise - in guter oder in böser Richtung - hervor. Die didaktische Tendenz wird noch durch die eingeflochtenen Sentenzen betont, welche verschiedene allgemeine Belehrungen und Reflexionen enthalten. Die Sentenzen bespreche ich eingehend an anderer Stelle.

b)   "Nabal" als Familiendrama

Im Rahmen der didaktischen Dramengattung hat sich in der Epoche des Humanismus eine besondere Dramenart herausgebildet, welche wir unter der Bezeichnung Familiendrama kennen. Ein solches bietet sich uns eben in unserem Fall dar. Gwalther wollte, wie ersichtlich, erstens ein allgemein-didaktisches, für alle Stände und alle Lebensalter bestimmtes Stück schreiben. Ausserdem hat er jedoch ein Familiendrama geschaffen, welches gesondert und unter einem spezifischen Gesichtspunkt betrachtet werden muss. Was das sogenannte Familiendrama anbetrifft, so bezeichnet es Arnold[89] als "obligat" für die humanistische Epoche. Von Newald[90] erfahren wir, dass es "realistische Darstellungen von Familienleben" im Schuldrama und Volksschauspiel schon vor Frischlin gegeben hat, dass jedoch Frischlin "als erster Ansätze zu einer Problematik der Ehe zeigt, die in den Bemühungen, Spannungen und Gegensätze psychologisch verständlich zu machen und die Konflikte zu lösen, sichtbar werden". Auch bei Maassen[91] finden wir Informationen über das Familiendrama. Die Beliebtheit des Familien-

themas in der in Rede stehenden Zeit gründet sich,
nach Maassen, auf das hohe Ansehen, das die Ehe als
Institution in der Reformationszeit genossen hat.
Der Protestantismus liess in diesem Bereich die
"patriarchale Idee" gelten und betrachtete die Ehe
als ein "Gegenmittel gegen sündige Ausartung der
Lust". Richtig bemerkt Maassen, dass Ehe und Familie
den ersten Bereich der Regelung des Verhaltens des
Menschen dem Mitmenschen gegenüber bedeutet; deswegen hielt das Bürgertum die Veranschaulichung der
Gesetze auf diesem Gebiet für besonders wichtig. So
entstand eine Reihe von Familiendramen, deren Stoffe
der Bibel entlehnt wurden, wie: Hochzeit zu Cana,
Tobias, Rebecca, Susanna und der Ägyptische Joseph.
Maassen macht uns auf eine besondere, in dieser
Epoche zu verzeichnende Vorliebe für die Eheproblema-
tik aufmerksam, die in einer grotesken Verkennung des
Sinnes der Terenzkomödien bestand. Terenz wurde näm-
lich vielfach deswegen positiv aufgefasst, weil seine
Stücke "immer mit der Ehe endeten".

Während Arnold, wie oben bemerkt, die ersten
Familiendramen in den Werken Frischlins erblickt,
betrachtet Maassen[92] den "Ackermann aus Böhmen" von
Johannes zu Saaz als bahnbrechend für die Familien-
und Ehedramenproblematik. Von Mann[93] erfahren wir,
dass auch Macropedius sich mit der Eheproblematik
beschäftigte. Er brachte nämlich in seinen Dramen
"viel Lehrhaftes über Kindererziehung". Wir wissen
auch, dass Joachim Rasser ein "Spiel von der Kinder-
zucht" geschrieben hat[94]. Mann[95] weist ausserdem auf
einen höchst interessanten Anklang an das Ehemotiv,
welchem wir nach seiner Ansicht in der Faustsage begegnen: Erst in der Ehe bleibt Faust vor dem Teufel
bewahrt. Darin erblickt unser Autor ein signum des
Zeitgeistes, einen bürgerlich-reformatorischen Hinweis auf die Ehe als auf das alleinige "remedium
concupiscentiae", den typischen Ausdruck für die
"Linearität des Denkens" des "gipfel- und tiefenlosen Bürgertums" jener Zeit. Was nun unser Drama anbetrifft, so ist zu sagen, dass es zwar kein Ehe-
oder Familiendrama par excellence bildet, nichtsdesto-

96

weniger jedoch das Ehe- und Familienmotiv hier deutlich repräsentiert wird. Wir lernen hier drei Ehepaare kennen: Abigail und Nabal, Dysigamus und seine
Frau, Philoposius und Rachula. Die Frau des Dysigamus und Rachula treten zwar im Stück nicht persönlich auf, werden aber durch Berichte so prägnant
charakterisiert, dass ihre Silhouetten deutlich vor
unseren Augen erscheinen. Bei Abigail und Nabal haben
wir nicht nur mit einem Ehe-, sondern auch mit einem
Familiendrama zu tun, obgleich wir von der Existenz
der Kinder nur durch eine marginale, flüchtige Erwähnung Abigails erfahren. In ihrem Monolog[96] sagt
sie nämlich:

"Nam quid vel opes vel liberos
Deflere prodest."

Der Untergang droht also dem ganzen Haus und den Kindern. Nabals lasterhaftes Leben richtet seine ganze
Familie zugrunde. Die grössten Leiden fügt er seiner
Frau Abigail zu, die sich in ihren beiden Monologen[97]
bitter über ihr schweres Los beklagt, das sie an der
Seite ihres schlechten Mannes zu erdulden hat. Einer
ganz ähnlichen Klage einer Ehefrau begegnen wir, nach
Holstein[98], in Reuchlins "Henno". Im I. Akt heisst
es dort nämlich: "Elsa queritur mariti miseriam;
totum aes bibit, dilapidat argentum suum tam prodi-
ge, quam si leves essent aristae". Elsa klagt hier
also, wie Abigail, über die Trunksucht ihres Mannes
und über seinen verschwenderischen Lebenswandel. Auch
die Klagen der beiden Frauen über das schwere Schicksal der Ehefrau sowie der Frau überhaupt weisen eine
auffallende Ähnlichkeit auf:

"Muliercularum est misera condicio hercule
Atque iis magis, quae sunt maritis coniuges",

klagt Elsa.

"Nae nos miseras et infoelices admodum
Natura condidit: quae cum nostrum genus
Curis gravibusque addixerit molestiis
Solisque fere durissimam provinciam
Et procreandi et nutriendi imposuerit
Mortalium generis: tamen quasi parum
Fecisset adhuc molestiae, viros quoque

Simul dedit, quorum importunis legibus,
Quin etiam iniquis, subiacere oporteat",
klagt Abigail[99].

Die fromme Abigail fügt sich jedoch ergeben in
ihr schweres Schicksal und ist bereit, alles Leid
geduldig weiter zu ertragen. Im Argumentum zur
III. Szene des IV. Aktes charakterisiert sie Gwalther
folgenderweise: "Habetur in his piae et prudentis
matronae typus." Abigail exemplifiziert also das
Ideal einer Ehe- und Hausfrau, wie es den reformierten Moralisten vorschwebte. Nabal, der schlechte Ehemann und Vater, wird am Ende des Stücks mit dem Tode
bestraft; Abigail, die edle, tugendreiche Ehefrau
und Mutter, wird belohnt: Sie wird von ihrem schlechten Mann befreit und heiratet David. Gwalthers Absicht, Nabal als Typus eines schlechten Familienva-
ters darzustellen, steht ausser Zweifel, denn er
spricht sie deutlich im Widmungsbrief[100] aus:
"Discent enim Nabalis exemplo patres familias, quam
parum tam propriae ipsorum quam familiae incolumi-
tati conferent opum congesti acervi, nisi his rerum
administrandarum peritiam, animumque religionis
studio et humanitatis aliarumque virtutum officiis
instructum coniunxerint."

Auch bezüglich Abigail spricht sich Gwalther an
derselben Stelle aus: "Discent per Abigaelem admonitae matronae, quibus rationibus maritos suos iniquos
etiam tractare debent ut commodioribus uti possint."
Im Prolog[101] sagt er deutlich:
"Illius at coniux Abigael foeminas
    Omnes suo exemplo instruit
  Docetque, sedulo (dociles licet hactenus
    Invenerit paucissimas)."
Abigail soll ein Muster für alle Ehefrauen sein, obgleich sich wohl wenige von ihr belehren lassen werden. (Dieser skeptische Zusatz zeigt, dass es nach
Gwalthers Auffassung wenige gute Ehefrauen in der
zeitgenössischen Gesellschaft gegeben hat.)

Das Leben der zwei anderen im Drama dargestell-
ten Ehepaare weist ebenfalls innere Konflikte und
Spannungen auf. Dysigamus ist an und für sich eigent-

lich kein schlechter Mensch. Der unerträgliche Charakter seiner Frau, die durch ihre nie aufhörenden Zänkereien ihm das Leben zur Hölle macht, treibt ihn in die Arme der Trunksucht. Im Argumentum zur Szene V des II. Aktes[102] wird er von Gwalther folgendermassen charakterisiert: "Dysigamus ... vir alioquin bonus et temperans, uxoris improbitate dissolutior redditur." Er ist eben, wie sein redender Name besagt, unglücklich verheiratet. Er entschuldigt sich vor Eubulus[103], dass sein Lebenswandel nicht seiner eigenen Überzeugung entspricht: Seine Frau ist schuld daran, dass er gern trinkt:

"... sed quod hanc minus sequor,
Uxor mihi causa est, qua nil molestius
Natura rerum protulit: nam iurgiis
Rixis, probris, pugnis, contentionibus
Et litibus non abstinet, donec domo
Me pellat: hinc est, quod foris libentius
Ago atque res tempusque sic mihi perditur."

In der IV. Szene des IV. Aktes[104] spricht Dysigamus in seinem Monolog seine Klage noch einmal und noch expressiver aus:

"An quisquam mortalium me vivit infelicior?
Certe inveniri posse neminem puto,
Qui maxima in rerum affluentia magis
Egeat quam ego: cuius mali causa unice
Est uxor, uxoris tam indigna nomine,
Ut bestia potius vocari debeat,
Aut si quid ipsis bestiis nocentius
Vivit. Domi siquidem manere si velim,
Non antea iurgare venefica desinit,
Donec domo me eiciat."

Seine Frau ist eine Bestie - oder noch etwas Schlimmeres -, die ihn mit ihren giftigen Worten aus dem Haus treibt. Er sucht Trost bei seinem Nachbarn Nabal. Wenn er dann bezecht nach Hause kommt, dann empfängt ihn seine Frau mit "Donner und Blitz", und geht oft von Worten zu Tätlichkeiten über. Wenn ihre Schläge so wirksam wie ihre Worte wären, dann würde Dysigamus schon längst verloren sein:

> "... quae fulgura et quae fulmina
> Uxoris excipio? quae me non ebrium
> Sed porcum, et asinum, utrem canemque clamitat,
> Nec ante potest finem invenire iurgiis
> Conviciisque, donec res ad verbera
> Manusque perveniat, queis si feliciter
> Aeque, ut maledictis pugnaret, profecto iam
> Olim perissem funditus."

So kann er weder zu Hause verweilen, noch seinen
Freund aufsuchen. In jedem Fall muss er sich vor
seiner Frau fürchten:

> "Sic vero fit
> Uxoris intemperie, ut nec domi queam
> Meis frui, nec foris amicis libere
> Conversari, dum huius vel experirier
> Vel pertimescere me oportet vesaniam."

Dysigamus beschliesst seine Klage mit einem Seufzer: Eine gute Ehefrau ist ein unvergleichlicher
Schatz!

> "Profecto, si cui uxor fidelis contigit
> Et commoda, is thesaurum incomparabilem
> Se possidere credat, eique indulgeat
> Lubens, diu ut talem tenere possiet."

Bei dem dritten Ehepaar, Philoposius - Rachula,
verhält sich die Sache anders. Philoposius erzählt
Nabal[105], dass als er betrunken spät in der Nacht
zu Hause anlangte, seine Frau ihn nicht hereinliess,
so dass er die Nacht "inter sues" - im Schweinestall -
zuzubringen gezwungen war. Diese drakonische Massnahme war aber einem unverbesserlichen Trinker gegenüber berechtigt. Rachula war nicht so geduldig,
wie Abigail, die es bei den Vorhaltungen, die sie
ihrem Mann wegen seines lasterhaften Lebenswandels
machte, bewenden liess.

c) Der konfessionelle Aspekt des Dramas

Richten wir nunmehr unser Augenmerk auf den dritten,
d.h. den konfessionellen Aspekt unseres Dramas. In
der Zeit, in welcher Gwalther sein Stück verfasste,

bildete die deutsche Literatur, wie bereits erwähnt, ein Kampffeld, auf dem eine erbitterte Auseinandersetzung zwischen den Vertretern der feindlich gesinnten Konfessionen stattfand. Dieser Kampf wurde nicht nur mittels Flugschriften ausgefochten; auch das Drama wurde dazu als geeignete Waffe herangezogen. Die polemische Dramatik gipfelte in den Werken des Naogeorgus (Kirchmeyer), dessen Dramen "Pammachius" und "Mercator" polemische Dramen par excellence sind und sich durch ungeheure Angriffswut auszeichnen. Wir erfahren von Devrient[106], dass auch in der Schweiz direkt polemische Stücke geschrieben wurden, die sich gegen das Papsttum, die Totenmessen, den Ablass richteten. Als berühmteste Polemiker gelten in diesem Land Niklaus Manuel und Pamphilus von Gengenbach. Gwalthers "Nabal" ist kein polemisches Drama par excellence. Der polemische Aspekt erscheint im Stück als zweitrangig und ist in Symbole gekleidet. Eine direkte polemische Schrift hat Gwalther ausserdem, wie wir von Rüetschi[107] und aus der Allgemeinen Deutschen Biographie[108] erfahren, auch geschrieben. Es war der "Endtchrist", in welchem unser Autor zu beweisen suchte, dass der Papst der Antichrist sei. Dieses Werk setzte sich aus fünf Predigten zusammen; es erregte grösstes Aufsehen und erlangte die ausgedehnteste Verbreitung von allen Schriften unseres Gelehrten. Obgleich Gwalther sich durch diese Schrift, nach Rüetschis Information, die Feindschaft der katholischen Kantone der Schweiz zugezogen hatte, die sogar die Form von lebensgefährlichen Nachstellungen annahm, wird diese Abrechnung mit dem Papstum von Rüetschi als "scharf, aber nicht gehässig" bezeichnet. Gwalther hat sich an der konfessionellen Polemik mit Ernst und Nachdruck beteiligt. Einige Anklänge daran finden wir auch in unserem Stück. Die darin enthaltenen polemischen Akzente könnten wir mit derselben Bezeichnung qualifizieren, welche Rüetschi in bezug auf den "Endtchrist" gebraucht. Gwalthers Polemik, der wir in "Nabal" begegnen, kann eigentlich ebenfalls als "scharf, aber nicht gehässig" bezeichnet werden. Der Ton ist ent-

schieden und ernst, aber nicht boshaft. Gwalther
schreibt einigen im Drama auftretenden Gestalten
symbolische Bedeutung zu. Diese Symbole interpretiert er selber in seinem Widmungsbrief, so dass bezüglich seiner konfessionell-polemischen Absicht
kein Zweifel bestehen kann. Wir erfahren, dass David
als ein Symbol des Erlösers und ausserdem das aller
Christen aufzufassen ist. Gwalther schreibt nämlich
deutlich[109]: "Habemus enim in hoc Davidem, qui cum
Iesu Christi, Regis et Salvatoris nostri typus est,
non immerito omnium quoque Christi membrorum typus
et exemplar censeri potest. Proponitur is nobis exul
et extorris diraque Sauli tyrannide non aliam ab
causam premitur, quam quod regnum ipsi promisit
Dominus. Exulant cum eodem et omne genus laborum
sustinent, quotqot regis divinitus constituti partes
potius sequi, quam immanem Saulis tyrannidem indies
experiri malunt." Hier führt Gwalther einen Vergleich durch: David und seine Begleiter symbolisie-
ren alle diejenigen Protestanten, welche ihres Glaubens wegen zur Zeit verfolgt und aus ihrer Heimat
vertrieben werden: "At quantum hodie, proh dolor"
- schreibt Gwalther - "illorum numerum videmus, qui
non aliam ob causam bonis et fortunis suis exuuntur,
patriis pelluntur sedibus, a coniugum et liberorum
complexu avulsi, incerti hinc inde vagantur omnium
expositi ludibriis, quam quod Christo Regi regum et
domino dominantium, quam coelestis pater unxit et
salvatorem doctoremque catholicum constituit, nomen
dederunt et huic potius, quam impuro facierum regi
(qui in templo Dei sedens adversus Deum et unctum
ipsius offertur) adhaerendum esse existiment."
    Das Vorbild Davids soll die aus ihrer Heimat
des Glaubens wegen Vertriebenen lehren, wie sie sich
in ihrer Bedrängnis verhalten sollen: "Docet hos
Davidis exemplum, quales sese gerant tot undique
septi hostibus", lesen wir weiter. Die Strafe, die
Gott über den überheblichen Nabal so schnell ver-
hängte, soll allen Verfolgten Trost spenden. Ihre
Leiden werden in absehbarer Zeit ein Ende finden,
denn Gott lässt die Seinigen nicht über das Mass

hinaus versuchen: "Consolatur eosdem divinitus sumpta
de Nabale poena, cuius insolentiam tam subito Deus
coercuit, qui, cum fidelis sit, suos ultra, quam
ferre possint, tentari non patitur." Allen Verfol-
gern und Tyrannen wird hingegen Nabals jäher und
furchtbarer Tod Schrecken einflössen: "Terret quoque
tyrannos omnes et fidelium Christi membrorum op-
pressores horrendus ille et insperatus Nabalis exitus; quem scripturae omnes uno ore iis minitantur,
qui Creatoris et salvatoris sui immemores terrorem
suum (ut prophetae verbis utar) dederunt in terra
viventium." Den Priester Abiathar sollen alle protestantischen kirchlichen Würdenträger in dieser
schweren Zeit nachahmen: "Davidi indivulsus comes
et ceu fidus aliquis Achates inducitur sacerdos
Abiathar, divinis ipsum consolans promissionibus.
Hunc imitari discent ecclesiarum ministri, ut undique licet ferventibus persecutionum procellis, nec
a Christo (qui verus ille David est) sese avelli
patiantur, nec suae fidei creditas ecclesias verbi
Dei consolatione quantum in ipsis est, destituant."

Auf Grund einer bei Genée[110] befindlichen Bemerkung, nach der Greff in der Vorrede zu seinem
"Lazarus" diesen ebenfalls als "eine Figur des Protestantismus" darstellte, können wir vermuten, dass
die von Gwalther angewandte Symbolik in der (konfessionellen) reformatorischen Dramenliteratur üblich war.

Am Schluss des Widmungsbriefes finden wir noch
einmal Trostworte für die verfolgten Protestanten
und die Versicherung, dass ihre Feinde vernichtet
werden: "Faxit Deus coelestis pater, ut sicut olim
David a stolidi Nabalis intemperie et insolenti
Saulis tyrannide liberatus regnum sibi promissum
adeptus est: Ita nos quoque Iesum Christum dilectum
Dei filium, in quo patri complacuit, cui debentur
termini orbis terrarum, devictis et sublatis omnibus ecclesiae hostibus, suo spiritu et verbo libere
tutoque in suorum mentibus regnare videamus."

Wie ersichtlich ist die Weise, auf die Gwalther das konfessionelle Problem behandelt, ernst und

entschieden, aber im allgemeinen (vielleicht ausser
der Bezeichnung "impurus facierum rex") nicht boshaft. Er will seine Gegner überzeugen, vermeidet
aber polemische Auswüchse und Hassäusserungen. Seine
Polemik ist im Vergleich mit der eines Naogeorgus
schonend und vornehm.

Anmerkungen

1 F. Lockemann, Literaturwissenschaft und literarische Wertung, S.18.
2 O. Mann, Deutsche Literaturgeschichte, S.68 f.
3 O. Mann, op.cit., loc.cit.
4 T. Ulewicz in: J. Kochanowski, Odprawa posłów greckich,
   S.XVIII.
5 J. Borcherdt, op.cit., S.77.
6 H. Holstein, Joh. Reuchlins Komödien ..., S.6.
7 J. Maassen, op.cit., S.94 f.
8 B. Nadolski, Recepcja Terencjusza w Gdańsku, Eos, Jg. 1959/
   60, Heft 2, S.164.
9 F. Michael in: R. Arnold, Das deutsche Drama, S.106.
10 J. Maassen, op.cit., S.97.
11 J. Maassen, loc.cit.
12 Diesen Ausdruck führt Maassen aus der Vorrede zu Sixt
   Bircks "Susanna" an.
13 J. Maassen, op.cit., S.82.
14 F. Michael in: R. Arnold, Das deutsche Drama, S.61.
15 O. Mann, Deutsche Literaturgeschichte, S.73.
16 J.E. Spingarn, A history of Literary Criticisme in the
   Renaissance, S.75.
17 J.E. Spingarn, op.cit., S.11.
18 O. Mann, Geschichte des deutschen Dramas, S.8.
19 J.E. Spingarn, op.cit., S.12.
20 J.E. Spingarn, op.cit., S.78.
21 J.E. Spingarn, op.cit., S.203.
22 J.E. Spingarn, op.cit., S.319.
23 J.E. Spingarn, op.cit., S.76.
24 J.E. Spingarn, op.cit., S.79.

25 Th. Thomann in: Seneca, Sämtliche Tragödien ... übersetzt von Th. Thomann, S.28.
26 Th. Thomann, op.cit., S.29.
27 St. Srebrny, Wort und Gedanke bei Aischylos, S.17.
28 O. Francke, op.cit., S.15.
29 Th. Thomann, op.cit., S.41.
30 Th. Thomann, op.cit., S.59.
31 O. Francke, op.cit., S.14.
32 J.E. Spingarn, op.cit., S.319.
33 op.cit., S.19.
34 J.E. Spingarn, op.cit., S.10.
35 R. Wellek - A. Warren, Theorie der Literatur.
36 Wellek-Warren, op.cit., S.39.
37 Wellek-Warren, op.cit., S.277.
38 Wellek-Warren, op.cit., S.274.
39 Wellek-Warren, op.cit., S.30.
40 O. Walzel, Gehalt und Gestalt im dichterischen Kunstwerk, S.146.
41 O. Walzel, op.cit., loc.cit.
42 O. Walzel, op.cit., S.187.
43 E. Schmidt, op.cit., S.122.
44 Wellek-Warren, op.cit., S.31.
45 Allgemeine Deutsche Biographie, Bd.X, S.239.
46 J. Tittmann, op.cit., S.XXVIII.
47 K. Dziatzko - E. Hauler, Ausgewählte Komödien von Publius Terentius Afer, S.86.
48 Ter. Adelphi, 204.
49 Plaut. Trin. 283.
50 J. Chryseus, Hofteufel ... Akt II, Sz.II.
51 J. Chryseus, Hofteufel ... Akt II, Sz.IV.
52 L. Culman, Ölkrug der Witwe, Akt III, Sz.I.
53 O. Francke, op.cit., S.57.
54 H. Holstein, Die Reformation ..., S.46.
55 H. Holstein, Die Reformation ..., S.49.
56 Siehe dazu H. Holstein, Die Reformation ..., S.95.
57 Ch.G. Jöcher, op.cit., loc.cit.
58 Widmungsbrief, S.2. (Giovanolis Ausgabe S.10).
59 J.E. Spingarn, op.cit., S.10.
60 Widmungsbrief, S.5. (Giovanolis Ausgabe S.14).
61 St. Bednarski, op.cit., S.434.
62 G. Mauricius, Nabal, Argumentum zum V. Akt.

63 O. Mann, Deutsche Literaturgeschichte, S.130.
64 J. Tittmann, op.cit., S.XVIII.
65 S.21. (Giovanolis Ausgabe S.42).
66 Widmungsbrief, S.3. (Giovanolis Ausgabe S.12).
67 V.935 ff.
68 O. Francke, op.cit., S.137.
69 J. Maassen, op.cit., S.46.
70 O. Mann, Deutsche Literaturgeschichte, S.137.
71 S.38. (Giovanolis Ausgabe S.72).
72 S.34. (S.64/66).
73 S.73. (S.140).
74 Akt IV, Sz.V, S.80 ff. (S.152-158).
75 S.42. (S.80).
76 S.43. (S.82, Z.668-680).
77 S.47. (S.90, Z.776-777).
78 S.48. (S.90/92, Z.795-802).
79 ibid. (Z.808-809).
80 S.46. (S.88, Z.747-751).
81 S.46. (S.88, Z.755-768).
82 O. Mann, Deutsche Literaturgeschichte, S.118.
83 Akt III, Sz.II, S.53. (Giovanolis Ausgabe S.100/102, Z.910-915).
84 S.55. (S.104/106, Z.946-953, 958-969).
85 Akt IV, Sz.V, S.82. (S.156, Z.1576-1582).
86 Akt II, Sz.V, S.43. (S.82, Z.681-682).
87 S.82 f. (S.156/158, Z.1587-1593, 1594-1602).
88 Primus Liber Regum, loc.cit. (1 Sam 25,3).
89 R. Arnold, Die Kultur der Renaissance, S.71.
90 De Boor-Newald, op.cit., Bd.V, S.81.
91 J. Maassen, op.cit., S.99 f.
92 J. Maassen, op.cit., loc.cit.
93 O. Mann, Geschichte des deutschen Dramas, S.40.
94 Siehe dazu H. Borcherdt, op.cit., S.174 f.
95 J. Maassen, op.cit., S.100.
96 Akt III, Sz.V, S.63. (Giovanolis Ausgabe S.120, Z.1142-1143)
97 (Akt III, Anfang Sz.IV und ganze Sz.V).
98 H. Holstein, Joh. Reuchlins Komödien, S.70.
99 Akt III, Sz.IV, S.58 f. (Giovanolis Ausgabe S.112, Z.1028-1036).
100 S.5. (S.14).
101 S.10. (S.24, Z.33-36).

102 S.42. (S.80).
103 Akt II, Sz.V, S.43. (S.82, Z.683-689).
104 S.78. (S.148/150, Z.1479-1512).
105 Akt II, Sz.II, S.34. (S.66, Z.484-491).
106 E. Devrient, op.cit., S.118.
107 K. Rüetschi, Private briefliche Mitteilungen.
108 Allgemeine Deutsche Biographie, Bd.X, S.239 f.
109 S.9. (Giovanolis Ausgabe S.12).
110 R. Genée, op.cit., S.150.

D. DIE WIDERSPIEGELUNG DER SOZIALEN PROBLEME DER RENAISSANCE IN GWALTHERS "NABAL"

Wie bereits im Kapitel "Vergleich des Inhalts mit der Quelle" erwähnt, hat Gwalther einige Elemente des im 1. Buch der Könige enthaltenen Textes geändert, indem er die biblische Geschichte um eigene fiktive Bestandteile bereicherte. In der Quelle heisst es nämlich, David habe seine Boten an Nabal gesandt mit der Bitte um Lebensmittel, weil er gehört hatte, dass letzterer das Fest der Schafschur feiert. Wir lesen dort[1]: "Cum autem audisset David in deserto, quod tonderet Nabal gregem suam, misit decem iuvenes et dixit eis: Ascendite in Carmelum et venietis ad Nabal, et salutabitis eum ex nomine meo ..." usw. Sie sollen ihre Bitte damit begründen, dass David die Herden Nabals in der Wüste beschützt hat: "Porro pastores tui nobiscum fuerunt. Nunquam eos contumelia affecimus nec defuit quicquam eis de grege omni tempore, quo fuerint nobiscum in Carmelo ... Nunc ergo inveniant pueri tui gratiam in oculis tuis ..." Nun folgt die Bitte: "Quodocumque invenerit manus tua, da servis tuis et filio tuo David."

Diesen einfachen Sachverhalt hat Gwalther, wie bereits erwähnt, um ein ausschlaggebendes Moment bereichert - um das Motiv der Meuterei, die infolge der andauernden Hungersnot in Davids Kriegslager ausgebrochen war. Die Situation wird dadurch viel dramatischer gestaltet, als im Original. David befindet sich in höchster Gefahr; diese kann nur durch sofortige Hilfe von seiten Nabals abgewendet werden.

Dies zeugt natürlich, wie gesagt, gut von Gwalthers Gestaltungskraft und dramaturgischer Begabung, denn er führt dadurch in sein Stück ein zusätzliches Moment der Spannung ein. Die negativen Charakterzüge Nabals, dessen Geiz, Egoismus und Menschenfeindlichkeit erfuhren dadurch überdies eine Verstärkung im Vergleich mit dem Original. Trotz der flehentlichen Bitte der Gesandten und im vollen Bewusstsein, dass seine Hilfe die einzige Rettung aus der Hungersnot

für Davids Leute bedeutet, weist er die Boten hartherzig ab. Man kann jedoch diese Umgestaltung des biblischen Textes noch anders interpretieren und mit anderen wichtigeren Beweggründen erklären. Verfolgen wir
Gwalthers Text weiter im Hinblick auf die Quelle.
Der biblische Nabal sagt ausdrücklich, indem er die
Boten unverrichteter Dinge fortschickt, er werde
einem David, den er kaum kennt und der möglichweise
zur Zahl der in letzter Zeit ihren Herren entlaufe-
nen Diener gehört, nichts von dem Mahl abgeben, das
er für seine Schafscherer bereiten liess: "Quis est
David? - sagt er - et quis est filius Isai? Multi
iam sunt servi fugitivi deficientes a dominis suis.
Tollam ergo panes meos et aquam meam et mactata
tonsoribus meis, et dabo viris, quos nescio, unde
sint?" Hier haben wir eine zweite von Gwalther vor-
genommene Änderung zu verzeichnen. In unserem Stück
bekommen nämlich die "tonsores", die Schafscherer,
nichts von dem prächtigen Mahl zu essen. Das Gastmahl wurde aus Anlass der Schafschur zubereitet,
aber die Schafscherer dürfen lediglich zusehen, wie
die Gäste essen, sie selber müssen hingegen darben.
Die beiden "servi rustici" Georgus und Philoponus
unterhalten sich darüber[2]:

> "... Quid ergo nobis commodi
> Hic apparatus afferet tam splendidus?",

fragt Georgus. Darauf antwortet Philoponus ironisch:

> "Rogas? Tonsores nos vocamur hodie
> Et in tonsurae gratiam convivium
> Paratur: illis vero compotantibus
> Inter laborandum nobis famescere licebit!"

Durch in einer anderen Ausgabe des 1. Buches
der Könige[3] enthaltene Glosse, welche lautet: "Facie-
bant enim Hebräi festum magnum tonsoribus suis et
pastoribus in die tonsionis ovium in memoriam
patriarcharum, qui fuerunt pastores ovium" erklärt
sich eine scheinbare Inkonsequenz in Gwalthers Text,
welche auf den ersten Blick wie ein Versehen anmutet. Ioab sagt nämlich ausdrücklich, dass Nabal das
Mahl für seine Schafscherer bereiten lässt[4]:

"Vicimus hic Nabal, vir opibus affluens
Convivium suis parat tonsoribus."
Dasselbe hören wir später von David[5]:
"... nam convivium tonsoribus parat."
Nabal sagt hingegen nicht weniger ausdrücklich[6]:
"... ut quae paravi convivis obsonia
Ipsis famelicis tribuam."
Mit dem Wort "convivae" sind doch wohl Nabals Nachbarn, nicht aber die Schafscherer gemeint, Es ist
anzunehmen, dass wir es hier mit keinem Versehen zu
tun haben. Ioab und David waren wahrscheinlich überzeugt, dass Nabal der jüdischen Tradition gemäss
seine Hirten zum Gastmahl einladen wird. Nun tritt
in krasser Form Nabals Geiz und Herzlosigkeit zutage: Er hat das Essen nur für seine Freunde und Nachbarn - convivae - bestimmt! Die Diener sind davon
ausgeschlossen worden. Die Person Nabals ist Gwalther
anscheinend so verhasst gewesen, dass er seine negative Charakteristik auf die Spitze getrieben hat.
Der biblische Nabal, obgleich er "vir durus" genannt
wird, bewirtet doch seine Hirten, Gwalthers Nabal
nicht. Dies vergrössert natürlich ebenfalls den dramatischen Effekt des Stücks. Wenn wir diese Änderung
jedoch genauer in Betracht ziehen, dann kommen wir
zu der Vermutung, dass bei unserem Autor hier noch
ein anderer, viel wichtigerer Beweggrund im Spiel
gewesen war. Der Dialog, der sich zwischen den Knechten Georgus und Philoponus aus der oben angeführten
Klage entwickelt und die Empörung des Georgus über
die Ungerechtigkeit und Ausbeutungswut der Herren
zum Ausdruck bringt, berührt nämlich ein brennendes
Problem der Zeit, das auch an anderen Stellen des
Stücks berücksichtigt wird. Ich spreche hier von den
sozialen Problemen des Humanismus, von den Problemen
der sozialen Ungerechtigkeit, der Klassenunterschie-
de und des humanistischen Klassenkampfes, auf welche
Gwalther hier evidenterweise Bezug nimmt. In der Gestalt Nabals will er, wie es scheint, einen Ausbeuter der humanistischen Epoche darstellen. Treffend
und prägnant wird der derzeitige Sachverhalt auf dem
sozialen Gebiet von Kleinberg[7] gekennzeichnet. Er

nennt die Epoche des Humanismus und der Reformation "eine frühkapitalistische Revolution". Er erörtert die damalige ökonomische Lage in Europa, schildert den Zusammenbruch des feudalen Systems in Italien, wo sich der Kapitalismus zuerst entwickelte, weil dort die Voraussetzungen dazu vorhanden waren, d.h. grosse Geldmengen einerseits und "enteignete, zu jeder Art Erwerb gegen Lohn bereite Handwerker- und Bauernmassen" andererseits. ("Selber zu arm", charakterisiert den Vorgang Kleinberg, "als dass sie sich mit Werkzeugen, Rohstoffen hätten versehen können, wurden sie als Heimarbeiter von den Verlegern in kapitalistische Abhängigkeit gebracht und einige Generationen später kooperativ zusammengefasst ... Es war ein quantitativer Fortschritt, der sich bald und grundumstürzend qualitativ auswirkte.") Das Ergebnis dieses Prozesses, der sich in anderen Ländern Europas wiederholte, war bekanntlich tragisch: Es begann, wie Kleinberg[8] es knapp und prägnant ausdrückt, eine Massenproletarisierung und ein Massenelend sondergleichen. Die Gesellschaft teilt sich in zwei Klassen: Die Herrschenden und Ausbeutenden auf der einen und die Beherrschten und Ausgebeuteten auf der anderen Seite. Das grosse "soziale Schisma" nahm seinen Anfang und mit ihm natürlich der Klassenkampf. Sehr gut charakterisiert diesen Zustand ein von Kleinberg[9] zitierter Ausspruch eines gewissen Peter Suchenwirts, der zwar dem Ende des 14. Jahrhunderts gilt, in der Renaissancezeit jedoch nichts von seiner Aktualität verloren hat. Er lautet:

"Dem reichen sind die chasten vol,
dem armen sind sie laere,
dem povel wird der magen hol,
das ist ein grosse swaere."

Sehr aufschlussreiche Informationen finden wir zu diesem Thema bei Engel-Janosi[10]. Er hebt die Tatsache hervor[11], dass die Entwicklung der allgemeinen Habsucht eine Begleiterscheinung der beginnenden Renaissance in den europäischen Ländern gewesen ist. Er weist[12] auf die leidenschaftliche Opposition hin, die das Volk dem für das Zeitalter der Renaissance

bezeichnenden ungeheuren Reichtumkultus entgegen-
brachte. Es gab unter den italienischen Erziehungs-
theoretikern der Hochrenaissance zwar auch solche,
die den Reichtum nicht als Ziel für sich betrachteten, sondern als "Mittel zu dem schönsten Leben in
Freiheit und für grosse Werke". Engel-Janosi[13] zitiert hierzu Palmieri. Nach dessen idealer Auffassung dürfe der Reiche nicht in Abhängigkeit von
seinem Besitz verfallen. Einem solchen Menschen
bringe der Reichtumg "letizia" und "gioia", "Heiter-
keit und Freude". Diese seien das Ziel des Menschen,
alles andere nur Mittel, danach auf ihren Wert zu
messen. Derselbe Palmieri, der in dem oben zitierten
Ausspruch den übermässigen Reichtumkultus zu tadeln
scheint, beurteilt jedoch leider, nach Engel-Janosi[14],
die unteren Gesellschaftsklassen, besonders die
Bauern, sehr abfällig. Er bezeichnet den Bauern als
"Quelle unaufhörlicher Betrügereien und Spitzbübe-
reien". Er spricht hier mit Verachtung von der "in-
fama plebs", der man ausser der Erwerbsmöglichkeit
der täglichen Lebensnotdurft nichts anderes zuge-
stehen dürfe. Bezeichnend sind in diesem Zusammenhang zwei weitere von Engel-Janosi zitierte[15] Stimmen von italienischen Denkern der Renaissance. Wir
erfahren, dass Salutati die Plebs "grenzenlos verachtet"; er nannte sie "gens illa pauper et inops,
infida, mobilis et rerum novarum avida". Pontano
sprach den Plebejern die Möglichkeit ab, "zur höchsten menschlichen Stufe zu gelangen" und zwar "um
der Enge des Milieus willen, die die Entwicklung
der Seelenkräfte zurückpresst".

Sehr interessant ist für uns die Stellung, die,
nach Engel-Janosi[16], der grosse Macchiavelli zum
Problem des Klassenkampfes einnahm. Er vertrat nämlich "die Sache des Volkes" und "bejahte den Stände-
und Klassenkampf". Er meinte, dieser müsse ununter-
brochen fortwähren, aber im wesentlichen unentschie-
den bleiben. Was den Reichtum betrifft, so gestand
er das Recht zum Besitz nur dem Staat, der Gemeinschaft zu. Von den Einzelmenschen fordert Macchiavelli "die Hemmung der wirtschaftlichen Masslosig-

keit", ja - er verlangt von ihnen fast ein Leben in
Armut. Die Adligen betrachtet er als eine Klasse,
die "müssig vom Ertrag ihrer Besitzungen im Überfluss lebt ohne irgendein Bemühen, Ackerbau zu treiben oder sich mit irgendeiner anderen, den Lebensunterhalt bestreitenden Tätigkeit zu befassen". Es
ist nur zu bedauern, dass diese erstaunlich fort-
schrittlichen Ideen des berühmten Denkers so wenig
Einfluss auf die gesellschaftlichen und sozialen
Verhältnisse der Zeit auszuüben vermochten. (Diese
Thesen Macchiavellis stehen jedoch, nebenbei gesagt,
im krassen dialektischen Widerspruch zu seinen bekannten, besonders im "Il Principe" zum Ausdruck gebrachten, anti-sozialen Thesen.)

Die Reaktion der Bauern auf die Unterdrückung
von seiten der Reichen führte bekanntlich im Jahr
1525 zum Bauernkrieg. Was die Resonanz dieser Ereignisse in der deutschen Literatur betrifft, so kam
sie verständlicherweise in dem volkstümlichen
Schrifttum am stärksten zum Ausdruck. (Es kommt hier
vor allem der Schwank, das Fastnachtspiel und das
politische Volkslied in Betracht.) Es ertönte hier,
um den Ausdruck Kleinbergs[17] zu gebrauchen, "eine
wüste Symphonie des Grolles, der Verzweiflung und
der Verachtung". Man schrieb "erbarmungslos rohe
Hohn- und Trutzverse, Pampflete" usw., die dank der
Erfindung des Buchdrucks massenweise produziert
werden konnten. Die städtischen Plebejer fanden dabei in Rosenplüt und Folz ihre Verteidiger. Ein
"hasserfüllter Klassengeist" begann wach zu werden
zwischen Städter und Bauer, Handwerker und Gesell,
Bürger und Edelmann, zwischen Geistlich und Weltlich.

Die Verfasser der gelehrten Dichtung hingegen
verhielten sich im allgemeinen diesem Problem gegenüber mit viel grösserer Reserve, (Kleinberg[18] beschuldigt die Universitäten und Lateinschulen,
schlechthin "einen Wall zwischen das Volk und In-
telektuelle" gelegt zu haben). Diese Zurückhaltung
ist leicht erklärlich. Viele von den gelehrten
Humanisten waren nämlich von ihren Gönnern, den Re-

präsentanten des Adels materiell abhängig und konnten deswegen ihre Sympathien für die ausgebeuteten Klassen, falls sie solche hegten, schwerlich manifestieren ohne die Gunst ihrer erlauchten Patrone zu verlieren oder zum mindesten aufs Spiel zu setzen[19]. Einen Beweis dafür liefert uns beispielsweise das Schicksal Frischlins, der bekanntlich in seiner literarischen Tätigkeit den verwahrlosten Adel, die "junkerlichen Rohlinge" anzugreifen sich erkühnte. Der unerschrockene Streiter musste, wie wir wissen, seinen Mut mit dem Gefängnis in der Festung Hohen-Urach und schliesslich mit dem Tode büssen. Massen[20] beklagt deswegen mit Recht das Fehlen von soziologischen Stoffkreisen im Schuldrama: "Auch findet sich ganz selten nur", schreibt er, "die Behandlung soziologischer Fragen." Er erwähnt Paul Rebhuhn und seine "Klag des armen Mannes", sowie Johann Krüginger und seine Werke "Lazarus" und "Herodes und Johannes", woraus er einige Anklänge an den Klassenkampf der Epoche - jedoch nur in beschränktem regionalem Mass - heraushören zu können glaubt. Zu den Ausnahmenautoren, die die soziologischen Fragen - als Nebenthema freilich, in hinzugefügten Szenen - behandeln, rechnet Massen noch Nicolaus Risleben und Frischlin. Ähnliche Äusserungen finden wir dazu bei Creizenach[21] und bei Witczuk[22]. Witczuk schreibt: "Jedynie w tematyce wystawianych sztuk do tradycyjnych treści teatru reformacyjnego czerpanych z Biblii dochodzą sporadyczne elementy krytyki społecznej, satyry na szlachtę." Maassen[23] bringt seine Verwunderung darüber zum Ausdruck, dass fast kein zeitgenössischer Autor sein Augenmerk auf die Dramatisierung des tragischen Kampfes zwischen Bauern- und Bürgertum einerseits und zwischen Bauern und Fürsten andererseits gerichtet hatte. Als eine einzige Ausnahme verzeichnet er hier Hermann Schottenius, der als Stoff für seinen aus 25 Prosadialogen bestehenden, 1526 in Köln erschienenen "Ludus Martius" den Bauernkrieg verwertet. Wir erfahren, dass es eine Invektive gegen die Härte und Habsucht der Fürsten und Ritter war. Der Verfasser beschränkte sich jedoch in seinem Werk,

nach der Formulierung Maassens, darauf, den "billigen Spott des Städters" darzustellen, der die Sicherheit der bestehenden Verhältnisse nicht "um soziologischer Fragen willen" preisgeben würde, weil "für
ihn Zeit und Welt soziologisch einheitlich in der
bürgerlich-städtischen Lebensform festgelegt" waren.
Ähnliches trifft nach der Ansicht Witczuks[24]
für Hans Sachs zu, welcher in seinem Stück "Ungleiche
Kinder Evae" angeblich die sozialen Unterschiede als
etwas Natürliches und Selbstverständliches auffasst[25].
Auch Michael[26] stellt fest: Dem Dramatiker hätte es
darauf ankommen müssen, die Tendenzen der Zeit in
Handlung umzusetzen ... Die meisten Autoren wissen
nichts von solcher Forderung und wenn sie ihr gleich-
wohl entsprechen, so geschieht es zumeist in Episoden und isolierten Szenen ..."
Ein Drama von der von Michael geforderten Art
ist nach der Information von Bednarski[27] erst viel
später entstanden. Es handelt sich um eine in Kalisz
1772 aufgeführte Tragödie - "Lidericus invictus
iustitiae amator", deren Thema der holländischen Geschichte entnommen wurde. Der König Lidericus liefert hierin seinen eigenen Sohn, der einen Bauern
getötet hat, dem Gericht aus und lässt die Todes-
strafe vollstrecken. Das Gerechtigkeitsgefühl über-
wand bei ihm den väterlichen Schmerz; er erkannte
somit die menschlichen Rechte, ja eigentlich die
soziale Gleichberechtigung des Bauern an.
Im Zusammenhang mit den sozialen Problemen des
16. Jahrhunderts bringt Kleinberg[28] eine interessante Interpretation der Faustsage, die wegen ihrer
Originalität hier angeführt zu werden verdient. Im
Volksbuch vom Jahr 1587 fährt Faust zur Hölle. Dies
sollte eine Strafe für sein "ruheloses Streben nach
Erkenntnis und Genuss bedeuten". Nach dem Kommentar
Kleinbergs wäre es "ein unrühmlicher Leichenstein
für die erste deutsche Volkserhebung", also für den
Bauernkrieg von 1525; "Der Sturm des Jahrhundertan-
fangs, der Drang zu umwälzenden Taten erschien jetzt
den zum Untertanengehorsam erzogenen Bürgern als
etwas Dämonisches, als teuflische Eingebung",

schreibt Kleinberg. Diese Auffassung der Faustsage bedeutet nach seiner Meinung eine Kapitulation der Befreiungstendenzen vom kapitalistischen Joch. Faust wäre hier also ein Symbol des gescheiterten Kämpfers für soziale Gerechtigkeit.

Aus den obigen Ausführungen erhellt, dass Gwalther zu den Ausnahmeautoren gehört, welche in ihren Werken die sozialen Probleme der Zeit berücksichtigen - natürlich auch nicht als Haupt-, sondern nur als Nebenthema. Die Handlung des Stückes spielt sich, wie wir wissen, in der biblischen Zeit ab, nichtsdesto weniger beziehen sich aber die Anspielungen auf soziale Ungerechtigkeit evidenterweise auf das zeitgenössische Leben[29]. Es war hier u.a. eine tiefverwurzelte Überzeugung von der Richtigkeit des humanistischen Begriffes des "decorum" - τὸ πρέπον - im Spiel, der die sozialen Unterschiede im Leben der Renaissance fixierte. Treffend bemerkt darüber Spingarn[30]: "A much deeper question - the question of social distinctions - is here involved. The observance of decorum necessitated the maintenance of the social distinctions, which formed the basis of Renaissance life and Renaissance litterature ... Speaking of narrative poetry, Muzio (1551), while allowing kings to mingle with the masses, consider it absolutely inproper for one of the people, even for a moment, to assume the sceptre ... This element of decorum is to be found in all the critics of the Renaissance ..."

Fassen wir nunmehr Gwalthers Stück unter dem Gesichtspunkt der sozialen Probleme des Humanismus ins Auge. Eines zeugt jedenfalls sehr positiv von unserem Autor: dass er diese Probleme überhaupt berücksichtigt, dass er ihnen in seinem Werk Raum gibt. Bereits im Widmungsbrief[31] finden wir eine kleine Resonanz der gesellschaftlichen Zeitverhältnisse. Bei der Aufzählung der Repräsentanten aller Stände, die aus dem Spiel nützliche Lehren für sich ziehen sollen, fügt er neben dem Wort "Knechte" (servuli) einen bezeichnenden Ruf ein: "absit verbo invidia!" Wir können daraus ersehen, wie die niederen Volksschichten in der zeitgenössischen Gesellschaft verachtet

116

waren. In der III. Szene des I. Aktes[32] finden wir
eine deutliche Anspielung auf die korrupten Gerichts-
verhältnisse der Zeit. Die Klage über die Missstände
auf diesem Gebiet lässt David verlauten, es steht jedoch ausser Zweifel, dass man sie auf das 16. Jahrhundert beziehen kann. Die Armen verlieren im Gericht ihre Sache, weil sie kein Geld zum Bestechen
der Richter haben. Hier haben wir mit einem der vielen Aspekte der sozialen Ungerechtigkeit zu tun.
David klagt:

> "At cur non doleat quam maxume
> Cum miserae gentis facies occurrit mihi,
> Quae dira infoelix perditur tyrannide."

Der Ausdruck "tyrannis" könnte hier allenfalls noch
zweideutig interpretiert und auch auf Saul bezogen
werden. Nicht so die nächsten Worte:

> "Venale ius tribunal omne possidet
> Et perditorum subiacent libidini
> Leges hominum, quibus licet quidquid libet,
> Clamat sub his afflicta pauperum cohors.
> Clamant peregrini, lachrymantur orphani
> Et sancta tristi iura voce postulant."

Damit berührt Gwalther einen wahrscheinlich verbrei-
teten Missbrauch im deutschen Gerichtswesen der
humanistischen Epoche, denn wir finden auch bei anderen Dramenautoren dieser Zeit Anklänge an dieses
Thema. Johann Baumgart bringt beispielsweise, wie
Creizenach[33] berichtet, in seinem "Urteil Salomos"
Episoden über die Bestechlichkeit der Richter, die
das Recht beugen und den Armen auf diese Weise grosses Unrecht zufügen. Genau dasselbe meint Gwalther
mit seinem Ausdruck "venale ius". Auch im zeitgenössischen Fastnachtspiel erhoben sich Klagen über
die um sich greifende Bestechlichkeit in der Rechts-
pflege, wie z.B. in dem von Mann[34] erwähnten Stück
"Der Türken Vastnachtspiel". Einen längeren Passus
finden wir zu diesem Thema in dem bereits erwähnten
Drama "Hofteufel" von Chryseus. Dystyges "ein be-
drängter Mann", der seit langer Zeit einen Prozess
im Gericht führt, um zu seinem Recht zu kommen,
wird von einem gewissenlosen Rechtsanwalt (iuris

peritus) an der Nase herumgeführt. Dieser schiebt die endgültige Erledigung der Sache immer weiter hinaus, nur um möglichst viel Geld und andere materielle Güter als Bezahlung für seine - angeblichen, also ganz fiktiven - Mühen dem armen Mann abzulocken. Es lohnt sich diese Stelle wegen ihrer plastischen und expressiven Veranschaulichung des in Rede stehenden Problems anzuführen. Dystyges bringt[35] seine Klage vor:

"Ich het es sonst geglaubet nicht,
Das auch zuweilen am Cammergericht
So grosse Schelck und Buben wern,
Die rechtes Recht so wüsst verkern.
Sind grosse Herrn, aber darumb
Thuns unrecht nicht, sind allzeit trum.
Mir reiss dazu mein Zungendreschr
Ein wilden possn der unnütz weschr.
Dieweil er jetzund merckt an mir,
Das ich zu eim Bettler schier
Nun worden bin und nimer kan
Die hend jm schmieren, wie ich han
Bisher gethan, so kompt er her,
Sagt, lieber Freund, folg meiner lehr,
Laşt ewer sach in gut vertragn.
Warumb thets abr der Weschr nicht sagn
Zuuor, das jms der Teufel danck.
Wolts habn gethan im anefang;
Da wehrt er mit hend und füssen.
Warumb? Er hoff, wolt mein geniessn,
Sagt stets mit starcken worten vil,
Ich het ein vorgewunnenes Spiel,
Sol mich keins wegs nicht lassen ein,
Wolt nur vol selbst dafür gut sein."

Mit leeren Versprechen hat der "Iurisperitus" seinen Klienten zwei Jahre hindurch betrogen, welcher durch das fortwährende Herbeischaffen von Geld zu Bezahlung des "iurisperdit" völlig verarmte. Er klagt weiter:

"Der Laferer kost mich fürwar
Wol aber fünfzig gulden bar,
On was mich sonst gestanden hat

Mit zehrung, Botnlohn fru und spat,
Mit urtheil, geld und schreiber lohn,
Gerichtsunkost; ich musst stets han
Ein offen Beutl, und sag in Sum,
Das ich gar umb das meine kum."

Dystyges musste schliesslich sein ganzes Hab und Gut
verkaufen, um des betrügerischen Rechtsanwalts finanziellen Forderungen zu genügen:

"Hab Ku und Kelbr, mein fedrgewandt,
Mein Kleidr, Zin, als dran gewandt.
Hab diesem Schalck stets müssen zutragn,
Hats aufgefressen in sein Kragn,
Kes, Butter, Eyr, Gens, Vögel, Visch,
In sum, hildt jm fast auss sein Tisch.
Da war mein sach denn jmr die best,
Sol nur nicht sagn, sol haltn nur fest,
Sol mich mutz, kost, nit dawren lan,
Würd als gedoplt herwider gan.
Ich armer Tropf, glaubt wer als war.
Nun hats gewart zwey gantze jar.
Hab jmmer gegeben, und hab noch nicht
Damit das wenigst ausgericht ...

Hilft mir wedr Recht noch Richter nit,
Vil weniger mein Iurisperdit."

Obgleich das Recht auf seiner Seite ist, kann er seinen Prozess nicht gewinnen wegen der im Gerichtswesen herrschenden Verhältnisse:

"... ich bin gerecht; mir tut nur fehln
Des gelts, des gelts. Gelt, soll ich han,
Hab sonst verlorn ich armer man."

Nur durch Bestechung kann man also zu seinem Recht
gelangen.

Auch andere soziale Missstände werden im "Hofteufel" beklagt. Blepsidemus beschwert sich[36] über
die Adligen, welche ihre Untertanen so plagen, als
wenn diese "jr leibeigen Knecht" wären:

"Gen Hof kommt stets übr sie gross klag."

Die Lage ist jedoch in dieser Hinsicht hoffnungslos.
Jemanden, der die Verhältnisse verbessern möchte,
würde man "zu Hof" nicht lange dulden, sondern "ihm
weisen bald die Tür".

Wenn wir unser Augenmerk wieder auf "Nabal"
richten, dann stellen wir fest, dass hier ganz ähn-
liche Klagen vorgebracht werden.
"... O iniquitatem, o tempora!",
jammert Georgus[37]
"... illi nostris laboribus
Cum divites fiant, beati et splendidi,
Nulla moventur pauperum atque egentium
Cura, qui illorum sunt beatitudinis
Praecipua causa: quin superbi atque ebrij
Fortuna, nos vix belluarum habent loco
Numoque conductos laboribus premunt
Imo opprimunt, ut toto exhausti corpore
Vix ossa pelle contegamus arida."
Die Knechte sind infolge schwerer Arbeit zu
Haut und Knochen geworden; dabei werden sie von den
Herren kaum für Menschen gehalten, vielmehr wie Tiere
behandelt!
Der gelassene Philoponus entgegnet darauf mit
stoisch-christlichen Argumenten:
"Sic comparatum est mi George, sic Deus
Nostram coercere solet insolentiam
Et tu feras patienter, quod mutarier
Nequit ..."
Es ist eben so eingerichtet, Gott pflegt auf diese
Weise unseren Übermut zu steuern, sagt er. Was nicht
geändert werden kann, muss geduldig ertragen werden!
Georgus glaubt nicht, dass Gott so etwas wollen soll-
te. Er liebt doch die Menschen und will ihr Glück!
So hat gestern der Antistes in der Kirche gepredigt!
Du behältst von der Predigt nur das, was dir gefällt,
antwortet Philoponus. Das schwere Schicksal, das wir
tragen müssen, ist eben ein Beweis der väterlichen
Liebe Gottes. Ein guter Vater züchtigt nämlich am
schärfsten diejenigen Kinder, die er am meisten liebt.
So sagen die Reichen, entgegnet Georgus. Philoponus
fragt Georgus, was dieser tun würde, wenn er Macht
über die Unterdrücker bekäme. Nun kommt der ganze
verzweifelte Hass des ausgebeuteten Knechtes zum Ausbruch. Georgus sagt[38]:

"Rus abstraherem hinc, rurisque illos molestiis
Assuescere docerem: sic ut, qui nunc nimis
Superbiunt argento et auro turgidi
Tam excoctos, deformes et atros redderem
Quam carbo est ..."
Er würde sich rächen, indem er die mit Gold und
Silber "aufgeblasenen" Herren zu Feldarbeiten treiben würde, bis sie ganz erschöpft und kohlenschwarz
geworden sind. Der gute Philoponus verficht noch
immer die Sache der Herren: So ist Georgus noch
schlechter als jene, sagt er, denn diese verlangen
von den Knechten nicht mehr an Arbeit, als sie leisten können; Georgus würde hingegen von den Herren
Unmögliches verlangen.
Georgus lässt sich jedoch durch keine Argumente
überzeugen. Mögen die ungerechten Herren essen, trinken, prassen so viel sie wollen! Gottes Strafe dafür
wird nicht ausbleiben, und dann werden sie ihr ver-
werfliches Leben umsonst - weil zu spät - bereuen:
"Edant, bibant, ludantque prout libitum siet ..."
Der treue Philoponus verteidigt mit christlicher
Bescheidenheit die Missetaten der Ausbeuter. Er tut
es anscheinend gegen seine eigene Einsicht, denn aus
seinem Monolog[39] geht hervor, dass er seinen Herrn
(Nabal) und alle schlechten Herren richtig ein-
schätzt. Diese verdienen es nicht einmal, einen
Esel als Diener zu haben. Er sagt:
"Sit dura quamvis res gravisque servitus
Multi parens laboris et periculi:
Tamen beatos foelicesque praedico,
Quicumque heris inserviunt duris quidem
Prudentibus tamen et ratione praeditis.
Hi etenim de servorum labore iudicant
Aequius, iisque gratiam aliquando referant.
At si cui mentem rationemque abstulit
Libido caeca sive affectus improbus
Indignus est, cui ne asini subserviant."
Auch Pornion, die Dienerin Abigails, klagt bitter
über das schwere Schicksal einer Hausmagd. Solch
ein Leben ist kaum auszuhalten. Wer in dieser Zeit

als Dienstmagd geboren wird, ist ein unglücklicher
Mensch. Ihre Klage lautet[40]:

> "Durare certe heic nemo possit amplius
> Si hic fiat: adeoque, scire velim mihi
> Quot sint domini. Certe infoelicius puto
> Nihil quam servam saeculo isto nascier,
> Ubi quod facias rectum nihil siet. Interim hoc
> Mihi maxime dolet, quod e nostro ordine
> Prodire conspicor indies, qui nos magis
> Exerceant vexentque; qualem nos modo
> Spudaeum habemus, qui quia herae prae caeteris
> Potest adulari, solus regit omnia,
> Molestiorque est multo, quam si servulus
> Ipse haud unquam fuisset: ita demum suo
> Fungi putans sese officio fideliter,
> Laboribus si nos tamtumnon enecet."

Es bleibt noch eine wesentliche Frage aufzu-
werfen, nämlich die Frage nach der persönlichen
Stellungnahme Gwalthers zu dem oben erörterten
Problem der sozialen Ungerechtigkeit. Ob er hierzu
überhaupt Stellung nimmt? Direkt natürlich nicht.
Ein Drama ist doch bekanntermassen niemals eine
direkte Rede des Verfassers. Trotzdem können wir
aber Gwalthers Meinung aus den Reden der in seinem
Drama auftretenden Personen heraushören.

Als Ausgangspunkt für unsere diesbezüglichen
Erwägungen möge uns eine ausschlaggebende Tatsache
dienen, die Tatsache nämlich, dass Gwalther selbst
seiner Abstammung nach zu der Klasse der Unbemittelten gehörte. Er war, wie uns Rüetschi[41] informiert,
als Sohn eines Zimmermanns geboren. Vielleicht passt
die Bezeichnung "Proletarier" nicht ganz zu ihm;
jedenfalls gehörte er aber zu den unteren Schichten
der Gesellschaft. Er hat, nach Rüetschi, in seinem
Leben die Armut selber kennengelernt. Er musste nämlich während seiner Studienzeit bittere Not leiden,
weil das Stipendium, das ihm die Stadt Zürich zuge-
billigt hatte, sich als unzureichend erwies. Er
wusste also, was es bedeutet, in materieller Hinsicht von reichen Machthabern abhängig zu sein.
Dass er später zur umfassenden humanistischen Aus-

bildung und zu hohen kirchlichen Würden gelangte und
- ähnlich wie Horaz - "ex humili potens" wurde, verdankte er vor allem seiner geistigen Begabung. Er
hatte einen grossen Sprung von den unteren zu den
oberen Gesellschaftsschichten gemacht. Das hat ihn
aber gegen die Erscheinungen der sozialen Ungerechtigkeit keineswegs blind gemacht. Er sah die Wirklichkeit mit offenen Augen und er stand - was für uns
das Wichtigste ist - offensichtlich auf der Seite
der Unterdrückten. Aus diesem Grunde hat er in unserem Stück, wie anzunehmen ist, den biblischen Text
ein wenig geändert, indem er uns Nabal als einen
geizigen Grossgrundbesitzer zeigte, der seine Knechte hungern lässt, während er selber in kulinarischen
Genüssen schwelgt, als einen Ausbeuter mit steinhar-
tem Herzen: "E pumice facilius aquas expresseris,
quam ab hoc, David, panis bucellulam", sagt von ihm
Abisaus[42], indem er die Empörung seines Knechtes
über die unmenschliche Behandlung, die er von seiten
des Herrn erfährt, zum Ausdruck gelangen, ferner
David über das "venale ius" klagen liess. Eine radikale Lösung des in Rede stehenden Problems schwebt
unserem Autor freilich wohl kaum vor, was von ihm
auch nicht zu erwarten ist. Er sieht die auf sozialem Gebiet herrschenden Missstände, aber deren Be-
seitigung durch menschliche Initiative erscheint ihm,
als einem Zwinglianer, verwegen. Die Bestrafung der
bösen Unterdrücker überlässt er, wie wir sahen,
Gott, der einst alle Dinge richtigstellen wird. Als
repräsentativ mögen für uns in dieser Hinsicht die
Sätze gelten, die Gwalther Abiathar und David in den
Mund legt[43]. Die Nachricht über Nabals jähen Tod
kommentiert Abiathar folgenderweise:
        "Sunt sane stupenda nimis, docentque iudicem
        Iustum esse Deum, qui nullius violentiam
        Diutius inultam sinat."
Darauf entgegnet David:
        "... Quare indies consultius
        Nihil esse dico, quam gravissimas quoque
        Iniurias iure stricto persequi,
        Sed ultionem omnem Deo permittere."

Bestraft müssen die Ausbeuter aber auf jeden Fall
werden. Gwalther sieht das von diesen täglich be-
gangene Unrecht und verurteilt es entschieden. Das
letzte Wort in dem sich darauf beziehenden Gespräch
der Knechte hat nicht der tolerante, geduldige Philoponus, sondern der aufrührerische Georgus[44]. Hinter
seiner Meinung, die den Schlussakkord der heftigen
Auseinandersetzung zwischen den beiden "servi rustici" bildet, steht - so dürfen wir es vermuten -
Gwalthers Gerechtigkeitssinn.

Anmerkungen

1 Primus Liber Regum, loc.cit. (1 Sam 25,4-8).
2 Akt II, Sz.I, S.30 (Giovanolis Ausgabe S.58, Z.394-400).
3 Venetiis, MDLXXXVIII.
4 Akt I, Sz.IV, S.26. (Giovanolis Ausgabe S.50, Z.317-318).
5 Akt I, Sz.V, S.28. (S.54, Z.354 f).
6 Akt II, Sz.IV, S.41. (S.78, Z.623 f).
7 A. Kleinberg, Die deutsche Dichtung ..., S.81 f.
8 A. Kleinberg, op.cit., loc.cit.
9 A. Kleinberg, ebenda, S.73.
10 F. Engel-Janosi, Soziale Probleme der Renaissance.
11 F. Engel-Janosi, op.cit., S.8.
12 F. Engel-Janosi, op.cit., S.29.
13 F. Engel-Janosi, op.cit., S.67.
14 F. Engel-Janosi, op.cit., S.61.
15 F. Engel-Janosi, op.cit., S.91.
16 F. Engel-Janosi, op.cit., S.117 ff.
17 A. Kleinberg, ebenda, S.86.
18 A. Kleinberg, ebenda, S.11.
19 Vgl. dazu die sich hauptsächlich auf italienische Humanisten beziehende Bemerkung von O. Mann, Deutsche Literaturgeschichte, S.109: "Freilich eine beherrschende Stellung errangen nur wenige Humanisten ..., die meisten ...
   mussten sich ihr Brot als Diener der Grossen verdienen.
   Ehe sie Träger von Regierungsämtern wurden, gaben sie den
   Bildungsschmuck für die Höfe her." Mutatis mutandis dürfen wir diese Feststellung auf die deutschen Verhältnisse
   übertragen.

20 J. Maassen, op.cit., S.75.
21 W. Creizenach, op.cit., Bd.III, S.292.
22 F. Witczuk, op.cit., S.28.
23 J. Maassen, op.cit., loc.cit.
24 F. Witczuk, op.cit., S.23.
25 Anders äussert sich jedoch über Hans Sachs Kleinberg (in: Die deutsche Richtung ..., S.101). Sachs habe nach dessen Meinung in seinen Werken "massvoll doch entschieden" die kapitalistische Ausbeutung ... verurteilt.
26 F. Michael, in R. Arnold: Das deutsche Drama, S.104.
27 St. Bednarski, op.cit., S.135.
28 A. Kleinberg, Die deutsche Dichtung ..., S.102.
29 Hier noch eine Bemerkung bezüglich des unter sozialem Gesichtspunkt betrachteten Schuldramas: Wie lebendig das oben erörterte Problem auch im Schulleben war, zeigt die Nachricht, die wir bei Wolf - (F. Wolf) in: R.F. Arnold, Das deutsche Drama, S.266 - finden. Sie lautet: "Bei der Zuteilung von Rollen (es handelt sich hier um Schulaufführungen) entscheidet nicht die Begabung, sondern die Stellung und der Stand der Eltern. Ein adliger Junge darf nicht als Bedienter verwendet werden; der Vater würde es nicht dulden, dass er im Schauspiel dem Sohn eines schlichten Bürgermeisters unterstellt würde ... Der Sohn eines Bürgermeisters musste mehr sprechen und öfter auftreten, als der des Stadtschreibers und dieser wieder mehr, als der des Apothekers."
30 J.E. Spingarn, op.cit., S.87.
31 S.5. (Giovanolis Ausgabe S.14).
32 S.23 (S.44, Z.245-253).
33 W. Creizenach, op.cit., Bd.III, S.292.
34 O. Mann, Geschichte des deutschen Dramas, S.26.
35 Chryseus, Hofteufel, Akt II, Sz.III.
36 Chryseus, Hofteufel, Akt II, Sz.IV.
37 Gwalther, Nabal, Akt. II, Sz.I, S.31. (Giovanolis Ausgabe S.58/60, Z.400-413).
38 S.32. (S.62, Z.430-434 und 443).
39 Akt III, Sz. III, S.57. (S.108/110, Z.1002-1010).
40 Akt V, Sz.IV, S.95. (S.180/182, Z.1853-1866).
41 K.J. Rüetschi, Private briefliche Mitteilungen.
42 Akt I, Sz.V, S.29. (S.54, Z.366-367).
43 Akt V, Sz.I, S.84. (S.160, Z.1612-1618).

44 Im Argumentum zur I. Szene des II. Aktes (S.30; Giovanolis
Ausgabe S.58) unterscheidet Gwalther diese beiden Diener-
typen folgendermassen: alter (d.h., Georgus) ... ingenium
divitum fortunis inimicum ac paupertatis impatiens exprimi-
tur, alter (d.h. Philoponus) servi fidelis sortem suam
agnoscentis typus est.

E. ANTIKE EINFLÜSSE IN "NABAL"

Antike Einflüsse sind in den von "Platus- und Terenz-kundigen" Autoren stammenden Schuldramen zu erwarten. Bieńkowski[1] äussert in bezug auf das polnische neulateinische Schuldrama die Meinung, dass der Platz und die Rolle der darin enthaltenen antiken Thematik noch kaum untersucht worden sei. Dieselbe Ansicht könnte man wohl - mutatis mutandis - auf das deutsche neulateinische Schuldrama übertragen. Ohne auf dieses Problem näher einzugehen, möchte ich in diesem Kapitel die antiken Einflüsse besprechen, welche in unserem Drama zu verzeichnen sind. Hierbei kommt die Geschehensmotive- und die Typenübernahme aus der altrömischen Komödie in Frage. Was die Übernahme von Geschehensmotiven anbetrifft, so lässt sich bei Gwalther kaum ein solches Motiv finden, welches auf Plautus oder Terenz zurückzuführen wäre. Ganz anders verhält sich die Sache mit den Typen. Francke[2] bemerkt, dass "in der Schulkomödie fast kein Typ der plautisch-Terenzischen Muse unbenutzt geblieben ist, weil man froh war, fertige Charaktere benutzen zu können". So finden wir, nach Francke, beispielsweise im "Acolastus" von Gnaphaeus eine ganze Galerie von antiken Typen: pater, filius prodigus, parasitus, scurra, leno, lenonis servus, lenonis ancilla und meretrix. Als die am häufigsten verwendeten Typen bezeichnet Francke "den stetig bramarbasierenden Soldaten Thraso" und den stets heisshungrigen Schmarotzer Gnatho.
    Eben diese Typen finden wir auch in unserem Stück: Den "miles gloriosus" und den Schmarotzer. Der miles gloriosus erscheint hier zwar in einer sehr veränderten Gestalt, die Anklänge sind jedoch unverkennbar. Dieser Typ ist uns am besten aus der diesen Titel tragenden Komödie von Plautus bekannt. Er personifiziert einen Komödientyp, der sich durch lächerlichen Eigendünkel, Überheblichkeit, Prahlsucht, grenzenlose Naivität und Dummheit auszeichnet. Dieser Typ hat in der antiken Literatur eine lange Tradition. Wie wir wissen, und wie Przychocki[3] es be-

tont, weist dieser Typ griechische Herkunft auf. Er trägt eine allgemeine Bezeichnung ἀλαζών und wird bereits in der Cyropedie von Xenophon charakterisiert, als ein Mensch, der reicher und tapferer scheinen möchte, als er in Wirklichkeit ist. Dieser Begriff erfährt später einige Modifikationen, das Wesentliche bleibt aber unverändert: Es ist ein Mensch, der anderen etwas vormacht, der sich für einen besseren ausgibt, als er ist. Jeder Stand kann, wie Przychocki bemerkt, seinen ἀλαζών haben: Die Rhetoren und die Demagogen, welche Versprechungen geben, die sie nicht zu halten gedenken, schlechte Philosophen und Poeten, Wahrsager, Wundertäter, Wundärzte usw. Dieser Typ wurde von den antiken Komödiendichtern aufgegriffen. Seine beste und eindrucksvollste Verkörperung ist in den sich mit ihren angeblichen Heldentaten brüstenden Kriegsleuten zu erblicken. Ausser dem Terenzischen Thraso bildet der Miles Gloriosus von Plautus das klassische Beispiel eines solchen Soldaten.

In unserem Schuldrama begegnen wir einer Gestalt, die zwar keinen "bramarbasierenden Soldaten" darstellt, im übrigen aber die Hauptmerkmale von diesem Typ - sensu lato ἀλαζών genannt - aufweist. Ich meine hier den Titelhelden Nabal. Es lassen sich einige analoge Eigenschaften bei dem Miles und bei unserem Nabal feststellen. Das grundsätzliche Kennzeichen der beiden Gestalten ist die angeborene Dummheit. "Naczelnym rysem tej postaci jest głupota ..." schreibt darüber Przychocki[4]. Diese Eigenschaft bildet auch das signum specificum unseres Nabal. Mehr noch: Hier haben wir direkt mit dem Inbegriff der Dummheit zu tun, mit einem nomen-omen, weil ja Nabal, wie bereits erwähnt, ein "redender Name" ist und in der hebräischen Sprache eben "dumm" bedeutet. Nabal ist also gleichsam die personifizierte Dummheit. Darauf berief sich ja seine Frau Abigail, als sie mit ihrer Gabe vor David trat, die dessen Zorn beschwichtigen sollte[5]. Sie sagte:

"Nam si muscarum examen haud captat aquila
Nec pulicis morsum ferarum rex Leo

Curat: quid ab hoc te accepta movet iniuria?
Nam quantus est, Nabal vere est et nomini
Respondet in se nihil habens vel consilii
Vel auxilii, totusque carne ducitur."

Abigail will deswegen die Schuld ihres Mannes auf
sich nehmen, weil diese einem Dummen, den man nicht
ernst nehmen kann, nicht anzurechnen ist.

Nabals Dummheit unterscheidet sich aber ganz
wesentlich von der des Plautinischen Miles. Sie wirkt
nämlich gar nicht komisch, sie ist nicht lächerlich,
sondern sie hat vielmehr tragische Folgen. Sie beschwört über sein Haus eine schwere Gefahr herauf
- bei der Abfuhr, die er den um Lebensmittel bitten-
den Gesandten Davids erteilte, war neben seinem
Hochmut und Geiz auch sein Mangel an Einsicht und
Klugheit im Spiel - und führt schliesslich seinen
grässlichen Tod herbei. Seine Trunksucht, die Ursache seines Todes, ist nämlich auch eine Folge seiner Dummheit. Willensschwäche kommt hier nicht in
Frage, denn Nabal unternimmt überhaupt keine Bes-
serungsversuche. Er ist im Gegenteil überzeugt, dass
sein Lebenswandel richtig ist; er hält sich in dieser Hinsicht sogar dem verständigen und einsichts-
vollen Eubulus gegenüber, der das Laster der Trunk-
heit als etwas eines Menschen Unwürdiges brandmarkt,
für überlegen. Nach der eigenen Meinung ist Nabal
klug, seine Nachbarn Eubulus und Dysigamus, die
nicht trinken wollen, sind hingegen dumm. Er pflich-
tet eifrig der sich darauf beziehenden Meinung des
Gastrodes bei[6], welcher sagt:

"... Quales iudicem
Vos nescio: nam dum sapere prae caeteris
Vultis, video vos plus aliis stultescere.
Nam quae (malum) dementia est, ieiunijs
Curisque vos conficere? Ego longe rectius
Mihi ut bene sit curo, vivoque splendide,
Nec sentio hinc ullum vel animae aut corporis
Incommodum, vobisque sum sapientior
Multo et habitior."

Bei dem Plautinischen Pyrgopolinices hingegen - wir
haben es hier, im Unterschied zu "Nabal" mit einer

echten Komödie zu tun! - zeitigt die Dummheit komische und belustigende Effekte. Allein sein Äusseres, seine aufgeblasene Aufmachung wirkt komisch, ferner sein redender Name, welcher "der Zerstörer der Stadtbollwerke" bedeutet, schliesslich seine lächerlichen, phantastisch übertriebenen Prahlereien. Das Endergebnis seiner Dummheiten ist der Ausgang des Stücks. Pyrgopolinices wurde von seinem Sklaven hintergangen: Er verliert infolgedessen seine Geliebte und sieht sich dem allgemeinen Gelächter preisgegeben.

Die zweite gemeinsame Eigenschaft der beiden in Rede stehenden Gestalten ist ihre dünkelhafte Überheblichkeit und Prahlsucht. Beide ergehen sich mit Vorliebe in Prahlereien und Eigenlob und sind darauf erpicht, von anderen gelobt zu werden. Ihre Dummheit, grenzenlose Naivität und gänzlicher Mangel an selbstkritischem Sinn bewirken es, dass sie jede Schmeichelei für bare Münze nehmen. Wir haben hier mit einer, um den Ausdruck von Brix-Niemeyer zu gebrauchen[7], "alles Mass und Ziel überschreitenden Prahlerei" zu tun.

Bei den Plautinischen Gloriosi, besonders bei Pyrgopolinices, nimmt freilich die Prahlsucht ein weit grösseres Ausmass an, als bei Nabal. Seine Prahlereien stützen sich auf gänzlich unwahre, erlogene und erfundene Begebenheiten. Eine Verkörperung des Miles, Antamenides - der Miles tritt nämlich in sechs Plautinischen Komödien auf - erzählt beispielsweise bekanntlich[8], wie er einst in der Schlacht bei Pentetron eigenhändig sechzigtausend beflügelte Menschen erschlagen hat! Er lobt sich selbst wegen seiner angeblichen Schönheit, die ihn den Frauen gegenüber unwiderstehlich macht. Er bezeichnet sich als "den Bruder des Achilles und den Enkel der Venus". Pyrgopolinices behauptet, sieben Tausend Feinde auf einmal erschlagen zu haben[9] und gibt sich gern seiner angeblichen Schönheit wegen ebenfalls für "den Bruder des Achilles" aus. Er seufzt[10]: "Nimiast miseria nimis pulchrum esse hominem".

Dergleichen phantastische, primitive Schwindeleien lässt unser Nabal nicht verlauten. Den Gegen-

stand seines törichten Stolzes bilden meistens wahre
Tatsachen. Die erste Stelle nimmt hier sein wirklich
vorhandener grosser Reichtum ein. (Bei den Plautinischen Gloriosi kommt bekanntlich zuweilen auch der
Geldbesitz - wieder in übertriebenen, märchenhaften
Mengen! - in Betracht.) Bei Nabal haben wir anscheinend in dieser Hinsicht mit keiner Übertreibung zu
tun, denn seine diesbezüglichen Angaben stimmen in
der Hauptsache mit den Angaben, die wir im I. Buch
der Könige finden, überein. Er ist ein Grossgrundbesitzer. Seinen Besitz und Reichtum schildert er
folgendermassen[11]:

> "... si videris
> Feracis agri multa latifundia,
> Vineta, prata, piscinas et pascua,
> Montesque sylvasque et pecoris laeti greges,
> Quos inter ovium pascuntur tria milia,
> Et mille totis errant caprae montibus."

Im 1. Buch der Könige[12] lesen wir:

> "... et homo ille magnus nimis
> Erantque ei oves tria milia et mille caprae."

Die Zahl der Schafe und Ziegen ist, wie wir sehen,
bei Gwalther genau wiedergegeben worden. Von den
"vineta, prata, piscinae und pascua", von denen Nabal redet, steht zwar in der Bibel nichts; aber diese
Aufzählung mutet bei einem so reichen Viehzüchter
selbstverständlich oder wenigstens wahrscheinlich
an. Nabal prahlt noch[13] zusätzlich mit seiner grossen Dienerschar, mit der er im Notfall sogar einen
feindlichen Angriff abwehren könnte:

> "Accedit his vernarum maxumus chorus
> Queis fretus, et si quando sic necessitas
> Ferat, vel hostium manus repellere
> Possim, veluti fecisse legitur Abraham."

Diese grosse Zahl der Diener und Knechte ist wohl
etwas übertrieben, aber im Hinblick auf die Grösse
Nabals Landbesitzes nicht als ganz fiktiv aufzufassen. Der zweite Grund, auf den sich Nabals Eigen-
dünkel stützt, ist keine wahre Tatsache, sondern
sein angeblicher Verstand. Dies ist besonders lächerlich und fast grotesk, denn seine Name bildet doch,

wie gesagt, ein nomen-omen. Nabal, die verkörperte
Dummheit, prahlt mit seiner Klugheit! Diese Prahlerei ist ja eben der beste Beweis für seine Dummheit.
Sein grosser Verstand, sagt er, bewirkt, dass ihm
alle seine Vorhaben gelingen[14]:

> "Datum est mihi prae caeteris mortalibus
> Illud, cedant ut cuncta felicissime;
> Ad haec etiam, grata ut sint quae facio omnia."

Wegen seiner Klugheit wird er oft von König Saul zu
Rate gezogen, wenn es gilt, schwierige Fragen zu entscheiden:

> "... Sed et rex saepius
> Si forte vult tractare magna negotia
> In aulam, ut adsim consulentibus vocat."[15]

Die zwischen Nabal und dem Miles Gloriosus zu
verzeichnende Analogie reicht jedoch noch weiter:
Beide haben nämlich ihre Schmarotzer.

Damit gehen wir zum zweiten, sehr populären Typ
der antiken Komödie über, der auch bei Plautus und
Terenz repräsentiert wird, nämlich zu der Gestalt
des Parasiten, die unsere besondere Beachtung verdient. Sein Beruf ist, wie Przychocki[16] sich scherz-
haft ausdrückt, keinen Beruf zu haben. Er fristet
sein Leben grundsätzlich auf Kosten anderer Menschen. Immer ist er hungrig und sein ganzer Sinn
ist auf Essen gerichtet. Seine Seele "wohnt im
Bauch", dem er alles zu opfern bereit ist. Er isst,
wie Przychocki sich ausdrückt, "für acht Personen",
wie ein hungriger Wolf (lupus esuriens), deswegen
erhielt er das Beiwort "edax"; man nennt ihn "parasitus edax". Meistens hängt er sich an ein "Opfer",
einen reichen Dummkopf, den er geschickt zu überre-
den und auszunutzen versteht, indem er ihm seine
verschiedenartigen Dienste aufdrängt und sich ihm
dadurch unentbehrlich macht. Sein mächtiges Hilfsmittel besteht in der Schmeichelei, die ihm die Gunst
seines Herrn sichert. Deshalb bildet die Schmeichelkunst seine zweite Haupteigenschaft. Er wurde auch
von den Griechen als Κόλαξ bezeichnet. Er ist nicht
nur der parasitus edax sondern auch der παράσιτος
Κόλαξ.

Die Schmeicheleien werden desto besser aufgenommen, bemerkt dazu Przychocki richtig[17], je düm-
mer derjenige ist, den sie betreffen. Deswegen ist
die Zusammensetzung: Κόλαξ und sein dummer Herr besonders effektvoll. Przychocki weist auf eine alte
bis zu Menander zurückreichende Tradition dieser Verbindung hin. Er bemerkt[18], dass der Schmarotzer bei
Plautus meistens nur eine untergeordnete Rolle spielte[19]. So verhält sich die Sache auch bei Gwalther.
Sein Glycologus spielt im Stück ebenfalls lediglich
eine untergeordnete Rolle, er beeinflusst den Gang
der Geschehnisse in keiner Weise.

Fassen wir nun die Gestalt des Glycologus ins
Auge, um sie unter dem Gesichtspunkt der beiden
Hauptmerkmale der Plautinischen Schmarotzer, also
erstens als parasitus edax und zweitens als παράσιτος
Κόλαξ zu überprüfen und sie mit seinen antiken Vorbildern zu vergleichen. Die erste Eigenschaft - die
Gefrässigkeit - kommt bei Glycologus bei weitem
nicht so stark zum Vorschein, wie bei den Schmarot-
zern des Plautus. Er verlangt natürlich nach gutem
Essen, aber dieser Zug hält sich in natürlichen
Grenzen, während die Plautinischen Typen sich, nach
dem Ausdruck Przychockis[20], "des Essens wegen kreuzigen lassen würden".

Nabals Befehl, ein "convivium regale", ein
königliches Gastmahl zu bereiten, nimmt Glycologus
selbstverständlich mit Freuden entgegen. Er sagt zu
Nabal[21]:

"Nihil equidem posset mihi suavius
Contingere, quam solertiam ut hic noris meam
Illius cum sim maximus rei artifex."

Er erteilt danach den Köchen eingehende Weisungen
bezüglich der einzelnen Gänge des zu bereitenden
Mahles, das sich aus den teuersten und ausgesuchtesten Speisen zusammensetzen soll. Er tut es offensichtlich aus zwei Gründen: Erstens will er durch
das Zustandebringen des herrlichen Festessens seine
Kochkünste zeigen und sich dadurch Nabals Gunst
sichern, zweitens, weil er die Gewissheit hat, dass
alle diese Leckerbissen auch ihm einen Genuss berei-

133

ten werden. Seine kulinarischen Künste haben auch ein
Vorbild bei Plautus. Der Parasitus in den "Captivi"
verrät, wie Przychocki uns darauf aufmerksam macht[22],
ebenfalls einen ausgeprägten Feingeschmack in Sachen
des Essens und unterweist, genau so wie Glycologus,
die Diener eingehend bezüglich des zu bereitenden
Festessens. Glycologus bekennt sich zum "epikuräi-
schen" Lebenscredo seines Herrn: Es gilt zu geniessen, schlemmen, essen und trinken, solange das Leben währt. Er sagt[23]:
> "Eadem mihi mens est: dum corpus sufficit
> Utamur et fruamur naturae bonis."

Er isst und trinkt mit Freuden, aber nicht "für acht
Personen", nicht wie ein "lupus esuriens". Er macht
nicht den Eindruck, als ob er sich um des Essens willen "kreuzigen lassen möchte".

Wenden wir uns nun der zweiten Eigenschaft des
Schmarotzers zu: betrachten wir ihn als den παράσιτος
κόλαξ, um dessen Abspiegelung in der Gestalt des
Glycologus zu suchen. Gleich sein geschickt von
Gwalther gewählter Name - Glycologus stammt von
γλυκύς = süss und ὁ λόγος = Wort, bedeutet also jemand, der süsse Worte verlauten lässt - verrät, dass
Gwalther in dessen Charakteristik nicht die Gefrässigkeit, sondern die Schmeichelkunst in den Vordergrund rücken und zu dessen signum specificum machen
wollte. Glycologus unterscheidet sich jedoch von seinen Vorbildern dadurch, dass auch seine Schmeicheleien ein natürliches Gepräge aufweisen, die von der
Verstiegenheit eines Artotrogus im "Miles Gloriosus"
weit entfernt ist. Artotrogus, der die Schwäche des
Pyrgopolinices kennt, ergeht sich in Lobgesängen
bezüglich der wunderbaren Kriegstaten seines Herrn,
die er[24] mit Feuereifer aufzählt:
> "Memini centum in Cilicia
> Et quinquaginta Sardes, sexaginta Macedones
> Sunt homines, quos tu occidisti uno die."

Solche phantastischen Erzählungen muten wie Münch-
hausengeschichten an[25]. Glycologus sagt zwar auch
"ja" zu allem was sein Herr verlauten lässt, pflich-
tet ihm in allem eifrig bei, spart nicht mit Schmei-

cheleien und Bewunderung, aber ohne die oben geschilderte Übertreibung. (Aufschlussreiche Bemerkungen bezüglich der klassischen Schmarotzergestalt
finden wir bei Francke[26]. Er bringt die von Straumer
angegebene Charakteristik des Schmarotzers Gnatho.
Dies ist gewissermassen ein "Modell" für diese Gestalt. Der Schwerpunkt liegt auch hier auf der
Schmeichelkunst; die Gefrässigkeit tritt an die
zweite Stelle. Wir lesen:

"... Wirt einer hier gemalet ab,
Der stets ein liedlein singen kann,
Wie es gern hört ein jedermann.
Dadurch erwirbt er Lieb und Gunst
Und acht solchs für die beste Kunst
Und sonderlich, da er verhofft zu schnappen
Eine feiste sup, ein gebraten kapfen,
Die schmecken ihm gleich im barte.
Drumb fliesst er sich zu aller farte.
Was andre schelten, schilt er sehr
Und lobett was oft zu schelten wer,
Sofern er nur versteht dran,
Das iene haben ein gefaall dran.")

Der Terenzische Gnatho gibt[27] sein diesbezügliches
Programm deutlich an:

"Est genus hominum qui primos se omnium rerum
                                    esse volunt
Nec sunt; hos consector...
Quidquid dicunt laudo: id rursum si negant,
                        laudo id quoque.
Negat qui? - nego; ait? - aio; postremo impe-'
                        ravi id mihi
Omnia adsentari. Is quaestus nunc est multo
                        uberrimus."

Ähnlich äussert sich Artotrogus[28]:

"... Et adsentandumst, quicquid hic mentibitur."

Gnatho meint, sein Beruf sei erlernbar; er könnte
eine Parasitensekte gründen - so wie es Philosophen-
schulen gibt - und seine Schüler müssten dann Gna-
thoniker heissen[29]:

"... si potis est, tamquam philosophorum habent
                              discipuli ex ipsis
     Vocabula, parasiti etiam ut Gnathonici vocentur."
Unser Glycologus realisiert das oben angegebene Programm. Er schildert sein Verhalten gegenüber Nabal
folgendermassen[30]:
     "Felicem, divitem, beatum praedico ...
     ... Nunc vina laudo, laudo nunc et fercula
     Denique probo quaecunque prolabat omnia
     ... Siquidem sententia stat, illius colere ami-
                                              citiam
     Adulando, fructus sed ut inde maximus
     Ad me semper redeat."
So wie im Essen, ist Glycologus auch im Loben massvoller als seine Vorbilder. Er bewundert[31] den von Nabal bewohnten prachtvollen Palast und versichert, er
habe dergleichen noch nie gesehen. Auf Nabals Frage:
     "Sed dic: vidisti unquam, quod istis conferas?"
entgegnet er:
     "Non ita me Deus amet nec me facile puto
     Videre posse, sic foris palatium
     Quadrato structum marmore et duro nitet
     At intus auro cuncta late fulgurant."
Nabals Haus, ein kunstvoll errichtetes Gebäude, zeugt
von grossem Verstand seines Besitzers, versichert
Glycologus:
     "Virum haec solertis praedicant industriae
     Qui tanta prudenti paraveris bona
     Studia."
Diese Schmeichelei ruft bei Nabal einen Schwall von
Eigenlob hervor. Dies sei noch gar nichts im Vergleich mit seinem übrigen Reichtum, sagt er.
     "Ut his queas praeesse, miror plurimum
     Et tanta solus sustinere pondera ..."
ruft Glycologus mit höchster Bewunderung[32].
     "Quid mirum agitur, si cuncta cedant optime
     Cum tales regni rebus adsunt proceres!"
meint er. Als Abisaus nach der scharfen Abfuhr, die
er von seiten Nabals erfahren hat, seine Entrüstung
zum Ausdruck brachte, wies ihn Glycologus zurecht[33]:
     "Cave sis, nescis cui maledicas nunc viro."

136

Solch eine Person, wie Nabal, darf man nicht unge-
straft beleidigen!

Als der bezechte Nabal sich nicht mehr auf den
Beinen zu halten vermochte[34], bot ihm der Schmarotzer dienstfertig seinen Arm als Stütze an, damit
einem für das ganze Land so wertvollen Mann kein Unglück passierte. Er sagt:

"... attamen cavere oportet, ne mali
Quid temere contingat tibi tanto viro,
Quem patria tota vult diu superstitem."

Hinter dem Rücken ihrer Herren machen sich jedoch
die Schmeichler über sie lustig. So sagt Artotrogus[35]:

"Periuriorem hoc hominem si quis viderit
At gloriarum pleniorem (hercle is quidem)
Me sibi habeto, ego me mancupio dabo ..."

Der Terenzische Gnatho beschreibt seinen Herren folgendermassen[36]:

"Fatuus est, insulsus, tardus, stertit noctes
et dies."

Genau so verhält sich unser Glycologus[37]. Er sagt:

"Nabalem inveni, in hac qui habitat vicinia
Hominem, quo, disperam, magis si plumbeum
Magisque effrontem totus orbis sustinet."

Und weiter charakterisiert er Nabal wie folgt:

"Cognovi, vah, betaceum, ficulneum
Vinosum, imprudentem, rei domesticae
Concoctorem ..."

Auch in dieser Hinsicht befolgt also unser Schmarotzer seine antiken Muster. In einem Punkt weicht
er jedoch von ihnen ab. Gwalther ergänzt nämlich
die Charakteristik des Glycologus mit einer seltsamen Pointe, die kein Vorbild in der Antike hat.

Am Schluss des Stückes erleben wir nämlich eine
sonderbare Wende im Lebenswandel des Schmarotzers.
In einer Anwandlung von Selbstkritizismus kommt er
zu der Einsicht, dass er bis jetzt schlecht gehandelt hat und spricht über sich selbst ein gerechtes
Urteil aus. Nachdem ihm sein Protektor Nabal plötzlich durch den Tod entrissen worden war, sah er sich
genötigt, den Platz zu räumen. Nabals Knechte - Georgus und Philoponus - lassen ihn jedoch nicht unbe-

helligt davonziehen. Sie klagen ihn an, durch seine
Kochkünste den Tod ihres Herrn herbeigeführt zu haben und verdächtigen ihn ausserdem eines Diebstahls.
Glycologus entkommt nur mit Mühe ihren Angriffen,
gibt aber zu, dass er eine solche Behandlung verdient und kein Recht hat, sich darüber zu beklagen.
Er sagt[38]:

> "Verum cui id querar? profecto neminem
> Puto fore, qui non id merito factum aestimet.
> Sed multa ferat oportet, quisquis sic suas
> Res instituit, aliorum ut vivat sumptibus."

Ein Schmarotzer muss sich eben vieles gefallen lassen!

Es ist daraus nicht zu ersehen, ob diese Worte
als eine "Bekehrung des Sünders" aufzufassen sind.
Jedenfalls muten sie wie ein Sündenbekenntnis an
und es ist anzunehmen, dass Gwalther diese "Selbstqualifikation" seines Schmarotzers eingeführt hat,
um den beabsichtigten didaktischen Effekt zu ver-
stärken. Die bösen Menschen, die in unserem Stück
vorkommen, wurden, wie bereits erwähnt, für ihr
schlechtes Leben bestraft: Nabal mit einem jähen und
schrecklichen Tod, Glycologus - der Schmarotzer -
mit dem Verlust der Quelle seines Lebensunterhaltes.
Nabal lebt nicht mehr, also kann er keine Reue über
seine Vergehen und Missetaten zur Schau tragen.
Glycologus, der im Vergleich mit seinem Patron weit
weniger schlechte Eigenschaften aufweist - sein
Hauptfehler besteht eigentlich nur in der Faulheit -
wird, wie bereits darauf hingewiesen wurde, auch
viel milder bestraft. Vielleicht wird er sich jetzt
bessern und zu arbeiten anfangen? Das wissen wir
nicht. Er sieht jedenfalls ein, dass er schlecht gehandelt hat und dass solch ein unnützes Leben, wie
er es bis jetzt geführt hatte, ihn in seine augenblickliche unglückliche Lage getrieben hat. Seht,
scheint er zu den Zuschauern sagen zu wollen, ein
Schmarotzerdasein findet in absehbarer Zeit sein
verdientes Ende und die Faulheit trägt auf alle Fälle ihren "Lohn" davon.

138

Zusammenfassend wäre bezüglich der beiden antiken Typen, die wir in unserem Drama wiedergefunden
haben, folgendes zu sagen: Unsere beiden Typen sind
hier viel ruhiger und massvoller gezeichnet als
ihre antiken Muster, die weit expressiver wirken.
Was Nabal anbetrifft, so bildet seine Gestalt, wie
gesagt, lediglich einen entfernten, obgleich unver-
kennbaren, Anklang an die antiken Gloriosi. Er weist
deren Haupteigenschaften auf, d.h. die Dummheit und
die Prahlsucht; im übrigen weicht er von ihnen ab. Er
ist weder komisch, noch lächerlich, wie es Pyrogo-
polinices oder Thraso sind. Gwalther besass anscheinend keinen Sinn für Komik und Humor. Vielleicht
hielt er auch derartige ans Groteske grenzende komische Auswüchse, wie wir sie bei Plautus finden, für
geschmacklos und für ein biblisches Drama gänzlich
ungeeignet?
    Auch die Schmarotzergestalt erscheint in unse-
rem Stück viel ruhiger - man möchte fast sagen vornehmer - als ihre antiken Vorbilder. Die Plautinischen Parasiten sind alle viel dynamischer, beweg-
licher, überheblicher, geschwätziger und grossmäu-
liger, ausserdem viel gefrässiger als Glycologus.
Ergasylus in den "Captivi" ist ein nimmersatter
Vielfrass   Curculio schwärmt immerzu vom Essen.
Gelasimus im "Stichus" würde für ein Frühstück oder
ein Mittag, wie gesagt, "aufs Kreuz gehen". Die
Fressucht wurde hier bis ins Groteske gesteigert.
    Auch das Verhältnis zwischen dem Herrn und dem
Schmarotzer gestaltet sich bei Gwalther anders als
in den antiken Komödien. Hier wurden die Parasiten
von ihren Herren schlecht behandelt, mussten sich
um des Essens willen alles gefallen lassen, Spott,
Schmähungen und Beleidigungen erdulden. Zuweilen
haben wir auch mit einer Art Abhängigkeit des Herrn
vom Parasiten zu tun, wie im "Curculio". Letzterer
leistet seinem Herrn wertvolle Dienste. Von der Ge-
schicklichkeit, Schlauheit und Dienstfertigkeit des
Curculio hängt die Befreiung der Geliebten des Herrn
ab. Nichts davon finden wir in der Beziehung zwischen
Nabal und Glycologus. Dieser wird von seinem Herrn

gut und freundlich behandelt und als Gast zum Essen
eingeladen. Bei unseren beiden Typen haben wir gleichsam mit drei Gestaltungsstufen zu tun: Am plastischsten wurden sie von Plautus gezeichnet, mit geringe-
rer Dynamik von Terenz; sehr abgetont erscheinen sie
bei Gwalther. Obgleich in einer modifizierten Form
und ohne plautinische Derbheit und Dynamik, bilden
doch Nabal und besonders Glycologus unverkennbare
Reminiszenzen ihrer antiken Vorbilder.

Als Abschluss unserer Erwägungen bietet sich
uns noch eine interessante Hypothese dar, welche,
falls sie zutreffend wäre, ein günstiges Zeugnis
von Gwalthers Invention, Gestaltungskraft und nicht
zuletzt von dem Umfang seiner Bildung ablegen würde.
Bei Koch[39] lesen wir nämlich die Nachricht, dass die
Gestalt des Miles Gloriosus in die deutsche Literatur erst im Jahr 1594 von Herzog Heinrich Julius von
Braunschweig eingeführt wurde. Dieser schrieb damals
ein Stück, in dem der münchhausenhafte Held Vincentio
Ladislao Sacrapa von Mantua die genannte Gestalt verkörpert. Daraus folgt, dass Gwalther, der sein Drama
im Jahr 1549 verfasste, dem Stück des Herzogs und
der deutschen Literatur überhaupt bezüglich der Ver-
wertung der antiken Gestalt keinerlei Impulse verdankt haben kann. Es kommen hier also in diesem Zusammenhang drei Möglichkeiten in Betracht. Erstens
kann unser Autor selbstverständlich seine Typen,
also auch den stark modifizierten, aber immerhin
seine antike Abstammung beweisenden Miles direkt
von Plautus oder Terenz übernommen haben. Zweitens
kann er dessen Nachahmung in irgendeinem uns unbekannten Schuldrama vorgefunden haben und dadurch beeinflusst worden sein. Wir dürfen aber noch eine
dritte - zwar ziemlich vage, aber doch nicht ganz
auszuschliessende - Möglichkeit nicht ausser acht
lassen, die Möglichkeit nämlich, dass er diesem Typ
in der italienischen comedia dell'arte begegnete und
daraus für sich Impulse geschöpft haben kann. Zu
einer solchen Vermutung berechtigen uns zwei Umstände. Erstens wissen wir, dass in der italienischen
commedia dell'arte der "bramarbasierende Soldat"

- er hiess hier Capitano oder Scaramuccio - vorkam
und zweitens erfahren wir von Rüetschi[40], dass Gwalther die italienische Sprache kannte. Der Anfang der
commedia dell'arte fällt in die Mitte des 16. Jahrhunderts, also in die Zeit, in der unser Autor sein
Drama schrieb. Vielleicht machte er eine Reise nach
Italien, von der seine Biographen keine Kenntnis
haben, und wohnte dort Vorstellungen der italienischen Komödianten bei? Anderseits ist es auch möglich, dass italienische Schauspieler in der Schweiz
gastierten und Gwalther Gelegenheit hatte, ihnen zu-
zuschauen.
    Die für uns zwar nicht ausschlaggebende, aber
doch auch nicht ganz unwesentliche Frage, ob unser
"Nabal" irgendetwas italienischen Einflüssen zu
verdanken hat, muss feilich einstweilen dahingestellt bleiben.

Anmerkungen

1   T. Bieńkowski, op.cit., S.94.
2   O. Francke, op.cit., S.143 f.
3   G. Przychocki in: T.M. Plautus, Żołnierz Samochwał,
    S.XXII.
4   G. Przychocki, op.cit., S.XVIII.
5   Akt IV, Sz.II, S.70. (Giovanolis Ausgabe S.134, Z.1299-1304).
6   Akt II, Sz.V, S.48. (S.90/92, Z.794-802).
7   Brix-Niemeyer, Plautus, Miles Gloriosus, S.18.
8   Poenulus, Akt, Sz.I.
9   Miles Glor. Akt I, Sz.1.
10 Miles Gloriosus, Akt I, Sz.I.
11 Akt I, Sz.I, S.16. (Giovanolis Ausgabe, S.32, Z.70-75).
12 Primus liber Regum, loc.cit. (1 Sam 25,2).
13 loc.cit. (Z.76-79).
14 loc.cit. (Z.82-84. 89-91).
15 Nebenbei gesagt, ist der sich auf David beziehende Rat,
    den Nabal angeblich dem König erteilt hat, im Hinblick auf
    Nabals geistiges Niveau als eine gewisse Inkonsequenz in
    dessen Charakteristik aufzufassen. Dieser Rat ist nämlich

zwar boshaft und hinterlistig, aber keineswegs dumm, vielmehr schlau zu nennen.

16 G. Przychocki, op.cit., S.XXV.
17 G. Przychocki, op.cit., S.XXVII.
18 G. Przychocki, loc.cit.
19 Nur einmal in den "Brüdern" beeinflusst er die Handlung
    in entscheidender Weise und einmal - im "Curculio" - spielt
    er sogar die Hauptrolle.
20 G. Przychocki, op.cit., S.XXVIII.
21 Akt I, Sz.I, S.18. (Giovanolis Ausgabe S.36, Z.135-137).
22 G. Przychocki, op.cit., S.XXIX.
23 Akt II, Sz.V, S.48. (Giovanolis Ausgabe S.92, Z.808-809).
24 Plautus, Miles Gloriosus, Akt I, Sz.I.
25 Przychocki, op.cit., S.XXVII.
26 O. Francke, op.cit., S.27.
27 Eun. Akt II, S.II.
28 Miles, Akt I, Sz.I.
29 Eun. Akt II, Sz.II.
30 Akt I, Sz.I, S.14. (Giovanolis Ausgabe S.28/30, Z.25-29 f.
    34-36).
31 Akt I, Sz.I, S.15. (S.32, Z.62-66).
32 Akt I, Sz.I, S.16. (S.32/34, Z.80 f. 95 f).
33 Akt II, Sz.IV, S.41. (S.78, Z.633).
34 Akt III, Sz.II, S.56. (S.108, Z.989-991).
35 Miles, Akt I, Sz.I.
36 Eun. Akt V, Sz.XI.
37 Akt I, Sz.I, S.13. (S.28, Z.8-10, 19-21).
38 Akt V, Sz.II, S.91 (S.172, Z.1771-1774).
39 M. Koch, op.cit., S.110.
40 K. Rüetschi, Private briefliche Mitteilungen.

F. NEOSTOISCHE ELEMENTE IN "NABAL"?

Wir haben in unserem Drama mit einer auffallenden
Wiederkehr - und somit mit der Betonung - eines Ge-
dankenganges zu tun, die uns gewisse Schlüsse, oder
wenigstens Vermutungen bezüglich der Lebensanschauung unseres Autors nahe legen. Es wiederholt sich
nämlich dreimal ein bezeichnender Satz: "Sic comparatum est!"

Auf die bittere Klage des Georgus über die un-
barmherzige Ausbeutung der Herren, deren Opfer die
armen Feldarbeiter sind[1], gibt Philoponus die bereits in anderem Zusammenhang angeführte gelassene
Antwort:

"*Sic comparatum est* mi George, sic Deus
Nostram coërcere solet insolentiam
Et tu feras patienter, quod mutarier
Nequit."

So ist es eben eingerichtet, man muss sich seinem
Schicksal fügen und mit Geduld tragen, was nicht
geändert werden kann!

Zum zweiten Mal hören wir diese Feststellung
aus dem Munde des Sphendonites[2]. Abisaus klagt über
das schwere Los der Soldaten. Sphendonites weist
ihn zurecht indem er sagt:

"*Sic comparatum est,* ut suae sortis fere
Omnes pigeat aliosque se felicius
Vivere putent, dum quae ipsis accidunt mala
Attentius observant, bona vero non item."

So ist es eingerichtet, dass jeder mit seinem eigenen
Schicksal unzufrieden ist und andere Menschen um ihr
vermeintlich glückliches Leben beneidet.

Zum dritten Mal ertönt dieser Satz während des
Gesprächs, welches die beiden Dienstmägde Abigails
über die schnelle und unverhoffte Wiederverheiratung
ihrer Herrin führen. Eulalia beschwichtigt die Empörung Pornions über diese Begebenheit indem sie diese
belehrt[3]:

"*Sic comparatum est,* ut quantum possumus
Nostris soleamus indulgere affectibus."

143

So ist es eingerichtet, dass jeder seine eigenen Ge-
fühle mit Nachsicht behandelt und nach Möglichkeit
in diesem Fall Milde gelten lässt. Eigentlich begegnen wir in unserem Stück diesem Gedanken noch ein
viertes Mal. Er ist aber in andere Worte gekleidet,
welche eine mehr christliche als stoische Prägung
aufweisen. Der Inhalt ist jedoch eigentlich derselbe.
Philoponus wiederholt nämlich[4] seine Belehrung für
Georgus und sagt:

> "Decet hoc singulos
> Ut, quam Deus provinciam dedit, animo
> Aequo ferant."

Die viermalige Wiederholung desselben Gedankens in
verschiedenen Situationen ist, wie gesagt, merkwürdig auffallend. Im Zusammenhang damit erscheint es
angebracht, die Theorie von Leo Spitzer in Betracht
zu ziehen, auf welche Wellek-Warren[5] hinweisen.
Spitzer versucht die psychologischen Merkmale eines
Dichters aus seinen Stilzügen abzuleiten, mit anderen Worten eine Verbindung zwischen wiederkehrenden
Stilzügen und der Philosophie des Dichters herzustellen. Es liegt nahe, in unserem Fall dieser Theorie
Beachtung zu schenken und sie - mutatis mutandis,
denn es handelt sich bei Gwalther vielleicht nicht
um Stilzüge sensu stricto, sondern um etwas Ähnliches - in Erwägung zu ziehen.

Der Nachdruck, mit dem Gwalther den zitierten
Satz wiederholt, scheint ein Licht auf die Art seiner Lebensanschauung zu werfen. Wir begegnen hier
gleichsam dem Gedanken von der Fatalität alles Geschehens, welche die Griechen ἀγάγκη oder εἱμαρμένη
nannten, vermischt mit dem christlichen Vorsehungs-
begriff. Der Fatalitätsgedanke, welcher nach der
Formulierung Thomanns[6] auch in den Werken Senecas
wiederkehrt, bildet bekanntlich einen Bestandteil
der stoischen Philosophie. Bei Gwalther hätten wir
also mit neostoischen Elementen zu tun.

Dies anzunehmen ist durchaus möglich, denn es
war in der Philosophie des 16. Jahrhunderts - nach
der Feststellung von De Boor-Newald[7] - "ein allgemeiner Zug zum Stoizismus" zu verzeichnen. Dieser

entwickelte sich nach der Ansicht Zantas[8] vor allem
in Deutschland. Seine rasche Verbreitung war der Erfindung des Buchdrucks zu verdanken. "L'Allemagne
travaillerà à la renaissance du stoicisme - schreibt
Zanta - par la vulgarisation du livre et c'est en
ce sens que cette doctrine lui devrà peut-être ses
plus rapides progrès." Die neostoische Orientierung
ging von Deutschland aus. Sie entstand als Ergebnis der Kritik der antiken Texte, welche gleichzeitig an geistlichen und an profanen Werken geübt wurde: "Les éditions postérieures, qui auront vraiment
le caractère d'éditions critiques, nous les devrons
à l'Allemagne. Elle contribuera pour une large part
à l'orientation de ce mouvement philosophique vers
le néostoicisme, car elle joindra à la restitution
des textes profanes celle de textes sacrés."

Neben dem christlichen Humanismus begann sich
ein heidnischer Humanismus in Deutschland zu ver-
breiten. Thomas Naogeorgus machte sich, nach Zanta,
um das Zustandebringen einer Synthese des Christentums und des Stoicismus verdient: "La renaissance
du stoicisme", lesen wir bei Zanta[9], "aboutit en
Allemagne sous les formes les plus diverses, à
cette fusion de deux philosophies, qui semblent si
proches lorsqu'on se borne à un examen superficiel
et c'est que nous appellerons le néostoicisme ..."

Auch bei dem grossen neostoischen Philosophen
des 17. Jahrhunderts finden wir die Feststellung,
dass die christliche Religion und die Stoa sich gegenseitig nicht ausschliessen, dass sie keine grundlegenden Gegensätze, sondern vielmehr Ähnlichkeiten
aufweisen, folglich miteinander verwandt sind[10]. In
der Vorrede zu seinen "Manductiones" schreibt Lipsius, die stoische Lehre stimme zwar nicht ganz
- "non undique" - mit der christlichen Religion überein, aber zum grossen Teil - "in multis tamen" - sei
dies der Fall. In der im Index Dissertationum enthaltenen Inhaltsangabe der III. Dissertation lesen
wir die Worte: "Philosophiam non damnari, nec
alienam, imo utilem Christianis esse ..." Luther
bezeichnete, nach Zanta[11], den Neostoizismus eben-

falls als eine halb christliche halb heidnische
Philosophie. (Wir erfahren ferner von derselben
Autorin[12], dass im Programm des Sturmschen Gymnasiums in Strassburg die römischen stoischen Philosophen berücksichtigt wurden.)

Zanta führt einen Vergleich durch[13] zwischen
den Thesen des Lutheranismus und den in den Para-
doxa Stoicorum enthaltenen Thesen, indem sie den
protestantischen Glauben mit dem τόνος der Stoiker
und Gott mit ihrer ratio identifiziert. Im Hinblick
darauf erscheint die Koexistenz der christlichen
und neostoischen Begriffe in den oben angeführten
Sätzen, die wir bei Gwalther finden, nicht verwunderlich.

Wir verdanken Zanta, ausser den allgemeinen sich
auf den Neostoizismus des 16. Jahrhunderts beziehenden Feststellungen, jedoch noch eine aufschlussreiche,
für unseren Fall gewissermassen ausschlaggebende Information, welche die Lebensanschauung Zwinglis betrifft. Wenn wir die Tatsache in Betracht ziehen,
dass Gwalther Zwinglis Schwiegersohn war, dann kommen wir zu interessanten Schlussfolgerungen. Wir erfahren nämlich von Zanta[14], dass Zwingli ein Ver-
ehrer Senecas - also gewissermassen ein Neostoiker -
war; er vertrat die Meinung, die Wahrheit sei nicht
nur bei den Christen, sondern auch bei den Heiden
zu finden. Zanta gibt uns ausführliche Auskunft über
die philosophisch-religiösen Anschauungen dieses
Reformators[15]. Ausser einem Anflug von Pantheismus
begegnen wir bei ihm dem Glauben an die oben erwähnte "Fatalität alles Geschehens". Die Freiheit des
menschlichen Willens und Tuns wäre demgemäss mit
der Allmacht Gottes nicht in Einklang zu bringen.
Die menschlichen freien Taten würden zur Gottes
Weisheit im Widerspruch stehen, ja - sie würden diese zunichte machen. "Voulez vous", lesen wir, "que
l'homme soit maître de ses actions? Vous obligez
Dieu de donner ses decrets immuables selon nos
volontés d'un moment?" In der Idee der Vorsehung
Gottes ist also die der Notwendigkeit eingeschlos-
sen: "L'idée de Providence renferme donc la neces-

sité." Wir haben hier demnach mit einer Art Fatali-
tätsgedanken zu tun. Zanta führt dazu den Aussprch
Zwinglis an[16]: "Nam si quicquam sua virtute ferretur
aut consilio, jam isthinc cessarent sapientia et
virtus nostri numinis. Quod si fieret, non esset
numinis sapientia summa, quia non comprehenderet ac
caperet universa; non esset ejus virtus omnipotens,
quia esset virtus libera ab ejus potentia et idcirco
alia. Ut jam esset vis, quae non esset vis numinis,
esset lux et intelligentia, quae non esset luminis
illius summi sapientia." "Leur Dieu" (d.h. der Gott
der Protestanten), kommentiert Zanta, "dont la toute-
puissance ne pouvait point s'accomoder de la moindre
liberté laissée à l'homme est l'auteur du bien comme
du mal ... Le mal est donc justifié par sa fin et
Dieu peut-être l'auteur du mal sans choquer l'idée,
que nous faisons de sa justice. Les stoiciens di-
saient-ils autre chose?" In Gwalthers philosophisch-
religiöser Lebensauffassung ist Zwinglis Einfluss
nicht auszuschliessen, weil letzterer ja, wie wir
wissen, sein Schwiegervater war. Dadurch erklären
sich möglicherweise die zitierten neostoisch und
fatalistisch anmutenden Gedanken. Jedenfalls liegt
eine solche Vermutung sehr nahe[17].
    Die obigen Bemerkungen wollen freilich nicht
besagen, dass Gwalther etwa als ein Neostoiker zu
betrachten sei. Es kommt hier höchstens ein neostoi-
scher Anflug in Frage, eine Art Synthese von Christentum und Antike, von der der oben zitierte Gumbel
redet[18]. Mit grossem Scharfblick weist er darauf hin,
dass der Humanismus "eine Fülle von Entwicklungsvor-
gängen und -tatsachen" darbot, wodurch "eine neue
geistige Lage sehr verwickelter Natur" entstand.
Diese Epoche "fasste die neu belebte Antike christlich auf - überzeugt, dass beides aufeinanderpasse".
Unter diesem Gesichtspunkt betrachtet erscheint bei
unserem Autor eine Mischung von Christentum und Neostoizismus möglich, zumal, wie gesagt, der letztere
in dieser Zeit wach zu werden begann und Zwingli
sich zu dieser Richtung teilweise bekannte. War
doch dieser nicht die einzige philosophische Strö-

mung der Antike, die die Humanisten mit dem Christentum zu vereinigen sich bemühten. Es fehlte bekanntlich nicht an Versuchen, auch den Neoplatonismus hier mit einzubeziehen. Wir haben in diesem Fall mit einem Phänomen zu tun, welches Gumbel[19] wohl treffend als "die Enttrohnung des Christentums als der einzigen Offenbarung Gottes" bezeichnet.

Anmerkungen

1 Akt II, Sz.I, S.31. (Giovanolis Ausgabe S.60, Z.410-413).
2 Akt II, Sz.III, S.36. (S.68, Z.508-511).
3 Akt V, Sz.IV, S.97. (S.186, Z.1916-1917).
4 Akt V, Sz.II, S.88. (S.166, Z.1697-1700).
5 Wellek-Warren, op.cit., S.206.
6 Th. Thomann, op.cit., S.30.
7 De Boor-Newald, op.cit., S.101.
8 L. Zanta, La renaissance du stoicisme au XVI. siècle, S.157.
9 L. Zanta, ebenda.
10 Iusti Lipsii Manductiones ad Stoicam Philosophiam libri tres.
11 L. Zanta, op.cit., S.29.
12 L. Zanta, op.cit., S.21.
13 L. Zanta, op.cit., S.54 f.
14 L. Zanta, op.cit., S.64.
15 L. Zanta, op.cit., S.49 f.
16 Cf. Zwingli, Opera, ed. de 1841, vol.IV. p.85. (Sermonis de providentia dei anamnema, 1530; Zwinglis sämtliche Werke VI/III, Zürich 1983, = Corpus reformatorum 93/3, S.82 f).
17 Es ist noch in bezug auf den Ausdruck "sic comparatum est" zu bemerken, dass wir einer ähnlichen Redewendung auch bei Terenz begegnen. Menedemus (Heauton. Akt III, Sz.I) sagt: "... ita comparatum esse hominum naturam, aliena ut melius videant ..." Zwischen dieser Bemerkung und der zitierten Belehrung des Sphendonites ist eine inhaltliche Übereinstimmung zu verzeichnen. Ob Gwalther diesen Ausdruck von Terenz übernommen hat, ist nicht zu ersehen. Falls ja, dann würde es sich in diesem Fall lediglich um einen formellen, nicht aber um einen weltanschaulichen Impuls handeln.

18 H. Gumbel, op.cit., in: Handbuch der Kulturgeschichte,
    S.144 f.
19 H. Gumbel, op.cit., S.145.

G. ANACHRONISMEN

Schliesslich sind bei der Betrachtung unseres Dramas
noch die darin befindlichen Anachronismen zu erwähnen. Wir müssen hier vorwegnehmen, dass Gwalther in
dieser Hinsicht keine Ausnahme unter den zeitgenös-
sichen Dichtern bildet; der Gebrauch von Anachronismen war damals bei den Dramenautoren vielmehr eine
allgemeine Sitte. Ulewicz[1] stellt fest, dass es beispielsweise in den klassischen Tragödien der Renaissance, die in Westeuropa geschrieben wurden, von
krassen Anachronismen geradezu wimmelte. Dies ist
aber kein Merkmal der humanistischen Epoche. Ganz
ähnlich verhielt sich die Sache bei Seneca. Thomann[2]
weist auf die in dessen Werken vorkommenden Anachronismen hin: Die griechischen Helden erhalten hier
lateinische Titulaturen der Amts- und Militärsprache.
"Die griechische Tracht", schreibt Thomann, "wird
keineswegs angestrebt, sondern unbedenklich sieht
sich die griechische Heroenwelt in ein römisch-zeit-
genössisches Gewand gehüllt, wie auch noch ein Spit-
teler seine Helden mit unverkennbar schweizerischem
Wesen begabt." Götteranrufe, Gebete, Schwüre, Be-
teuerungen bilden - ausser der Tracht - den Bereich,
in dem die meisten Anachronismen vorkommen. Diese
Mode dauerte also jahrhundertelang und wurde als eine
natürliche Erscheinung hingenommen ohne irgendein
Befremden bei den Lesern oder Zuschauern der Dramen
hervorzurufen. Sie wunderte niemand, denn wie Thomann zutreffend betont, begannen erst die modernen
puristischen Schriftsteller das Augenmerk auf die
Bewahrung der historischen Atmosphäre in den von
ihnen verfassten Werken zu richten. Bis dahin
herrschte auf diesem Gebiet eine "ahistorische Auffassung". "Man möge allerdings bedenken", schreibt
unser Autor diesbezüglich, "dass wir erst in aller-
jüngster Zeit der Bewahrung der historischen Atmosphäre und ihres antiquarischen Rahmens unsere stil-
puristische Aufmerksamkeit angedeihen lassen, während frühere Zeiten mit naiver Selbstverständlich-
keit das Vergleichbare mit den ihnen geläufigen Be-

zeichnungen sich aneigneten, ohne jedes Gefühl für
historische Distanz und essentielle Andersartigkeit."
Es kam hierbei eine "Vermischung zweier Lebenssphären" zustande. Diese Aktualisierung bezeichnet Thomann als ein uraltes Mittel, dem wir bereits in der
altrömischen Komödie begegnen, wo es bewusst um der
komischen Effekte willen angewandt wurde. Freilich
wird, wie Thomann darlegt, diese "Vermischung der
Lebenssphären verschiedener Zeiten und Völker" auch
noch heute von manchen Schriftstellern als "besondere Würze eines gewissen dramatischen Stils" angesehen. Einige moderne Dramatiker wollen, nach dem
Ausdruck Thomanns, ihren Einfällen auf diese Weise
"auf die Beine helfen".
     Einen sehr zutreffenden Vergleich zwischen den
literarischen und den in den Werken der plastischen
Kunst in der Epoche des Humanismus anzutreffenden
Anachronismen finden wir im Aufriss der deutschen
Literaturgeschichte[3]: "Wie die Maler der Zeit",
lesen wir dort, "die Vorgänge der biblischen Geschichte gern in naiver Weise vom Standpunkt ihrer
volkstümlichen Gegenwartserfahrungen aus wiedergeben, so werden in der Dichtung antike Helden und
ritterliche Herren gleichsam verbürgerlicht. Für
historische Schilderung, wie sie dann, wenn auch mit
unzureichenden Mitteln, das Barockzeitalter anstrebt,
hat diese lebensfrohe, vollsaftige Gegenwartskunst
keinen Platz. Sie liebt das pralle Leben des All-
tags und blickt mit scharfen Augen in das Menschen-
treiben ihrer Zeit. Sie ist auf Marktplatz, Strasse
und volkstümlichem Festplatz ebenso zu Hause, wie in
der Kirche, Schule, Gerichtssaal, Handwerkerladen,
Wirtsstube und Bürgerhaus."
     Nach dem oben Gesagten ist es also nicht ver-
wunderlich, dass wir auch in unserem Drama Anachronismen begegnen. So ruft beispielsweise Opsocleptes[4],
während Glycologus den Köchen ausführliche Unterwei-
sungen gibt bezüglich der ausgesuchten Speisen, die
Nabal für seine Gäste zuzubereiten befahl, ironisch
aus:

"Papae, Iovis cur non cerebrum admiscerier
Iubet?"

Die Nennung des römischen Gottes Iuppiter mutet natürlich in der biblischen Geschichte seltsam an. Es
scheint, dass Gwalther durch diesen Ausruf einen
komischen Effekt erzielen wollte, um so die äusserst
spärliche Komik in seinem Stück ein wenig zu bereichern. Georgus beruft sich in seinem Gespräch mit
Philoponus[5] darauf, was der Pfarrer in der Kirche
gesagt hat. Hier wird der protestantische Geistliche
in die biblische Welt einbezogen. Gastrodes[6] beklagt
sich über die durch den gestrigen übermässigen Weingenuss verursachten Beschwerden:

"Mihi profecto mondum edormisse videor
Vinum, quod heri bibi nimis: caput etenim
Totum Cyclopes, nescio qui, duriter
Quasi alternis subinde vexant ictibus."

Ich führe hier noch einige aus der Antike geschöpf-
ten Anachronismen an: Joab[7] ruft "Nescio hercle"
(hier wird der Gott Hercules angerufen), Abigail[8]
fügt in ihr Gespräch mit Nabal den Ausdruck "si Diis
placet" ein (es handelt sich wieder um antike Göt-
ter), Glycologus will[9] den ihn während seiner Flucht
angreifenden Philoponus "ad praetorem" anklagen,
Eulalia gebraucht[10] den Ausdruck "proh deum atque
hominum fidem" und nennt in derselben Szene[11] das
Zimmer ihrer Herrin "gynecaeum".

Goedeke[12] bemerkt zu unserem Problem: "Durch-
weg ist das Schauspiel mit grösster Unbefangenheit
anachronistisch. Die entlegensten Stoffe werden in
die unmittelbare Nähe gerückt, die Personen des
fernsten Altertums denken und sprechen wie Teilneh-
mer der reformatorischen Kämpfe." Oder auch - vice
versa! - könnten wir hinzufügen. Michael[13] äussert
die Meinung, dass die Anachronismen den humanistischen Dramen eine gewisse Lebensnähe verleihen, was
natürlich nicht unwichtig ist.

Es bleibt hier noch hinzuzufügen, dass im Schuldrama nicht nur die einzelnen Textelemente, also die
Ausdrücke und Redensarten der Spieler anachronistisch
waren, sondern auch ihre Kostüme. Wir erfahren bei

152

Schmidt[14], dass die Schüler während der Aufführungen
- ganz gleich, ob sie Helden der Terenzischen Komödien, oder biblische Personen darstellen sollten -
grundsätzlich in zeitgenössischen Trachten erschienen. (Als Ausnahme wird hier die Schulbühne in
Strassburg verzeichnet. In einigen auf das klassische Altertum bezugnehmenden Vorstellungen trugen
hier die Schüler antike Rüstung und Kleidung.)

Anmerkungen

1 T. Ulewicz, op.cit., S.XII f.
2 Th. Thomann, op.cit., S.16.
3 Aufriss ..., S.63.
4 Akt I, Sz.II, S.20. (Giovanolis Ausgabe S.40, Z.179 f).
5 Akt II, Sz.I, S.31. (S.60, Z.413-418).
6 Akt II, Sz.II, S.34. (S.64, Z.464-467).
7 Akt IV, Sz.II, S.69. (S.132, Z.1268).
8 Akt IV, Sz.III, S.77. (S.146, Z.1464).
9 Akt V, Sz.II, S.90. (S.172, Z.1758).
10 Akt V, Sz.IV, S.95. (S.182, Z.1870).
11 S.96. (S.184, Z.1888).
12 K. Goedeke, op.cit., Bd.IV, S.329.
13 F. Michael in: R. Arnold, Das deutsche Drama, S.103.
14 E. Schmidt, op.cit., S.67 f.

3. Form

A. DIE BEZEICHNUNG "COMOEDIA SACRA"

Gwalther hat sein Stück "comoedia sacra" genannt.
Diese Bezeichnung erfordert einen eingehenden er-
läuternden Kommentar, ohne welchen dieser Titel,
unter dem Gesichtspunkt der heute in der Dramentheorie geltenden Begriffskategorien betrachtet, zu
einem grundsätzlichen Missverständnis führen würde.
Um es vorwegzunehmen: Diese Bezeichnung ist in unserem Fall durchaus irreführend. Wir müssen uns nämlich über die Tatsache Rechenschaft geben, dass
unser Drama in der Epoche des Humanismus geschrieben
wurde, in welcher in Europa und besonders in Deutschland auf dem Gebiet der Dramentheorie grosse Unklarheit und Unsicherheit bezüglich der Handhabung und
der Interpretation der Grundbegriffe zu verzeichnen
ist. Man verstand es kaum, die dramatischen Haupt-
gattungen zu unterscheiden. Holl[1] bezeichnet das
dramaturgische Verständnis der Humanisten als "sehr
dürftig". Obgleich die neu entdeckten antiken Vorbilder auf diesem Gebiet (vor allen Dingen die Werke
des Plautus und Terenz), die vortrefflichsten Muster
der Komödie darboten, war das theoretische Verständnis noch "zu naiv", um eine klare Trennung von Komödie und Tragödie durchzuführen. Auch ein so hervorragender Dramatiker wie Frischlin hat noch nach
Holl keinen "reinen theoretischen Begriff von dem
Unterschied von Komödie und Tragödie". Ausserdem
wirkt der Einfluss des mittelalterlichen Dramas
noch immer nach und "verhindert klaren dramatischen
Aufbau, Konzentration und Technik". Ein ziemlich umfassendes Bild der damals in Deutschland auf dem
Gebiet der Dramaturgie herrschenden Begriffsverwirrung finden wir bei Tittman[2]. Seine diesbezüglichen
Ausführungen verdienen, wegen ihres grundlegenden
Charakters hier in extenso angeführt zu werden. "Die
Einsicht aber, welche man in das innere Wesen der
dramatischen Composition gewann, blieb von sehr ge-

ringem Belang; zu Untersuchungen über das Wesen der Gattung war selbst die neue philologische Wissenschaft nicht gekommen. Die klassischen Muster genügten kaum, um die gröbsten Unterschiede zwischen dem Tragischen und Komischen kennenzulernen. Wenn man auch die Benennungen von Tragödie und Komödie für verschiedene Arten der Schauspiele zu gebrauchen lernte, schwankte man doch in der Anwendung derselben so sehr, dass man nicht einmal die allgemeinen Gegensätze festhielt und oft geradezu Komödie nannte, was ebensogut als Tragödie zu bezeichnen war. So musste dann häufig die Benennung "Tragikomödie" aushelfen. Im ganzen scheint man jedoch auf den allgemeinen Verlauf der Handlung gesehen zu haben: eine feierliche und ernste, oder doch auf eine ernste Moral auslaufende Handlung entschloss man sich als Tragödie zu bezeichnen; zuweilen war, wie später im 17. Jahrhundert, der hohe oder der niedere Stand der auftretenden Personen bei der Wahl des Titels massgebend; überall aber blieb man im Unklaren. Bei Hans Sachs heissen Tragödien alle diejenigen Stücke, in welchen gekämpft wird. Am liebstn hielt man an dem zweideutigen, althergebrachten Namen "Spiel" fest, wie denn auch für die eigentliche Posse das alte Wort Fastnachtspiel auch da beibehalten wurde, wo diese Gattung schon in einer Art für jene Zeit nicht ausschliesslich berechneter Lustspiele erweitert worden war. Die Bezeichnung "Schauspiel" findet sich auf den Titeln der Stücke selten, obgleich das Wort sonst schon im Gebrauch war (z.B. bei Luther, 1 Kor 4,9). Als "Lustspiel" wurden einzelne Spiele ebenfalls bezeichnet; aber auch hierbei scheint weniger an einen Gattungsunterschied gedacht zu sein, als an eine Empfehlung des Stückes als "lustig" oder "ergötzlich" für die Zuschauer oder Leser." So weit Tittmann[3]. Interessante Angaben über die bei den Schuldramenautoren auf dem Gebiet der Dramentheorie herrschende Begriffsverwirrung finden wir bei Francke[4]. Francke führt zuerst[5] die Anschauung von Petrarca an, welcher das Wesen der Komödie mit Rücksicht auf Terenz so erklärt: "In comoediis nus-

quam autor loquitur, sed introductae personae."
Wenn es sich hier nicht um einen Irrtum Franckes handelt, dann ist festzustellen, dass wir es hier mit
einer ganz merkwürdigen Ansicht Petrarcas zu tun
haben, denn eine solche Formulierung drückt doch
evidenterweise nicht die Spezifik der Komödie, sondern den grundsätzlichen Unterschied zwischen lyrischer und epischer auf der einen und dramatischer
Gattung auf der anderen Seite aus. Eine ähnliche
Feststellung gilt für die alte Definition der Komödie, welche, nach Francke, in einem von Gervinus
herausgegebenen Codex Oxoniensis überliefert wurde.
Sie lautet: "ut non narretur, ut historia, sed ex
collocutione personarum res gesta comprehendatur,
quasi inter eas tunc agatur." Die von Francke angeführte[6] Ansicht des Donatus beschränkt wiederum
den Begriff "Komödie" lediglich auf ein Stück mit
didaktischer Wirkung. Sie lautet: "Comoedia est
fabula diversa instituta continens affectuum civilium
ac privatorum, quibus discitur, quid sit in vita
utile, quod evitandum etc."

Die Einsicht, dass gemäss den von Aristoteles
formulierten Kriterien das γελοῖον das Wesen der
Kömödie ausmacht, ist als vereinzeltes Phänomen zu
verzeichnen. "Nur Victor Faustus", lesen wir bei
Francke[7], "behauptete ... im Gegenteil zu der damaligen Richtung, es sei der Hauptzweck der Komödie
theatrum risu diffundere." Francke führt uns die bei
den humanistischen Dramenautoren auf dem Gebiet der
Dramentheorie zu verzeichnende Unwissenheit vor Augen, indem er schreibt[8]: "Aber was verstand man unter dem Begriffe comoedia? Man wusste nicht mehr
oder weniger, als man bei dem alten Kommentator gelesen hatte! So schreibt Victor Faustus: ... exin
distributa scribentium ratio est, ut comici servos
et humiles, satyrici rusticos, tragici divites et
reges describerent. Notandum illud, quod in comoedia
amores fere et virginum raptus et in Tragoedia
luxus, exilia et caedes introducuntur; in comoedia
exitus laeti, in Tragoedia tristes et liberorum

fortunarumque priorum agnitio." Diese Auffassung
führt Francke auf Euanthius zurück. Derselbe Autor[9] äussert die Meinung, dass sich
die meisten Schuldramenverfasser wohl überhaupt nicht
die Zeit nahmen, selbständig über ihre Aufgabe nach-
zudenken. "Dass Tragoedie und Komödie auseinanderzu-
halten sind, darüber grübelten sie nicht im geringsten nach", schreibt er. "Eine solche Unbeholfenheit
zeigt sich schon in der Namengebung ihrer Stücke. Es
ist spasshaft zu sehen, wie sie sich drehen und wenden, um nur den altehrwürdigen Begriff "comoedia"
nicht aufgeben zu müssen: so nannten sie ihre Dramen bald "comoedia sacra", "tragicomoedia", "fabula",
"drama comicotragicum", "comoedia tragica", auch
"actiuncula tragicomica" usw. ... In den ersten
Zeiten war comoedia die stehende Bezeichnung für jedes dramatische Machwerk ..."
Als ein ganz besonderes curiosum und zugleich
ein Beweis für die in der Epoche des Humanismus auf
dem Gebiet der Dramentheorie herrschende Begriffsverwirrung mag hier die von Francke[10] angeführte Ansicht von Hanns Nythardt gelten. Dieser äussert sich
in seiner Übersetzung des "Eunuchus" von Terenz über
die Spezifik der Komödie folgendermassen: "Comoedia
ist ein gedicht aus mengerlai das gemüt und anfaltung
mitler person inhaltende. Daraus man lernet was gut
ist zu gebrauchen und das böss zumeiden. Vnd spricht
Cicero das Comoedia menschlich wesens ain spiegel
seie vnd ain pildung der wahrheit. Vnd wirt Comedia
darvon geheissen das si offentlich vor allem volck
des mitlen states oder wesens verkündt ward. Wann
Camos bedeüt die wonung desselben volcks, es seien
stet märckt oder dörffer. Wann Comedia der man ist
genommen aus den kriechischen wörttern camos und oda,
das ist gesang oder gedicht von den mitlen personen.
Es kann noch mag si auch nimand recht noch wol ver-
ston er künde dann sein geberd und stimm auff hoch
und nider sittlich und schnell nach wegung des gemüts verkern. Darumm es billig Comedia wirt geheissen." Weiter gibt Nythardt die Einleitung der Komödie an: "Es ist zemercken das ain yetlich Comedi mag

unterschaidenlich getailt werden in vier tail. Und
wie ain yeder tail genannt wirt. Der erst tail ist
ein vorred. Vnd wirt genennt Methaplasmus. Der ander
tail ist ain anfang vnd ain zettel der nachgehenden
materien. Vnd macht das volck begirig das nachfolgend
zehören. Vnd wirt genannt Prothesis. Der dritt tail
ist ain merung der materien und betrübnusz aller personen, so dar eingezogen werden. Vnn wirt genannt
Epenthesis. Der vierd tail ist ain verkörung aller
betrübnuss zu frölichem Ausgang darin die gantz
Comedi wirt geleütert. Vnd ist genannt Paragoge ...
Mer ist zemerken dass ain yetlich Comedi wirt in
fünff underschaid oder geschichten getailt."

Die von Nythardt dargebotene etymologische Deutung des Wortes comedia, welche es auf "camos" und
"oda" zurückführt, wirkt heute fast belustigend.
Wissen wir doch, dass dieses Wort von κῶμος = der
Aufzug, das Gefolge und ᾠδή = das Lied stammt, weil
ihren Ursprung die satirisch-dramatischen Lieder bildeten, welche im antiken Griechenland während der
feierlichen, anlässlich der Dionysosfeste veranstalteten Prozessionen gesungen wurden.

Eine ähnliche Ignoranz und Unsicherheit bei der
Handhabung der sich auf die dramatische Gattungs-
terminologie beziehenden Grundbegriffe wie bei den
protestantischen Schuldramatikern ist auch, nach
Poplatek[10a] und Okoń[11], bei den Autoren des Jesuitendramas zu verzeichnen. Von Poplatek erfahren wir,
dass die älteste dramatische Gattung, welche auf
den Jesuitenbühnen aufgeführt wurde, einfach der
Dialog gewesen ist. Was die gebräuchlichen Bezeichnungen anbetrifft, so finden wir hier die von Titmann aufgezählten Titel, wie z.B. "tragicomoedia"[12]
und sogar "comico-tragedia" sic![13], so wie die allgemeine Bezeichnung "Drama", welche in verschiedenen
Bedeutungen gebraucht wurde. Angesichts dieses Sachverhalts erweist es sich, wie Poplatek richtig bemerkt, als notwendig, die Jesuitendramen auf ihre
Gattung hin von Fall zu Fall zu klassifizieren. Die
Schwierigkeiten, denen der Forscher bei dem Versuch
einer Bestimmung der Dramengattung begegnet, wachsen

bei den Jesuitendramen des Barockzeitalters. In dieser Zeit machte sich dort nämlich, nach Okoń, eine Tendenz zur Vermischung der einzelnen Gattungen geltend, die man überdies noch anders zu verstehen begann. Okoń erwähnt unter den Jesuiten zwei bedeutende Dramentheoretiker, die jedoch nicht viel zur Klärung der Grundbegriffe beigetragen hätten. Die Theorie habe in diesem Fall mit der Praxis nicht Schritt gehalten. Sie stellte kein Programm dar, sondern hielt lediglich die Schreibweise der einzelnen Autoren fest. Seit dem Ende des 16. Jahrhunderts begegnen wir beim Jesuitendrama immer seltener einer Gattungsbezeichnung. Das allmähliche Schwinden dieser Bezeichnungen interpretiert Okoń als ein Zeichen eines "verneinenden Gattungsbewusstseins". Borcherdt[14] weist mit Recht darauf hin, dass schon allein die Eindeutschungsversuche für die antiken Begriffe "Akt" und "Szene" von der Ignoranz der deutschen Humanisten auf dem in Rede stehenden Gebiet zeugen. Das Wort "actus" gab man nämlich mit solchen Ausdrücken wie "Übung", "Wirkung", "Ausfahrt" oder "Teil" wieder, das Wort "scena" hingegen mit "Gespräch", "Fürbringen" oder "Hütte"[15].

Die neulateinische Terminologie, welche die antiken Begriffe ersetzen sollte, bringt Francke[16]. Wir erfahren, dass Akte zuweilen auch "partes" genannt wurden, die Szenen hingegen "sectiones", "introductiones" oder "numeri". Als Beweis ihrer Gelehrsamkeit gebrauchten manche Schuldramenautoren ausserdem auch die griechischen Bezeichnungen: Protasis, Epitasis und Katastrophe, jedoch ohne deren richtige Bedeutung zu verstehen.

Bei dieser Lage der Dinge sehen wir uns also auf der Suche nach festen, die Bestimmung der literarischen Gattung unseres Dramas ermöglichenden Kriterien genötigt, nach anderen Anhaltspunkten Umschau zu halten. Wir finden sie in den Theorien, welche sich in der in Rede stehenden Epoche auf italienischem Boden herausgebildet hatten und später, wie es scheint, in Europa eine allgemeine Gültigkeit erlangten. In ihrem Lichte betrachtet stellt sich Gwalthers

"Nabal" als ein eigentümliches, nicht leicht zu klas-
sifizierendes dramatisches Gebilde dar.

Eine umfassende Übersicht über diese auf Horaz
und Aristoteles gegründeten italienischen Theorien
bietet uns der bereits in anderem Zusammenhang zitierte Spingarn in seiner grundlegenden Arbeit
"A history of literary Criticisme ..." dar.

Zahlreiche italienische Literaturtheoretiker
wie - um nur die bedeutendsten zu nennen - Caro,
Castelvetro, Sigonio, Robortelli, Giraldi Cintio,
Pigna, Aretino, Franco, Dolce, Ruscelli, Domenichi,
Doni verwendeten viel Fleiss darauf, das Wesen der
antiken Dramaturgie zu ergründen und den humanistischen Dichtern zu erschliessen. Dies muss keine
leichte Aufgabe gewesen sein, denn Spingarn verzeichnet hier manche (nach seiner Ansicht) falsche
Interpretationen der antiken Grundsätze und Vorschriften. Das Kernproblem bestand in der Schaffung
einer klaren Unterscheidung zwischen den beiden
Grundgattungen, der Tragödie und der Komödie. Spingarn bringt[17] die Definition von Scaliger, auf die
sich bekanntlich viele späteren Theoretiker gestützt
hatten. "He defines comedy", schreibt er, "as a
dramatic poem filled with intrique (negotiosum)
written in popular style, and ending happily. The
characters of comedy are chiefly old men, slaves,
courtesans, all in humble station or from small
villages. The action begins rather turbulently, but
ends happily and the style is neither high neither
low. The typical themes of comedy are sports, ban-
quets, nuptials, drunken carousals, the crafty wiles
of slaves and the deception of old men ..." "The
theory of comedy in sixteenth century Italy was
entirely classical, and the practice of the time
agrees with its theory" bemerkt Spingarn zutreffend.

Freilich gab es auch einzelne "Aussenseiter"
unter den italienischen Theoretikern, die sich der
antiken Hegemonie nicht beugen und ihre eigenen Ansichten durchsetzen wollten, indem sie nach einer
diesbezüglichen Norm im zeitgenössischen Leben suchten: "There are indeed to be heard occasional notes

160

of dissatisfaction and revolt ... Il Lusca ...
protests against the inviolable authority of Aris-
totle and Horace ... and ... reserves the right to
copy the manners of his own time, and not those of
Plautus, and Terence. Cecchi, Aretino, Galli and
other comic writers give expression to similar
sentiments." Diese Proteste blieben jedoch erfolglos: "But on the whole these protests availed nothing.
The authors of comedy, and more especially the literary critics werde guided by classical practice and
classical theory. Dramatic forms like the improvised
commedia dell'arte had marked influence on the
practice of European comedy in general, especially
in France, but left no traces of their influence on
the literary criticism of Italian Renaissance." Die
antike Norm behielt ihre Geltung.

Es ist ganz offensichtlich, dass unser Stück,
obgleich es den Titel "comoedia sacra" trägt, in das
oben gezeichnete Komödienschema nicht hineinpasst.
Im deutschsprachigen Gebiet gab es doch in der in
Rede stehenden Epoche, wie Borcherdt[18] treffend bemerkt, keine eigentliche Komödie. Die seltenen Ausnahmen, zu denen vor allem Reuchlins "Henno" zu
rechnen ist, bestätigen lediglich die Regel. Die
Komödie erscheint, nach Borcherdt, nur als Zwischen-
spiel und entnimmt ihre Stoffe der Schwank- und
Anekdotenliteratur, vor allem jedoch den Werken des
Boccaccio. Deswegen müssen wir die zweite dramatische Hauptgattung ins Auge fassen und unser Stück
dieser Form gegenüberstellen. Wie definieren die
italienischen Theoretiker die Tragödie? Spingarn[19]
bringt folgendes Schema einer sogenannten "idealen
Tragödie": "The first act contains the complaints;
the second the suspicious; the third the carousals;
the fourth the menaces and preparations; the fifth
the fulfilment and effusion of blood." Auch in dieses Schema passt "Nabal" evidenterweise nicht hinein.

Der Grundbegriff der Tragödie stützt sich bekanntlich auf die Theorie des Aristoteles, wonach
eine Tragödie dem Zuschauer "Furcht und Mitleid" ein-

flössen und dadurch bei ihm die "Katharsis" hervorrufen müsse. Wir lesen bei Spingarn[20]: "Aristotles
conception of the ideal tragic hero is based on the
assumption, that the function of tragedy is to produce the Katharsis, or purgation, of pity and fear
- pity being felt for a person, who if not wholy
innocent, meets with suffering beyond his deserts;
fear being awakened when the sufferer is a man of
like nature with ourselves."

Spingarn zieht daraus folgende Schlüsse: "From
this it follows that if tragedy represents the fall
of an entirely good man from prosperity to adversity,
neither pity nor fear is produced, and the result
merely shocks and repels us. If an entirely bad man
is represented as undergoing a change from distress
to prosperity, not only do we not feel no pity and
no fear, but even the sense of justice is left un-
satisfied. If on the contrary, such a man entirely
bad falls from prosperity into adversity and distress, the moral sense is indeed satisfied, but
without the tragic emotions of pity and fear. The
ideal hero is therefore merely between the two ex-
tremes, neither eminently good nor entirely bad,
though leaning to the side of goodness."

Giraldi Cintio modifiziert - nach Spingarn[21] -
etwas diese Vorschriften. Die Tragödie möge nach
seiner Ansicht glücklich oder unglücklich enden -
das ist belanglos, wenn sie nur Furcht und Mitleid
erweckt.

Spingarn bringt die von Theophrastus, dem Nachfolger des Aristoteles, formulierte Definition des
Wesens der Tragödie. Demzufolge ist sie eine Wende
im Schicksal eines Helden - "a change in the fortune
of a hero".

Richten wir nun unser Augenmerk auf die Kriterien, mit deren Hilfe wir die Trennungslinie zwischen der Tragödie und der Komödie durchführen könnten. Bei Poplatek[22] finden wir die sich auf die Tragödie beziehende Definition des berühmten Theoretikers des Jesuitendramas Pontanus. Poplatek formuliert dessen Auffassung folgendermassen: "Tragedia

162

jest przedstawieniem czynów sławnych ludzi, nie przez
opowiadanie, lecz przez akcję i rozmowę, aby w widzu
wubudzić współczucie i strach i odwieść go od ulegania
namiętnościom, które są źródłem zła i jego tragicznych
następstw ... Najodpowiedniejszym środowiskiem dla
tragedii miały być sfery potentatów ziemskich; im
wyżej bowiem stoi bohater tragedii, tym silniej
działa widok jego klęski." Und von der Komödie lesen
wir: "Komedia natomiast ma być przedstawieniem
poślednich akcji nis - kich warstw społecznych.
Tragedia przedstawia lepsze - komedia gorsze od
rzeczywistości charaktery." Dasselbe finden wir bei
Okoń[23]. Wellek-Warren[24] äussert die Meinung, dass
der Begriff der Tragödie eine Evolution durchmachte.
Man versuchte in der Renaissance die antiken Normen
in dieser Hinsicht neu zu interpretieren. Als in-
variable Elemente des Begriffs "Tragödie" betrachtet
Okoń[25] folgendes: 1. hervorragende, überdurchschnittliche Menschen als Helden; 2. den "hohen Stil"
(genus sublime); 3. die Einheit der Handlung; 4. das
Element des Tragischen.
     Der Rang der spielenden Personen wurde in der
Renaissance zuweilen zum eigentlichen Unterschei-
dungskriterium in bezug auf die Tragödie und Komödie. "This conception ...", lesen wir bei Spingarn[26],
"... regards rank as the real distinguishing mark
between comedy and tragedy, was not only common
throughout the Renaissance, but even throughout the
whole period of classicism, and had an extraordinary
effect on the modern drama, especially in France."
Später - im 17. Jahrhundert - wurde diese Ansicht
von Dacier bestätigt. Die Handlung einer Tragödie
brauche gar nicht erhaben zu sein, der Rang der Personen allein genügt, um die Tragödie als solche zu
klassifizieren: "It is non necessary", lesen wir
bei Spingarn[27], "that the action be illustrious and
important in itself. On the contrary it may be very
ordinary or common; but it must be so by the quality
of the persons who act ... The greatness of these
eminent men renders the action great and their re-
putation makes it credible and possible."

Robortelli (1548) erklärt ähnlich, wie der oben
angeführte Pontanus, warum in einer Tragödie "praestantiores" auftreten müssen: "tragedy deals only
with the greater sort of men (praestantiores), be-
cause the fall of men of such rank into misery and
disgrace produce greater commiseration ... than the
fall of men of merley ordinary rank."

Sbilet (1548) gibt folgende Theorie der Tragödie: "In the first place tragedy deals only with
actions that are grave, illustrious, and for the
most part magnanimous or virtuous ... In the second
place, the actions of tragedy are either really true,
that is, historical, or if not true, have all the ap-
pearence of truth, that is, they are verisimilar.
Thirtly, the end of tragedy is always sad and
dolorous. Fourthly, tragedy performs a usefull function, which is connected in some way with the reformation of manners and life; and lastly, the effect
of tragedy is connected with the sorrow or pleasure
brought about by the catastrophe."

Maggi (1550)[28] betont ebenfalls: "comedy deals
with the worse and tragedy with the better sort of
men, ... comedy dealing with slaves, tradesmen,
maidservants, buffons and other low people, tragedy
with kings and heroes."

Wenn wir nunmehr alle diese Definitionen und
Aussagen zusammenfassen, so bieten sich uns folgen-
de Unterscheidungskriterien für die Komödie und
Tragödie dar:

1. Die Charaktere der Tragödie sind Könige, Prinzen
   oder andere Menschen von hohem Rang; die der Komödie Personen niedrigen Standes und private
   Leute.
2. In der Tragödie gibt es gewaltige und schreck-
   liche Handlungen - wie Mord, Verbannung und
   dgl. -; in der Komödie hingegen begegnen wir
   familiären und häuslichen Handlungen, besonders
   Liebe und Verführung.
3. Die Tragödie beginnt glücklich und endet schrecklich, die Komödie gerade umgekehrt. Ihr Beginn
   ist unglücklich, ihr Ausgang dagegen freudevoll.

4. Die Tragödie hat einen hohen und erhabenen Stil; die Komödie einen gewöhnlichen und alltäglichen.
5. Die Themen der Tragödie sind grundsätzlich geschichtlich, wogegen die der Komödie frei erfunden sind[29].

Wenn wir diese Kriterien auf unser Stück anwenden, dann kommen wir zu folgenden Ergebnissen:

1. David, der eigentliche Held des Dramas, ist ein König, ein Merkmal der Tragödie. Ausserdem treten hier freilich auch Personen "niedrigen Standes" auf - ein Merkmal der Komödie.
2. In unserem Stück haben wir mit der Verbannung Davids zu tun. Der geplante Überfall auf Nabals Haus würde auch Mord bedeuten. So hätten wir hier "Mord und Verbannung" - zwei Merkmale der Tragödie. Andererseits haben wir auch häusliche Handlungen, sogar Liebe (David - Abigail), aber ohne Verführung, was wiederum ein Element der Komödie darstellen könnte.
3. Was den Beginn und den Ausgang unseres Stückes anbetrifft, so haben wir es hier mit einer Ambivalenz gleichsam mit einem Dualismus zu tun: für Nabal beginnt das Stück glücklich und endet schreckenvoll. Mit David hingegen verhält sich die Sache umgekehrt: Am Anfang des Stückes sehen wir ihn in Elend und Verbannung, am Ende - freilich nur teilweise - glücklich. Seine Lage hat sich zwar noch nicht grundsätzlich geändert; er hat seinen Feind (Saul) noch nicht besiegt und gelangte noch nicht zum verheissenen Königreich; er heiratet jedoch Abigail und das war für ihn ein zweifacher Erfolg. Erstens gingen dadurch, wie bereits erwähnt, seine Liebeswünsche in Erfüllung und zweitens erfuhr seine materielle Situation eine wesentliche Verbesserung: Abigails Reichtum wird zweifellos Davids und seiner Leute Lebensunterhalt für eine längere Zeit sicherstellen[30].
4. Hinsichtlich des Stils gestaltet sich unser Drama an verschiedenen Stellen verschieden. In den von Nabal, seinen Gästen und seinem Hausgesinde ge-

führten Gesprächen ist die Sprache mehr alltäglich; in den Dialogen zwischen David und Abiathar begegnen wir hingegen einem feierlichen und zuweilen erhabenen Ton. Gwalthers Stil bespreche ich noch eingehender an anderer Stelle dieser Arbeit.

5. Der letzte Punkt qualifiziert "Nabal" als eine Tragödie, denn der Stoff ist hier geschichtlich und nicht - wie in der Komödie - frei erfunden. Wie ersichtlich, finden wir in "Nabal" einige Merkmale der Tragödie. Wenn wir die Definition der Tragödie als "Wandel im Schicksal des Helden" in Betracht ziehen, dann können wir eine Wende im Schicksal Davids verzeichnen: Die Wende zum bessern, die die Heirat mit Abigail bedeutet. Es ist noch keine grundsätzliche Wende, aber bereits ein Ansatz dazu. Freilich sind es alles lediglich äussere Formmerkmale. Seinem Wesen nach hat nämlich unser Stück selbstverständlich nichts mit einer Tragödie zu tun, weil es kein wirklich tragisches Element enthält. Letzteres wird treffend von Wilpert[31] gekennzeichnet als "der unausweichliche, schicksalhafte Untergang eines Wertvollen im Zusammenstoss oder Widerstreit mit anderen erhabenen Werten oder übermächtigen Gewalten, der die beteiligte(n) Person(en) notwendig in Leid und Vernichtung führt, der sie sich, über sich selbst hinausragend, um des Erhabenen Willen unter Ausschlagung der Kompromissmöglichkeiten opfern, während die Werte selbst als Ideen bestehen bleiben."

Von einer solchen Konzeption ist unser Stück evidenterweise weit entfernt. Auf der andern Seite hat das Drama aber auch mit einer richtigen Komödie nichts zu tun, weil hier das γελοῖον, das von Aristoteles gekennzeichnete Grundelement der Komik so gut wie gar nicht repräsentiert wird. Das Fehlen des γελοῖον im Schuldrama wird im allgemeinen von den sich mit diesem Drama beschäftigenden Autoren festgestellt[32]. Borcherdt[33] betont, dass die Autoren der Schulstücke, also die Geistlichen und Schulleute keinen Humor besessen hätten: "Ihr Witz", stellt er fest, "ist nur Satire und scharfer Hohn." Die Haupt-

ursache dieser Erscheinung ist wohl in der Richt-
linie zu erblicken, die in bezug auf das geistliche
Schauspiel - es handelt sich hier um biblische Dramen - Luther gegeben hat. Er schrieb, wie Scherer[34]
zeigt, vor, dass das genannte Schauspiel "ernst und
massvoll" sein solle und "nicht possenhaft, wie
unter dem Papstum". Die protestantischen Spiele sollten sich also durch ihren betonten Ernst von den
katholischen unterscheiden. Holl[35] äussert in dieser
Angelegenheit eine andere Meinung. Er behauptet,
dass die Dramatik nicht nur auf der protestantischen
Seite, sondern in beiden Konfessionen aufs Ernste
eingestellt war. Nach Holls Ansicht wurde die Komik,
das γελοῖον, durch die didaktische Tendenz schliesslich sogar aus ihrem eigensten Bereich, d.h. aus dem
Fastnachtspiel verbannt: "Das naive Fastnachtspiel
wird bewusste Tendenzdichtung" schreibt er[36]. Und
weiter lesen wir: "Die Entwicklung tendenziöser Sit-
tendarstellung lässt an Stelle des lustigen Narren-
tons die Stimme der Prediger erschallen. Das Fastnachtspiel wird reformatorisches Tendenzstück."
    Aus den obigen Ausführungen erhellt, dass die
Bezeichnung "Komödie" in bezug auf "Nabal" von Gwalther - der humanistischen Mode gemäss - ganz mechanisch gehandhabt wurde und mit dem Inhalt nicht
übereinstimmt.
    Sehr richtig bezeichnet also Creizenach[37] die
neulateinischen Dramen als "eine Mischgattung, die
in dem ästhetischen Kanon der Alten keinen Platz
findet". Wir müssen bei der Erörterung der Bezeichnung unseres Stücks noch den Zusatz "sacra" in Betracht ziehen. Der Titel lautet hier nämlich "comoedia sacra", was auf den ersten Blick eigentlich, wie
eine "contradictio in adiecto" anmutet. Allem Anschein nach gebrauchte Gwalther diesen Titel, um den
Unterschied zwischen seinem Werk und den heidnischen
Komödien des Terenz oder Plautus zu betonen und den
Abstand zwischen profanen und biblischen Dramenthe-
men in eine entsprechende Formel zu kleiden. Ein
solcher Titel muss übrigens in der in Rede stehenden
Epoche allgemein gebräuchlich gewesen sein, denn

wir begegnen ihm beispielsweise bei Frischlin, der
als einer der berühmtesten Schuldramenautoren in
dieser Hinsicht als repräsentativ und tonangebend
angesehen werden darf. In der Praefatio zu seiner
"Rebecca"[38] lesen wir, dass er drei Komödien von
Terenz - den "Eunuch", den "Selbstpeiniger" und die
"Schwiegermuter" - "in comoedias novas et sacras"
umzuarbeiten begann. Er beabsichtigte aus ihnen
eine Trilogie zu gestalten, welche die Geschichte
des Ägyptischen Joseph darstellen sollte. Evidenterweise wollte er hier terenzische Stücke in biblische
umwandeln. Dieser Kommentar erklärt uns jedenfalls
die Bedeutung des Beiworts "sacra" in dem Titel unseres Stückes. Als ein Nebenergebnis der sich auf die
Bezeichnung unseres Stückes beziehenden Erwägungen
bietet sich uns eine allgemeine die Typologie der
Gattungen (von Van Tieghem, nach Wellek-Warren[39],
Genologie genannt) betreffende Schlussfolgerung dar.
Wir müssen nämlich den eben erwähnten Autoren bei-
pflichten, wenn sie sagen[40], dass letztere ein vielschichtiges, kompliziertes Problem darstelle. Mangelnde Begriffsklarheit macht sich auf diesem Gebiet nicht
nur in der Epoche des Humanismus, sondern auch noch
in späteren Jahrhunderten bei den Schriftstellern
und literarischen Kritikern bemerkbar: "Noch in der
klassizistischen Kritik", lesen wir bei Wellek-Warren, "sucht man fast umsonst nach einer Bestimmung
der Gattung und der Methode, nach der sich Gattung
von Gattung unterscheiden liesse." Man findet in
dieser Zeit "nur wenig konsequente Ausserungen" zu
dieser Frage, ausser der grundsätzlichen, aber ganz
allgemeinen Überzeugung, dass die Gattungen etwas
voneinander Gesondertes sind[41].

Als Anhang zu den sich auf die Bezeichnung unseres Stücks beziehenden Erörterungen ist hier noch
marginalerweise die Person des Widmungsadressaten zu
besprechen. Es war bei den humanistischen Dichtern
Sitte, ihre Werke irgendeinem - oft erlauchten - Gönner zu widmen. Auch Gwalther versah sein Drama mit
einem Widmungsbrief. Die Person seines Widmungsadressaten ist für uns insofern interessant, als es ein

168

Pole gewesen ist. Er hiess Floryan Susliga-Rolicz.
Gwalther begründet diese Adressatenwahl in seinem
Widmungsbrief wie folgt[42]: "Quod vero hosce meos
labores tuo potissimum nomini nuncupandos esse arbi-
tratus sum, Floriane amplissime idemque solendissime
in Christo frater, multae rationes effecerunt, quas
omnes hoc loco commemorare supervacaneum esse duco,
ut qui animum meum satis, ut spero, perspectum
habeas. Certe, ut huic meo labori rudi et nimium
praecoci fortasse patrono opus esse duxi, quem te
et fidum et strenuum fore confido: Ita me meus in te
amor tuique nominis authoritas moverunt, ut neminem
alium huic negotio et idoneum et dignum magis esse
putarem. Nam si ea est amicitiae lex, ut minime la-
tere possit, sed omnibus innotescere cupiat, ne-
quaquam (meo quidem iudicio) admittendum fuit, ut
nostrorum animorum consensio, quae multis nominibus
arctissima esse debet, ignota esset: quin aliquod
eius apud posteros quoque argumentum, meique apud te
animi non ingrati testimonium extare cupiebam. Nec
id tibi ingratum fore spero, cum eum te agnoverim
hactenus, qui minima quoque amici synceri officia
candide interpretari et aequi bonique consulere
soleas." Daraus geht eindeutig hervor, dass Gwalther
Susliga hoch schätzte und als seinen Freund betrachtete. Wie fest er und andere Zürcher an dessen geistige Autorität glaubten, zeigt die Versicherung[43],
dass er gegebenenfalls bereit wäre, vor Susliga
Rechenschaft über seine gesamte wissenschaftliche
Tätigkeit abzulegen wegen dessen erlesener Bildung
und höchster "humanitas" - "ob singularem eruditionem summae humanitati coniunctam" - und zeigt das
dem Stück beigefügte, zu Ehren des Freundes von Konrad Gessner[44] verfasste griechische Gedicht ΕΙΣ ΦΛΩ-
ΡΙΑΝΟΝ ΣΟΥΣΛΙΓΑΝ. Der fast panegyrische Ton, welchen
Gwalthers Widmungsbrief aufweist, war bekanntlich in
der Epoche des Humanismus nichts Ungewöhnliches.
Meistens galten die Lobgesänge der Autoren irgend-
welchen Gönnern und Potentaten, von denen sie materielle Vorteile erhoffen konnten - dann kam natürlich Heuchelei in Frage. Gwalther widmete sein Werk

keinem Fürsten oder dergleichen, sondern seinem polnischen Freund, also müssen wir hier doch wohl ein
Abhängigkeitsverhältnis ausschliessen und annehmen,
dass unser Autor wirklich von Susligas moralischem
Wert und hohem intelektuellem Niveau überzeugt war.
Zur - vorübergehenden - Freundschaft zwischen dem
Schweizer und dem Polen kam es während dessen Besuch in Zürich vom 29. März bis 21. April 1549.
Gwalther beherbergte Susliga und schätzte offensichtlich dessen Betragen und Bildung. Susliga war 1548
bis 1550 auf einer Reise durch Westeuropa und wusste
mit einem - wie sich später herausstellen sollte, ge-
fälschten - Empfehlungsbrief des Jan Łaski (Johannes à Lasco) und dem Versprechen, in Polen für die
Reformation zu werben, die Reformatoren Strassburgs,
Genfs und Zürichs für sich einzunehmen. Auf seine
Ermunterung hin widmete Kalvin 1549 seinen Kommentar
zum Hebräer-Brief dem polnischen König Zygmunt
August. Erst einige Monate nach Gwalthers Widmung
des "Nabal", im Winter 1549/1550, wurden die Reformatoren gegenüber Susliga misstrauisch und erkann-
ten allmählich, dass sie sich in ihm bitter getäuscht
hatten und einem Hochstapler aufgesessen waren, der
auch überall Schulden hinterliess. In der zweiten
Auflage seines Werks strich Kalvin deshalb die sieben auf Susliga bezüglichen Zeilen[45]. Bullinger ver-
merkte später auf einem der Briefe Susligas: "Flo-
rianus Polonus insignis impostor."[46] Auch der polnische Forscher Hartleb[47] stellt "Floryan Rozwicz
Susliga" - so gibt er seinen Namen an - in einem
höchst ungünstigen Licht dar. Nach ihm war Susliga
wahrscheinlich mit böhmischen Brüdern nach Polen
eingewandert; später erlangte er die Zugehörigkeit
zum polnischen Adel. Er wird von unserem Autor als
"der polnische Höfling der Reformation" bezeichnet,
der sich den Weg zu seiner Karriere mit Lügen und
anderen verwerflichen Mitteln bahnte. Gwalther hatte
somit im Frühling und im Herbst 1549 eine ganz falsche Vorstellung von Susligas moralischem Wert und
geistigen Fähigkeiten und dessen wahren Charakter
nicht erkannt.

Die von Hartleb geschilderte erbärmliche Gestalt
Susligas bildet einen scharfen Kontrast zu den ande-
ren erlauchten oder politisch einflussreichen Adres-
saten, denen Gwalther seine Predigten gewidmet hatte.
Ihre Namen erfahren wir von Rüetschi[48]. Es waren:
König Eduard VI. von England, der Bürgermeister von
Schaffhausen, Schultheiss Johann Steiger von Bern,
Landgraf Wilhelm von Hessen, Christoph Pfalzgraf bei
Rhein und Herzog von Bayern, Bürgermeister Stephan
Willy von Chur, die englischen Bischöfe, Ludwig Graf
von Sayn-Wittgenstein, König Jakob VI. von Schott-
land, Bürgermeister Samuel Wyttenbach von Biel,
Schultheiss Josua Wyttenbach von Murten und Michael
Sailer, der in St. Gallen eine Schule stiftete.

Anmerkungen

1 K. Holl, Geschichte des deutschen Lustspiels, S.61.
2 J. Tittmann, op.cit., S.XX.
3 Aber auch im 17. Jahrhundert sind die sich auf die dramatischen Gattungen beziehenden Begriffe nicht viel klarer.
   Boriński (K. Boriński, op.cit., S.85) bemerkt zutreffend,
   dass im "Buch von der deutschen Poetyrey" das Drama von
   Opitz mit geringer Aufmerksamkeit behandelt wurde. Seine
   Definition der Komödie lautet (M. Opitz, op.cit., S.82)
   wie folgt: "Die Comödie bestehet in schlechten Wesen und
   personen: redet von hochzeiten, gastgeboten, buhlersachen,
   leichtfertigkeit der jugend, geitze des alters, kupplerey
   und solchen sachen, die täglich unter gemeinen Leuten vor-
   lauffen." Könige dürfen in Komödien nicht auftreten: "Haben derowegen die, welche heutiges Tages Comedien geschrieben, weit geirret, die Kayser und Potentaten eingeführt,
   weil solches den regeln der Comedien Schnurstracks zuwider
   läufft." Dagegen lässt Scaliger, wie Boriński hinweist,
   hier Ausnahmen gelten. Er sagt: "Contra in comediis nunquam reges, nisi in paucis." Boriński führt noch die Meinung eines englischen Dramentheoretikers, die von Sydney
   an, welcher das Wesen der Komödie einzig in den "personis
   vilioribus" erblickt. "Hier kann man so recht sehen", kom-

mentiert Boriński diese Ansicht, "wie es mit der Ästhetik
dieser Leute bestellt ist, wenn ihre Leuchte, Aristoteles,
einmal erlischt."

4   O. Francke, passim.
5   O. Francke, op.cit., S.4.
6   O. Francke. op.cit., S.14.
7   O. Francke, op.cit., S.13.
8   O. Francke, op.cit., S.15.
9   O. Francke, op.cit., S.97.
10 O. Francke, op.cit., S.367.
10a J. Poplatek, Studia z dziejów jezuickiego dramatu szkolnego
    w Polsce, S.20.
11 J. Okoń, Dramat i teatr szkolny scen jezuickich w 17 w.,
    S.222 ff.
12 Die Bezeichnung "tragicomoedia" wurde, nach Wilpert
    (op.cit., S.64 f), als Scherz von Plautus geprägt - und
    zwar für seinen "Amphitruo" - also nicht als Gattungsbe-
    zeichnung.
13 Mit einem ähnlichen curiosum haben wir bei Sixt Birck zu
    tun, welcher, wie Francke (op.cit., S.57) berichtet, seine
    "Susanna" "comoedia tragica" nannte.
14 J. Borcherdt, op.cit., S.158.
15 Von Holstein (Joh. Reuchlins Komödien, S.83) erfahren wir,
    dass Georg Wagner, Professor der komischen Poesie in Frank-
    furt a. d. Oder, in seinem Stück die Szenen "Unterschied"
    nannte. Wir sahen jedoch, dass bei dem oben angeführten
    Hanns Nythard diese Bezeichnung - "underschaid" - nicht
    für Szenen, sondern für Akte angewandt wurde.
16 O. Francke, op.cit., S.103.
17 J.E. Spingarn, op.cit., S.105.
18 J. Borcherdt, op.cit., S.158.
19 J.E. Spingarn, op.cit., S.205.
20 J.E. Spingarn, op.cit., S.81 ff.
21 J.E. Spingarn, op.cit., S.83.
22 J. Poplatek, op.cit., S.148 f.
23 J. Okoń, op.cit., S.222 ff.
24 R. Wellek-A.Warren, S.2-66.
25 J. Okoń, op.cit., loc.cit.
26 J.E. Spingarn, op.cit., S.63.
27 J.E. Spingarn, loc.cit.
28 siehe J.E. Spingarn, loc.cit.

29 So auch nach Francke, op.cit., S.15.
30 Der exitus laetus, den Brozek (op.cit., S.242) als Merkmal der Komödie bezeichnet, ist also nur auf David bezogen. Für Nabal gibt es kein "happy end".
31 G. Wilpert, op.cit., S.645.
32 Nur Arnold (Die Kultur der Renaissance, S.126).
33 H. Borcherdt, op.cit., S.128.
34 W. Scherer, Geschichte der deutschen Literatur, S.303.
35 K. Holl, op.cit., S.63.
36 K. Holl, op.cit., S.71.
37 W. Creizenach, op.cit., Bd.III, S.104.
38 Operum poeticorum Nicodemi Frischlini Balingensis ... et
Philosophi Clarissimi ... Comoediae sex ...
39 R. Wellek-A. Warren, op.cit., S.266.
40 R. Wellek-A. Warren, op.cit., S.260.
41 Wie verschieden und zuweilen eigentümlich noch in unserer
Zeit die Ansichten der Fachkundigen auf diesem Gebiet
sind, möge die Meinung von Hirt (E. Hirt, Das Formgesetz
der epischen, dramatischen und lyrischen Dichtung, S.158)
zeigen. Nach dessen Auffassung wäre die Komödie ein zwei-
schichtiges Gebilde, weil deren Untergrund eine Tragödie
sei. Die Tragödie, meint Hirt, bestehe in der Konsequenz,
die Komödie hingegen in der Inkonsequenz. Dies sei "die
gemeinsame Wurzel beider Formen".
42 S.5. (Giovanolis Ausgabe S.16)
43 S.3. (S.12).
44 S.6. (S.18). Konrad Gessner (1516-1565) war Natur- und
Sprachwissenschafter, Arzt und Bibliograph in Zürich.
45 Eingehend behandelt Susligas Reisen und seine Beziehungen
zu den Reformatoren Beat Rudolf Jenny, Die Amerbachkor-
respondez, Band VII, Basel 1973, S.224-230 und Band IX,
1982, S.xliii. Weitere Angaben in Anm. 47 und bei Est-
reicher, Bibliografia Polska, Bd.30, S.69-71. (Estreichers
Behauptung, op.cit., S.721, dass Bullinger ein Pole gewesen sei und seinem Pflegsohn die Beziehung zu Susliga vermittelt habe, entbehrt jeder Grundlage. Bullinger stammte
aus einem alten Geschlecht des aargauischen Städtchens
Bremgarten an der Reuss, siehe: Neue Deutsche Biographie,
Bd.3, 1957, S.12.) (Ergänzt und geändert von Rüetschi).
46 Staatsarchiv Zürich, E II 367, 31-33 (Hinweis von
K.J. Rüetschi).

173

47 S. Hartleb, Floryan Rozwicz Susliga, Szkic obyczajowy z
    dziejów Reformacji, in: Przewodnik literacki i naukowy,
    T. XL, Z.II, luty 1912.
48 K.J. Rüetschi, Private briefliche Mitteilungen

B. GWALTHERS GESTALTUNGSKRAFT UND DRAMATISCHE TECHNIK

a1. Handlung und Geschehen: Die dramatische Darstellung und epischer Bericht. Antithetischer Bau des Stückes

Wenn wir die Arbeit von Ermattinger[1] in Betracht ziehen und unter dem Gesichtspunkt seiner Erwägungen Gwalthers Drama analysieren, dann kommt die dramatische Begabung und Gestaltungskraft unseres Autors zum Vorschein. Ermattinger unterscheidet nämlich[2] im dramatischen Stoff zwei Schichten: die dramatische Darstellung und den epischen Bericht. Der Verfasser eines Dramas muss demnach zu entscheiden verstehen, welche Teile der Handlung sich auf der Bühne und welche hinter der Bühne abspielen sollen. Es leuchtet ein, dass, wie Ermattinger betont, alles was auf der Bühne stattfindet, den Zuschauer stärker beeindruckt als das, was hinter der Bühne geschieht und was lediglich erzählt wird. Die sich darauf beziehende Regel Ermattingers besagt, dass auf der Bühne das dargestellt werden soll, was den wesentlichen Bestandteil der Handlung bildet; über das Übrige soll berichtet werden. Das Übrige ist "Nebenwerk, Verursachung und Folge" der wesentlichen Handlungsmomente. So wird hier zwischen dramatischer Handlung und "blossem Geschehen" unterschieden.

"Es ist ein Zeichen dramatischer Begabung", schreibt Ermattinger, "dass der Dichter so den Grundnerv der Handlung erkennt und ihn (und nur ihn) auf die Bühne bringt. Der Nichtdramatiker macht dagegen die Bühne nur zum Schauplatz äusserer Bilder und theatralischer Bewegung (Kampfszenen und dergleichen), in denen sich gar nicht dramatische Dynamik entfaltet und lässt das dramatische Leben oft hinter der Bühne verkümmern."

Im Lichte dieser Erörterungen betrachtet erweist sich Gwalthers dramatische Begabung als evident. Er verstand es nämlich, sein dramatisches Material unter dem oben erwähnten Gesichtspunkt zu klassifizieren und brachte grundsätzlich nur die wesentlichen Momente - also die eigentliche Handlung auf die Bühne; über das Geschehen liess er die Spieler Bericht erstatten. So wird über die im Lager ausgebrochenen Unruhen berichtet[3]. Sie bilden eben die Ursache der Handlung des David: sie zwingen ihn, Boten an Nabal zu senden mit der Bitte um eine Lebensmittelspende. Der Ausgang dieser Handlung beschwört, wie wir wissen, das Verhängnis herauf: David will sich für die erlittene Schmähung rächen und bereitet einen Überfall auf Nabals Haus vor.

Nabals Tod wird ebenfalls nicht auf der Bühne dargestellt, sondern mit einer fast medizinalen Genauigkeit von Spudaeus und Philoponus geschildert[4]. Es trifft hier genau der Begriff "Geschehen" - im Unterschied zur "Handlung" - zu. Dieses Geschehen ist Folge der vorhergehenden Handlung. Ganz konsequent finden wir hier freilich diesen Unterscheidungsgrundsatz nicht realisiert, denn die Szene der Brautwerbung, die doch kaum als blosses Geschehen zu bezeichnen ist, findet auch hinter der Bühne statt. Sie wird uns von der Dienstmagd Eulalia geschildert, welche ihre Herrin belauscht hat[5]. Es ist möglich, dass Gwalther sich bei seiner Arbeit überhaupt nach keinen theatralischen Regeln richtete, sondern sich einfach von seinem sicheren Theaterinstinkt leiten liess.

Gwalthers Werk besitzt noch andere wesentliche Merkmale des dramatischen Stils. Hier wird die Hauptvoraussetzung in dieser Hinsicht erfüllt, als welche Ermattinger[6] den "dynamisch-antithetischen Bau" des Stücks bezeichnet. Dieser kommt nämlich auch in der Sprache zum Ausdruck. Während die Sprache des Lyrikers parataktisch ist, die des Epikers einen reichgegliederten Periodenbau zeigt, soll die Sprache des Dramatikers "nach ihrem psychologisch-grammatischen Bau eine Mischung von Parataxe und Hypotaxe" darbieten. Sie soll "logisch gegliederter, als die des Lyrikers" sein, weil sie oft "komplizierte Erörterungen des Für und Wider" ausdrückt; sie darf aber

nicht so "breitbehaglich, vollgepackt und reich" wie
die Sprache des Epikers sein.

"Dieses Antithetische", formuliert Ermattinger
seine Ansicht weiter, "kann sich in Rede und Gegenrede ausleben, deren ausgeprägteste Form die Stico-
mythie ist, die Wechselrede in Doppelversen, Versen
oder Halbversen. Es lebt auch in den längeren Reden
der einzelnen Personen." In unserem Drama haben wir
zwar keine Stichomythie, wir finden hier jedoch dafür die durchgehend von Gwalther angewandt Versbrechung, welche die Rede und Gegenrede der auftretenden Personen mit dramatischem Leben erfüllt. Durch
die Versbrechung unterscheidet sich eben die lateinische Fassung unseres Stückes positiv von deren
deutschen Bearbeitungen, in denen die Versbrechung
völlig fehlt. Dieser Mangel bewirkt dort einen
schwerfälligen Redefluss und epische Breite. Ich
gehe darauf näher bei der Analyse der deutschen
Versionen im Kapitel "Beschaffenheit der Sprache"
ein.

Was die sogenannte dramatische Spannung anbelangt, so ist zu sagen, dass sie in den Schuldramen
eigentlich kaum zu erwarten ist, weil doch bereits
am Anfang - im Prolog und in der Periocha - der Inhalt des Stücks, also auch sein Ausgang, angegeben
ist. Dessenungeachtet verstand es doch Gwalther an
einigen Stellen seines Stückes bei den Zuschauern
(oder Lesern) Spannung hervorzurufen. Obgleich wir
den Gang der Ereignisse im voraus kennen, erleben
wir beispielsweise zusammen mit Abigail ihre durch
die Nachricht von dem geplanten Überfall auf ihr
Haus verursachte Bestürzung, ihre Ratlosigkeit und
Verzweiflung[7], ferner ihre Ängste, die sie beim Anblick des herrannahenden bewaffneten Heeres, im Bewusstsein der wachsenden Gefahr auszustehen hat.

Wir wissen, dass es Abigail gelingen wird, diese Gefahr abzuwenden, trotzdem geraten wir jedoch
gleichsam zusammen mit ihr in furchtbare Erregung,
wir spüren ihre lähmende Angst[8]. Abigail sucht nach
Worten, mit denen sie ihre Bitte beginnen könnte

und findet vor Schrecken keine. Ihre Gedanken und
ihre Zunge versagen ihr den Dienst. Sie ruft:

> Hei arma Spudaee heic hostilia conspicor
> Tota tremo: num quae foemina infelicior
> Est me? quid agam? vel quod dicendi exordium
> Sumam? metus vocemque linguamque occupat.
> O Nabal, in quae nos pericula conijcis?

Ihre Worte klingen so suggestiv, dass sie den Zuschauern das Gefühl der Spannung vermittelt haben
müssen.

Anmerkungen

1 E. Ermattinger, Das dichterische Kunstwerk.
2 E. Ermattinger, op.cit., S.373.
3 Akt I, Sz.IV, S.26. (Giovanolis Ausgabe S.48-52).
4 Akt IV, Sz.V, S.81 f. (S.152-158).
5 Akt V, Sz.IV, S.95 f. (S.184, Z.1888-1992).
6 E. Ermattinger, op.cit., S.384.
8 Akt III, Sz.V, S.63. (Giovanolis Ausgabe S.120-122).
9 Akt IV, Sz.II, S.69. (S.132, Z.1261-1265).

a2. Kontrastierende Parallelität

Der antithetische Bau unseres Dramas kommt auch in der Technik der sogenannten kontrastierenden Parallelität zum Ausdruck. Wir erfahren von Holl[1], dass diese mit Vorliebe von Frischlin angewandt wurde. Sie besteht in der Einführung mehrerer Paare kontrastierender Menschentypen, in einer paarweisen Zusammenstellung von Charakteren, welche jeweils entgegengesetzte Eigenschaften aufweisen und zugleich eine ziemlich parallele soziale Stellung einnehmen.

In unserem Stück begegnen wir eben einer ganzen Reihe von derartigen charakterlichen Gegensätzen. An erster Stelle sind hier Nabal und David zu nennen. Ihre sozialen Stellungen sind zwar nicht ganz gleich: David ist ein König, Nabal hingegen nur ein reicher Grundbesitzer und Viehzüchter, sie sind jedoch die beiden Hauptgestalten des Dramas, um die sich alles Geschehen dreht. Sie weisen krass kontrastierende Eigenschaften auf. Der Gegensatz zwischen diesen beiden Charakteren ist von Gwalther besonders stark herausgearbeitet worden. David erscheint im Stück als ein strahlender Held, der standhaft die unverschuldete Verfolgung von seiten Sauls erduldet. Er ist ausserdem ein edler Landesherrscher, dem das Wohlergehen seines Volkes am Herzen liegt. Er beklagt[2] dessen Unglück und Leid, welches es unter Sauls Tyrannei auszustehen hat. Er sagt zu Abiathar:

> "... at cur non doleat quam maxume
> Cum misera gentis facies occurrit mihi
> Quae dira infelix perditur tyrannide?"

Er ist ferner sanftmütig und lässt selbst seinen Feinden gegenüber Milde walten, was er selber betont[3], indem er sagt:

> "Non temere factum est, quod nocere nemini
> Hucusque volui: sic enim innocentiam
> Nostram probare potuimus, quam plurimis
> Notam velim: tum nec iustum nec fas puto,
> Ut principis culpam mali populus luat
> Innoxius, qui plus satis tyrannide
> Huius premitur."

Seine zu grosse Güte und Milde wird ihm sogar von
Abisaus vorgeworfen und als Ursache seines Unglücks
bezeichnet[4]:

"Quin praecipuum nostrae calamitatis puto
Tam pertinacis causam, quod nimium bonos
Nosque erga hostes remissiores gessimus."

sagt Abisaus. David bestätigt daraufhin noch seinen
Standpunkt:

"Peccatum adhuc nihil est Abisae, et si fuit
Peccandum, malo me nimia clementia
Quam austeritate peccasse aut tyrannide."

Er gerät zwar über die Unverschämtheit Nabals in
Zorn und beschliesst, sich an ihm zu rächen; seine
Empörung lässt sich aber schnell durch Abigails
demütige Bitte besänftigen, David ist also von
Gwalther fast als Inbegriff aller Tugenden dargestellt worden. Sein kontrastierender Parallelcharak-
ter - Nabal - ist, im Gegenteil, fast der Inbegriff
aller Laster. Er exemplifiziert hier die sogenannte
"animalische" Daseinsauffassung. Sein ganzer Sinn
ist auf den primitiven Genuss seines Reichtums gerichtet; sein Lebensideal besteht im Schlemmen und
Prassen. Er ist rettungslos dem Laster der Trunksucht verfallen. Höhere geistige Werte existieren
für ihn nicht. Er ist ausserdem ein leichtfertiger,
schlechter Hauswirt und Ehemann; seine Frau muss
seinetwegen fortwährend Leiden ausstehen. Er ist
ferner ein hartherziger Egoist und Geizhals:

"E pumice facilius aquas expresseris,
Unam quam ab hoc, David, panis buccellulam ..."

charakterisiert ihn Abisaus[5]. Wegen seines Geizes
beutet er sein Hausgesinde unter karger Belohnung
unbarmherzig aus und lässt es Hunger leiden. Aus
demselben Grunde schlägt er Davids Bitte um Rettung
aus der Hungersnot ab.

Bei der Gestalt Nabals haben wir eigentlich
mit einer doppelten Kontrastierung zu tun, denn ausser David kann noch Eubulus als sein charakterolo-
gisches Gegenstück betrachtet werden. Dieser bildet
das genaue Gegenteil von Nabal: er ist weise, nüch-

tern, fleissig, ein guter Hauswirt und Familienvater.

Im Kontrast zu ihm stehen wiederum ihrerseits Philoposius und Gastrodes, welche, wie bereits ihre "redenden Namen" verraten, leichtsinnige Lebemänner und schlechte Familienväter sind. Sie weisen ähnliche-negative-Charaktereigenschaften wie Nabal auf; letztere sind jedoch bei diesen Gestalten noch nicht so stark entwickelt wie bei Nabal, den sie ins Verhängnis stürzten.

Weiterhin bilden Abigail und die Frau des Dysigamus stark kontrastierende Typen. Letztere tritt zwar im Stück gar nicht auf - wir kennen sie nur vom Hörensagen, bekommen aber trotzdem, wie bereits erwähnt, ein sehr plastisches Porträt von ihr vor Augen geführt. Abigail erscheint fast wie der Inbegriff aller weiblichen Tugenden: Sie ist eine vorbildliche Ehe- und Hausfrau; mit edler Aufopferung erträgt sie den lasterhaften Lebenswandel ihres Mannes. In der höchsten Gefahr zeigt sie grössten Altruismus, Tapferkeit und Wagemut: Sie ist bereit zu persönlichem Einsatz für das gemeine Wohl. Die Frau des Dysigamus verkörpert hingegen die am meisten abschreckenden weiblichen Fehler: Durch ihr zänkisches Wesen macht sie ihrem Mann das Leben unerträglich. Es handelt sich bei dieser Frau eigentlich nur um einen Charakterfehler, der jedoch ihr ganzes Wesen in entscheidender Weise negativ prägt.

Es lassen sich in unserem Stück noch andere kontrastierende Parallelitäten auffinden. Es kommen hier vor allem Glycologus und Spudaeus in Betracht. Letzterer stellt einen überaus sympatischen Typ eines treuen und pflichtbewussten Hausdieners dar, der immer um das Wohl und die Ehre seiner Brotgeber besorgt ist, während der Schmarotzer, indem er ein auf Kosten anderer gefristetes Faulenzerleben führt, eine gesellschaftlich schädliche und strafbare Lebensauffassung exemplifiziert.

Weiterhin kontrastieren die servi domestici Philoponus und Opsocleptes durch ihre Faulheit und Leichtfertigkeit mit den fleissigeren servi rustici

Georgus und Philoponus. Letzterer bildet ausserdem
einen Kontrast zu Georgus. Wenn Georgus seine Klagen
über den hartherzigen Ausbeuter Nabal vorbringt, verficht der treue Philoponus, wie wir wissen, unentwegt die Sache seines Herrn. Auch die Dienerinnen
Pornion und Eulalia weisen gegensätzliche Charaktere
auf: Pornion ist feindselig gegen ihre Herrin Abigail
gestimmt, während Eulalia sie verteidigt.

Wie ersichtlich, hat also Gwalther in seinem
Stück das Gesetz gelten lassen, welches Hirt[6] als
das Grundgesetz der Dramenkonzeption darstellt. Als
die Wurzel und die Urgestalt alles Dramatischen bezeichnet er den Dualismus: "Im echten Drama ist die
Zweiheit, der Gegensatz durchgängig" behauptet er.
Er führt hierbei den Ausspruch Ludwigs an, wonach
alles Dramatische auf dem Kontrast ruht und bringt
dessen Hinweis auf Shakespeare, bei dem es kontrastierende Doppelhandlungen gebe, worin mehrere Charaktere in bezug auf das Praktische und das Ethische
kontrastiert sind. Dass Gwalther bewusst und absichtlich den antithetischen Bau, die Technik der "kontrastierenden Parallelität" in seinem Stück angewandt hat, erhellt aus seiner Bemerkung, die wir im
Argumentum zu der IV. Szene des IV. Aktes finden.
Sie lautet: "Dysigamus solus de suae uxoris moribus
iniquis queritur. Introducta est autem huius descrip-
tio, ut hac antithesi seu collatione Abigaëlis virtus magis eluceat."

Anmerkungen

1 K. Holl, op.cit., S.65.
2 Akt I, Sz.III, S.23. (Giovanolis Ausgabe S.44, Z.245-247).
3 Akt III, Sz.I, S.51. (S.98, Z.868-874).
4 Akt III, Sz.I, S.52. (S.98, Z.885-890).
5 Akt I, Sz.V, S.29. (S.54, Z.366-367).
6 E. Hirt, Das Formgesetz der epischen, dramatischen und
   lyrischen Dichtung, S.127 ff.

a3. Interlocutoire

Gwalther hat in seinem Drama noch eine besondere
Technik angewandt, welche, wie wir von Creizenach[1]
erfahren, in der Epoche des Humanismus unter der
französischen Bezeichnung "interlocutoire" bekannt
gewesen ist. Sie besteht darin, dass die Handlung
sich zuweilen gleichzeitig an zwei nahe liegenden
Orten abspielt und gleichsam von dem einen Ort zum
andern hinüberspringt. Mal hören die Zuschauer ein
paar Worte von einem Ort, dann wieder von dem andern - im abwechselnden Spiel. Sie sehen die Schauspieler der beiden Teile, diese sehen jedoch einander nicht. Einem solchen "interlocutoire" begegnen
wir in "Nabal" dreimal. Zum ersten Mal - in der
grossartigen Szene der dramatischen Begegnung, welche zwischen David und seinem bewaffneten Heer auf
der einen und der von ihren mit Lebensmitteln beladenen Dienern begleiteten Abigail auf der anderen
Seite stattfand. Diese zentrale Szene, welche der
Peripethie der antiken Dramen entspricht - weil in
ihr die Spannung ihren Höhepunkt erreicht und weil
sie den Wendepunkt in der Handlung unseres Stücks
bedeutet -, hat u.a. sogar Maler inspiriert. Abigail
eilt David entgegen[2], um ihm den Proviant zu über-
reichen, seinen Zorn auf diese Weise zu besänftigen
und so den drohenden Untergang von ihrer Familie abzuwenden. Die beiden Parteien sehen einander anfänglich nicht und sprechen unabhängig voneinander. Wahrscheinlich wird hier der gegenseitige Anblick von
dem - allerdings wie ich im weiteren darauf hinweisen werde, gänzlich fiktiven und imaginären, d.h.
durch keinerlei Dekoration angedeuteten - Berg ver-
deckt, von dem Abigail spricht, indem sie zu ihren
Dienern sagt: "ubi ad montis pedem ventum fuerit,
cum sarcinis subsistite."
 Zuerst hören wir, wie Abigail ihren Hausdienern
Anweisungen gibt und der Hoffnung Ausdruck verleiht,
Gott werde sie in ihrer Bedrängnis nicht verlassen.
Dann beginnt sie das durch die nahenden Soldaten
Davids verursachte Geräusch zu vernehmen, ohne die-
se zu sehen:

"Sed hei miseram me, quis strepitus iste est?
                                          quis hic
Fragor? Nimirum hostes hunc irati movent."
Ganz unvermittelt spricht darauf David:
    "Sunt salva nobis castra, viri, nec arbitror
    Aliquid mali inde exoriturum: vos modo viros
    Praebete vos, cautique nunc producite
    Agmen ..."
Jetzt erblickt Abigail die Nahenden:
    "Hei arma Spudae heic hostilia conspicor
    Tota tremo ..."
Auf der gegnerischen Seite wird jetzt auch David der
Entgegenkommenden gewahr:
    "Quid istud agminis est Ioab, quod obviam
    Procedit huc nobis? armati, an sarcinis
    Veniunt onusti?"
Dem Interlocutoire begegnen wir noch zum zweiten und
dritten Mal am Ende des Stücks. Im V. Akt[3] nähern
sich die Brautwerber dem Hause Nabals und unterhalten sich miteinander:
    "Sed cur non ocyus
    Properamus eo, ne quid mora haec incommodet?"
sagt Abisaus zu Ocymachus. Dieser antwortet:
    "Nolo mora in me aliqua siet; tu me utere
    Ut libet."
Unmittelbar danach hören wir Spudaeus, welcher sich
in Nabals Haus befindet. Die Handlung springt also
wieder von einem Ort zum anderen hinüber. Spudaeus
monologisiert:
        "Hera me relictis intus omnibus
    Prodire iussit, ut quid agant heic servoli
    Observem ..."
Gleich darauf wird unsere Aufmerksamkeit wieder zurück auf das von Davids Boten geführte Gespräch ge-
lenkt:
                                          "Viden
    Quis ante Nabalis fores stet, nescio
    Quid secum murmurans?"
fragt Abisaus.
    "Nimirum servulus huius familiae est",
antwortet Ocymachus.

184

Am Ende des Stücks eilt Abigael - von Abisaus begleitet[4] - zu David, um seine Gemahlin zu werden.
Beide sehen von weitem David und sprechen über ihn,
ohne noch von diesem gesehen zu werden. Unvermittelt
spricht hier wieder David:

"Abisaum expecto, mirorque, quid siet
Causae, reditum diutius quod differat ..."

Im Zusammenhang damit scheint es angebracht, hier
kurz die Frage der Dekoration im "Nabal" zu erörtern. Ich tue es nur marginalerweise, weil das Problem der Dekoration, wie gesagt, eigentlich nicht
zu meinem Thema, d.h. zur literarischen Analyse des
Dramas "Nabal" gehört. Die Bühnenverhältnisse des
deutschen Schuldramas gehören grundsätzlich zur
Theater- und nicht zur Literaturgeschichte. Dieses
oben geschilderte Interlocutoire veranlasst mich jedoch, diese Frage, die ich bereits im Kapitel "Das
Schuldrama in Deutschland" gestreift habe, hier noch
in ein paar Worten zu besprechen. Wir wissen, dass
man sich im Schuldrama meistens der sogenannten "gesprochenen Dekoration" bedient hatte. Sie bestand
in einer andeutenden Rede der Spieler, welche die
Dekoration vergegenwärtigen sollte. So heisst es
beispielsweise, wie Borcherdt[5] uns informiert, im
Prolog zu einem in Nürnberg gespielten Schuldrama:

"Dieser Gart ist gar hübsch und schön
Von Kräutern und viel Blumen grün
Welche, so euch zu sehen gelüsst
Gar scharfe Brillen ihr haben müsst."

Goedeke[6] stellt fest, dass man dabei nicht an wirkliche Illusion dachte. So sagt z.B. der Prologus in
der Nürnberger Susanna, indem er die Szene andeutet,
ganz einfach: "Dies ist Babylon, aber wenn das Stück
endet, wird es wieder Nürnberg oder Magdeburg sein."
Dekoration im heutigen Sinn kam also als Verwand-
lungsfaktor nicht in Frage. "Man griff zur Fiktion,
durch Rede und Bewegung der Spieler, die die Ver-
wandlung andeuten sollte", lesen wir bei Michael[7].
Ausserdem bediente man sich zur Veranschaulichung
der Orts- oder Zeitverwandlung auch der Zwischen-
szenen, oder der Vorbereitungs- und Überleitungs-

szenen, die die örtliche und zeitliche Distanz andeuten sollten. Die Raumfunktion bleibt in diesem Fall, wie Borcherdt[8] sich ausdrückt, "durchaus idealistisch". Die Gestaltung des Raumes überlässt man der Phantasie der Zuschauer. Diese theatralische Konvention hat ihr Vorbild in der Antike. In der frühen griechischen Tragödie genügten, um den Ausdruck Thomanns zu gebrauchen[9], "die improvisiertesten Andeutungen, um die Vorstellungen des äusseren Szenariums zu erwecken". Der Zuschauer hatte eine "gleichsam selbstständige Illusionsfähigkeit, alle vom Dichter angerufenen Bilder sich anzueignen und vor dem inneren Auge sichtbar zu machen". Die bereits erwähnte δεῖξις ersetzte die Dekoration. Auch bei Seneca beruhte, wie Thomann[10] feststellt, die Dekoration auf einem "erzählenden Inszenieren". Man benutzte auch Symbole - so wurde beispielsweise ein Berg durch eine Säule dargestellt, wie bei Hans Sachs ein Strauch einen Garten repräsentiert.

Anmerkungen

1 W. Creizenach, op.cit., Bd.III, S.101.
2 Akt IV, Sz.II, S.68 ff. (Giovanolis Ausgabe S.130/132, Z.1241 f. 1255f. 1257-1262. 1266-1268).
3 Akt V, Sz.III, S.93. (S.176/178, Z.1814-1819. 1828-1831).
4 Akt V, Sz.V, S.100. (S.192, Z.1974-1975).
5 J. Borcherdt, op.cit., S.183.
6 K. Goedeke, op.cit., Bd.IV, S.328 f.
7 F. Michael in: R. Arnold, Das deutsche Drama, S.59 f.
8 J. Borcherdt, op.cit., S.182.
9 Th. Thomann, op.cit., S.32.
10 Th. Thomann, loc.cit.

a4. Monologe

Nunmehr gilt es einem wesentlichen Bestandteil unseres Stückes Beachtung zu schenken, nämlich seinen Monologen. Die Monologe erwähne ich auch an anderer Stelle - als ein Terenzisches Element. Da sie jedoch kein spezifisch Terenzisches Element bilden - Brožek[1] äussert sogar die Ansicht, dass Terenz den Dialog dem Monolog vorzieht und die aus seinen griechischen Vorbildern übernommenen Monologe entweder erheblich verkürzt, oder gar in Dialoge verwandelt - erörtere ich sie hier gesondert.

Der Monolog - eine uralte aus der Antike übernommene Ausdrucksform - bildet im Drama, nach der Ansicht von Hirt[2], ein überaus wesentliches Element: "Überall, im freibewegten Drama der Hochrenaissance", lesen wir bei ihm, "wie im stilisierten des Rokoko, in dem durch die Griechen erneuerten deutschen, wie bei Kleist, Grillparzer und Hebbel, überall wo das Drama den Zusammenhang mit seiner Gattung, d.h. sein Leben bewahrt hat, gilt der Monolog im Innern des Stückes, und zwar als eines der vornehmsten Mittel, Empfindung ungehemmt ans Licht treten zu lassen, Überlegung und Absicht, Betrachtung über das Geschehende frei zu äussern."[3] Hirt führt hier die Ansicht von Otto Ludwig an, wonach die Monologe im Drama "als das eigentlich dramatische" zu bezeichnen sind. Ludwig meint schlechthin, die Stücke Shakespeare's und Lessings seien "eine Reihe von Monologen mit dazwischen liegenden Veranlassungen". Eine solche Auffassung mutet wie eine Überwertung der Rolle an, die der Monolog im Drama spielt. Die darauf folgende Behauptung, dass die Entwicklung eines interessanten Charakters nur im Monolog möglich sei, klingt hingegen sehr überzeugend. Ähnlich äussert sich auch Brožek darüber[4]. Thomann[5] weist zu Recht darauf hin, dass "auch in der griechischen Tragödie die monologische Sprechweise der sichtbarste Ausdruck der Selbstdarstellung eines Helden in einer entscheidenden Situation" ist. Im Monolog verwandelt sich nach der Meinung Thomanns der Typ

in ein Individuum; er bekommt hier sozusagen ein
eigenes Gesicht. Der Monolog kann im Drama entweder
der Selbstdarstellung - in diesem Fall wird er zum
Repertoirestück des Rezitationsvirtuosen - oder der
objektiven Mitteilung und Beschreibung dienen.
Interessante Erwägungen über die Rolle des Monologs im Drama finden wir bei Ermattinger[6]. "Neben
dem Dialog, der die normale Ausdrucks- und Wirkungsform des dramatischen Stils bildet", sagt er, "gibt
es den Monolog, in dem sich Innerstes, Geheimstes
ohne Zeugen darbietet." Ermattinger teilt die Monologe - sehr überzeugend - in drei Arten ein: er
unterscheidet zwischen technischen, dramatischen
und lyrischen Monologen: "Der technische Monolog
dient informatorischen Zwecken, der dramatische
stellt plastisch die gegebene dramatische Situation
dar, der lyrische hat die Aufgabe die Bedeutung einer
Situation lyrisch auszukosten." In unserem Stück
haben wir elf Monologe. Wenn wir sie unter dem obigen Gesichtspunkt ins Auge fassen, dann können wir
sie folgendermassen qualifizieren: Die Monologe des
Glycologus[7], des Nabal[8], des Joab[9], des Philoponus[10]
und der Pornion[11] sind zu den technischen Monologen
zu rechnen; Abigails erster Monolog[12] ist als ein
lyrisch-technischer Monolog zu bezeichnen. Er informiert uns zwar hauptsächlich über die Lage der Dinge,
d.h. über Abigails schweres Leben an Nabals Seite,
wir begegnen hier jedoch auch gewissen Anflügen von
Lyrik. So mutet bereits die Klage über das schwere
Schicksal der Frauen, welche Abigail am Anfang des
Monolog verlauten lässt, lyrisch an:
"Nae nos miseras et infelices admodum
Natura condidit ..."
Im weiteren beschwert sie sich über ihre Ver-
lassenheit. Sie hat niemanden, dem sie ihre Sorgen
anvertrauen könnte - dem Hausgesinde kann sie doch
nicht von der Schlechtigkeit ihres Mannes erzählen,
denn dies darf keine gute Ehefrau tun:
"... Sed tamen illud maxime
Dolorem adauget, quod cui credam meas
Curas reperire non queo."

188

Das vermehrt noch ihren Schmerz. Es bleibt ihr nichts anderes übrig, als ihre Leiden im Innern zu verbergen.

"Quid restat ergo, quam ut patienter omnia
Feram meoque in animo concoquam
Quicquid mali accidit?"

Noch lyrischer ist Davids Monolog, in dem er am Anfang des Stückes[13] sein Herz den Zuschauern ausschüttet. Er beginnt mit der philosophisch-wehmütigen Bemerkung über die Wandelbarkeit des menschlichen Glücks:

"Nulla integra est mortalibus foelicitas ..."

Dann folgt die Klage über die Wandelbarkeit der menschlichen Gunst. Alle ehemaligen Freunde Davids, die ihn in Zeiten des Glücks umschwärmten, haben sich - sobald ihn das Unglück der Verbannung getroffen hatte - sofort von ihm abgewandt.

"Mox omnium mutata vidi pectora ..."

klagt er. Der Menschengunst ist nicht zu trauen, stellt David mit bitterem Verzicht fest:

"Nunc quam bene dictum sit miser ego intelligo
Arundini niti quassatae et fragili
Quicumque dubio hominum favore nititur ..."

Abigails zweiter Monolog[14] ist ein dramatischer Monolog. Es ist überhaupt der eindrucksvollste Monolog im ganzen Stück. Die Situation ist hier par excellence dramatisch. Nabal und seiner Familie droht höchste Gefahr - "infanda ruina". David ist mit seinen Leuten im Anzug und beabsichtigt Nabals Haus in Schutt und Asche zu legen, während der letztere sorglos und betrunken schläft. Abigail monologisiert:

"At interim meus ille stertit strenue
Vino madens et aggravatus crapula
Nil pensi habens, nil de futuris cogitans,
Nec, si excitem, quicquam poterit succurrere."

Von Nabal ist keinerlei Rat oder Hilfe zu erwarten. Abigail ist also lediglich auf sich selbst, auf eigene Kräfte, auf ihren eigenen Verstand angewiesen. Welch eine furchtbare Verantwortung lastet auf ihren schwachen Schultern! Sie steht allein dem

"periculum commune" gegenüber. Was soll sie tun? Sie
erwägt in Eile das Dilemma:
>   "Quid faciam igitur? fugam ne moliar, mihi ut
>   Consulam, et illum tantis periculis sibi
>   Quae ipsus conscivit, nunc sinam demergier?"

Soll sie fliehen und Nabal dem selbstverschuldeten
Untergang überlassen? Ihr innerer Kampf dauert nicht
lange. Sie überwindet ihre Furcht und fasst den Entschluss: Sie wird das Haus zu retten versuchen!

>   "Non hoc faciam. Nam sit licet dignus malo,
>   Indigna tamen sum ego, malum quae illi struam.
>   Quin potius experior, furor ne militum
>   Possit sedari, si viaticum offeram
>   Sponte, ac furentes mitigem muneribus."

Hier trifft uneingeschränkt die sich auf den Monolog
im Drama beziehende Bemerkung Ermattingers zu[15], welche lautet: "Die Frage des Monologs ist also von
einem anderen Gesichtspunkt zu betrachten, von dem
des dramatischen Stils aus. Dessen Wesen ist Ausdruck
der in der Handlung wirkenden Spannung. Ist nun der
Monolog eine Form des dramatischen Stiles, so ist
er als Form dann völlig berechtigt, wenn diese Spannung in ihm wirkt, denn dann ist er in die Handlung
organisch einbezogen." Genau so verhält sich die
Sache in unserem Fall. Abigails Monolog ist eben
"der Ausdruck der in der Handlung wirkenden Spannung", wie es Ermattinger fordert. Diese Spannung
wirkt in ihm, also ist er in die Handlung "organisch einbezogen" und "völlig berechtigt". Abigails
Monolog erfüllt beide von Ermattinger[16] gestellten
Bedingungen: "Der Monolog darf im Drama nur da stehen, wo die Spannung der Situation derart ist, dass
sie diesen Ausdruck als notwendige und einzig mögliche Lösungsform ausnahmsweise fordert." ("Denn
man darf nie vergessen: die normale Ausdrucksform
im Drama ist die Auseinandersetzung durch Rede und
Gegenrede", schreibt Ermattinger. "... Es kann aber
auch der Fall eintreten, dass die Handlung sich von
dem äusseren Schauplatz auf den inneren zurückzieht
und was bisher Auseinandersetzung mit anderen Personen gewesen ist ... Selbstauseinandersetzung des

Ich wird." So verhält sich die Sache eben bei
Abigail. An die Stelle ihrer Auseinandersetzung mit
Nabal tritt hier die Auseinandersetzung mit ihrem
eigenen Ich.) Die zweite Bedingung Ermattingers[17]
lautet: "Die Sprache im Monolog soll durchaus anti-
thetisch sein als Ausdruck der in ihm wirkenden
dramatischen Spannung."

In unserem Fall begegnen wir solchen Antithesen:
Zuerst führt uns Abigail das dem ganzen Haus drohen-
de "periculum commune", den in Aussicht stehenden
"lachrymabilis domus occasus" vor Augen und dann
weist sie auf das scharf damit kontrastierende Bild
ihres sorglos schnarchenden, betrunkenen Mannes hin.
Ihr Monolog wird bewegter und dramatischer. Sie
steht vor einer Alternative - wieder haben wir hier
also Antithesen. Soll sie sich selber retten und
fliehen, oder das Haus und dessen Bewohner zu retten versuchen?

Dieser Monolog ist - unter dem von Ermattinger
repräsentierten Gesichtspunkt betrachtet - als der
beste Monolog unseres Stücks zu betrachten.

Gwalther kannte keine modernen Dramentheorien.
Entweder hat er antike Monologe nachzuahmen versucht,
oder auch einen sicheren theatralischen Instinkt
besessen.

Anmerkungen

1   M. Brożek, op.cit., S.24 f.
2   E. Hirt, op.cit., S.136.
3   siehe dazu auch: M. Brożek, op.cit., S.248.
4   M. Brożek, op.cit., S.248.
5   Th. Thomann, op.cit., S.51 f.
6   E. Ermattinger, op.cit., S.381 f.
7   Akt I, Sz.I, S.13. (Giovanolis Ausgabe S.28/30, Z.1-39).
8   Akt I, Sz.I, S.14. (S.30, Z.40-53).
9   Akt I, Sz.IV, S.25. (S.48, Z.280-297).
10 Akt III, Sz.III, S.57. (S.108/110, Z.1002-1027).
11 Akt V, Sz.IV, S.95. (S.180/182, Z.1853-1870).

12 Akt III, Sz.IV, S.58. (S.112/114, Z.1028-1073).

13 Akt I, Sz.III, S.21. (S.42, Z.197-214).

14 Akt III, Sz.V, S.63. (S.120/122, Z.1139-1172).

15 E. Ermattinger, op.cit., S.382.

16 E. Ermattinger, loc.cit.

17 E. Ermattinger, op.cit., S.283.

a5. Die drei Einheiten.

Was die drei bekannten dramatischen Einheiten anbelangt - die Einheit der Zeit, die des Orts und die der Handlung -, so ist, wie Spingarn[1] darauf hinweist, nur die erste auf Aristoteles zurückzuführen. Er betont es noch einmal mit Nachdruck[2]: "It may be said, that just as the unity of action is par excellence the Aristotelian unity, so the unities of time and place are beyond a doubt the Italian unities." Die beiden anderen seien von den italienischen Theoretikern der Renaissance festgesetzt worden. Aristoteles sagt, die Zeit der Handlung solle im Drama "eine Sonnenumdrehung" nicht überschreiten. Die erste Bezugnahme auf die Zeiteinheit in der modernen Theorie der Literatur ist, nach Spingarn, bei Giraldi Cintio in seinem "Discorso sulle Comedie e sulle Tragedie" zu finden. Er schreibt hier eine "limitation of the action to one day or but little more" vor. Trissino betrachtet die Zeiteinheit "as an artistic principle which has helped to save dramatic poetry from the formlesness and chaotic condition of the mediaeval drama". Die Befolgung der Zeiteinheitregel unterscheidet also den dramatischen Künstler vom Kompilator der Volksspiele. Nicht die Franzosen, wie man es oft meint, sondern der Italiener Castelvetro war der erste, der die drei Einheiten zum Rang von "inviolable laws of the drama" erhob.

Diese Regeln fanden jedoch bei den humanistischen Dramenautoren keine allgemeine Befolgung. Borcherdt[3] stellt fest, dass nur ganz wenige Humanisten und auch nur im lateinischen Drama zur Wahrung der drei Einheiten gelangten. Wir finden diesbezüglich vereinzelte Bemerkungen, wie die von dem eben genannten Autor[4], welche besagt, dass im "Asotus" des Gnaphaeus die Einheit des Ortes gewahrt wurde, oder die von Koch[5], wonach Rebhuhn in seiner "Susanna" die Zeiteinheit und Sixt Birk sowohl in seiner deutschen als auch in der lateinischen "Susanna" die Ortseinheit durchgeführt haben. Creizenach[6] äussert

die Meinung, dass die Autoren der biblischen Dramen
sich um die Einheit der Zeit nicht gekümmert hätten.
Sie beriefen sich dabei auf die "Captivi" des Plautus, wo sie auch nicht eingehalten wurde und begrün-
deten die Notwendigkeit solcher Licenzen mit dem Interesse an der wahrheitsgetreuen Darstellung der
heiligen Geschichte. Wollf[7] meint hingegen, es wäre
"ruhmvoll" für den Dichter gewesen, die drei Einheiten nicht zu beachten. Okoń[8] meint, dass im Jesuitendrama die Autoren nur die Handlungseinheit
"zu retten versuchten". Was nun unseren "Nabal" anbetrifft, so ist zu sagen, dass hier eigentlich nur,
wie es scheint, die Zeiteinheit gewahrt wurde. Es
ist nicht genau zu ersehen, ob Davids Hochzeit gleich
am nächsten Tage nach Nabals Tod stattfand, denn
genaue Hinweise fehlen hier, aber die allgemeinen
Andeutungen scheinen dies zu bestätigen. Die Ortseinheit ist nicht gewahrt, denn die Handlung spielt
sich an zwei Orten ab: teilweise in Davids Kriegslager und teilweise in Nabals Haus. Wir können auch
zwei Handlungen unterscheiden, die freilich miteinander verflochten sind. Die Geschichte von Nabal repräsentiert den einen dramatischen Faden und die von
David den zweiten.

Marginalerweise wäre hier noch hinzuzufügen,
dass nicht alle Literaturtheoretiker ein gleiches
Gewicht auf die Wahrung aller dramatischen Einheiten
legen. Es sind hier verschiedene Stimmen zu verzeichnen. Schmidt[9] äussert die Meinung, dass von den drei
dramatischen Einheiten nur die Einheit der Handlung
für den ästhetischen Wert des Werkes und für die
Wirkung, die es auf die Zuschauer ausüben soll, wichtig sei; die beiden übrigen Einheiten hält er in
dieser Hinsicht für belanglos.

Anmerkungen

1 J.E. Spingarn, op.cit., S.90.
2 J.E. Spingarn, op.cit., S.100.
3 H. Borcherdt, op.cit., S.158.
4 H. Borcherdt, op.cit., S.131.
5 M. Koch, op.cit., S.102.
6 W. Creizenach, op.cit., Bd.III, S.102 f.
7 E. Wolff in: R. Arnold, Das deutsche Drama, S.267.
8 J. Okoń, op.cit., S.223.
9 A.M. Schmidt, Einführung in die Geschichte der Ästhetik der deutschen Dichtung.

b) Terenzische Formelemente

Obgleich das Schuldrama nach der Information von
Paul Merker[1] eine ziemlich breite Formskala aufwies,
die von streng klassischer Art bis zur losen Szenen-
folge volkstümlicher Bürgerspiele reicht, gab es
doch nach der Meinung Wolkans[2] "kein Stück, in dem
das Studium der römischen und zum Teil griechischen
Dramen nicht ihre Spuren zurückgelassen hätte".
    Vor allem kommt hier der terenzische Einfluss
in Betracht. In unserem Stück begegnen wir zahlreichen terenzischen Elementen. Sie lassen sich in drei
Gruppen einteilen. Es handelt sich hier: 1. um inhaltliche Elemente (Typen und Geschehensmotive),
2. um Formelemente, 3. um stilistische Elemente.
    Die sich auf den Inhalt beziehenden Merkmale
erörterte ich bereits im Kapitel "Antike Einflüsse".
In diesem Kapitel gilt es, unsere Aufmerksamkeit auf
die Form- und Stilelemente zu richten. Unter den
Formelementen lassen sich authentische und pseudoterenzische Elemente unterscheiden.
    Zu den echten terenzischen Elementen gehören in
unserem Werk im Bereich der Form folgende Merkmale:
der Prolog, die Szeneneinteilung, das Versmass, redende Namen, das Beiseitesprechen, der sogenannte
"Lupus in fabula", die Sentenzen, die Monologe. Im
Bereich des Stils: Terenzische "Floskeln", Knappheit
der Form, die congeries (Häufungen synonymer Begriffe) und die "urbanitas". Als pseudoterenzische Elemente sind hier hingegen anzusehen: das Personenverzeichnis, die Periocha, die Argumenta und die Akten-
einteilung. Wir wollen nun all diese Elemente der
Reihe nach in Betracht ziehen.
    Der Prolog als solcher ist ursprünglich teren-
zisch. In inhaltlicher Hinsicht ist hier jedoch zwischen Terenz und Gwalther ein Unterschied zu verzeichnen, der gekennzeichnet werden muss. Er besteht
darin, dass der antike Autor sich in seinen Prologen
mit seinen Widersachern und Gegnern auseinanderzusetzen pflegte, was Gwalther nicht tut. Während Terenz, wie Dziatzko hervorhebt[3], in seinen Prologen

absichtlich nicht auf den Inhalt der Stücke eingeht,
weist unser Autor ausdrücklich an dieser Stelle auf
die Tendenz seines Dramas hin. Die Person des den
Prolog rezitierenden Prologus bietet sich uns als
der Interpret des Stückes dar. Angesichts der Tatsache, dass terenzische Komödien und ihre Nachahmungen von den humanistischen Moralisten, wie wir bereits wissen, grundsätzlich beanstandet wurden, versichert Gwalther in seinem Prolog, dass sein "Nabal"
in dieser Hinsicht nichts Anstössiges - "nil, quod
obsit" - enthält, dass hier also kein "leno rapax
et improbus", kein "scortum avarum et impudens" auftreten werden, dass weder die Söhne ihre Väter, noch
die Ehefrauen ihre Männer zu hintergehen lernen werden. Diese "Garantie" war begründet und notwendig,
weil es, wie bereits erwähnt, biblische Dramen gegeben hat, in denen diese negativen Typen vorkommen.
    Es findet sich hier niemand, betont Gwalther,
dessen Schlechtigkeit die "mores bonos offendere"
könnte. Wenn jemand "minus bonus" in diesem Stück
dargestellt wird, dann nur mit der Absicht, andere
ein besseres Leben führen zu lehren. Sein schlechter Lebenswandel wird nämlich im Stück entsprechend
bestraft. Es folgt die Aufzählung aller didaktischen
Nutzen, welche die Aufführung den Zuschauern vermitteln soll. Fast alle Menschen, alle Lebensalter, alle
sozialen Stände können aus dem Stück für sich Nutzen
ziehen. Der Prolog schliesst mit dem Lob der darstellenden Schüler, "qui bonas coluere litteras".
    Die Einteilung der Stücke in Szenen ist ein sehr
alter dramatischer Brauch. Dziatzko[4] glaubt, in den
Handschriften der Palliatkomödie zwei Grundsätze der
Szeneneinteilung unterscheiden zu können: 1. einen
objektiven, mehr äusseren, nach dem im Stück Perso-
nen- und Szenenwechsel zusammenfallen und 2. den
Grundsatz, nach dem eine neue Szene nur dann beginnt,
wenn durch den Personenwechsel die Handlung eine wesentliche Wendung erfährt. Gwalther hat in seinem
Stück - es fragt sich, ob zufällig, oder bewusst? -
den ersten Grundsatz befolgt. (Dziatzko bemerkt[5] im
Zusammenhang damit, dass bei Terenz der Anfang einer

neuen Szene auch zuweilen in die Mitte eines neuen
Verses fällt. Mit einem ebensolchen Fall haben wir
auch bei Gwalther zu tun. Der Anfang der IV. Szene
des II. Aktes fällt nämlich in die Mitte des Verses.
Unser Autor versieht sogar den abgerissenen Vers mit
der marginalen Bemerkung: "Versus hic initio se-
quentis scenae absolvitur." Möglicherweise hat Gwalther den Szenenwechsel an dieser Stelle absichtlich
so eingerichtet, um auch in diesem Detail "terenzisch"
zu wirken.)

Nunmehr gilt es unsere Beachtung einem wichtigen
terenzischen Merkmal zu schenken, dem wir in "Nabal"
begegnen, nämlich den sogenannten "redenden Namen".
Ausser den authentischen biblischen Namen sind alle
anderen Personennamen bei Gwalther als "sprechende
Namen" zu bezeichnen. Der Brauch, die Personen der
Komödie mit "redenden Namen" zu versehen, ist sehr
alt und reicht weit hinter Terenz zurück. Wir finden
ihn bekanntlich bereits in den Komödien des Aristophanes, später in der Palliatkomödie - der plautinische Pyrgopolinices ist ein prächtiges Beispiel hierfür. Er ging ferner in neuere Zeiten über. Mit Recht
weist Mann[6] darauf hin, dass die redenden Namen der
Antike in der italienischen commedia dell'arte zu
finden sind. Es lohnt sich noch zu bemerken, dass
wir derartigen Namen auch bei den grossen komischen
Dichtern des modernen Europas begegnen, wie Shakespeare und Molière (beispielsweise dem Namen Harpa-
gon, welcher auf den plautinischen Harpago - "Aulularia" v. 201, "Pseudolus" v. 139 - zurückzuführen
ist, oder Tartuffe), sowie in der polnischen Komödie
(Fredro). Ihre lange Jahrhunderte überdauernde Lebensfähigkeit ist kaum verwunderlich, denn sie bilden in jeder Komödie ein zusätzliches komisches Element und eine zusätzliche Gelegenheit für den Dichter, seine etymologische Phantasie zu entfalten. Ob
nun die redenden Namen, denen wir in unserem Stück
begegnen, alle von Gwalther erfunden oder - vielleicht
teilweise - aus anderen Schulstücken übernommen worden sind, ist natürlich ohne eingehende vergleichen-
de Studien - deren Durchführung aber ohnehin ange-

sichts der unübersehbaren Menge von schuldramtischen
Erzeugnissen kaum möglich und zudem für unseren Fall
nur von beschränkter Wichtigkeit wäre - nicht festzustellen. Jedenfalls sind sie - entweder von Gwalther oder von jemand anderem - sehr geschickt gewählt worden. Zwei von den Gwaltherschen Namen - Philoponus und Eulalia - sind jedenfalls bei Creizenach[7] als gewöhnliche, in den Schuldramen vorkommende Dienernamen verzeichnet. Es ist hier zu ersehen,
dass manche fertige Namen aus dem griechischen Eigen-
namen- oder allgemeinen Wortschatz entnommen, andere
hingegen speziell gebildet worden sind. So sind z.B.
die Namen Georgus - so heisst einer von den servi
rustici - und Eubulus - so heisst der kluge Nachbar
Nabals - aus dem allgemeinen griechischen Wortschatz
geschöpft. Georgus ist nämlich auf das griechische
Wort ὁ γεωργός = der Bauer, der Landmann zurückzuführen, ausserdem aber auf den redenden Eigennamen
Γεωργός , der in den "Acharnern" des Aristophanes
vorkommt. Εὔβουλος ist hingegen als ein gebräuchli-
cher Name bezeugt. Dem Namen des Schmarotzers - Glycologus - liegen das Adjectiv γλυκύς = süss und das
Substantiv ὁ λόγος = das Wort zugrunde. Gwalther
- oder sein Vorbild? - zeigte in diesem Fall eine
schöne etymologische Gewandtheit! Als ein Muster für
diesen geschickten Neologismus dürfen wir den Namen
χρησμολόγος - so heisst der Orakelsprecher in den
"Vögeln" des Aristophanes - ansehen. Glycologus bedeutet demnach jemanden, der gern süsse Wort gebraucht, sich in Schmeicheleien ergeht, also einen
Schmeichler. Gwalther betont hier, wie ersichtlich,
beim Schmarotzer die Schmeichelkunst, stellt also
seinen Parasiten hauptsächlich als einen κόλαξ dar,
während Plautus seinen "klassischen" Schmarotzer,
wie bereits erwähnt, als den parasitus edax zeigt,
also unter seinen Charaktereigenschaften die Gefrässigkeit in den Vordergrund rückt, indem er ihn mit
dem Namen Artotrogus versieht - welcher von ὁ τρώξ
= der Fresser und ὁ ἄρτος = das Brot stammt, also
einen "Brotfresser" bedeutet. Es war ausserdem bekanntlich für den Schmarotzer der Name Gnatho ge-

199

bräuchlich, welcher wiederum etymologisch auf ἡ
γνά θος - das Gebiss zurückzuführen ist, also auch
auf die Esslust hindeutet. Diesen Namen führen die
Parasiten der neueren Komödie, z.B. bei Alciphron,
im "κ όλαξ" des Menander, welcher hier als Vorbild
gilt, dann auch im "Eunuchus" des Terenz. Was die
Nomenklatur der Parasitengestalten anbetrifft, so
wäre hier noch die Ansicht Dziatzkos anzuführen, welcher meint[8], dass der herkömmliche Name eines Parasiten Phormio sein dürfte. Diesen Namen hat bekanntlich der Parasit in der denselben Titel (Phormio)
tragenden Komödie des Terenz. Dziatzko vermutet,
dass der Name Phormio von ὁ ρορμός = die Decke, Mat-
te gebildet worden ist "mit Rücksicht auf das be-
queme Wesen solcher Leute". Im Vergleich damit klingt
der Gwalthersche Name Glycologus eigentlich etymologisch überzeugender.

Wollen wir nun die weiteren "redenden Namen"
unseres Stückes im Hinblick auf ihre Etymologie überprüfen. Es ist hier Folgendes festzustellen: der
Name des Kochs - Pyroptes - stammt von den griechischen Wörtern τὸ πῦρ = das Feuer und ὀπταν = braten,
ist also sehr passend. Die Hausknechte heissen Philoenus und Opsocleptes. Philoenus kommt vom Adjektiv
φίλοινος = weinliebend her und Opsocleptes von τὸ
ὄψον = das Essen, das Fleisch und κλέπτειν = stehlen,
bedeutet also jemanden, der gern gute Bissen stiehlt.
Die Feldarbeiter heissen ferner Georgus und Philoponus. Der Name Georgus wurde bereits oben erörtert.
Philoponus ist das lateinisch umgebildete griechische
Wort φιλόπονος = arbeitsam, fleissig. Dies ist wiederum ein besonders passender Name, denn Philoponus
ist wirklich sehr arbeitsliebend. Der Hausverwalter
heisst Spudaeus. Dieser Name ist auf das griechische
Adjektiv ζπουδαῖος = fleissig zurückzuführen. Abigails
Mägde heissen Pornion und Eulalia. Der erste Name
stammt vom griechischen Wort ἡ πόρνη = die Hure. Wir
haben hier jedoch mit einem etwas eigentümlichen Deminutivum zu tun; das regelmässige Deminutivum von ἡ
πόρνη lautet nämlich τὸ πορνίδιον. Eulalia stammt
vom griechischen Adjektiv εὔλαλος = wohlredend, be-

redt (in dieser Bedeutung als ein Beiname des Apollon gebraucht), oder geschwätzig. In unserem Fall ist die zweite Bedeutung aktuell. Die Magd ist wirklich geschwätzig; wir könnten den Namen Eulalia auf Deutsch also etwa mit "Plappermäulchen" wiedergeben. Die Namen der Gäste lauten: Philoposius, Gastrodes, Eubulus und Dysigamus. Der Name Philoposius wurde nicht fertig aus dem Griechischen übernommen, sondern frei gebildet, denn solch ein Adjektiv existiert nicht. Wir haben nur φιλοποτής = trunkliebend und das Substantivum ἡ φιλοποσία = die Trunksucht. Jedenfalls soll dieser Name nach Gwalthers Absicht bei dessen Träger die Vorliebe für den Weingenuss hervorheben. Eubulus wurde bereits oben besprochen. Gastrodes ist auf das Adjektiv γαστρώδης = bauchig zurückzuführen. Dieser Name kommt auch in Frischlins "Rebecca" vor. Wir dürfen im Zusammenhang damit die Möglichkeit nicht ausschliessen, dass Frischlin, weil er später lebte als unser Autor, diesen Namen von Gwalther übernommen hat. Er kann ihn aber natürlich auch bei anderen Schuldramatikern gefunden haben.
Den Namen Dysigamus kann man allenfalls mit den griechischen Wörtern ὁ λάμος = die Ehe und dem Präfix - δυς, welches eine verneinende Bedeutung hat, in Zusammenhang bringen; er dürfte also einen unglücklich Verheirateten bedeuten, was hier wirklich der Fall ist. Es gibt im Griechischen einige mit dem Präfix δυς - beginnende Eigennamen, Dysigamus ist jedoch darunter nicht zu finden, was nicht verwunderlich ist, weil hier dieses Präfix in δυοῖ - erweitert worden ist.
Die "duces funditorum" heissen schliesslich Sphendonites und Ocymachus. Sphendonites stammt vom griechischen ὁ σφενδονήτης = der Schleuderer und Ocymachus ist das latinisierte griechische Adjektiv ὠκύμαλος = kampflustig. Wie ersichtlich, passen alle "redenden Namen" in Gwalthers Stück ausgezeichnet zu ihren Trägern. Sie beziehen sich alle entweder auf die Rolle (auch Rollengattung), oder auf die Charaktereigenschaften der betreffenden Person. Sphendonites bezeichnet beispielsweise die Funktion

- er ist ein Schleuderer -, Ocymachus hingegen eine
Charaktereigenschaft des Namenträgers. Er ist nämlich
wirklich äusserst kampflustig. Er kann den Überfall
auf Nabals Haus kaum erwarten und brennt vor Unge-
duld, sich kriegerisch zu betätigen. Er verschmäht
deswegen jegliche Vorsichtsmassnahmen in dieser Hinsicht[9].

Als ein weiteres terenzisches Formelement ist
das sogenannte Beiseitesprechen zu erwähnen. In unserem Stück wird es selten angewandt[10], z.B. in der an
anderer Stelle (im Kapitel "Antike Einflüsse") zitierten Szene, wo Glycologus Nabal hinter dessen
Rücken auslacht, indem er ihn als einen Narren bezeichnet. Dieser Satz, welcher, wie bereits erwähnt,
an eine Stelle aus dem "Eunuchus" des Terenz erinnert, muss von Glycologus unbedingt beiseite gesprochen worden sein, obgleich dies im Text nicht vermerkt wurde, weil dort überhaupt Bühnenanweisungen
fehlen. Es ist jedoch evident, dass der Schmarotzer
sich unmöglich über Nabal laut lustig gemacht haben
kann, ohne dessen Gunst zu verscherzen oder mindestens aufs Spiel zu setzen.

Wir finden auch im "Nabal" Szenen, in denen eine
Person zu sich selber spricht, ohne eine andere Person zu bemerken, welche sie belauscht. So spricht
z.B. Abigail[11] ihren Monolog ohne zu wissen, dass
sie von Philoponus gehört wird. Dieser bringt beiseite seine Bewunderung für Abigails Verstand zum
Ausdruck. Erst in diesem Moment nimmt Abigail seine
Anwesenheit wahr und fragt: "Quis hic loquitur?"
Bis dahin verhielt sich Philoponus absichtlich still,
um zu horchen und zu erfahren, was seine Herrin sagen wird.

> "Heic ego quid sola nunc
> Quiritetur, audiam priusquam colloquor."

sagt er. Ähnliches finden wir bei Terenz, z.B. in
seiner "Andria"[12]. Pamphilus spricht hier eine ganze Weile zu sich, ohne zu wissen, dass Mysis zuhört.
Plötzlich bemerkt er sie und fragt, genau so, wie
Abigail - "Quis hic loquitur?" Auch im "Eunuchus"[13]
spricht Gnatho zu sich selber ohne zu wissen, dass

er von Parmeno beobachtet wird, welcher sich erst
später bemerkbar macht.

Ein spezifisch terenzisches Formelement war der
sogenannte Lupus in fabula - der "Wolf der Fabel".
Dieser "technische Griff" besteht darin, dass die
jeweils gesuchte Person gerade - wie gerufen - im
Blickfeld erscheint, dem Suchenden gleichsam entge-
gentritt. So sucht beispielsweise in unserem Stück
Philoponus seine Herrin Abigail[14], um sie vor der
von seiten Davids drohenden Gefahr zu warnen und
sieht sie in demselben Augenblick aus dem Hause treten.

"... sed ipsa commode egreditur ..."

sagt er. David sucht Abisaus und dieser sucht wiederum Joab, der zusammen mit David steht[15]. Die gesuchten Personen finden sich sofort ein. Hier haben
wir gleichsam einen doppelten "lupus in fabula":

"Sed commode ipsum (d.h. Joab) cum Davide con-
                                         spicor",

ruft Abisaus erfreut aus.

"Hem opportune venis, de te modo sermo
Fuit",

begrüsst ihn David.

"Et vos commode heic fors obtulit
Mihi",

stellt Abisaus noch einmal fest. Nabal sucht Glycologus[16] und stellt im nächsten Augenblick fest:

"Sed commodum procedit obviam mihi."

Er sieht den Gesuchten gerade entgegenkommen.

"Glycologe, te quaero", redet Nabal den Schmarotzer an. Analoge Situationen finden wir bei Terenz. So trifft Davus in der "Andria"[17] gerade die
zwei gesuchten Personen - d.h. Charinus und Pamphilus:

"... o Pamphile
Te ipsum quaero, euge Charine: ambo opportune
Vos volo ...",

ruft Davus erfreut. In den "Brüdern"[18] bezeichnet
Terenz sogar ausdrücklich und ganz wörtlich die gerade auf Wunsch erscheinende Person als "den Wolf
der Fabel".

Syr. "Hem tibi autem." Ot. "Quidnam est?" Sy.
"Lupus in fabula." (Vgl. das polnische: "O
wilku mowa, a wilk tuż".)
Dieser technische Griff, welchen Francke[19] als "wohlfeile Willkür" bezeichnet, wurde nach dessen Feststellung in sämtlichen neulateinischen Dramen angewandt. Zwei weitere wichtige auf Terenz zurückzuführende Formelemente - die Sentenzen und die Monologe - bespreche ich eingehend in anderem Zusammenhang. Zu den Sentenzen wäre zu sagen, dass eigentlich keine von den Gwaltherschen Sentenzen als eine
Reminiszenz einer Sentenz oder eines "vulgare pro-
verbium" von Terenz anzusehen ist, ausser dem Ausspruch Davids[20]:

"Sed homo cum siem, humani nihil a me alienum
sentio,"
der bei Terenz im "Selbstquäler"[21] zu finden ist.

Wenden wir uns nunmehr den stilistischen Elementen unseres Stückes zu, die als terenzisch bezeichnet werden können. Hier kommen vor allem die berühmten terenzischen "Floskeln" in Betracht, das heisst
die Herübernahme ganzer Stellen aus den Komödien des
Terenz. Was dieses Verfahren anbetrifft, so ist zu
sagen, dass unser Autor auch in dieser Hinsicht der
Zeitmode folgte. Die Humanisten hielten nämlich derartige Entlehnungen - nicht nur aus Terenz, sondern
aus den antiken, hauptsächlich römischen Dichtern
überhaupt - für kein Plagiat, vielmehr - ganz im Gegenteil - für ihr gutes Recht, ja mehr noch, nach
dem Ausdruck Franckes[22], geradezu für ihre "heilige
Pflicht". Francke führt als Beispiel dafür den "Terentius" des Schoneus an, wo "ganze Stellen, mit
mehr oder weniger Modifikationen aus den Alten, besonders aus Terenz herübergenommen wurden". Dieser
Autor empfiehlt, nach Francke, das in Rede stehende
Verfahren folgendermassen: "Prae caeteris autem
eruditorum calculo maxime commendantur, qui suam
eruditionem Terentianis flosculis tamquam emblematis
quibusdam insigniverunt et decorarint maxime."

Solche Entlehnungen waren also bei den humanistischen Autoren Regel. Möglicherweise kommen hier

ausser den bewussten auch noch unbewusste Entlehnungen in Frage. Man muss bedenken, dass die Stücke des Terenz den Humanisten durch die Schullektüre und auch teilweise durch die Schulaufführungen gewissermassen "eingedrillt" worden sind und ihnen deswegen gleichsam in Mark und Knochen übergegangen sein können, so dass terenzische Ausdrücke und Redewendungen sich ihnen vielleicht wie von selbst unter die Feder drängten.

In unserem Stück finden wir eine Reihe von solchen Stellen, die unverändert oder etwas modifiziert aus Terenz übernommen worden sind. Ich führe sie hier nacheinander vor Augen. Glycologus richtet an Pyroptes und Opsocleptes[23] die Frage "Quid fit", worauf er die knappe Antwort erhält: "Statur". Diese Szene erinnert genau an die II. Szene des II. Aktes im "Eunuchus". Hier fragt Gnatho - auch ein Schmarotzer, wie Glycologus - den Parmeno: "Quid agitur", worauf er dieselbe Antwort erhält wie Glycologus, nämlich "Statur". Nabal brüstet sich gegenüber Glycologus damit, dass König Saul ihn in schwierigen Fragen zu Rate zieht[24]:

"... Sed et rex saepius
Si forte vult tractare magna negotia
In aulam, ut adsim consulentibus, vocat",
worauf Glycologus ironisch entgegnet:
"Nimirum, ut illis morionem praebeas".
Als Muster für diese Szene ist die Szene im "Eunuchus"[25] zu betrachten, wo Thraso sich lobt, indem er erzählt, dass ein König ihn als alleinigen Gast einzuladen pflegte wenn er, der anderen Menschen überdrüssig geworden, in erlesener Gesellschaft ausruhen wollte[26]:

"... Tum sicubi eum satietas
Hominum, aut negotii, si quando otium ceperat
Requiescere ubi volebat, quasi nostin? Gn. Scio.
Quasi ubi illam expueret miseriam ex animo, Th.
                                        Tenes.
Tum me convivam solum abducebat sibi. Gn. Hui.
Regem elegantem narras. Th. Immo sic homost.
Perpaucorum hominum. G. Immo nullorum arbitror,
                                   si tecum vivit."

Hier haben wir zwar mit keiner wörtlichen Entlehnung
zu tun, die beiden Situationen weisen jedoch eine
starke Analogie auf: der Schmarotzer macht sich in
beiden Fällen über den "gloriosus" lustig.

Nabal rühmt sich vor Glycologus, dass ihm alle
seine Vorhaben gelingen[27]:

> "Datum mihi est prae caeteris mortalibus
> Illud, cedant ut cuncta felicissime
> Adhaec etiam, *grata ut sint quae facio omnia*".

Das Muster für diese Szene bildet die Szene aus demselben "Eunuchus"[28], wo Thraso, genau so wie Nabal,
seinen Verstand und seine Begabung lobt:

> "Est istuc datum
> Profecto, *ut grata mihi sint, quae facio omnia*".

Wir haben hier wieder analoge Situationen, ausserdem noch einen wörtlich übernommenen Passus.

David lässt den bereits in anderem Zusammenhang
zitierten Satz verlauten[29]:

> "... sed homo cum siem
> *Humani a me nihil alienum sentio.*"

Fast derselbe Satz ertönt aus dem Munde des Chremes
im "Heautontimorumenos"[30]:

> "Homo sum: *humani nihil a me alienum puto.*"

Gwalther hat diesen Satz nur in geringem Mass modifiziert - wir haben hier "sentio" statt "puto".

Glycologus ruft zweimal "... o fors, fortuna ..."[31]. Das erste Mal ist es ein Freudenruf, zum
zweiten Mal ein Seufzer. Genau so ruft Geta im
"Phormio"[32].

Opsocleptes ruft ironisch, indem er die Anweisungen des Glycologus bezüglich des zu bereitenden
lukullischen Mahles entgegennimmt[33]:

> "*Papae*, Iovis cerebrum cur non admiscerier
> Iubet?"

Denselben Ausdruck hören wir von Parmeno im "Eunuchus"[34]: "Men? *Papae* ..." (kommt vom griechischen
παπαί).

Der gekränkte David beschliesst sich an Nabal
zu rächen. Er sagt[35]:

> "... haec ne ego diutius feram Ioab?
> Nunquam faciam, *quin emori potius velim.*"

206

Das Vorbild für diese Worte ist wieder im "Eunuchus" zu suchen, wo der beleidigte Thraso sagt[36]:

"Hancine ego ut contumeliam tam iniquam
In me accipiam Gnatho? *Mori me satiust.*"

Gastrodes klagt über die üblen Folgen des übermässigen Weingenuss[37]:

"Henri cum a mensa surgerem, *mihi sobrius*
Pulchre videbar; sed progressus ut fui
Paulum ecce mox *nec pes, nec manus*
Mihi officium fecit."

Fast genau so klagt Chremes im "Eunuchus"[38]:

"Vicit vinum quod bibi,
Ac dum adcubabam, quam *videbar mihi pulchre esse*
                                              sobrius
Postquam surrexi, *neque pes, neque mens satis*
                              suom officium facit."

Einer besonders auffallenden Entlehnung begegnen wir im Gespräch, welches zwischen Glycologus und Davids Boten stattfindet[39]: Glycologus beschimpft die Boten genau so, wie Gnatho im "Eunuchus" den Chaerea beschimpft[40]:

Glycologus:
"*Cave sis, nescis cui maledicas nunc viro.*"
Gnatho:
"*Cave sis: nescis quoi maledicas nunc viro.*"

(Den einzigen Unterschied bildet hier die archaische Form "quoi" statt "cui" bei Terenz.)

Glycologus:
"*Faciam, ut mei et diei huius simul et loci*
Memineris."
Gnatho:
"*Faciam, ut huius loci dieique meique semper*
                                      memineris."
Glycologus:
"*Miseret tui, qui hunc facias inimicum tibi*"
Gnatho:
"*Miseret tui me, qui hunc tantum hominem facias*
                                  inimicum tibi"
Abisaus:
"*Diminuam ego tibi caput, nisi abieris.*"
Chremes:
"*Diminuam ego tibi caput hodie, nisi abieris.*"

Wie ersichtlich, wurde diese Szene von Gwalther fast
ohne Veränderungen aus Terenz übernommen. Die Situation ist in beiden Fällen die nämliche. Der "Gloriosus" (bei Terenz ist es Thraso, bei Gwalther - Nabal)
wird hier gegen die Angriffe eines Dritten auf eine
schmeichlerisch-grosssprecherische Weise von dem
Schmarotzer (Gnatho-Glycologus) verteidigt.

Georgus gebraucht in seinem gegen die verhassten Unterdrücker - die reichen Grossgrundbesitzer -
gerichteten Exkurs folgende Worte[41]:

> *"Tam excoctos, deformes et atros redderem*
> *Quam carbo est."*

Fast dieselben Worte hören wir von Demea in den
"Adelphi"[42]. Sie beziehen sich auf die verhasste
Lautenspielerin, die einen verderblichen Einfluss
auf Demeas Sohn ausübt:

> *"Tam excoctam reddam atque atram quam carbost."*

Am Ende unseres Stücks finden wir den Schluss der
"Andria"[43] wörtlich übernommen. Im "Nabal" sagt der
Calliopus:

> *"Ne expectetis, dum exeant huc: intus desponde-*
> *bitur.*
> *Intus transigetur, si quid est quod restat;*
> *plaudite!"*

Mit denselben Worten endet "Andria"[44]:

> *"Ne expectetis, dum exeant huc: intus desponde-*
> *bitur*
> *Intus transigetur, si quid est, quod restet;*
> *plaudite!"*

Man kann sagen, dass dieser Passus von Gwalther ohne
Änderung übernommen wurde, denn solch ein geringer
Unterschied, wie der Indicativ "restat", den Gwalther
gebraucht statt des Konjuktivs "restet", der bei
Terenz steht, ist ganz unwesentlich. Beide Formen
sind in diesem Fall grammatisch zulässig. Übrigens
kann hier bei Gwalther vielleicht auch ein einfacher
Druckfehler in Frage kommen.

Wir erfahren von Francke[45], dass der Schluss
der "Andria" auch von Schonacus in seiner "Judith"
übernommen wurde. Es ist demnach nicht ausgeschlos-

sen, dass er auch noch in anderen Schuldramen zu
finden ist.
Die Schlussformel: "Plaudite" ist bekanntlich
typisch antik d.h. plautinisch-terenzisch. Sie ist
in allen Komödien des Terenz zu finden und zwar in
zwei Versionen: In drei Stücken ("Eunuchus", "Heautontimorumenos" und "Phormio") kommt sie nämlich in
etwas erweiterter Form vor: "Vos valete et plaudite!"
In den drei übrigen lesen wir nur: "Plaudite!" -
klatscht Beifall! Francke[46] spricht diesbezüglich
mit Recht von einem Stereotyp. Dziatzko[47] verzeichnet die Formel "vos valete et plaudite" als "die
Schlussworte eines jeden lateinischen Lustspiels".
Bei Plautus wurde für den Gebrauch dieser Worte oft
noch eine längere Begründung vorgebracht. Allmählich
wurden diese Worte zur Formel. Sie wurde gewöhnlich
von einem Sänger vorgetragen. Richtig weist diesbezüglich Dziatzko[48] auf die damit zusammenhängende
Stelle aus der "Ars Poetica" des Horaz V. 154 f. hin,
welche lautet:
    "Si plosoris eges aulaea manentis et usque
    Sessuri, donec cantor "Vos plaudite" dicat."
Bei Gwalther wird diese Formel von einem gewissen
Calliopus gesprochen. Unter dem Gesichtspunkt der
Nachahmung des Terenz betrachtet ist die Einführung
der Calliopus-Person als ein Missverständnis anzusehen. Calliopus war nämlich in den Terenzischen
Komödien keine agierende Person, sondern dieser Name
war einfach eine Unterschrift, welche, wie uns
Dziatzko informiert[49], auf fast allen bekannten Handschriften der terenzischen Komödien ausser einer zu
finden ist. Ein gewisser Calliopus, über den uns
sonst nichts Näheres bekannt ist, führte "eine umfassende, durchgreifende Durchsicht" der terenzischen Texte durch. Diese Durchsicht fand vermutlich
etwa im II., IV., oder V. Jahrhundert statt und
reinigte die Handschriften von den zahlreichen Feh-
lern, welche sich hier im Laufe der Zeit angesammelt
hatten. Borcherdt[50] berichtet, dass in Bircks "Judith"
ebenfalls die Calliopusgestalt erscheint, woraus wir

schliessen dürfen, dass sie auch in anderen Schuldramen vorkam[51].

Als ein Merkmal des terenzischen Stils wird
auch die Anhäufung synonymer Begriffe (congeries)
bezeichnet[52]. Auch dieser begegnen wir bei unserem
Autor. So gebraucht beispielsweise Glycologus[53],
indem er dem Koch ein herrliches Mahl zuzubereiten
befiehlt, folgende Worte:

> "... convivium
> Regale, sumptuosum, opiparum, splendidum."

Hier haben wir vier synonyme Begriffe. Dysigamus klagt[54] über den unausstehlichen Charakter seiner
Frau mit folgenden Worten:

> "Uxor mihi in causa est, qua nil molestius
> Natura rerum protulit: nam iurgiis,
> Rixis, probris, pugnis, contentionibus
> Et litibus non abstinet ..."

Hier finden wir sogar sechs synonyme Begriffe vor.

Abiathar erteilt David den Rat, für die bei
Abigail auszurichtende Brautwerbung einen zuverläs-
sigen Menschen zu wählen[55]. Er sagt:

> "... Sed aliquem deliges,
> Probum, pium, comem, fidelem, affabilem ..."

Hier sind fünf sehr ähnliche Begriffe angehäuft worden. Es sind zwar nicht ganz genaue Synonyme, aber
jedenfalls nah verwandte Begriffe.

Als ein weiteres terenzisches Stilmerkmal, dem
wir bei Gwalther begegnen, wäre noch die Knappheit
der Form zu erwähnen. In dem wohl ausgewogenen, gut
proportionierten Bau unseres Stückes wird der Einfluss des antiken Komödiendichters sichtbar. Seine
Werke sind freilich noch kürzer als unser "Nabal";
dieser bildet jedoch wiederum einen positiven Kontrast zu seinen breiten deutschen Versionen. Sein
Umfang repräsentiert gewissermassen die Längennorm
des Schuldrams, welche, wie Creizenach[56] behauptet,
1500 bis 2000 Verszeilen betrug. (Wir hören auch
von Auswüchsen von 6000 bis 11 000 Versen!? Borcherdt[57] bezeichnet die Zahl von 2000 Versen als
Durchschnitt für die norddeutschen Spiele. Er betont,
dass sich der antike Einfluss auf die deutschen

210

humanistischen Dramen fördernd in der Begrenzung
des Schauplatzes, der Spieldauer und der Personenzahl auswirkte.

Es ist schliesslich noch bei Gwalther die "urbanitas" des Stils hervorzuheben, welche bekanntermassen eben für Terenz charakteristisch war. Gwalthers Sprache ist vornehm, frei von starken Ausdrücken. Von Obszönitäten finden wir hier keine
Spur. Die Eleganz seiner Sprache unterscheidet sich
- so wie die des Terenz - in einer markanten Weise
von den Derbheiten der plautinischen Sprache. Wir
könnten endlich den iambischen Senar, in dem Gwalther sein Stück verfasste, zu den terenzischen Elementen rechenen, denn wir wissen, dass Terenz dieses Versmass mit Vorliebe benutzte. Dziatzko hebt
die Tatsache hervor, dass Terenz den Hauptteil aller
seiner Werke eben im iambischen Senar verfasst hat.

Mit einigen Worten müssen wir noch auf die oben
genannten pseudo-terenzischen Elemente eingehen. Hier
wären das Personenverzeichnis, die Periocha, die
Argumenta der einzelnen Szenen und die Akteinteilung
zu nennen. Das Personenverzeichnis, die Aufzählung
der "dramatis personae" - in den Komödien des Terenz
heissen sie "fabulae interlocutores" -, welches auf
den ersten Blick terenzisch anmutet, stammt in Wirklichkeit nicht von dem antiken Dichter. Wir finden
ein solches Verzeichnis zwar in den gedruckten Ausgaben des Terenz, in den Handschriften fehlt es jedoch[59].

Die Periocha ist ebenfalls kein ursprünglich
terenzisches Element. Wie derselbe Dziatzko[60] betont, begann man erst im 2. Jahrhundert den einzelnen Werken der früheren römischen Schriftsteller
kurze Inhaltsangaben vorzusetzen. Erst C. Sulpicius
Apollinaris verfasste zu den Stücken des Terenz
"periochai" in je 12 Senaren.

Auch die "argumenta", die kurzen Zusammenfas-
sungen, denen wir im "Nabal" vor jeder Szene begegnen, sind kein echt terenzisches Element. Die argumenta, welche wir in den humanistischen Dramen finden, entstanden nämlich, wie uns Creizenach[61] infor-

211

miert, durch einen Irrtum. Den Plautus- und Terenzausgaben fügten nämlich die Humanisten von sich selber angefertigte Inhaltsangaben der einzelnen Szenen
bei. Die späteren Autoren fassten es als Werk des
Terenz auf und übernahmen sie ähnlich wie die
periochae.
Richten wir nun unsere Aufmerksamkeit auf die
Akteinteilung unseres Stücks. Es hat fünf Akte. Eben-
dieselbe Aktenzahl weist jede von den terenzischen
Komödien auf, so dass es auf den ersten Blick scheinen möchte, dass Gwalther diese Zahl von Terenz übernommen hat. Dies stimmt auch, wenn wir die gedruckten
Terenzausgaben zum Vergleich heranziehen - und wir
dürfen annehmen, dass Gwalther mit solchen zu tun
hatte, denn im Unterricht der Lateinschulen wurden
doch wohl Drucke und nicht Handschriften der römischen Autoren benutzt. Letztere hatten keine Aktein-
teilungen in den Dramen, denn solche war in der Antike noch nicht gebräuchlich. Man nimmt an, dass man
bei den Aufführungen kleine durch Flötenspiel ausge-
füllte Pausen einfügte, wenn solche im Hinblick auf
die Erschöpfung der Spieler, auf technische Vorkeh-
rungen oder auf inhaltliche Momente als notwendig
empfunden wurden. Mann[62] gibt als Form der humanistischen Komödie folgendes Schema an: fünf Akte, in
jedem Akt zwei Szenen, nach jedem Akt ein Chor[63].
"Nabal" setzt sich aus fünf Akten zusammen, jeder Akt hat dabei auch fünf Szenen[64]. Die von Gwalther durchgeführte Einteilung in Akte muss noch
- nebenbei gesagt - ziemlich neu gewesen sein. Borcherdt[65] berichtet nämlich, dass Burkard Waldis'
Fastnachtspiel "Vom Verlorenen Sohn" aus dem Jahr
1527 "das erste datierte Beispiel der Akteneintei-
lung in deutschen Dramen" sei. Hier handelt es sich
zwar um deutsche Dramen, aber mit den lateinischen
Spielen kann sich die Sache ähnlich verhalten haben.
Ergänzend wäre hier noch etwas zu erwähnen, was
eigentlich zu den echten terenzischen Merkmalen zu
rechnen wäre. Francke[66] weist auf den terenzischen
Brauch hin, die Monologe mit einem locus communis
zu beginnen. Wir finden im "Nabal" fünf Monologe,

welche dieses terenzische Merkmal aufzuweisen scheinen. Der Monolog des Glycologus[67] beginnt mit den
Worten:
"Verum esse vulgi scio puerbium,
Nulla evenire posse alicui incommoda,
Quae non alicuius commodo subserviant ..."
Die erste Zeile erinnert hier an die Worte des Micio
aus den "Adelphi" des Terenz[68], welche lauten: "Pro-
fecto hoc vere dicunt ..." David leitet seinen Mono-
log[69] mit der noch in anderem Zusammenhang - bei der
Besprechung der Sentenzen - zu zitierenden Bemerkung
ein, dass jegliches Menschenglück sich als unbestän-
dig erweist.
"NULLA integra est mortalibus faelicitas,
Quin plura semper incidunt incommoda"
Joab beginnt seinen Monolog[70] mit der allgemeinen
Feststellung, dass die in der häuslichen Geborgen-
heit lebenden Menschen sich grundlos und leichtsin-
nig über die Widerwärtigkeiten ihres Lebens beklagen.
Der ein ruhiges Leben fristende Bürger hat keine
Ahnung von den Gefahren und Beschwerden des Solda-
tenlebens und unterschätzt seine günstige Situation:
"Quam temere de vitae suae molestiis
Queruntur, in tuto quibus versarier
Licet et suis quotquot sedibus
Fruuntur "
Philoponus leitet seinen Monolog[71] mit allgemeinen
Erwägungen über das zwischen Herr und Diener beste-
hende Verhältnis ein:
"Sit dura quamvis res gravisque servitus,
Multi parens laboris et periculi:
Tamen beatos foelicesque praedico,
Quicunque heris inserviunt, duris quidem
Prudentibus tamen et ratione praeditis.
Hi etenim de servorum labore iudicant
Aequius, usque gratiam aliquando referunt.
At si cui mentem rationemque abstulit
Libido caeca sive affectus improbus,
Indignus est, cui velasini subserviant."
Auch am Beginn des Monologes, welchen Abigail bei
ihrem ersten Auftritt verlauten lässt[72], finden wir

allgemeine sich auf das schwere Schicksal der Frauen
beziehende Erörterungen:

"Nae nos miseras et infoelices admodum
Natura condidit: quae cum nostrum genus
Curis gravibusque addixerit molestiis,
Solisque fere durissimam provinciam
Et procreandi et nutriendi imposuerit
Mortalium generis: tamen quasi parum
Fecisset adhuc molestiae, viros quoque
Simul dedit, quorum importunis legibus,
Quin etiam iniquis, subiacere oporteat."

Marginalerweise wäre schliesslich noch eine Ähnlichkeit unseres Dramas mit den Komödien des Terenz zu
erwähnen - nämlich der Umstand, dass "Nabal", als
ein didaktisches Drama, eigentlich ein "Drama der
Charaktere" ist, weil hier gute und schlechte Charaktere kontrastierenderweise dargestellt werden.
Die Komödien des Terenz werden eben, wie Brożek[73]
betont, als "Komödien der Charaktere" bezeichnet[74].

Anmerkungen

1 P. Merker, Aufriss ..., S.78.
2 F. Wolkan in: R. Arnold, Das deutsche Drama, S.142.
3 K. Dziatzko - E. Hauler, op.cit., S.22 f.
4 K. Dziatzko - E. Hauler, op.cit., S.17.
5 K. Dziatzko - E. Hauler, op.cit., S.48.
6 O. Mann, Geschichte des deutschen Dramas, S.37.
7 W. Creizenach, op.cit., Bd.III, S.385.
8 K. Dziatzko - E. Hauler, op.cit., S.78.
9 Akt IV, Sz.I, S.66. (Giovanolis Ausgabe S.126, Z.1209-1215).
10 Akt I, Sz.I, S.16. (S.34, Z.92).
11 Akt III, Sz.IV, S.58 f. (S.114, Z.1078; S.110, Z.1026 f).
12 Akt I, Sz.V.
13 Akt II, Sz.II.
14 Akt III, Sz.IV, S.58. (S.110, Z.1022).
15 Akt I, Sz.V, S.28. (S.52, Z.340-342).
16 Akt II, Sz.II, S.33. (S.64, Z.451 f).
17 Akt II, Sz.II.

18 Akt IV, Sz.I, V.537.
19 O. Francke, op.cit., S.109.
20 Akt V, Sz.I, S.85. (S.162, Z.1639 f).
21 1,1.25
22 O. Francke, op.cit., S.113.
23 Akt I, Sz.II, S.20. (S.38. Z.163).
24 Akt I, Sz.I, S.16. (S.34, Z.89-92).
25 III,I,13.
26 Eun. III,1,13 ff.
27 Akt I, Sz.I, S.16. (S.32, Z.82-84).
28 III,I,5 f.
29 vgl. Anm.20.
30 Akt I, Sz.II.
31 Akt I, Sz.I, S.18 und Akt V, Sz.II, S.89. (S.36, Z.141; S.168, Z.1735).
32 Akt V, Sz.VI.
33 Akt I, Sz.II, S.20. (S.40, Z.179 f).
34 Akt II, Sz.II.
35 Akt IV, Sz.I, S.65. (S.124, Z.1184 f).
36 Akt IV, Sz.VII.
37 Akt II, Sz.II, S.34. (S.66, Z.472-475).
38 Akt IV, Sz.V.
39 Akt II, Sz.IV, S.41. (S.78, Z.633, 635-638).
40 Akt IV, Sz.VII.
41 Akt II, Sz.I, S.32. (S.62, Z.433 f).
42 Akt V, Sz.III.
43 Akt V, Sz.VI. (S.192, Z.1996 f).
44 Akt V, Sz.VI.
45 O. Francke, op.cit., S.106.
46 O. Francke, op.cit., S.106.
47 K. Dziatzko - E. Hauler, op.cit., S.181.
48 K. Dziatzko - E. Hauler, op.cit., S.45.
49 K. Dziatzko - E. Hauler, op.cit., S.28.
50 H. Borcherdt, op.cit., S.160.
51 Man könnte hier noch marginalerweise auf den seltenen, vielleicht von Terenz übernommenen Ausdruck "colaphus" hinweisen, den Gwalther in seinem Stück (Akt V, Sz.VI, S.91) gebraucht. Wir finden ihn in den "Adelphi" von Terenz, V.199, wie auch im "Rudens" von Plautus, V.100 f.
52 K.O. Conrady, Lateinische Dichtungstradition und deutsche Lyrik des 17. Jahrhunderts, S.130.

53 Akt I, Sz.II, S.20. (Giovanolis Ausgabe S.40, Z.167).
54 Akt II, Sz.V, S.43. (S.82, Z.684-687).
55 Akt V, Sz.I, S.86 f. (S.164, Z.1676 f).
56 W. Creizenach, op.cit., Bd.III, S.379.
57 H. Borcherdt, op.cit., S.159.
58 K. Dziatzko - E. Hauler, op.cit., S.37.
59 siehe dazu K. Dziatzko - E. Hauler, op.cit., S.78 f.
60 K. Dziatzko - E. Hauler, op.cit., S.77.
61 W. Creizenach, op.cit., Bd.III, S.98.
62 O. Mann, Deutsche Literaturgeschichte, S.127.
63 Was die antike Komödieneinteilung anbetrifft, so unterscheidet hier Brożek (M. Brożek, op.cit., S.241) zwei Arten. Die erste hat einen meritorischen Aspekt: die Komödien sollten sich aus drei Teilen zusammensetzen. Es waren:
1. exspectatio (protasis) 2. gesta (epitasis) 3. exitus
(catastrophe). Die zweite Einteilungsart ist technisch:
jede Komödie sollte sich aus fünf Akten zusammensetzen.
Die Einteilung in fünf Akte ist, nach Brożek, vielleicht
auf Donatus oder auch vielleicht auf Varro zurückzuführen.
Dies seien jedoch lediglich Hypothesen. Die Frage nach dem
Ursprung des Fünf-Akte-Schemas bleibt vorläufig dahingestellt.
64 Marginalerweise können wir hier eine eigentümliche Ähnlichkeit zwischen "Nabal" und dem Jesuitendrama verzeichnen.
Letzteres hatte nämlich nach Holstein (H. Holstein, Joh.
Reuchlins Komödien, S.272 f) in jedem Akt die gleiche Anzahl von Szenen. Das gleiche stellen wir bei Gwalther fest.
Diese merkwürdige Analogie ist wohl durch einen Zufall zu
erklären, denn es ist kaum anzunehmen, dass ausgerechnet
Gwalther das Schema der Jesuiten beeinflusst hatte.
65 H. Borcherdt, op.cit., S.151.
66 O. Francke, op.cit., S.108.
67 Akt I, Sz.I, S.13. (Giovanolis Ausgabe S.28, Z.1-3).
68 Akt I, Sz.III.
69 Akt I, Sz.III, S.21. (S.42, Z.197-198).
70 Akt I, Sz.IV, S.25. (S.48, Z.280-283).
71 Akt III, Sz.III. S.56. (S.108/110, Z.1002-1011).
72 Akt III, Sz.IV, S.58. (S.112, Z.1028-1036).
73 M. Brożek, op.cit., S.249.
74 Und noch eine marginale - sich auf den terenzischen Einfluss auf die europäische Komödie überhaupt beziehende -

Bemerkung sei hier hinzugefügt. Es ist nämlich festzustellen, dass der genannte Einfluss sehr lange wirksam blieb, denn er ist, wie Brożek (M. Brożek, op.cit., S.283) darauf hinweist, noch in der französischen "comédie larmoyante", also noch im 18. Jahrhundert zu verzeichnen.

c) Gwalthers Souveränität gegenüber der schweizerischen Dramentradition

Wie wir sahen, hat Gwalther seinen "Nabal" weitgehend nach dem terenzischen Muster gestaltet. Die Nachahmung des Terenz, die bei anderen deutschen Autoren nicht verwunderlich ist, verdient bei Gwalther eine besondere Beachtung und erfordert einen speziellen Kommentar. Gwalther war nämlich ein Schweizer und hat sein Drama in der Schweiz verfasst. In diesem Land erscheint unser "Nabal" als eine seltene Ausnahme und legt ein durchaus positives Zeugnis von Gwalthers humanistischer Bildung und dramatischer Gestaltungskraft ab. Die Schweiz gehörte nämlich im 16. Jahrhundert zu denjenigen deutschsprachigen Gebieten, die noch immer am mittelalterlichen Dramenstil festhielten und die neuen humanistischen auf antike Muster ausgerichteten Tendenzen nicht zur Kenntnis nehmen wollten. Es herrschte dort in den Dramen weiterhin epische Fülle und "uferlose" Breite (es gab beispielsweise Stücke von 11 000 Versen!), das heisst der Grundsatz der "Vollständigkeit und Kontinuität".

Das Volksbewusstsein war in der Schweiz, wie Borcherdt[1] hervorhebt, besonders stark ausgeprägt und beeinflusste in entscheidendem Mass das sich dort entwickelnde Bürgerdrama, "das die mittelalterlichen Traditionen fortführt und den Willen hat, wie im geistlichen Schauspiel, alles in handgreiflicher Anschaulichkeit auf der Bühne darzubieten". "Man sucht", nach dem Ausdruck Borcherdts, "hier immer noch eine Welt darzustellen, nicht aber ein Persönlichkeit."[2] Dieses volkstümliche Dramenprinzip ist hier so fest verwurzelt, dass die humanistischen Tendenzen in diesem Lande keinen Boden gewinnen können. Wir erfahren von Borcherdt, dass die Übersetzung des "Acolastus" von Gnaphaeus, die Georg Binder, ein Freund Zwinglis, im Jahr 1535 zustandebrachte, keinen nachhaltigen Einfluss auf die dramaturgische Praxis in der Schweiz auszuüben vermochte. Der Berner Rüte entlehnte zwar für sein Drama "Joseph"

218

eine Szene aus einem humanistischen Drama, der Rest
seines Werkes blieb jedoch mittelalterlich-episch.
Ganz ähnlich verhält sich die Sache im benach-
barten Elsass. So hat hier beispielsweise Jörg Wickram seinen "Verlorenen Sohn" volkstümlich gestaltet,
obgleich er den humanistischen "Acolastus" des
Gnaphaeus gekannt hatte. Was die Schweiz betrifft,
so verzeichnet hier Borcherdt die im Jahr 1537 in
Luzern entstandene Parabel vom "Verlorenen Sohn"
von Hans Salat, als das erste Beispiel einer kon-
zentrierten Handlung. "Zu den wenigen humanistischen
Dramen auf dem Schweizer Boden", berichtet Borcherdt
weiter, "gehört die "Lucretia" des Zürcher Reformators Heinrich Bullinger (gedruckt 1533); aber auch
dieses Werk erreicht nicht die feste Konzentration
im Sinne des eigentlichen humanistischen Dramas,
denn der erste Akt behandelt den Lucretiastoff, der
zweite steht völlig selbständig da."
"Erst im "St. Wilhelm", lesen wir weiter, "den
Ritz 1596 auf dem Weinmarkt spielt, vollzieht sich
endgültig der Übergang vom chronikmässigen Gesamtschauspiel zur Gestaltung eines Einzelschicksals."
Borcherdt weist im Zusammenhang damit mit Recht
auf das Beispiel der katholischen Gegenden hin, wo
das Interesse an Aufführungen auffallend zurückblieb
und sich weiterhin in den Gleisen des Mittelalters
bewegte. In Süddeutschland und in den katholischen
Kantonen der Schweiz waren noch immer die alten Pas-
sions- und Legendenspiele beliebt. In Wien begann
das Schuldrama, dessen Hauptvertreter Wolfgang
Schmelzl war, sich erst um die Mitte des 16. Jahrhunderts zu entwickeln.
Im Hinblick auf diesen Sachverhalt - das "fast
ausnahmlose" Festhalten an der mittelalterlichen
Tradition - müssen wir Gwalthers "Nabal" zu den wenigen Ausnahmen auf dem Gebiet der Dramenform rechnen
und sein Werk als fortschrittlich bezeichnen. Er
war - um einen modernen Ausdruck zu gebrauchen - ein
sui generis literarischer Avantgardist, ein Wegwei-
ser, denn er hat als einer der ersten in der Schweiz
den Bann der mittelalterlichen Tradition durchzu-

brechen gewagt. Und zwar hat er es nicht nur gewagt,
sondern auch - wir wollen es im voraus sagen - verstanden.

Er mag dabei die oben erwähnten Vorbilder benutzt haben. Wir dürfen bei ihm die Kenntnis der erwähnten "Lucretia" voraussetzen, denn ihr Verfasser
Bullinger war ja, wie wir wissen, sein Pflegevater.
"Lucretia" ist aber auch noch, nach der Ansicht
Borcherdts, kein richtiges humanistisches Drama gewesen, also ist es kaum anzunehmen, dass Gwalther
diesem Werk eine positive Anregung verdankte. Es
bleibt noch die Möglichkeit in Betracht zu ziehen,
dass er das Drama von Salat gekannt und daraus für
sich Impulse geschöpft hatte. Es kann unseren Autor
auch der oben erwähnte "Acolastus" von Binder beeinflusst haben. Diese Vermutung erscheint durchaus
berechtigt, wenn wir den Umstand in Betracht ziehen,
dass Binder Zwinglis Freund war und Gwalther wiederum
Zwinglis Schwiegersohn. Wenn schon von Zwingli die
Rede ist, dann dürfen wir auch die von Scherer[3] angeführte Tatsache nicht ausser acht lassen, nämlich,
dass Zwingli im Jahr 1531 den "Plutos" des Aristophanes - und zwar griechisch! - zur Aufführung brachte,
der unserem Autor auch antike Anregungen vermittelt
haben kann. Wie dem auch sei - es bietet sich uns
jedenfalls als Ergebnis der obigen Erwägungen eine
Hypothese dar. Wenn man bis jetzt annahm (Borcherdt),
dass "der endgültige Übergang vom chronikmässigen
Gesamtschauspiel zur Gestaltung eines Einzelschicksals" in der Schweiz erst im Jahre 1596 stattgefunden hat, dann ist zu erwägen, ob dieser Durchbruch
nunmehr nicht auf das Jahr 1549, in das Entstehungsjahr unseres Dramas, vorzuverlegen und Gwalther nicht
als Urheber dieses Durchbruchs zu betrachten wäre.
Es ist ganz wahrscheinlich, dass Borcherdt bei seinen
Darlegungen unser Drama deswegen nicht in Betracht
gezogen hat, weil er es einfach nicht kannte. "Nabal"
wurde in der Schweiz nur wenig aufgeführt[4]; über die
Vorstellungen unseres Stücks in anderen Ländern sind
wir besser unterrichtet, worauf ich an anderer Stelle
dieser Arbeit näher eingehe. Jedenfalls hat Gwalther,

wie es aus meinen bisherigen Ausführungen erhellen
dürfte, einen bewundernswerte Souveränität gegenüber
der dramaturgischen Tradition seines Landes und dem
zeitgenössischen künstlerischen Niveau d.h. dem mittelalterlichen Stil der Schweizer Dramen gezeigt, indem er selbständig ein humanistisches Drama schuf.
Wir können bei ihm, um den Ausdruck Borcherdts zu
gebrauchen[5], ein deutliches "Streben nach einer
linearen Umrisszeichnung der geschauten Situation"
wahrnehmen. Dass unser Autor das Bewusstsein hatte,
dass die helvetische Dramenkunst sich gegenüber der
modernen humanistischen Richtung im Rückstand befindet, erhellt aus der in seinem an Susliga gerichteten Widmungsbrief enthaltenen Entschuldigung[6], welche
gewissermassen als ein "schweizer Minderwertigkeit-
komplex" zu deuten ist. Gwalther bezeichnet sein Drama zuerst als "labor rudis et nimium praecox fortasse",
und schreibt am Schluss: "Accipies ergo benignus hunc
meae Musae foetum, qui si minus comptus videbitur,
eum in Helvetiis natum ... putabis."

Anmerkungen

1 H. Borcherdt, op.cit., S.156 f.
2 Siehe dazu auch W. Scherer, Geschichte der deutschen Literatur, S.305.
3 W. Scherer, op.cit., S.305.
4 Aufführungen von Gwalthers "Nabal" fanden in Zürich statt
   vermutlich im Entstehungsjahr 1549 und/oder 1551 (vgl. Zürich Staatsarchiv, G II 39.2), sicher am 29. Januar 1559
   (Zürich Staatsarchiv, G II 39.3) und am 27. September 1570
   zur feierlichen Wieder-Einweihung der umgebauten, vergrösserten Grossmünsterschule (vgl. Heinrich Bullingers Diarium
   der Jahre 1504-1474, hg.v. Emil Egli, Basel 1904, S.102).
   (Mitteilung von K.J. Rüetschi, 1986.)
5 H. Borcherdt, op.cit., S.162.
6 S.5. (Giovanolis Ausgabe S.16).

d) Sprache, Metrum, Stil

Den Betrachtungen über Gwalthers Sprache und Stil ist
die wesentliche Feststellung vorauszuschicken, dass
der Forscher der neulateinischen Dichtung sich noch
einstweilen auf einem "unwegsamen Gebiet" befindet.
Dies behauptet nämlich ein so ausgezeichneter Kenner
dieser Dichtung wie K.O. Conrady. "Der literatur-
historische Betrachter indes", schreibt Conrady[1],
"wird, wenn er nach der Bedeutung und Wirkung der
neulateinischen Dichtung fragt, sich der ästhetischen
Wertung weitgehend enthalten, so lange wenigstens,
bis er Massstäbe erarbeitet hat, die dem Sinn und
der Absicht jener uns heutigen fernen - und in vielem
fremden - Dichtung angemessen sind." Da diese Massstäbe bislang nicht erarbeitet worden sind und da
"ein empfindlicher Mangel an Hilfsmitteln besteht
für den philologisch-historischen Umgang mit neulateinischer Literatur", kann sich das hier auszuspre-
chende Urteil über den stilistischen und sprachlichen
Aspekt unseres Werkes nur unvollständig und teilweise
bedingt gestalten und demnach nicht als unverrückbar
gelten. Immerhin möchte ich - mit diesem Vorbehalt -
auf einige Merkmale der Sprache und des Stils unseres
Autors hinweisen und sie ganz kurz zu charakterisieren versuchen.

Was Gwalthers Sprache anbetrifft, so mag hier
die für uns massgebende Bemerkung von Merker-Stammler[2] angeführt werden, nach der die Autoren am Anfang
des 16. Jahrhunderts von der erstrebten Reinheit des
lateinischen Stils "noch weit entfernt" waren und
unbefangen Worte des Küchenlateins gebrauchten.
"Fehlerhaften Wendungen und Verstössen begegnen wir
auch bei hervorragenden Latinisten", lesen wir bei
Merker-Stammler. "Erst Erasmus, Melanchton und Johannes Sturm beseitigten derartige Überbleibsel eines
lebendigen Idioms, so dass nunmehr der Herrschaft
dieser neuen Literatursprache nichts mehr im Wege
stand." Dieselbe Feststellung finden wir bei Conrady[3]
Gwalther schrieb sein Schuldrama bereits nach der
bahnbrechenden Tätigkeit der genannten grossen Humani-

sten, also ist sein Latein im allgemeinen ziemlich korrekt. Es lassen sich freilich auch bei ihm einige grammatische und syntaktische Unkorrektheiten aufweisen, die aber bekanntlich sogar bei den hervorragendsten antiken römischen Dichtern mit Terenz, Cicero, Caesar, Livius, Seneca und Vergil an der Spitze gelegentlich zu finden sind. Deswegen dürften wir sie bei Gwalther nicht als grundsätzlich störend betrachten. Ich führe hier einige Beispiele dafür an. Die fehlerhaften Wendungen sind hauptsächlich als poetische Lizenzen aufzufassen, weil sie meistens metri causa gebraucht wurden. So lässt Gwalther zuweilen die Regeln der consecutio temporum ausser acht. Glycologus sagt[4] z.B.:

"... bibo, sed nihil nimis
Possem ut meam melius peragere fabulam."

Hier ist der falsch angewandte con. imperf. "possem" (statt des con. praes. "possim") entweder dadurch zu erklären, dass Gwalther "bibo" als praesens historicum ansah, oder auch möglicherweise durch einen Druckfehler. Glycologus sagt weiter[5]:

"Nihil equidem posset mihi suavius
Contingere, quam solertiam ut hic noris meam."

Hier könnte die Richtigkeit der Form "noris" - beanstandet werden. Metri causa wurde sie wohl nicht gebraucht, denn die in diesem Fall erforderliche Form "nosses" ist in metrischer Hinsicht mit der Form "noris" gleichwertig. Wir haben ferner[6] einen ähnlichen Fall zu verzeichnen. Hier sagt Glycologus:

"Herusque vester hoc mihi negotij
Iniunxit, ut per vos parem convivium."

An dieser Stelle hat Gwalther offensichtlich metri causa die korrekte Form "pararem" (con. inperf.), durch die fehlerhafte Form "parem" (con. praes.) ersetzt. Nabal sagt zu Dysigamus[7]:

"... at ego
Nunquam patiar bibendo ut me fefelleris."

Hier haben wir zwei grammatische Fehler in einem Satz: Erstens darf im klassischen Latein nach patior kein Finalsatz stehen. Wenn er aber schon gebraucht wurde, dann müsste hier statt "fefelleris" (con.

perf.) "fallas" (con praes.) stehen. Ähnlich drückt
sich Spudaeus aus[8]: "Vide, ne me fefelleris. Hera
me misit, ut observem ..." Evidenterweise hat Gwalther in diesen Fällen von der syntaktisch fehlerhaften Form Gebrauch gemacht, um das Metrum zu retten.
Mit einer eigentümlichen Syntax haben wir im folgenden Fall zu tun: Philoponus berichtet seiner Herrin
über die scharfe Abfuhr, die Nabal Davids Boten zuteil werden liess, indem er sagt[9]:

"Atqui hic fuisse dico supplices, et ab
Hero petijsse, ut ipsorum penuriae
Consultum vellet. Hos remississe vacuos
Non contentus, quin insuper convicia
Dira et nefanda contra insontes protulit."

Wenn es sich hier nicht um einen Druckfehler handelt
- Komma statt des Punktes oder Strichpunktes nach
"non contentus", wobei wieder ein Fehler zu verzeichnen ist, denn "contentus" hat hier keinen Sinn; es
müsste hier entweder "contentum", oder "contentos"
stehen; im letzteren Fall würde aber der Akkusativ
im A.c.i. fehlen - dann haben wir es bei dem Wort
"protulit" mit einem Anakoluth zu tun, der wieder
augenfällig metri causa angewandt wurde. Ich zitiere noch einige andere Beispiele fehlerhafter Wendungen: David sagt[10]

"His subvenire nec ipse, nec aliquis alius
Potest."

Hier liess Gwalther - wieder metri causa - nach "nec
ipse" das Prädikat "possum" aus. Abisaus sagt[11]:

"... nefas putans
Si quos Dominus unxit suique principes
Populi esse voluit, ipse privata manu
Occidat."

Die Wendung: "nefas putans, si occidat" wäre vom
syntaktischen Standpunkt aus zu beanstanden, ist
aber im humanistischen Latein doch wohl nicht als
ganz befremdlich anzusehen. Im von Abiathar mit David
geführten Gespräch[12] finden wir folgenden Passus:

"... nec te plumbeum
Volo, ut mali nullum dolorem sentias.
Sed ut Dei promissa serves firmiter

Eiusque leges sedulo custodias.
Nec hostis ut te vox minacis terreat
Nec exilij curae aut graves molestiae ..."
Hier gebraucht Gwalther nach "volo" zuerst richtig
das A.c.i. - "te plumbeum (esse" - dann aber lauter
Finalsätze, was im klassischen Latein nicht zulässig
ist. Zudem ersetzt hier unser Autor die grammatisch
korrekte Konjunktion "ne" durch die falsche "ut ...
non nullum" - dies wieder offensichtlich metri causa.
    Philoponus sagt[13]:
    "Oportet, ut guttur mihi prius colluam".
Nach "oportet" sollte im korrekten Latein bekanntlich
kein Finalsatz stehen. Einen merkwürdigen tautologi-
schen Ausdruck finden wir im Widmungsbrief[14]. Wir lesen hier: "ut undique licet ferventibus persecutionum
procellis ..." Der Ablativus absolutus, welcher hier
ohnehin einen Konzessivsatz repräsentiert, wird auch
durch die Konjunktion "licet" ergänzt, welche nor-
malerweise wiederum zur Einleitung eines Konzessiv-
satzes dient, hier also völlig überflüssig ist. Zwei
grammatische Konstruktionen wurden hier vermischt.
Pyroptes gebraucht[15] die Form "quam fideliter" statt
des erforderlichen "quam fidelissime". Hier sollte
wieder das Metrum gerettet werden. Von der Besprechung
der Druckfehler (auf S.16 lesen wir beispielsweise
"numera" statt "munera", auf S.68 "vos", statt "nos"
auf S.86 "muleris" statt "mulieris") sehe ich hier
ab. Ich möchte nur noch darauf hinweisen, dass unser
Autor gern von Archaismen Gebrauch macht. Er schreibt
beispielsweise "siem" statt "sim", "laudarier" statt
"laudari", ipsus" statt "ipse". Dieselben Formen finden wir, nach Francke[16], bei Reuchlin und Schoneus.
    Im ganzen betrachtet ist jedoch, wie bereits
erwähnt, Gwalthers Latein als ziemlich korrekt zu
bezeichnen, weil sich - erstens - das Streben nach
der Wiederbelebung der "reinen Latinität" in seinen
Zeiten noch nicht vollends durchgesetzt haben mag
und weil - zweitens -, wie gesagt, selbst die sogenannte musterhafte Ciceronische Sprache vom sprach-
puristischen Standpunkt aus gesehen auch als nicht
ganz fehlerfrei zu bezeichnen ist.

Bevor wir Gwalthers Metrik ins Auge fassen, müssen wir den allgemeinen sich auf die Metrik der neulateinischen Dichter Deutschlands beziehenden Bemerkungen Beachtung schenken, welche wir bei Francke
finden. Nach seiner Behauptung[17] haben es sich die
Dramenautoren mit der Nachahmung des antiken Verses
"ganz besonders leicht gemacht", indem sie ihre Werke
entweder "einfach in Prosa" schreiben (wie Hegen-
dorfinus, Locher u.a.) oder sich "allerlei Willkür-
lichkeiten überliessen". Schon Crocus musste sich
1542 in der "Invitatio ad Josephum" gegen den Vorwurf wehren, den man ihm wegen seiner "licentia pedum"
machte. Er beruft sich auf Plautus und Terenz und
weist auf deren angebliche metrische Lizenzen hin.
Wenn derartige Freiheiten den römischen Dichtern gestattet waren, dann seien andere auch berechtigt, davon Gebrauch zu machen:

"Extant bonorum exempla, qui cundis placent
Plauti et Terentii, quibus aliis idem
Licere facere, quod fecerunt puto.
Quorum assimilari praestat neglegentiam ac
Morosulorum obscuram dignitatem."

Auch Frischlin soll sich beim Gestalten seiner Verse
auf die metrischen Freiheiten von Terenz und Plautus
berufen haben.

Im allgemeinen gebrauchte man jedoch, wie Francke
informiert, den plautinisch-terenzischen Iambus oder
Trochaeus. Schonaeus bezeichnete denselben im Prolog
zum "Baptistes" als den Vertreter der "oratio comica".
Abgesehen davon gab es auch Dichter, welchen sogar
das freie Metrum des Terenz noch zu gewagt schien.
So soll beispielsweise Macropedius, der nach seinem
eigenen Ausdruck "non tam aurium voluptatem, quam
eruditionem" anstrebte, grundsätzlich die Prosodie
der carmina lyrica der des Terenz vorgezogen haben.

Francke lässt es bei dieser allgemeinen Charakteristik der von den neulateinischen Dichtern gebrauchten Metrik bewenden und bemerkt, dass angesichts der oben erwähnten metrischen Willkür der
einzelnen Dichter eine genaue historische Untersuchung der neulateinischen Metrik "wenig fruchtbar"

und erfolglos wäre. Was die in den Chorpartien gebrauchten Versmasse anbetrifft, so stellt Francke
fest, dass "die in den Chören Reuchlins, Hegendorf-
finus' und anderer verwendeten Metra teils dem Horaz
oder dem Seneca entlehnt sind, teils, wie es scheint,
frei erfunden, dann jedoch wohl meist unklar, prin-
ziplos und ohne rechten Rhythmus". Wir erfahren auch,
dass viele von den späteren Dramen "in einer aus
Vers und Prosa gemischten Sprache" geschrieben worden sind. Das Heranziehen der Prosa bewirkte eine
Verunstaltung der reinen, einfachen Versfolge. Diese
Verunstaltung ging allmählich noch weiter. Man begann
in die lateinischen Verse deutsche, oder sogar griechische Sätze oder Verse einzufügen, um eine grösst-
mögliche Abwechslung zu erzielen oder auch, um mit
der damals immer noch seltenen Kenntnis des Griechischen zu prunken. So gelangte man gleichsam zu der
zweiten Etappe des Küchenlateins. Die erste wurde,
wie oben erwähnt, durch Melanchthon, Erasmus und
Sturm überwunden. Dergleichen verdorbenes Latein ist,
nach Francke, sogar bei solch einem hervorragenden
Dichter wie Firschlin zu finden: "Auch Frischlins
>Phasma<", schreibt Francke, "war eine wunderliche
Composition, formlos, halb deutsch, halb lateinisch;
dort Hans Sachsesche Verse, hier Phrasen aus Terenz
und Plautus, halb Rede, halb Gesang ... Denselben
Grund, wie den für die Anwendung deutscher Sprache
soeben geltend gemachten, möchte ich auch vermutungs-
weise aufstellen für das in der gleich zu erwähenden
Stelle vorkommende Halblatein. In der zweiten Co-
moedie, nämlich "de regno humanitatis" ... treffen
wir nicht nur deutsche Stellen an ..., sondern wir
begegnen hier auch zu verschiedenen Malen jenem
merkwürdigen Gemisch, das wohl allenthalben in
Deutschland unter dem Namen Küchenlatein oder maca-
ronisches Latein bekannt war." Es folgt ein Beispiel
für ein solches "Gemisch":

> "Facilius ist sedere in untra et Schola
> Quam mistladinare et Ackarare et holtz
> Hackare et pflueg hebare et postea nihil

            Aliud, quam Kraut, Rüb, Millich atque Wasser-
                                                  suppen
         Essare et kaltes Wasser trinckenare."
Gwalther schrieb sein Drama zwischen den beiden
"Epochen" des "Küchenlateins". Den Ausgangspunkt für
unsere diesbezüglichen Betrachtungen möge die Tatsache bilden, dass Gwalther, wie wir aus der allgemeinen deutschen Biographie[18] erfahren, selber eine
Metrik verfasst hat, welche sogar mehrere Auflagen
erlebte, was ein positives Zeugnis von deren Wert
abzulegen scheint.
    Unser Drama wurde im iambischen Senar geschrie-
ben. Eine genaue metrische Analyse dieses Werkes gehört grundsätzlich nicht zum Themenbereich der vorliegenden Arbeit. Zudem wäre eine solche Analyse nach
der oben angeführten Meinung Franckes angesichts des
allgemeinen Forschungsstandes auf dem Gebiet der neulateinischen Metrik "wenig fruchtbar und erfolglos".
Ich beschränke mich deswegen inbezug auf Gwalthers
Metrik lediglich auf einige kurze Bemerkungen.
    Küchenlatein finden wir bei Gwalther keines.
Sein iambischer Senar ist ziemlich korrekt gebaut.
Wir müssen die Tatsache in Betracht ziehen, dass
unser Drama dem Titel nach als eine Komödie gelten
konnte und ihr Verfasser demnach keine strengen
metrischen Grundsätze zu verfolgen verpflichtet war,
weil doch die antiken Komödiendichter, wie bereits
erwähnt, sich zahlreiche metrische Lizenzen erlaub-
ten. Alle Akte sind im "Nabal" in regelmässigen iambischen Senaren verfasst - an einer einzigen Stelle
steht anstatt des Trimeters ein Dimeter, was Gwalther selbst mit einer entsprechenden Bemerkung versehen hat[19]. Er lautet:
         "Posset vel idoneus magis."
Nur der Prolog weist einen Wechsel von akatalekti-
schen iambischen Trimeter und akatalektischem iambischem Dimeter auf: z.B. "Ne sit cui vestrum novum,
quod primum in Scenam senex huc prodeo."
    Die Füsse werden selten mehr als zweimal in
einer Zeile aufgelöst. So finden wir z.B. auf Seite 9
(bzw. 22, Z.13) "Aequis animis sputare". Auf S. 10

228

(bzw. 24, Z.35, 47) haben wir: "Docetque sedulo ..."
und "Sed quid opus est, ut singulorum ..."
Die Periocha ist im flüssigen iambischen Senar
geschrieben; nur die Zeile: "Conatu mox parat" hat
im fünften Fuss eine anapästische Lösung, was nicht
empfohlen wird. Hier einige weitere Stichproben: Auf
Seite 14 (bzw. S.30, Z.28) haben wir im fünften Fuss
einen Anapäst. "Possem, ut eam melius ..." Auf derselben Seite ist die Zeile (Z.33):
"Redirem: redeo, nec invitus: sententia"
fehlerhaft gebaut, denn im fünften Fuss haben wir
einen Anapäst, wobei die beiden ersten Silben dieses
Anapästs lang sind. Auf S.80 (bzw. S.152) haben wir
einige ungeschickte Zeilen. So hat die Zeile (Z.1520):
"Qui temperantius ut viveret, adducier ..."
in den zwei letzten Füssen zwei Anapäste.
Die Zeile (Z.1525): DYS. "Quid ita?" SP. "Quia
intus iam iacet propior neci" hat Anapäste im vierten
und fünften Fuss.
Die Zeile (Z.153o): "Me, quid patitur mali?"
SP. "Faciam: Vix hodie..." hat Anapäste im zweiten
und vierten Fuss.
Auf S.88 (bzw. S.166/168) haben wir keinen ver-
sus hypermeter (Z.1706):
"Attentus observet, ut alios, si quando opus!..."
und eine Zeile (Z.1714) mit drei Auflösungen:
"Utut hominum res sese habeant." PH. "Bene tu
quidem..."
Auf S.98 (bzw. S.188) haben wir eine Zeile mit
zwei Auflösungen, darunter eine im fünften Fuss
(Z.1929):
"Reliquae quoad revertor: vos me sequimini."
Ähnlich ebenda (Z.1934):
"Abisae, quae quod ego facio, facere velint?"
Es kommt bei Gwalther auch ein Anapäst vor, in dem
der erste Teil der Thesis den Schluss des im vorigen
Fuss begonnenen Wortes bildet. Wir haben hier mit
der Regel des sogenannten auseinandergerissenen Ana-
pästs zu tun[20]:
David: "Itane beneficiorum Nabal..."

Die Zäsuren sind im allgemeinen typisch, d.h. regelmässig - nach der dritten, zuweilen nach der vierten
Thesis. Wir begegnen aber auch anderen Zäsuren, z.B.
einer Diärese nach dem dritten Fuss, welche bei den
komischen Dichtern selten war. Wir finden eine solche
Diärese in der folgenden Zeile[21]:
    "Mirum, si alio herus // posset oblectarier."
Ähnlich, wie in der altlateinischen Komödie, fallen
bei Gwalther der grammatische Akzent und der Versik-
tus nicht immer zusammen. Es gibt hier viele Beispiele dafür.
    Die Klassifizierung des Stils eines Autors ist
an und für sich, wie vielfach darauf hingewiesen
wird, keine einfache Aufgabe. In unserem Fall wird
der Grad der Schwierigkeit in dieser Hinsicht noch
durch den oben erwähnten Mangel an ästhetischen Mass-
stäben und philologischen Hilfsmitteln im Bereich der
sich auf die neulateinische Dichtung beziehenden
Forschung erhöht. Man könnte versuchen, auf unser
Drama die von Wellek-Warren geprägten Stilkategorien
anzuwenden, weil diese nach der Behauptung der genannten Autoren sich auf fast alle sprachlichen Äusserungen anwenden lassen. Die genannten Autoren
bringen, indem sie auf die Stileinteilung hinweisen,
welche W. Schneider in seinen "Ausdruckswerten der
deutschen Sprache" ausgearbeitet hat[22], eine Reihe
von kontrastierenden Begriffen, die die verschiedenartigen Stilarten kennzeichnen sollen. Wenn wir die
einzelnen Begriffspaare ins Auge fassen, dann können
wir in Bezug auf Gwalthers Stil folgendes feststellen:
von den Gegensätzen "begrifflich-sinnlich" trifft für
unsern Autor eher die zweite Bezeichnung zu. Sein Werk
ist keine philosophische Abhandlung, wo man hauptsächlich abstrakte Begriffe findet, sondern ein Drama.
Natürlich kann auch dieses - wie jedes normale menschliche Gespräch - ohne abstrakte Begriffe nicht aus-
kommen, aber im ganzen betrachtet fällt der Stil des
"Nabal" nicht unter die Kategorie "begrifflich". Im
Hinblick auf das weitere Begriffspaar "knapp-breit"
ist zu wiederholen, was bereits im Kapitel "Terenzische Einflüsse" festgestellt wurde - nämlich, dass

230

unser Drama sich durch seine elegante Knappheit positiv von seinen breiten deutschen Versionen unterscheidet. Was die Gegensätze "ruhig-bewegt" anbetrifft,
so müssen wir sagen, dass sich bei Gwalther - nach
der jeweiligen Situation - sowohl ruhige als auch
bewegte Textpartien finden lassen, was bereits im
Zusammenhang mit der Frage der dramatischen Spannung
und der Monologe erörtert wurde.

Das Gegensatzpaar "hoch-niedrig" ist wohl mit
den antiken Begriffen "genus sublime" (oder "amplum")
einerseits, und "genus tenue" anderseits gleichzu-
setzen, wobei als ein Mittelding dazwischen noch das
"genus medium" existierte. Hier wären ebenfalls verschiedene Textpartien zu unterscheiden. Die meisten
Gespräche des Stücks sind wohl dem "genus medium" zu-
zurechnen; die von Abiathar mit David geführten Gespräche hingegen weisen Merkmale des genus sublime,
des hohen Stils auf. So beklagt David die Wandelbarkeit des Glückes und der menschlichen Gunst[23]:

"Nunc quam bene dictum sit miser ego intelligo,
ARUNDINI niti quassatae et fragili
Quicumque dubio hominum favore nititur."

stellt er wehmütig-philosophisch fest. Darauf entgegnet der weise Abiathar:

"Et hoc quidem te cogitare saepius
David, velim, minus ut movere te queant
Mortalium res instabiles et lubricae ..."

Dieser Gedankengang führt die Aufmerksamkeit der Zuhörer von zeitlichen zu überzeitlichen Begriffskategorien über und klingt erhaben und feierlich.
Abiathar[24] stellt wieder philosophische Betrachtungen
über die verdorbene Natur der Menschen und die Zer-
brechlichkeit des menschlichen Glücks an:

"Nec video quid causae siet iustae, quod in
Se mutuo homines sic ferociunt. Licet
Enim IMPII COR instar indomiti maris
Furiat, novasque res semper deliberat:
Ludit tamen ipsorum studia iustus Deus.
Et cum videntur esse felicissimi,
Brevis momentaneaque eorum est foelicitas,

Vitroque similis, quod quo pellucet magis,
    Eo facilius rumpitur ..."
Der Empfang, den David seiner ersehnten Braut Abigail
bereitet, bildet einen feierlichen Schlussakkord des
Stückes[25]:
"Tu vero salve animo meo optatissima,
    Quam omnis mihi fortunae consortem volo."
begrüsst David Abigail. Diese Worte muten eigentlich
etwas anachronistisch an, weil sie den Eindruck erwecken, dass David hier eine monogame Ehe eingeht.
Dies war bekanntlich nicht der Fall, was Gwalther
jedoch offensichtlich aus didaktischen Gründen ausser acht lässt. Die Antwort Abigails lautet hingegen ganz so, wie sie eine in polygamer Tradition er-
zogene Frau für selbstverständlich hält. Sie ruft
demütig:
"Unde haec mihi domine mi gratia, ut tibi
    Me coniugem velis, quae vix ancillula
    Dici merear, pedes tuorum ut abluam."
Wir können noch die bei Wellek-Warren erwähnten Begriffspaare "schlicht-ausgestattet" berücksichtigen.
Hier wäre zu sagen, dass Gwalthers Stil gewissermassen ein Mittelding zwischen diesen beiden Kategorien bildet. Er ist weder ausgesprochen schlicht noch
besonders ausgestattet wenn man darunter eine Fülle
von bildhaften Ausdrücken und reich gegliederte Sätze
versteht.
    Was die Begriffspaare "plastisch-musikalisch"
anbelangt, so ist hier wohl der zweite Begriff kaum,
der erste hingegen teilweise aktuell. Plastisch wirker
in unserem Drama beispielsweise einige von den an
anderer Stelle eingehend besprochenen Sentenzen durch
ihre gelungene Metaphorik.
    Im Zusammenhang mit der Unterscheidung "hoch-
niedrig" lohnt es sich noch auf ein Merkmal von Gwalthers Sprache hinzuweisen. Wir beobachten hier eine
ähnliche Erscheinung wie bei Terenz. Es wird nämlich
hervorgehoben[26], dass bei Terenz sowohl der Herr als
auch der Sklave, der Land- und der Stadtbewohner, die
Hetäre sowie die Matrone dieselbe Sprache sprechen.
Es gibt hier keine Individualisierung im Gebrauch

der für das gegebene soziale Milieu charakteristischen Ausdrücke. So verhält sich die Sache auch bei
Gwalther[27]. Wir hätten hier noch eine zweite Analogie zwischen diesen beiden Autoren zu verzeichnen.
Brożek erklärt nämlich[28] den bei Terenz festzustel-
lenden Mangel an Differenzierung der Sprache, je nach
der Person des Sprechers, durch die geistige Kultur
des Dichters und seine geistigen Prädispositionen.
Dasselbe trifft für unseren Autor zu. Es ist anzunehmen, dass seine persönliche Kultur, sein hohes
geistiges Niveau alles Derbe und Vulgäre in der Sprache ablehnten. Gwalther verstand es, diese Elemente
zu vermeiden, obgleich einige Momente seines Stücks
- besonders das Trinkgelage - eine Gelegenheit zu
derartigen Auswüchsen geboten haben. Bei Creizenach[29]
lesen wir, dass in vielen Dramen und Szenen des Gastmahls Gesänge beigefügt wurden, über deren Inhalt
hier nichts Näheres berichtet wird. Wir werden aber
anderswo[30] darüber informiert. Wir wissen, dass sogar in geistlichen Dramen Buhl- und Schlemmerlieder,
ausserdem pikante Szenen zu finden waren. Von Holstein[31] erfahren wir, dass beispielsweise im Lehr-
plan einer Jesuitenschule in bezug auf die Schuldramen folgende Warnung zu lesen ist: "Dämonen, leicht-
fertige Buben, Säufer und Spieler, welche lose Reden
führen, sollen nicht beinahe in jedem Akte erscheinen." Im Hinblick darauf ist Gwalthers Vornehmheit
umso höher einzuschätzen. Sein Nabal lässt beim Gastmahl lediglich einen Weingruss verlauten[32]:
        "Nunc laudo te. Salve liquor suavissime ...",
der aber in einem durchaus gemässigten Ton gehalten
ist und nichts mit einem Schlemmer- oder Buhllied
gemein hat.
        Abschliessend möchte ich noch die sich auf Gwal-
thers Stil beziehende Bemerkung Baechtolds[33] anführen, welche besagt, dass "Gwalthers Diktion sich
nicht selten zum dichterischen Schwunge erhebt".

Anmerkungen

1 K.O. Conrady, Lateinische Dichtungstradition und deutsche Lyrik des 17. Jahrhunderts, S.2.
2 Merker-Stammler, op.cit., S.470.
3 K.O. Conrady, op.cit., S.29.
4 Akt I, Sz.I, S.14. (Giovanolis Ausgabe S.30, Z.27 f).
5 Akt I, Sz.I, S.18. (S.36, Z.135 f).
6 Akt I, Sz.II, S.20. (S.38, Z.165 f).
7 Akt III, Sz.II, S.54. (S.102/104, Z.932 f).
8 Akt V, Sz.III, S.94. (S.180, Z.1838 f).
9 Akt III, Sz.IV, S.61. (S.116, Z.1099-1103).
10 Akt I, Sz.III, S.24. (S.46, Z.224 f).
11 Akt II, Sz. III, S.37. (S.72, Z.544-547).
12 Akt I, Sz.III, S.23. (S.44, Z.227-232).
13 Akt II, Sz.V, S.45. (S.86, Z.737).
14 S.4. (S.14).
15 Akt I, Sz.II, S.20. (S.38, Z.160).
16 O. Francke, op.cit., S.110.
17 O. Francke, op.cit., S.115 ff.
18 Bd.X, S.239 f.
19 S.27. (Giovanolis Ausgabe S.52, Z.334).
20 Akt III, Sz.I, S.49. (S.94, Z.812).
21 Akt I, Sz.II, S.21. (S.40, Z.189).
22 R. Wellek - A. Warren, op.cit., S.196 f.
23 S.22. (S.42, Z.212-218).
24 S.85. (S.160/162, Z.1630-1638).
25 S.100. (S.192, Z.1986-1990).
26 siehe M. Brożek, op.cit., S.252.
27 Was die Kenntnis der terenzischen Sprache anbetrifft, die wir bei Gwalther feststellen, so ist hier die Möglichkeit in Betracht zu ziehen, dass er sie ausser seiner eigenen normalen Ausbildung - der Schullektüre - noch einer besonderen Quelle verdankt haben kann, nämlich den gegen das Ende des 15. Jahrhunderts in verschiedenen Ländern - darunter auch in Deutschland - erschienenen Kompendien der terenzischen Phraseologie, auf welche Brożek (M. Brożek, op.cit., S.281) hinweist.
28 M. Brożek, op.cit., loc.cit.
29 W. Creizenach, op.cit., Bd.III, S.371.
30 Aufriss ..., S.50.

31 H. Holstein, Das Drama ..., S.272.

32 S.53. (Giovanolis Ausgabe S.100, Z.910).

33 J. Baechtold, Geschichte der deutschen Literatur in der Schweiz, S.347. (Was über Gwalthers "Monomachia Davidis et Goliae" hier festgestellt ist, darf auf "Nabal" übertragen werden.)

e) Vergleich unseres Dramas mit den Dramen des
    Naogeorgus

Um der Beurteilung von Gwalther gerecht zu werden
und sein Werk noch besser bewerten zu können, wollen
wir ihm nun vergleichsweise Naogeorgus gegenüberstellen. Ich habe diesen Autor gewählt, weil seine Werke
von vielen sich mit dem Schuldrama beschäftigenden
Autoren als der Höhepunkt der lateinischen Schuldramatik angesehen werden. Seine berühmtesten Dramen
sind "Pammachius" und "Mercator". Ich ziehe sie hier
jedoch nicht zum Vergleich heran, weil es konfessionelle Kampfdramen par excellence sind - besonders
"Pammachius" zeichnet sich durch eine wilde Angriffs-
lust aus. "Nabal" ist hingegen vor allem ein biblisch-
didaktisches Drama - der konfessionelle Aspekt ist
hier, wie wir wissen, zweitrangig. Deswegen erscheint
es angebracht, unser biblisches Stück mit ebenfalls
biblischen Stücken des Naogeorgus zu vergleichen,
nämlich mit seinem "Hieremias" und "Hamanus". Dieser
Vergleich, den ich hier ganz kurz fasse, weil eingehendere Erörterungen in bezug darauf nicht zum Thema
der vorliegenden Arbeit gehören, erweist sich als
aufschlussreich und fällt im ganzen für Gwalther
günstig aus. Naogeorgus schrieb seine Stücke, wie
Gwalther, im iambischen Trimeter. Wir finden hier
aber Chöre, die bei Gwalther nicht vorhanden sind.
So wie bei Gwalther begegnen wir auch hier der Versbrechung als Voraussetzung für das dramatische Tempo.
"Hieremias" behandelt das Leben und die Sendung dieses Propheten. "Hamanus" ist gegen die Tyrannei der
Machthabenden gerichtet. Meistens treten hier biblische Gestalten auf, aber ausserdem auch fiktive, die
- so wie bei Gwalther - redende Namen tragen, wie
z.B. Borbax und Panurgos im "Hieremias", oder Carpho-
logus, Philarches und Polytlas im "Hamanus". Beide
Stücke sind, ebenso wie Gwalthers "Nabal", didaktisch. Im deutschen Prologus zum "Hieremias" bringt
Naogeorgus ausdrücklich seine Absicht zum Ausdruck:
        "Man stellet an Tragoedias,
        Comoedias auch spielen lasst,

236

So können underlassen nicht,
Auch wir allhier ein Biblisch Geschicht
Zu spielen, die an Trost und Lehr,
An Warnung, Straff und anderm mehr
Sehr reich und sich auf jetzige Zeit
Wol reimt, so wirs bedencken heut ..."
Im - ebenfalls deutschen - Epilog heisst es: so wie
die Juden zugrunde gehen mussten, weil sie auf die
Warnung des Propheten Ieremias nicht achten wollten,
so wird auch jeder untergehn, der ein schlechtes,
sündhaftes Leben führt.
Solange es noch nicht zu spät ist, soll also der
Mensch fliehen:
"... Neid, Hass, Hurerey,
Unzucht, Ehebruch, Geiz, Schinderey,
Finanz, Fürkauff, Wucher, Diebstahl,
Abgöttisch Fluchen, auch zumal ..."
Genau so, wie bei Gwalther, sind hier alle Stände,
alle Lebensalter gemeint: Es sollen:
"Beyd - Gross und Klein von Sünd abston,
Beid - Hoh und Nidern Stands Person,
Beid - Jung und Alt, Beid Reich und Arm,
Beid - Mann und Weib ..."
Vor dem Chor des 5. Aktes des "Hieremias" finden wir
einen kurzen mahnenden, moralisierenden Epilog, wel-
cher lautet:
"Haec sunt malorum ac impiorum praemia,
Quae quemlibet morentur interdum diu
Tamen offerunt se, quando minime censeas,
Agat ergo quisque poenitentiam, o viri!
Nec se secundo fallat usque tempore,
Nec admonitiones paternas respuat ..."
"Hamanus" wird gleich im Titel als "reprehendens
calumnias et Tyrannidem potentum et hortans ad vitae
probitatem" bezeichnet. "Hieremias" ist viel grösser
angelegt als "Nabal", der nur eine Episode aus Davids und Nabals Leben behandelt. Das Stück ist wuch-
tig, schwer, sein Ausgang schrecklich. Die Stadt
Jerusalem wird vom Feind zerstört, der König erblin-
det, seine Kinder kommen um, das Volk gerät in die
babylonische Gefangenschaft. Es wurde ja auch als

Tragödie bezeichnet, während "Nabal" den - allerdings
irreführenden, weil nichtssagenden - Titel "comoedia
sacra" trägt. Es treten im "Hieremias" zwei Teufel
- daemones - auf, welche die Aufgabe haben, Hieremias'
Werk zu verhindern. Die Teufelsgestalten wären hier
eigentlich als ein mittelalterliches Element aufzufassen. Mit dem klassischen Begriff des Tragischen
haben diese Tragödien freilich nichts zu tun. In der
Vorrede zum "Hamanus" beklagt sich ja auch Naogeorgus
über die Kritiker, welche behaupten, dass seine Tragödien ausser dem Titel kein tragisches Element enthalten! Er verteidigt sich gegen diese Angriffe, indem er deren Grund zu kennen vorgibt. Seine Gegner
seien unzufrieden, weil er ein "novum" einführte;
er mengte nämlich in seine Tragödie Witze - "ridicu-
la, sales iocosque" - ein, um ihren Ernst zu mildern.
Das tun andere Dichter nicht. Er mag keine "ampullae",
keine "sesquipedalia verba", keinen "sermo turgidus".
In seiner Überheblichkeit überschreitet Naogeorgus
alles Mass, indem er sich mit einer beispiellosen
Geringschätzigkeit über Sophocles, Euripides und
Seneca äussert:

> "Sophocles et Euripides latinusque Seneca
> Suo quidem qui floruerunt tempore,
> Hircum atque plausum quo tulerunt saepius,
> At nunc si eorum quisquam agat Tragoedias
> Populoque spectandas vel ipse Diphilus
> Exhibeat, explodetur, huius si modo
> Genius popelli notus est satis mihi:
> Nam si auferas sententiarum lumina,
> Atque gravitatem dictionis propriam,
> Insipidius quidquam nec esse insulsius,
> Nec tempori huic minus tatebere idoneum.
> Illos legat, cuicumque nostra displicent."

Als sehr gelungen wären hingegen die in verschiedenen Versmassen verfassten Zwischenaktchöre zu bezeichnen, welche mannigfache philosophische Betrachtungen enthalten und wohl die einzige Ähnlichkeit
zwischen den antiken Tragödien und den "Tragödien"
des Naogeorgus bilden. Seine Zeitgenossen warfen ihm
trotzdem vor, dass seine Stücke "kunstlos" seien.

238

Der "poeta laureatus" Gaspar Bruschius sah sich deswegen genötigt, im Annex zum "Hamanus" seinen Kollegen Naogeorgus gegen die Anfeindungen eines gewissen
Zoilus zu verteidigen. Wir lesen dort, übrigens im
schlechten Latein:

> "Audio quod quidam lacerat te candide Thoma
> Et dicit ludos arte carere tuos ..."

Zusammenfassend wäre hier zu sagen, dass "Nabal" zwar
keine Tragödie ist, die diesen Titel tragenden Stücke
des Naogeorgus aber auch keine sind, dass ferner hinsichtlich der Sprache und der dramatischen Technik
Gwalther nicht viel schlechter als sein berühmter
Kollege erscheint und dass unser Autor schliesslich
- das sei hier nur marginalerweise hinzugefügt, weil
es natürlich keine literarische Wertung bedeutet -
ausserdem durch seine Bescheidenheit auf uns viel
sympatischer als der masslos hochmütige Naogeorgus
wirkt.

f) Gwalthers "Nabal" im Lichte der sich auf das Schuldrama beziehenden Kritik

Wir wollen nun unser Stück unter dem Gesichtspunkt der negativen, sich auf das Schuldrama beziehenden Kritik ins Auge fassen, um es in dieser Hinsicht entsprechend bewerten zu können. Die Einwände, denen wir bei den sich mit diesem Thema beschäftigenden Autoren begegnen, lassen sich in drei Kategorien einordnen. Die erste betrifft den - wirklichen oder angeblichen - Mangel an dramaturgischen Kenntnissen bei den Schuldramenautoren überhaupt, die zweite das Vorhandensein von mittelalterlichen Elementen in den Schuldramen, die dritte das Fehlen des Helden in diesen Stücken.

Erstens wirft man also vielfach den Schuldramenautoren vor, dass sie über eine sehr unzureichende dramaturgische Technik verfügten, weil sie, wie davon bereits bei der Erörterung der Bezeichnung unseres Stücks die Rede war, keinen richtigen Begriff vom Wesen des Dramatischen hätten. Treffend kennzeichnet Mann[1] den Unterschied, der in dieser Hinsicht zwischen den italienischen und den deutschen Humanisten bestand: "In Italien hatte man rasch begriffen, dass die Komödie eine theatralische Kunst ist. In Deutschland erfasste man zunächst nur die Kunst des Dialogs." Während die deutsche Malerei bald von der italienischen Kunst restlos durchdrungen wurde, übernahm die deutsche Literatur aus Italien in dieser Zeit lediglich "einzelne Elemente". Als Beispiel hierfür führt Mann Hans Sachs an, welcher zwar Tragödien und Komödien in den neuen Formen schrieb, dem aber trotzdem Wesen und Form dieser Gattungen fremd blieben.

Ähnlich äussert sich über die Schuldramenautoren Koch[2]. Die Akteinteilung bleibt bei ihnen äusserlich wie bei Sachs. Die Leistung der Dramenautoren bestand nach einem von Michael[3] gebrauchten Ausdruck, nur in einer "mechanischen Übertragung aus der erzählenden in die dramatische Form", im "Dialogisieren einer Begebenheit", wie Goedeke[4] es bezeichnet. "Die Pedanten, die solche Stücke verfassen, dichten nicht, son-

dern setzen die vorhandenen Materialien zusammen",
lesen wir diesbezüglich bei Wolff[5]. Die Autoren kennen demnach keinen gleichmässigen Fluss der Handlung, sondern nur "Intermezzi der verschiedenen
Stilarten ..." "Diese Stücke sind ... von Pastoren
und Schulcollegen weniger gedichtet, als gearbeitet",
schreibt Hase[6]. "Das reine Bibelwort durch Umschrei-
bung lang ausgedehnt ohne jede menschlich hinzuge-
tane Poesie schien sogar den Protestanten besonders
zu entsprechen", fügt er missbilligend hinzu. Kleinberg[7] bezeichnet diese Dramen als eine "äusserlich
unverständige Nachahmung des Terenz". Auch er stellt
fest: "Das Schuldrama wurde von den diversen Rekto-
ren nur noch gedichtet, damit die darstellenden
Schüler Gelegenheit hätten, ein gewähltes Latein zu
sprechen und sich nach den Regeln des Auslands zu
benehmen." Genée[8] bezeichnet die Akt- und Szeneneinteilung in diesem Drama als "willkürlich", klagt über
das Fehlen von organischer Entwicklung des Ganzen,
über "sprungweise, unvermittelte Aufeinanderfolge
einzelner Szenen" und dies "bei allen Autoren". Denselben negativen Ton weist die sich auf unsere Frage beziehende Äusserung von Tittmann auf[9]: "Die nach
und nach wenn auch nie allgemein angenommene oder
eingeführte Abtheilung in Acte und Scenen (in Deutsch:
Handlung, Wirkung, Ausfahrt, Gespräch, Fürtag), welche
man der classischen Komödie absah, beruht ebensowenig
auf einem Erkennen ihrer wahren Bedeutung; dass dasselbe sich auf innere Gründe stützen müsse, dafür
fehlte alles Verständnis; selbst wo in einzelnen
Stücken die Einteilung mit den Hauptmomenten der
Handlung ziemlich wohl zusammenfällt, beruht dies
nur auf einem unklaren, das Richtige treffenden Gefühl des Verfassers oder auf dem wirklichen dramatischen Wert des Inhalts selbst." Die Einteilung des
Stückes in Akte wurde nach der Ansicht Tittmanns
weniger infolge des dramaturgischen Verständnisses
der Autoren, als aus praktischen Bequemlichkeitsgrün-
den eingeführt: "Allgemein scheint man darum für dieselbe sich entschieden zu haben, weil sie manche
äussere Vorteile darbot. Durch die Nothwendigkeit,

bei grossem Umfang der Stücke dieselben auf mehrere
Tage zu verteilen, war man schon von alters her an
eine Zerlegung der Handlung in einzelne Abtheilungen
gewöhnt." Nicht weniger missbilligend äussert sich
zu diesem Thema Francke[10]: "Der Begriff Drama ward
den Dichtern jener Zeit eben nur zum äusseren Rahmen, in den sie ihr Bild oder vielmehr Bilder ohne
Sinn für Komposition und Perspektive willkürlich bald
über- bald nebeneinander zusammenzuzwängen bemüht
waren." An anderer Stelle[11] wirft Francke den Schul-
autoren "Mangel an kontinuierlicher Handlung und Willkür in der Verknüpfung einzelner Szenen" vor. Er ta-
delt weiterhin[12] die Willkür im Auf- und Abtretenlas-
sen der handelnden Personen, aber er führt diesen
Fehler merkwürdigerweise auf Terenz zurück. Dieser
zog, nach der Ansicht Franckes, "seine Leute, wie
Marionetten am Fädchen ohne genügende Motivierung".
"Von einem Versuch eines wirklich dramatischen Auf-
baus", schreibt unser Autor an anderer Stelle[13], "kann
bei den meisten jener Komödien nicht die Rede sein,
da der Begriff der Handlung den Verfassern noch ferne
lag". Bei Michael[14] finden wir ein ganz arbitrales,
pauschales, verstiegenes Urteil in bezug auf unsere
Angelegenheit: "In dieser ganzen Dramatik entwickelt
sich keine einzige Szene aus der anderen." Dieses
Urteil bezieht sich auf die Wende des 16./17. Jahrhunderts, aber an anderer Stelle[15] schreibt Michael
dem ganzen Jahrhundert eine "kümmerliche Technik" zu.
Burdach[16] spricht in diesem Zusammenhang von "schöpfe-
rischer Darstellungsschwäche" und von "geringer
Gestaltungskraft" dieser Zeit und Witczuk[17] bezeichnet die Schulstücke als bühnenfremd. Auch Fechter[18]
fällt in unserer Frage ein äusserst negatives, in
seiner pauschalen Auffassung des Problems etwas seltsam anmutendes Urteil. Er bezeichnet das Schuldrama
als "ein merkwürdiges Gemisch von geistlich und weltlich, aus Bildungselementen, Historie, Vers und primitiven Formlosigkeiten". Der bereits zitierte
Francke[19] geht in seiner Verpönung der dramaturgischen Technik der Schulkomödienautoren so weit, dass

er "selbst die besten Erzeugnisse" dieser Gattung
als "erzwungen und erkünstelt" bezeichnet.

Die Dramenautoren hätten nach der Ansicht
Franckes[20] "nicht die leiseste Ahnung" von der Technik des Dramas. "Der pedantischste, kritikloseste
Formalismus" bildet demzufolge "das Grundmotiv der
ganzen Richtung". Francke verspottet die "Selbstge-
fälligkeit" der Autoren, welche auf das Titelblatt
ihrer Werke die Worte "comoedia iuxta artem veterum
scripta" setzten, worin "keine Spur von Handlungen
oder von Zuständen" zu finden war, dafür aber "eine
unendliche Breite in den Reden der Einzelszenen".
Die Verfasser hätten den Begriff der Handlung überhaupt für keinen wesentlichen Faktor des dramatischen Kunstwerkes gehalten. "Es kam ja den meisten
Verfassern solcher Stücke nur darauf an, die Resul-
tate ihrer Moralphilosophie auf wohlfeile Art auf den
Markt zu bringen", lautet Franckes äusserst negatives Urteil. "Von der Notwendigkeit einer kontinuier-
lichen Handlung sowie psychologischer Motivierung der
Handlungen der einzelnen Personen und von der Notwendigkeit des Ineinandergreifens der einzelnen Motive hatten sie keine Ahnung", schreibt er weiter. So
waren, nach Francke, "mit wenigen Ausnahmen" die neulateinischen Dramen beschaffen. Die Schlussfolgerung
Franckes lautet, dass die ganze "comoedia" ein "peccatum" sei.

Wenn wir nun Gwalthers Stück mit diesen auswahls-
weiṣe angeführten kritischen Stimmen konfrontieren,
dann fällt das Urteil für unseren Autor überaus günstig aus. Für jeden fachkundigen Leser unseres Dramas ist es evident, dass das Werk keine "Serie von
aneinandergeklebten Einzelszenen" ist[21], sondern
eine geschickte Komposition, ein regelrecht gebau-
tes, organisch zusammenhängendes, gut proportionier-
tes Drama, in dem die Handlungen der einzelnen Personen konsequent, logisch und psychologisch begründet sind - dass Gwalther also, wenn nicht ein ausge-
sprochenes dramatisches Talent, so doch jedenfalls
einen sicheren theatralischen Instinkt aufweist.
Sein Werk entspricht im wesentlichen den Anforderun-

gen der dramatischen "Techne". Ob nun in unserem
Fall die Einteilung in Akte mit den Hauptmomenten
der Handlung dank Gwalthers dramatischen Kenntnissen
- falls er solche besass - oder dank seinem "das
richtige treffenden Theaterinstinkt" zusammenfällt,
mag allerdings dahingestellt bleiben. Die Antwort
auf diese Frage ist für uns eigentlich belanglos,
denn ausschlaggebend ist das Ergebnis, d.h. die Beschaffenheit des Dramas. Jedenfalls sind die oben
zitierten Einwände bei unserem "Nabal" als gegen-
standlos zu betrachten. Der Wert dieses Stücks tritt
klar zutage, wenn wir es mit denjenigen schuldramatischen Erzeugnissen vergleichen, über welche sich
Francke[22] folgendermassen äussert: "Manche jener
Dramen bestehen ja zum grossen Teil aus nichts anderem, als aus Phrasen der römischen Komödie ... Man
möchte darum bei der Betrachtung derartiger Elabo-
rate mit Lessing fragen: 'Heisst es, Gedanken in
Worte zu kleiden, oder heisst es vielmehr, Gedanken
zu Worten suchen und keine erhaschen?'" Wir hätten
in diesem Fall mit folgender Alternative zu tun:
entweder hat Francke - dessen Meinung in unserer
Angelegenheit zu den abfälligsten gehört - bei seinen Forschungen eine im Verhältnis zur Ganzheit
der schuldramatischen Produktion zu kleine Anzahl
von Stücken in Betracht gezogen, diese zudem vielleicht auch noch zu scharf beurteilt - dann wäre zu
vermuten, dass unter den Francke unbekannten Stücken
noch mehrere gute Erzeugnisse ausser unserem "Nabal"
zu finden sind -, oder gehört unser Stück aber zu
den seltenen guten Ausnahmen. Positiv hebt es sich
jedenfalls von dem oben geschilderten unerfreulichen
Gesamtbild der Schuldramatik ab.

Ziehen wir nunmehr die zweite Gruppe der oben
genannten Einwände in Betracht, welche das Vorhandensein von mittelalterlichen - also anachronisti-
schen - Elementen in den Schulstücken betreffen.
Wolff[23] bezeichnet die Schulkomödie schlechthin als
"ein Vermächtnis des Mittelalters". Michael[24]
schreibt die in den Dramen angeblich vorhandene Vermischung der klassischen Elemente mit den mittelal-

terlichen dem Einfluss des Theaterpublikums zu, welches unentwegt an den mittelalterlichen Spielen festhielt und von dessen Geschmack die Autoren weitgehend abhängig waren. Die sich mit den Schuldramen
beschäftigenden Autoren zählen folgende mittelalterliche Elemente auf, denen man - nach ihrer Behauptung - in den Schuldramen begegnet: 1. "Passions-
spielartige Weite", 2. Präfigurationen (welche bereits im Kapitel "Das Schuldrama in Deutschland"
erörtert wurden), 3. breit ausgebaute Allegorien,
4. komische Einlagen (eingeschobene Pantomimen, Nar-
renszenen), 5. epische Episoden und moralisierende
Digressionen, 6. das Vorherrschen von Einzelszenen,
7. das Vorhandensein von bösen Beratern (sogenannten "Einflössern", durch welche die Ereignisse "von
aussenher von Helfershelfern" weitergeschoben werden, statt sich organisch "aus Rede und Gegenrede
der Personen" zu entwickeln) und 8. die Aneinander-
reihung lokal und zeitlich oft weit voneinander lie-
gender Schauplätze (Simultanbühne)[25].
Es liegt auf der Hand, dass in unserem Drama
grundsätzlich keines von den oben aufgezählten, als
mittelalterlich gekennzeichneten Merkmalen zu finden
ist. Als eine kleine Ausnahme können hier vielleicht
die geringen epischen Episoden, denen wir im Gespräch von Sphendonites und Ocymachus begegnen[26],
angesehen werden. Was die moralisierenden Digressionen anbetrifft, so ist zu sagen, dass es im
"Nabal" tatsächlich viele moralisierende Exkurse
gibt - nimmt hier doch der didaktische Aspekt, wie
wir bereits gesehen haben, den ersten Rang ein! -,
dass diese aber sensu stricto keine Digressionen
sind, weil sie aufs engste mit dem Stück zusammen-
hängen und meistens jeweils auf die Handlung Bezug
nehmen.
Abschliessend können wir also feststellen, dass
unser Stück kein "weitschweifiges, inventionsarmes,
für die Bühne gänzlich ungeeignetes" Werk ist, wie
Witczuk[27] die Schuldramen des 16. und 17. Jahrhunderts nennt, sondern eine geschlossene, nach terenzischem Muster gebildete Komposition darstellt und

uns den "grundsätzlichen Unterschied zwischen dem
Spiel der mittelalterlichen Dilettanten und dem Drama des humanistischen poeta", wie Michael[28] sich ausdrückt, vor Augen führt.

Ergänzend ist hier noch eine vereinzelte Ansicht zu widerlegen, welche sich auf den Vergleich
der Schuldramen mit den Dramen Hrotsviths bezieht.
Ich meine hier den Ausspruch Holls[29], wonach die
Komödien der Nonne "immer noch dramatischer" seien
als die meisten Humanistendramen. Genée[30] drückt
sich diesbezüglich ähnlich aus, indem er behauptet,
dass die Mängel bei Hrotsvith nicht grösser seien,
als in den Dramen des 16. Jahrhunderts. Darauf ist
folgendes zu entgegnen: Die Dramen Hrotsviths sind
überhaupt schwerlich mit den Schuldramen zu vergleichen, weil sie von einer ganz anderen Art sind.
Was das dramatische Element betrifft, so ist zu sagen, dass die Stoffe an sich zwar ziemlich spannungs-
reich sind, dass jedoch trotzdem die Dramatik hier
kaum Zeit hat, sich regelrecht zu entwickeln, weil
der Umfang der Stücke einfach dazu zu klein ist.
Wir haben hier mit einer Art dramatisierter Kurz-
geschichten zu tun: "Dulcitius" umfasst beispielsweise nur 8 Seiten! Es gibt hier keine Einteilung
- weder in Akte, noch in Szenen - sondern nur eine
rasche Abfolge kurzer Gespräche. Das schnelle Tempo
der Handlung zeitigt zuweilen sogar seltsame Effekte, welche vom Standpunkt der Psychologie und der
realen Möglichkeit betrachtet als belustigend zu
bezeichnen sind. So kommen z.B. tiefe innere Durch-
brüche von grösster Tragweite bei den beteiligten
Personen so unvermittelt und blitzschnell zustande
(Thais im "Patnutius"), dass sie der Leser als psychologisch unmotiviert und seinem Wirklichkeitssinn
widersprechend empfinden muss. Treffend ist hier
die Einschätzung Manns[31]: "Manche Szenen wirken
lebendig und auch komisch ...". Hrothsviths Dramen
waren lediglich Lesedramen, weil sie, wie Mann[32]
feststellt, "nicht wusste, dass Terenz Stücke für
das Theater geschrieben hatte". Auch Francke[33] stellt
eine ernstere Bedeutung der Dramen Hrothsviths in

246

Frage und meint, sie wäre als Nachahmerin des Terenz "ganz ausser acht zu lassen". Creizenach[34] stellt ebenfalls bei Hrothsvith eine "Unbeholfenheit der Handhabung der ungewohnten Form" fest.

Eine synthetische Wertung der Schuldramaform finden wir bei Borcherdt. Er erwähnt[35] unter den gemeinsamen Merkmalen des Fastnachtspiels, des Humanistendramas, des Bürgerdramas, des Schuldramas und des Meistersingerdramas "den Willen zur Vereinfachung und Begrenzung" und das "Streben nach geschlossener Formgebung im Geiste der Antike". Beides finden wir bei Gwalther. Die Form seines Dramas richtet sich nach antiken Mustern, was automatisch die Begrenzung des Stoffes, der Spieldauer und der Personenzahl im Vergleich mit den alten Spielen bewirkt.

Es bleibt nun noch der dritte Einwand zu besprechen, den ich ganz gesondert behandeln will, weil er längere und eingehendere Erörterungen als die anderen angeführten kritischen Stimmen erfordert. Ich meine hier das Problem des Helden im Schuldrama. Dieses Problem hat, wie das Wort "Held" selbst, im Kontext des Dramas bekanntlich einen zweifachen Aspekt. Wir sprechen erstens vom Helden als der Hauptperson des Stücks, um die sich die gesamte Handlung dreht; wir können zweitens das Wort "Held" in dem Sinn von "Heros" verstehen.

Richten wir unser Augenmerk zunächst auf die erste Bedeutung des Wortes. Wir haben hier diesbezüglich einen merkwürdigen Ausspruch bei Michael zu verzeichnen[36]. Hier wird rundweg behauptet, dass es im Schuldrama entweder überhaupt keinen Helden gebe, oder aber lediglich einen sogenannten "passiven Helden"[37].

Röhl äussert freilich eine ganz entgegengesetzte Ansicht[38], indem er sagt: "Durch die neuen Stoffe setzt man die Hörer in Spannung - ein Kunstmittel, das in dem Passionsspiel mit seinem bekannten Stoff fehlte. Und damit die Zuschauer sich nicht in den noch unbekannten Geschehnissen verirren, gruppiert man sie um den dramatischen Helden."

247

Wilpert[39] stellt eindeutig in den Schuldramen "die Gruppierung des Geschehens um einen Helden" fest.

Es ist ohne umfangreiche Spezialuntersuchungen nicht zu ersehen, wer von den genannten Gelehrten recht hat. Eines steht jedenfalls fest - in unserem Drama ist ein Held vorhanden[40]. Die Frage, ob es hier eine Hauptperson gibt, ist entschieden zu bejahen. Man könnte lediglich fragen, wer der Held ist. Dem Titel zufolge - Nabal. Er ist es aber nur scheinbar, sozusagen formell. Der eigentlich Held ist nämlich - meines Erachtens - David. Er ist die Hauptperson, der "spiritus movens" des ganzen Stücks. Er ist hier derjenige, der aktiv ist; seine Handlungen bringen den Titelhelden Nabal in höchste Gefahr, bewirken endlich - mittelbar - dessen Tod und die Wiederverheiratung Abigails. Von ihm geht alle Initiative im Drama aus. Nabal hingegen, der Titelheld, verhält sich grösstenteils passiv; zu ihm würde die Bezeichnung "passiver Held" passen. Seine ganze Aktivität beschränkt sich auf die Veranstaltung des Gastmahls und die Absage, die er Davids Boten zuteil werden lässt. Seine Bedeutung erschöpft sich in der Exemplifizierung der verschiedenen menschlichen Laster.

Nun gilt es den zweiten Aspekt des Wortes "Held" in Betracht zu ziehen und unser Stück in diesem Sinn zu überprüfen. Wir ziehen also das Element des Heroischen in Betracht, das der Held eines Dramas repräsentieren kann. Bezüglich dieser Frage sprechen sich die sich mit dem humanistischen Drama befassenden Forscher auch sehr verschieden aus. Maassen[41] bringt folgende Ansicht zum Ausdruck: "Ein eigentliches Heldenspiel blieb dieser Zeit völlig fern. Sie kennt nicht den Menschen, der über die Masse hinausragt, den Einsamen, den Kämpfenden, den Gefährdeten. Sie kann und darf ihn nicht kennen, denn ihr Blickfeld reicht nicht hinaus über das Bürgerhaus und seine Begrenzung und Sicherheit darf nicht gefährdet werden." Die Ursache dieses Mangels sei in der Mentalität des "gipfel- und tiefenlosen" Bürgertums, in seiner "Linearität des Denkens" zu erblicken, von

der an anderer Stelle bereits die Rede war. "Die
satte Beruhigung eines nivellierten Gemeinschafts-
gefühls" beherrscht die Zeit. Eine solche Zeit hat
für das Heldentum kein Verständnis. "Der Zweck des
Schauspiels", schreibt Maassen an anderer Stelle[42],
"lässt für die Darstellung und Vergegenwärtigung
heldischen Schicksals keinen Raum ... denn stilistische Schulung und moralisch-nüchterner Belehrungs-
wille lassen keine Möglichkeit frei, heldische Art
in ihrem besonderen Mass und Übermass im Spiel wie-
derzugeben."
    Maassen bringt seine Verwunderung darüber zum
Ausdruck, dass wir in einem Zeitalter, welches die
Persönlichkeit und ihren Wert gleichsam entdeckt hat,
so selten einer dramatischen Bearbeitung der Ausbildung und Prägung der Persönlichkeit begegnen. Er erblickt die Ursachen dieses Sachverhalts im bereits
erwähnten nivellierenden Einfluss des bürgerlichen
Milieus, welches keine über den Durchschnitt hervorragende Persönlichkeit duldete, und in der Verwechs-
lung von Subjektivismus und Individualität auf der
einen und Willkür und Persönlichkeit auf der anderen
Seite. Obgleich die biblischen Stoffe Gelegenheit
boten, heldischen Einsatz der Einzelpersönlichkeit
für ein ganzes Volk darzustellen, nahm man diese
nicht wahr, weil die bürgerliche Weltanschauung
es ablehnte. Sie verlangte lediglich nach einer
"äusserlichen Dialogisierung eines epischen Stoffes
ohne tiefschürfende Frage". Sie wollte "Beispiel
und Vorbild", welches das bürgerlich Mass der Existenz nicht überschreiten durfte. Erst die Kirche
der Gegenreformation bemächtigte sich, nach Maassen,
dieses Kreises des Heroischen.
    Ein ähnliches Bedauern über das Fehlen von Hel-
denstoffen im Schuldrama finden wir bei Wolkan[43].
Die gelehrten Poeten hätten demzufolge kein Verständnis für die deutsche Heldensage. Sie wird weder
im lateinischen, noch im deutschen Drama berücksichtigt. "Es war eine harte, nüchterne, nur dem Nütz-
lichen zugewandte Zeit, die alle Romantik eingebüsst
hatte", stellte Wolkan fest.

Eine ganz entgegengesetzte Meinung finden wir
bei Gumbel[44] in seiner leider nur äusserst kurz ge-
fassten Behauptung, welche lautet: "Es gibt offenbar ein Zeitgefühl für die Bedeutung der grossen
Männer - Heldensuche."

Man muss sagen, dass die oben angeführte Behauptung Maassens etwas merkwürdig erscheint. Die
Reformationszeit dürfte doch eigentlich nicht als
eine Epoche eingeschätzt werden, die kein Gefühl
für Heldentum besass. Es genügt allein Luther in
Betracht zu ziehen und schon hat man eine grosse
Persönlichkeit, die "über die Masse hinausragt",
einen "Einzelnen", der den Einsatz für sein Volk,
für seine Glaubensgenossen, für seine Idee wagt.
Treffend erscheinen in diesem Zusammenhang die Erwägungen von Prutz[45]: "Grosse, bedeutende Charaktere,
gewaltige Persönlichkeiten, Männer wie Luther, Hutten,
Sickingen erheben sich in dramatischer Lebendigkeit
auf dem bewegten Grunde der Geschichte. ... Man
brauchte die Zeit nur unmittelbar abzuschreiben, und
das bewegteste Drama war fertig."

Prüfen wir nunmehr unter dem obigen Gesichtspunkt die Gestalt Davids, wie sie uns im "Nabal" ge-
genübertritt und versuchen wir die Frage zu beantworten, ob er im oben dargelegten Sinn die Merkmale
eines Helden aufweist. An dieser Stelle erscheint
es angebracht auf die Beliebtheit hinzuweisen, welcher sich diese biblische Gestalt bei den Dramenautoren erfreute. Von Maassen[46] erfahren wir, dass die
Davidgestalt von Wolfgang Schmelzl, Jacobus Schöpper,
Valentin Boltz, Ambrosius Pape und Georg Mauricius
bearbeitet wurde. Nach Holsteins Bericht[47] schrieb
ausserdem Hans Sachs fünf sich auf David beziehende
Tragödien. Auch Klopstock verwertet noch bekanntlich
den Davidstoff. Diese Autoren behandelten jedoch
Davids Kampf mit Goliath. Im "Nabal" erscheint David
in einer ganz anderen Rolle.

Nach einer eingehenden Betrachtung der Gestalt
Davids in unserem Stück gelangen wir zu der Über-
zeugung, dass dieser in einem gewissen spezifischen
Sinn als Held bezeichnet werden kann. Vielleicht

handelt es sich hier nicht direkt um einen Einsatz
für das Volk, jedenfalls aber um etwas Ähnliches.
David ist der Repräsentant des Volkes, von Gott zum
Herrscher über jenes bestimmt; er kann jedoch einstweilen nicht zu dieser Herrschaft gelangen. Es muss
auf seinem Wege viele Widerwärtigkeiten überwinden
und harte Leiden ausstehen: die Verfolgung von seiten
Sauls und das Elend der Verbannung. Sein Unglück währt
schon lange und scheint kein Ende nehmen zu wollen.
Er erträgt es standhaft. Zuweilen hat er freilich An-
wandlungen von Verzweiflung, aber von Abiathar ge-
stärkt, erneuert er immer wieder seinen Vorsatz, geduldig im Unglück auszuharren.

Bei der Person Davids müssen wir uns etwas länger aufhalten, denn wir berühren hier noch ein anderes, mit dem obigen zusammenhängendes Problem, nämlich das Problem der "vertieften Seelenschilderung"
in den Schuldramen. Ich möchte diese Frage noch zu-
sätzlicherweise im Anschluss an das im Titel dieses
Kapitels gekennzeichnete Thema besprechen, denn sie
verdient unsere besondere Beachtung. Im "Aufriss"[48]
finden wir hierzu eine wichtige Bemerkung - die Behauptung nämlich, das Schuldrama hätte eine vertief-
te Seelenschilderung angestrebt[49]. Bei Holl[50] finden wir bezüglich Gnaphaeus die Behauptung, dass
dieser die Anregung "zur seelischen Vertiefung" seiner Charaktere der terenzischen Komödie verdankt.
Dieses Moment verdient, besonders hervorgehoben zu
werden, denn eine solche Tendenz - zu vertiefter
Seelenschilderung - darf wohl wirklich als ein anti-
kes Erbe angesehen werden. Im mittelalterlichen
geistlichen Drama war sie jedenfalls nicht vorhanden.
Diese Tatsache wird von Mann[51] hervorgehoben. Er
stellt fest: "Auch beabsichtigte man nicht, Personen
mit dramatischer Kunst zu charakterisieren oder für
ihr Innenleben einen tieferen oder poetischeren Ausdruck zu finden. Auch wenn der Autor dichterische
Gaben besass, ist dieser Ausdruck nur in dem Masse
da, wie religiöse Dichtung und volkhafte Liedpoesie
schon vorgearbeitet haben."

In unserem Drama finden wir gewisse Ansätze zur
vertieften Seelenschilderung. Dies bezieht sich auf

die edelsten Charaktere unseres Dramas: David, Abiathar und Abigail. Letztere erlebte dreimal einen inneren Kampf: als sie mit sich rang um die Entschei-
dung, ob sie in der Gefahr ihren schlechten Mann
dem Untergang ausliefern und sich selber retten,
d.h. fliehen, oder durch ihren persönlichen Einsatz
das ganze Haus zu retten versuchen soll; dann - als
sie bei Anblick Davids und seiner bewaffneten Truppen in Angst hin und her schwankte und ihren ganzen
Mut aufbringen musste, um nicht unverrichteter Dinge
zu fliehen - schliesslich doch ihre Bange bezwang
und um des gemeinen Wohls willen ihre Furcht über-
wand; zum dritten Mal machte sie einen seelischen
Kampf durch, als in ihrem Inneren sittliche Bedenken
gegen den schnellen Entschluss zur Wiederverheiratung
aufkamen. Es scheint jedoch, dass Gwalther mit besonderer Sorgfalt das innere Leben Davids schildern
wollte; diese Gestalt wurde nämlich von ihm mit
einer gewissen Plastizität gezeichnet, wobei Davids
heldische Art zum Vorschein kommt. Wie wir von
Jöcher[52] erfahren, hat Gwalther auch eine "Monomachia
Davidis et Goliathi carmine heroico" verfasst. Daraus
wäre zu schliessen, dass unser Autor für die Person
Davids ein besonderes Interesse hegte. Deswegen nahm
er vielleicht bei unserem Thema die Gelegenheit wahr,
sich mit dieser Gestalt näher zu beschäftigen. Möglicherweise hat die Davidgestalt überhaupt bei Gwalther eine ausschlaggebende Rolle bei der Wahl des
biblischen Themas gespielt.

   Gwalther zeigt uns hier eine edle, tiefempfin-
dende Seele. Gleich bei seinem ersten Auftritt[53]
lässt David eine bittere Klage über sein schweres
Schicksal verlauten. Zum Stamme Abrahams gehörend
erfreute er sich einst des ungetrübten Glücks, war
reich, berühmt, angesehen, hatte viele Freunde und
genoss die Gunst des Königs Saul, dessen Tochter
seine Gemahlin wurde. Doch die Gesinnung des Königs
hatte sich gewandelt. Er entzog David seine Freundschaft und begann ihn zu verfolgen. Zugleich wurde
David von allen seinen früheren Freunden verlassen.
Von der Höhe des Glücks stürzte er in den Abgrund

252

des Unglücks. Er ist um das Schicksal seines Volkes besorgt, dessen augenblickliche Not ihn tief berührt. Sein edles Gemüt kann es nicht verwinden, dass Saul seinetwegen einige Priester - praesides cultus - töten liess. Obgleich David selbst keine Schuld daran trägt, bereitet es ihm doch tiefes Leid, dass um seinetwillen unschuldige Menschen in den Tod gehen mussten. Er sagt:

"Tum vero nunquam non misero occurrit mihi
Immane Saulis et nefarium scelus:
Quo propter infoelicem me necarier
Dei sacerdotes sacrique praesides
Cultus voluit. Ah, quos reservor, o Deus,
In casus? num parum est quod ipse periditor,
Nisi etiam alios mea haec ruina deprimat?"

Er ist im Grunde seines Gemüts sanftmütig - so sehr, dass ihm seine Begleiter diesen Sanftmut im Umgang mit den Feinden als Ursache seines Elends vorwerfen. Aus Edelmut liess er die sich ihm darbietende Gelegenheit, seinen wehrlosen Feind zu vernichten, ungenutzt, weil sich sein Inneres gegen eine solche Tat sträubte. Einmal lodert jedoch in ihm heftiger Zorn auf. Als seine Bitte um Lebensmittel von Nabal hartherzig abgewiesen wurde, entschloss er sich - durch seine kritische Lage gezwungen- zu scharfer durchgreifender Massnahme: er wollte Nabals Haus überfallen, um auf diese Weise seinen Leuten Lebensmittel zu verschaffen, ihren Hunger zu stillen und gleichzeitig an Nabal für die erlittene Schmähung Rache zu nehmen. So braust Davids gekränkter Stolz auf[54]. Er ruft:

"Haec ne ego diutius feram Ioab?
Nunquam faciam, quin emori potius velim."

Er will sich Nabals Betragen, welcher anstatt für den Schutz, den David ihm und seiner Habe durch seine Leute angedeihen liess, dankbar zu sein, seinen Wohltäter mit Schmähungen überhäuft, nicht länger gefallen lassen. Sein Zorn entbrennt jetzt zur hellen Flamme:

"Nabalem ergo exemplum faciam, quo intelligant
Omnes, quid immerentes sit lacessere.

```
        Sancteque iuro per Iehovae numina,
        Quae mihi inimica velim, nisi ante crastinam
        Lucem tam ipsam quam omnem ipsius domum et greges
        Confecero totos."
```

sagt er. David gesteht selber diese seine Schwäche ein. Er sagt[55]:

```
        "Quare vel ira vel dolore saepius
        Superatus, horum non satis memor, mei
        Etiam officii obliviscor."
```

Dieser Zornausbruch macht uns eigentlich stutzen. Wir sehen, dass David eine komplizierte, zwiespältige Natur hat. Einerseits ist er sehr milde. Er will niemand Schaden zufügen.

```
        "Non tenere factum est, quod nocere nemini
        Hucusque volui: sic enim innocentiam
        Nostram probare potuimus, quam plurimis
        Notam velim."
```

sagt er zu Joab[56]. Sein Grundsatz lautet:

```
             "... et si fuit
        Peccandum, malo me nimia clementia
        Quam austeritate peccasse aut tyrannide."
```

Er will lieber zu sanftmütig sein, als sich tyrannisch gebärden. Er ist aber zugleich sehr stolz und versteht es nicht, Beleidigungen zu ertragen. Er will Nabal für sein Vergehen exemplarisch bestrafen, damit durch dieses Beispiel alle erfahren, was es heisst, jemand ohne Grund zu beleidigen.

Immerhin rechtfertigt er sich noch vor sich selber: er sei zu solch einem schweren Entschluss von Nabal gezwungen worden. Wenn dieser nicht mit ihm freundschaftlich verhandeln will, dann bleibt ihm eben nichts anderes als Feindschaft übrig. So sagt er zu Abisaus, sich gleichsam entschuldigend[57]:

```
             "At quando mea benignitas
        Nil proficit, nec beneficia Nabal mea
        Agnoscit, insuper et maledictis inpetit,
        Hostemque me potius quam amicum postulat,
        Faciam (nisi vires Deus mihi ademerit)
        Magno ut suo malo iam nunc intelligat,
        Quanto satius me amicorum loco
        Habere, quam inimicum sine causa reddere."
```

Der psychologische Prozess, der in Davids Seele vor sich geht, wurde - wie wir sehen - von Gwalther plastisch und überzeugend geschildert. Davids Zorn liess sich jedoch schnell durch Abigails demütige Bitten und ihre reichen Gaben besänftigen. Von ihrer Schönheit, Klugheit und Anmut überwältigt verliebt sich David in sie auf der Stelle und nimmt von seinem geplanten Vorhaben Abstand.

Noch eine Stelle des Textes lässt uns in Davids Inneres Einblick gewinnen und die tieferen Regungen seines Gemüts beobachten. Seiner Verliebtheit folgend beschliesst er nach Nabals jähem Tod sich sofort um seine Witwe zu bewerben. Er scheint aber im Grunde seines Herzens sittliche Bedenken gegen sein Vorhaben gehegt zu haben, denn er zieht in dieser Angelegenheit Abiathar zu Rate. Er entschuldigt sich wieder, indem er als Grund für sein Verhalten den Nutzen angibt, den seine Heirat mit Abigail nicht nur ihm selber, sondern auch seinen Leuten bringen würde: Abigails Reichtum und Besitz würde sicherlich der im Lager herrschenden Hungersnot entgegensteuern. So sagt David zu Abisaus[58]:

> "Eam mihi uxorem peto
> Iungi, gravesque causae, ut id faciam movent.
> Nam praeter id, meo quod ingenio satis
> Commoda videtur, nec regali purpura
> Indigna, multum ex hac ad omnes nos boni
> Redire posse existimo; nam succurrere
> Nostris facile posset necessitatibus."

Seine Argumente klingen zwar formell überzeugend, nichtsdestoweniger ist hier für den aufmerksamen Leser - oder Zuhörer - ein feiner Selbstbetrug Davids herauszufühlen. Natürlich spielt der allgemeine Nutzen eine gewichtige Rolle. Dennoch erscheint es evident, dass dieser nur einen Vorwand für Davids persönliches Verlangen bildete.

Aus den obigen Ausführungen ist zu ersehen, dass man in unserem Fall, d.h. inbezug auf Gwalther von einer Art vertiefter Seelenschilderung sprechen kann. David ist keineswegs "unproblematisch und selbstsicher"; er erlebt verschiedene seelische Schwankungen

welche von Gwalther mit einer gewissen psychologischen Einfühlung und Plastizität dargestellt wurden. Vielleicht könnte hier - mutatis mutandis - die
Feststellung Holls[59] geltend gemacht werden, welche
dieser Autor auf Frischlin bezieht. Sie lautet:
"Frischlin zeichnet noch keine Individuen, aber er
individualisiert bereits Typen." Hier berühren wir
ein Problem, zu welchem sich auch Maassen[60] äussert.
Er sieht gegenüber der mittelalterlichen Stoffwahl,
die sich um das Erlösungswerk als solches gruppier-
te, bei den Humanisten einen Fortschritt darin, dass
die Dramenautoren nunmehr an den Gestalten des Terenz geschult, sich eine Betrachtungsweise aneigneten, "die zur individuellen Ausbildung der noch
typischen Charaktere führen könnte". Hierin erblickt
Maassen Ansätze zu einem neuen Drama überhaupt, in
dem die Handlung unmittelbar aus dem Charakter und
den Leidenschaften der Personen hervorgehen würde.
"Dieser Anfang neuer Stoffkreise ... entwickelte
sich nicht weiter", schreibt Maassen, "sondern wan-
delte sich --- zu einem nivellierten aus der sozialen Struktur des Bürgertums erwachsenen Gemein-
schaftsausdruck, ohne die individuelle Lebensform
als Stoff aufzugreifen. Man stiess nicht vor zum
Einzelnen ..., sondern sah im Einzelmenschen, den
die biblische Gestalt an sich verkörperte, den Typus und machte so die Einzelgestalt der Bibel zur
Repräsentation und Stellvertretung einer ganzen
Kategorie, indem man ihr alle Tugenden und Aufgaben,
alle Fehler und Schwächen in durchaus summarischer
Betrachtungsweise anheftete. So entsteht denn ganz
allgemein, vom nivellierten Lebensgefühl der Masse
getragen, im Drama und auch im Schuldrama des
16. Jahrhunderts der Einzeltyp, der für ein allgemeines Verhalten stellvertretend dasteht."

Gwalther stellt in seinem Drama grundsätzlich
auch exemplarische Typen dar, wie er es im Prolog
und im Widmungsbrief deutlich hervorhebt, denn er
schrieb doch vor allem, wie wir wissen, ein didaktisches Stück; nichtsdestoweniger zeigt er in der
Schilderung der Stimmungen seiner Hauptpersonen An-

sätze zur Individualisierung der Typen. Bei ihm geht
eigentlich - so wie es Maassen verlangt - die Handlung unmittelbar aus dem Charakter und den Leidenschaften der Personen hervor.

David, Abiathar und Abigail sind hier die fei-
neren Geister. Der Titelheld Nabal ist unproblematisch und selbstsicher. Er ist der Repräsentant der
im "Aufriss"[61] als eine für das 16. Jahrhundert bezeichnende Erscheinung erwähnten "lebensfrohen Welt-
bejahung" und der "betonten Diesseitigkeit", ja -
eigentlich einer "animalischen Daseinsfreudigkeit",
welche, wie der Autor treffend bemerkt, "aus den
massigen, kantigen Gesichtern des zeitgenössischen
Porträts abzulesen ist". Angesichts des oben Festgestellten erscheint die Behauptung Maassens berechtigt, welcher schreibt[62]: "Menschendarstellung
war die eigentliche Entdeckung des humanistisch-
renessancistischen Zeitalters." Vielleicht hat auch
Paul Merker[63] nicht unrecht, wenn er sagt, dass die
neulateinische Dichtung zum ersten Mal seit der
Minnesängerpoesie Einzelerlebnisse ausspricht. Hier
ist wahrscheinlich weniger das Drama als die lyrische Poesie gemeint, aber wir dürfen nicht vergessen, dass auch das Drama lyrische Akzente aufweisen kann. Jedenfalls müssen wir hier Borinski recht
geben, welcher schreibt[64], dass wir in den biblischen
Dramen "weitgehende Schilderung der Stimmungen der
Helden" finden. Möglicherweise war dies eben ein
specificum der biblischen Dramen.

Anmerkungen

1   O. Mann, Deutsche Literaturgeschichte, S.126.
2   M. Koch, op.cit., S.102.
3   F. Michael in: R. Arnold, Das deutsche Drama, S.78.
4   K. Goedeke, op.cit., Bd.IV, S.71.
5   A. Wolff in: R. Arnold, Das deutsche Drama, S.260 f.
6   K. Hase, op.cit., S.115.
7   A. Kleinberg, Die deutsche Dichtung, S.98 f.
8   R. Genée, op.cit., S.177 f.
9   E. Tittmann, op.cit., S.XX f.
10 O. Francke, op.cit., S.61.
11 O. Francke, op.cit., S.106.
12 O. Francke, op.cit., S.109.
13 O. Francke, op.cit., S.107.
14 F. Michael in: R. Arnold, Das deutsche Drama, S.78.
15 F. Michael in: R. Arnold, Das deutsche Drama, S.100.
16 E. Burdach, Aufriss, S.60 u. 66.
17 F. Witczuk, op.cit., S.21.
18 P. Fechter, Dichtung der Deutschen, S.206.
19 O. Francke, op.cit., S.84.
20 O. Francke, op.cit., S.98 ff.
21 So werden die Dramen der Renaissance von Burdach (Aufriss,
    S.76) bezeichnet. Hier wird dieser Sachverhalt durch den
    für die Literatur dieser Zeit charakteristischen "epischen
    Zug" erklärt. Nach Burdachs Ansicht wies die Epoche der
    Renaissance - sowie die der Aufklärung - in der Kunst eine
    Tendenz zur horizontal-linearischen Komposition auf im Ge-
    gensatz zu der vertikal gerichteten Hochgotik.
22 O. Francke, op.cit., S.67.
23 F. Wolff in: R. Arnold, Das deutsche Drama, S.259.
24 F. Michael in: R. Arnold, Das deutsche Drama, S.48 f.
25 Bei Michael (F. Michael in: R. Arnold, Das deutsche Drama,
    S.105) finden wir noch eine andere Erklärung für die Tat-
    sache, dass die Humanisten vielfach noch am Erbe des Mit-
    telalters festhielten. Nicht nur der oben erwähnte Ge-
    schmack des Publikums bewirkte es, sondern, nach der Mei-
    nung Michaels, auch der Umstand, dass die Mehrzahl der
    deutschen Humanisten gar nicht "die unabhängigen Geister,
    lichtbringende Überwinder der dunklen Scholastik" waren,
    für die man sie gerne hält. Die deutschen Dramatiker seien

deswegen auch keine "freien, schöpferischen Poeten". "Indem sie sich in den Dienst der Sache Luthers stellen", sagt
Michael, "begeben sie sich der künstlerischen Freiheit. Sie
stehen nicht weniger im Bann der Autorität als die Verfasser der mittelalterlichen Spiele."

26   Akt II, Sz.III, S.35 f.
27   F. Witczuk, op.cit., S.21.
28   F. Michael in: R. Arnold, Das deutsche Drama, S.105.
29   K. Holl, op.cit., S.61.
30   R. Genée, op.cit., S.7.
31   O. Mann, Literaturgeschichte, S.125.
32   O. Mann, op.cit., loc.cit.
33   O. Francke, op.cit., S.19.
34   W. Creizenach, op.cit., Bd.I, S.191.
35   H. Borcherdt, op.cit., S.164.
36   F. Michael in: R. Arnold, Das deutsche Drama, S.104.
37   "Aber wo haben wir überhaupt im Fünfakter der Schulmei-
     ster", schreibt Michael, "eine Hauptperson im Sinne unse-
     res Helden? Das ist vielleicht das allgemeinste Charakteri-
     stikum negativer Art für das Drama des 16. Jahrhunderts:
     der Held fehlt. Oder der Held, die Hauptperson, ist nicht
     aktiv und das kommt fast auf dasselbe hinaus, denn dann
     wuchern um ihn eben die fehlenden Elemente in aller Üppig-
     keit, dann ist er umringt von allegorischen Frauenzimmern
     und einblasenden Teufeln, an deren Schilderung die Autoren
     allen Fleiss verschwenden; gewiss - diese passiven Helden
     sind nicht Geschöpfe der Dichter, die stammen aus der
     Bibel - christliche Lämmer, die sich willig zur Schlacht-
     bank schleppen lassen, um dann die das Schwert aufhalten-
     de Gotteshand zu küssen."
38   H. Röhl, Geschichte der deutschen Dichtung, S.92.
39   G. von Wilpert, Sachwörterbuch der Literatur, S.558 f.
40   Mit dem Fehlen von Helden hängt nach der Meinung Michaels
     ein anderes negatives Merkmal der Dramen zusammen, nämlich
     die Tatsache, dass Spieler und Gegenspieler oft gar nicht
     gegenübergestellt werden (A. Michael, op.cit., S.164). Er
     sagt: "Obschon doch dieses Jahrhundert wie irgendeines von
     Streit und Disputation erfüllt ist, fehlen so vielen Dra-
     men die grossen Auseinandersetzungen, die auch nur ganz
     von ferne an die Begegnung der Königinnen in Schillers
     Maria Stuart erinnern könnten. Die Regel ist's vielmehr,

dass jede Partei allein auftritt, Ereignisse und Pläne be-
redet und dann der andern Partei das Feld räumt.

Man lässt Luther und Tetzel im gleichen Drama auftreten, aber man vermeidet es mit grossem Geschick, die beiden aufeinanderplatzen zu lassen. Immer werden so die Ereignisse von aussen her von Helfershelfern weitergeschoben, selten entwickeln sie sich aus der Rede und Gegenrede
der Personen. Wenn damit zugleich die beste Möglichkeit
zur Charakteristik verloren geht, so ist es eine offene
Frage, ob die Autoren solche Szenen vermeiden, weil sie
nicht zur Erprobung dieser Fähigkeit kamen, oder weil sie
an der mit dem biblischen Spiel übernommenen mittelalterlichen Technik festhielten." Was unser Drama anbetrifft,
so muss man feststellen, dass wir darin eine Auseinandersetzung zweier befeindeter Parteien haben. Sie kann natürlich nicht mit dem Pathos der Begegnung der Königinnen in
Schillers "Maria Stuart" verglichen werden, es ist aber
immerhin eine für die weitere Handlung entscheidende und
dabei höchst gefährliche, mit dramatischer Spannung gela-
dene Szene. Ich spreche hier von der zentralen Szene des
Stücks - von der Begegnung Abigails und Davids im
III. Akt, die hinsichtlich ihrer Tragweite der περιπέτεια
der antiken Tragödie entspricht.

41 J. Maassen, op.cit., S.88.
42 J. Maassen, op.cit., S.87.
43 F. Wolkan in: R. Arnold, Das deutsche Drama, S.26.
44 H. Gumbel in: op.cit., S.169.
45 R. Prutz, op.cit., S.49.
46 J. Maassen, op.cit., S.88.
47 H. Holstein, die Reformation ..., S.92 f.
48 Aufriss ..., S.77.
49 An anderer Stelle (op.cit., S.64) äussert der Autor frei-
    lich merkwürdigerweise eine ganz entgegengesetzte Meinung,
    nach der in der zeitgenössischen Literatur keine Seelen-
    kämpfe, keine seelischen Erlebnisse, keine inneren Krisen
    zu finden seien, weil im Schrifttum dieser Zeit der Zug zum
    Objektiven, Unpersönlichen herrschte. "Etwas Unproblemati-
    sches, Gefestigtes, Selbstsicheres spricht aus den Schilde-
    rungen" sagt der Autor. Wie ist dieser Meinungswiderspruch
    zu erklären? Vielleicht wird hier das Schuldrama eben als
    Ausnahme von dieser Regel betrachtet.

50 K. Holl, op.cit., S.63.
51 O. Mann, Geschichte des deutschen Dramas, S.19 f.
52 Jöcher, Allgemeines Gelehrtenlexikon, Bd.IV, 1751.
53 Akt I, Sz.III, S.21 f. (Giovanolis Ausgabe S.46, Z.259-265).
54 Akt IV, Sz.I, S.65 f. (S.124/126, Z.1184 f. 1196-1201).
55 Akt V, Sz.I, S.86 (S.162, Z.1641-1643).
56 Akt III, Sz.I, S.51. (S.98, Z.868-871, 888-890).
57 ebenda. (Z.874-881).
58 Akt V, Sz.I, S.86. (S.162/164 Z.1657-1663).
59 K. Holl, op.cit., S.65.
60 J. Maassen, op.cit., S.97 f.
61 Aufriss ..., S.64.
62 J. Maassen, op.cit., S.94.
63 Aufriss ..., S.75.
64 K. Borinski, op.cit., S.65.

IV
DIE LITERARISCHE ANALYSE DER DEUTSCHEN FASSUNGEN

1. Die Silhouetten der Verfasser der deutschen Versionen

A. SEBASTIAN GRÜBEL DER JÜNGERE

Aus den sich auf die Autoren der deutschen Bearbeitungen unseres Dramas beziehenden biographischen und literaturhistorischen Angaben erhellt, dass deren literarisches Format mit dem von Gwalther kaum zu vergleichen ist. Den geringsten Rang nimmt unter ihnen der Schweizer Sebastian Grübel der Jüngere aus Schaffhausen in der Schweiz ein. Dass er sich selber seiner mangelnden literarischen Begabungen bewusst war, geht eindeutig aus seinen im Widmungsbrief enthaltenen Bemerkungen hervor, auf welche ich im weiteren näher eingehe. Die Summe der Nachrichten, die sich bezüglich Sebastian Grübel in den literaturgeschichtlichen Werken finden lässt, ist äusserst gering. Er wurde hier wahrscheinlich - und zwar mit Recht - als "unus ex minimis" behandelt. Im Reallexikon der deutschen Literaturgeschichte und bei Creizenach wird er nur ganz kurz erwähnt[1]. Sogar im Historisch-Biographischen Lexikon der Schweiz wird ihm nur eine flüchtige Bemerkung gewidmet[2], welche lautet: "Sebastian II, Sohn des vorigen, 1552 lateinischer Schulmeister, gab zu vielen Klagen Anlass, bis er 1574 seines Amtes entsetzt wurde." Etwas näher beschäftigt sich mit Grübel Baechtold[3]. Von ihm erfahren wir, dass Grübel ein Studiengenosse des Zürcher Lexikographen Josua Maler gewesen ist. Weiter wird hier ziemlich genau der Inhalt der einzelnen Akte des von Grübel übersetzten Dramas "Nabal" angegeben. Wir finden hier schliesslich noch die Bemerkung, dass Grübel im Jahr 1566 eine Aufführung der "Immolation Isaaks" veranstaltet hat,

welche vermutlich auf Zieglers "Immolatio Isaae"
zurückzuführen ist. Im Jahre 1574 spielte er mit
seinen Schülern einen "Hiob". Es wird hier nicht
gesagt, ob er diesen selber verfasst hat, oder ein
fremdes Stück benutzte. Es ist anzunehmen, dass
letzteres der Fall gewesen ist. Aus diesen spärli-
chen biographischen Angaben taucht vor unseren Augen die Gestalt eines lateinischen Schulmeisters der
humanistischen Epoche auf, welche kaum an den Durchschnitt heranreicht. Als Schriftsteller ist er kaum
in Betracht zu ziehen, weil wir von keinerlei von
ihm stammenden literarischen Werken Kenntnis haben.
Die Übersetzung von Gwalthers "Nabal" ist, wie wir
im weiteren sehen werden, einfach einem zufälligen
Impuls zu verdanken. Noch viel weniger kommt er als
Gelehrter in Betracht. Mit Gwalther verglichen macht
also die Persönlichkeit Grübels auf uns einen äusserst bescheidenen - um nicht zu sagen kümmerli-
chen - Eindruck.

B. GEORG MAURICIUS DER ÄLTERE

Auch dieser Autor nimmt in der deutschen Literaturgeschichte keinen hohen Rang ein. Wir verfügen in
seinem Fall ebenfalls nur über sehr wenige Informationen. Er wird in der Allgemeinen Deutschen
Biographie[4] erwähnt und kurz charakterisiert. Diese Charakteristik fällt negativ aus, weil sie Mauricius als einen Kompilator darstellt, der gern
Dramen anderer Autoren ausbeutete, ihre Werke mit
geringen Änderungen für sich übernahm, um sie unter
seinem Namen im Druck erscheinen zu lassen. Darauf
gehe ich näher im Kapitel "Das Verhältnis der deutschen Versionen zueinander und zum Original" ein.
An der angegebenen Stelle[5] finden wir ein Verzeichnis der von Mauricius verfassten Dramen. Kurz erwähnt wird unser Autor noch bei Goedeke[6] und bei
Merker-Stammler[7].

C. HEINRICH MOLLER

Anders verhält sich die Sache mit Heinrich Moller, dem Verfasser der dritten deutschen Version des Dramas "Nabal". Es mögen selbstverständlich noch mehrere deutsche Fassungen existiert haben, von denen wir heute keine Kenntnis besitzen. Dieser Autor verdient nämlich eine weit grössere Beachtung als Grübel und Mauricius. Wir haben hier mit einer Persönlichkeit zu tun, die eine viel grössere literarische Begabung, grössere allgemeine Kenntnisse und ein höheres geistiges Niveau aufwies, als die oben genannten deutschen Autoren. Freilich ist bei unserer positiven Bewertung das Hauptgewicht auf Mollers neulateinische Werke zu legen - er war nämlich vor allem ein neulateinischer Dichter. Seine deutsche Übersetzung von Gwalthers "Nabal" gestaltete sich - obgleich sie viel höher als die Versionen von Grübel und Mauricius einzuschätzen ist - im allgemeinen weniger vorteilhaft als seine lateinischen Werke. Ich gehe darauf näher bei der literarischen Analyse seines "Nabal" ein.

Die deutschen Literaturhistoriker schenkten ihm bislang auch wenig Beachtung. Das Handbuch der deutschen Literaturwissenschaft bringt zwar einen Moller, aber mit einem anderen Vornamen. In der Allgemeinen Deutschen Biographie finden wir sogar neun den Namen Moller tragende Personen, Heinrich Moller ist jedoch nicht darunter. Im Deutschen Literaturlexikon von Wilhelm Kosch ist kein Wort über H. Moller zu finden, in seinem Bibliographischen und Biographischen Handbuch hingegen lesen wir folgende Angaben[8]: Moller (Mollerus) Heinrich (Henricus) geb. 1528 zu Witzhausen, gest. 18 Februar 1567 zu Danzig, als Rektor des dortigen Gymnasiums, neulateinischer Dichter. Es folgen einige Titel seiner lateinischen Werke.

Im Reallexikon der deutschen Literaturgeschichte befinden sich zwei Nachrichten über Moller. Erstens lesen wir[9] im Zusammenhang mit dem Dichter Orth folgendes: "Beziehungen zu Orth hatte H. Moller

(1528-1567), ein Hesse, dessen Hauptwirksamkeit sich in Preussen abspielte. Seine im wesentlichen geistlichen Dichtungen erheben sich wenig über den Durchschnitt."

Noch einmal wird hier Moller[10] als Verfasser einer uns unbekannten "ungebührlich aufgeschwellten Darstellung des Rheins" erwähnt und somit als Repräsentant der epischen Poesie. Die meisten Nachrichten über Moller finden wir bei Bolte[11]. Sie beziehen sich jedoch lediglich auf Mollers Tätigkeit als Gymnasialrektor, die er auf dem Gebiet des Schuldramas entwickelt hat. Goedeke bringt hingegen ganz knappe biographische Angaben[12] und führt einige Titel Mollers lateinischer Werke an.

Die Gesamtsumme der Nachrichten über Heinrich Moller, die diese bibliographische Umschau zu liefern vermag ist - wie ersichtlich - nicht gross. Wir sind also bei unseren Forschungen in der Hauptsache auf lateinische Quellen angewiesen und zwar auf folgende: 1. Ephraim Praetorius[13], 2. M. Retelius[14], 3. Elegiae amicorum ...[15], 4. Achatius Curaeus[16].

Das Epicedion des Curaeus bildet die reichste und wohl die zuverlässigste Quelle für Mollers Biographie. Es wurde von seinem Freund Achatius Curaeus aus Malbork verfasst - einem ziemlich bedeutenden Dichter, der in den Jahren 1558-1576 am Gymnasium von Gdańsk (Danzig) unterrichtete. Diesem Epicedion zufolge gestaltete sich Mollers Lebenslauf folgendermassen: Geboren in Witzenhausen in Hessen im Jahre 1528 in einer armen, aber wie wir lesen, "tugendhaften" Familie, besuchte er zuerst die Ortsschule. Später, um sich weiter zu bilden, suchte er mehrere deutsche Universitäten auf.

"Vix aliqua in tota est Academia nomine praestans

Teutonia, in qua non Hessus alumnus erat",
schreibt darüber Curaeus[17].

Dem berühmten Dichter Sabinus folgte er nach Frankfurt und Königsberg, um dessen Vorlesungen hören zu können. Im Jahr 1551 finden wir Moller in Chełmno (Culm) als Lehrer am örtlichen Gymnasium.

B. Nadolski[18] vermutet, dass Moller durch konfessionelle Zerwürfnisse aus Königsberg vertrieben wurde.
Curaeus schreibt lediglich, dass der Dichter sich
"valde promptus" nach Chełmno begab, was eine solche
Vermutung zu bestätigen scheint, und dass er dort
einige Jahre verweilte, indem er sich mit schwerer
Arbeit nur wenig Geld verdiente.

Im Jahre 1554 verliess Moller Chełmno - als Ursache kommen auch diesmal nach der Ansicht von
B. Nadolski konfessionelle Auseinandersetzungen in
Frage[19] - und widmete sich weiteren Studien. In Wittenberg erwarb er sich den Magistertitel. Als sich
seine finanzielle Lage hoffnungslos verschlechtert
hatte, erlöste ihn unverhoffterweise König Gustav
von Schweden aus seiner Bedrängnis, indem er ihn zu
sich einlud und mit der Aufgabe beauftragte, das
königliche Archiv zu ordnen und die Geschichte der
königlichen Familie zu schreiben. Bei Ellinger[20]
finden wir die Nachricht, dass Moller der Erzieher
des Prinzen Gustav gewesen ist, was jedoch von
Curaeus nicht bestätigt wird. Ausserdem sandte ihn
der König später nach Italien mit einer diplomati-
schen Mission. Diese Gelegenheit verstand Moller
ergiebig auszunutzen. Er besichtigte ganz Italien,
lernte berühmte Schulen kennen und knüpfte wertvolle persönliche Beziehungen zu bedeutenden Männern
an. Für die Erfüllung seines Auftrags wurde er vom
König überreich mit Geld belohnt und mit dem Titel
"poeta regius" bedacht. Moller verliess darauf
Schweden und begab sich nach Wittenberg.

Im Jahre 1560 wurde ihm die Rektorstelle am
Gymnasium von Gdańsk angeboten. Es steht ausser
Zweifel, dass Moller bereits damals den Ruf eines
angesehenen Gelehrten genossen haben muss, denn wir
erfahren von Curaeus, dass er nach Gdańsk "posthabi-
tis aliis" berufen, also anderen Kandidaten, die
sich um diese Stellung bewarben, vorgezogen wurde.
Fünf Jahre lang betreute er "ernst und gewissenhaft",
wie wir lesen, sein hohes Amt. Dann zwang ihn die
in Gdańsk ausgebrochene Pest zum zeitweiligen Verlassen der Stadt. Diese Unterbrechung benutzt Moller

wieder zur Besichtigung europäischer Länder. Er be-
reist Frankreich, England und Süddeutschland. Dann
kehrt er nach Gdańsk zurück, um sein Amt wiederaufzunehmen. Leider war es ihm jedoch nicht beschieden,
noch eine längere Zeit das Gymnasium zu leiten. Im
Jahre 1566 erkrankte er an einem Lungenleiden, das
am 18. Februar 1567 zu seinem Tode führte.

Wie aus dem Obigen zu ersehen ist, wurde Mollers dichterische Tätigkeit bereits von seinen Zeitgenossen gewürdigt. Er findet aber auch heute bei
den Wissenschaftlern und Literaturhistorikern Beachtung. Eingehend beschäftigte sich mit seiner neulateinischen Dichtung Nadolski. Er widmete ihm den
bereits erwähnten Artikel: "Henryk Moller - humanista
gdański", ausserdem ein Kapitel seiner anderen Arbeit[21] und behandelte ihn noch in zwei weiteren
Artikeln[22]. Nadolski schätzt in den genannten Arbeiten Mollers lateinische Dichtung grundsätzlich positiv ein. Moller war hauptsächlich ein lyrischer neulateinischer Dichter, schrieb aber auch deutsche
Werke, mit denen sich bislang anscheinend niemand
beschäftigte. Es ist festzustellen, dass Mollers
Persönlichkeit im ganzen betrachtet die von Grübel
und Mauricius weitgehend überragt.

Anmerkungen

1 P. Merker - W. Stammler, op.cit., S.229 a und W. Creizenach,
   op.cit., Bd.II, S.116.
2 Historisch-Biographisches Lexikon der Schweiz, Bd.III,
   Spalte 774.
3 J. Baechtold, Geschichte der Deutschen Literatur in der
   Schweiz, S.365/6.
4 Bd.XX, S.709.
5 Allgemeine Deutsche Biographie, ebenda.
6 K. Goedeke, op.cit., Bd.II, S.406.
7 P. Merker - W. Stammler, op.cit., S.229 a.
8 W. Kosch, Allgemeines Bibliographisches und Biographisches
   Handbuch, Bd.II, S.1765.

9   P. Merker - W. Stammler, op.cit., Bd.II, S.477 a.

10 P. Merker - W. Stammler, op.cit., Bd.II, S.493.

11 J. Bolte, op.cit., S.XIV, 3-7 und 280.

12 K. Goedeke, op.cit., Bd.IV, S.105.

13 E. Praetorius, Athenae Gedanenses.

14 M. Retellius, Epimythia in historias et fabulas.

15 Elegiae amicorum ad clarissimos viros virtute et erudi-
    tione praestantes, M. Johannem Weidnerum Silesium et
    M. Henricum Mollerum Hessum vocatos ad gubernationem ec-
    clesiae et scholae in celeberrima Borussorum Civitate
    Dantisco ...

16 A. Curaeus, Epicedion de morte doctissimi viri M. Henrici
    Molleri Hessi, poetae praestantis gymnasii inclyti senatus
    Dantiscani ad S. Trinitatem rectoris secundi.

17 A. Curaeus, ebenda.

18 B. Nadolski, Henryk Moller - humanista gdański, Eos,
    1557/58, Heft 2, S.203-224.

19 B. Nadolski, Henryk Moller ..., S.206.

20 G. Ellinger, Die neulateinische Lyrik Deutschlands,
    S.287.

21 B. Nadolski, Ze studiów nad życiem literackim i kulturą
    umysłową na Pomorzu w XVI i XVII wieku.

22 B. Nadolski, Recepcja Terencjusza w szkołachgdańskich w
    okresie renesansu, Eos 1959/60, Heft 2 und Kultura umysłowa
    w Prusach Królewskich w XVI i XVII wieku, Zeszyty Naukowe
    UMK, 1965, Heft 12.

2. Gemeinsame Merkmale der deutschen Versionen

A. INHALT

a) Akzentverlagerung in der Tendenz des Dramas

Wenn wir die deutschen Versionen mit ihrer lateinischen Vorlage vergleichen, dann können wir in allen eine deutliche Akzentverschiebung hinsichtlich der Tendenz wahrnehmen. Gwalthers "Nabal" ist, wie wir wissen, vor allem ein didaktisches Drama; ausserdem wird hier jedoch auf eine zwar ziemlich diskrete, nichtsdestoweniger aber markante Weise der konfessionelle Kampf der Zeit berührt. Bei keinem von den deutschen Autoren findet sich eine Spur von polemischer Tendenz; dies ist mit dem chronologischen Unterschied zu erklären, welcher zwischen dem Original und seinen deutschen Fassungen besteht. Gwalther schrieb sein Stück 1549, Grübel 1559, Moller 1564 und Mauricius 1610. In der Zeit, in welcher die deutschen Bearbeitungen angefertigt wurden, stand das genannte Problem nicht mehr im Interessenzentrum der Öffentlichkeit[1]. Deswegen sind alle deutschen Fassungen des "Nabal" ausschliesslich auf die Didaxis angelegt, worüber die einzelnen Widmungsbriefe und Prologe der deutschen Dramen keinen Zweifel lassen. Auf eine ganz besondere Weise wird diese Absicht von Mauricius hervorgehoben. Er kämpft eigentlich nur mit einem Laster: mit dem der Trunksucht, welches ihm gleichsam alles andere überschattet. Dies kommt sowohl in der Xantippe-Episode, als auch im Epilog zum Vorschein. Die genannte Episode werde ich im Zusammenhang mit dem Familiendrama besprechen. Jetzt ist es also angebracht, unsere Aufmerksamkeit auf den Epilog zu richten. Während Grübel in seinem Epilog auf das "gůte byspyl" hinweist, welches das Spiel "in summa yederman jung und alt" - also allen Menschen - darbieten soll und bei Moller die den Epilog rezitierenden "pueri" noch einmal genau alle heilsamen Lehren aufzählen, welche die einzelnen

Stände in dem Stück für sich finden können, will
Mauricius in seinem Epilog nur eines zustandebringen: er will den Menschen die üblen Folgen der Trunksucht - der Übersichtlichkeit halber in sieben Punk-
ten zusammengefasst - vor Augen führen, sie ihnen
gleichsam in die Köpfe einhämmern, um sie davor zu
warnen und - wenn möglich - zu bewahren. Daraus erhellt, dass entweder in seiner Zeit, oder in der
Gegend, in der er um 1610 wohnte und sein Stück verfasste, das Laster der Trunksucht ein besonders
grosses Ausmass erreicht haben muss. Dieser Epilog
lautet folgenderweise[2]:

> "Also hat ewer Vehst und Gunst
> In diesem Spiel der Säuffer Kunst
> So wohl als auch die Filtzig art,
> Welch sich stellt gegn dem Nechsten hart,
> Gleich als in einem Spiegel gsehn,
> Auch was für unrath draus pfleg zgschehn,
> Drumb solchs Laster zu fliehen ist:
> Dieweils, wie man in der Schrift list:
> 1. Von Gott verbotn in seinem Wort.
> 2. Wird hart gestrafft auch hie und dort.
> 3. Zu dem seyn wir kein Augenblick
>   Sichr für dem bittern Todesstrick.
> 4. Ja auch nicht vor dem Jüngsten Tag,
>   Welcher hrein plötzlich brechen mag
>   Gleich wie ein Fallstrick uberfellt
>   Die Vögl, wenn ihnen ist gestellt.
> 5. Ubr das macht sauffen lauter Narrn,
> 6. Und man oft thut in Sünden bharrn.
>   Ich möcht gern von eim Laster hörn,
>   Welchs Trunckenheit nicht thut vermehrn.
> 7. Es schadt im Beutel, schadt am Leib
>   An glimpff und Ehrn, auch Kind und Weib,
>   Und wenn hindurch ist Gut und Haab,
>   Gereth einer an Bettelstab,
>   Weil er auff das sein hat kein acht,
>   Thut schlemmen, demmen Tag und Nacht,
>   Entlehnet viel auf borg und bitt,
>   Macht grosse schuld und zahlt sie nicht,
>   Die Gleubiger ihn offt verklagn,

Thun Haussrath, Bettgewand wegtragn,
Erst thet jm noth arbeiten sehr,
So ist er alt und kann nicht mehr
Der Arbeit vorstehn an dem end."

Mauricius schildert eindrucksvoll alle Krankheiten, welche die Trunksucht beim Menschen verursacht:

"...
Dieweil ihm zittern Füss und Händ.
Hart husten, reuspern, Reud und Krätz,
Und Schwindsucht sind sein beste Schätz.
Auch reisset jhm offt der Harnstein,
Das Grimmen, bekömpt rinnend Bein,
Roth Augen, und sehr sausend Ohrn
Und geht einer gleich einem Thorn,
Ihm schwindlt, ist gar unvermüglich,
Zu nirgend mehr nütz oder tüglich,
Und ligt jhm warlich streng und hart,
Ist schwach und krank, dürft guter wart ..."

Nach diesem abschreckenden Bild folgt die Warnung:

"So ist hin Haussrath sampt dem Hauss
Und ist dem Fass der bodem auss,
Bleibt Hund und Katz sein bestes Viech:
Darumb, geh lieber Mensch in dich,
Nim deiner besser in acht forthin,
Ist doch dein und nicht mein der Gwin."

Auch an andereren Stellen des Stücks bricht dieser "Trunksuchtkomplex" durch: Der Knecht Albrecht bringt seine Entrüstung über das abscheuerregende Trinkgelage, das sein Herr in seinem Hause veranstaltet hat, mit starken Worten zum Ausdruck[3]:

"Ich mag nicht längr mit Augn ansehn
Mein Jammer, weil dann heut geschehn
Ins Herren Haus ein solches sauffn,
Das ich lieber aus dem Land wolt lauffn,
Dann ein Gesellen drinnen geben,
Ist doch das nur ein recht Säwleben.
Mich dünckt sie können d'Becher spüln,
Ihr Herz mit einem Trüncklein kühln,
Möcht doch eim schier die Blattern zspring,
Wann er soviel hinein muss zwing."

Der Lärm, den die betrunkenen Gäste verursachen,
ruft beim Knecht Albrecht eine verächtlich-spöt-
tische Bemerkung hervor:
"Gar bald jetzund, man stimmt schon an,
Wird meins Herrn Musiken angahn,
Das ist der Mertzenkälber plerrn ..."
Der berauschte Nabal gibt sich samt seinen Gästen
dem Gelächter des Hausgesindes preis.

Der Nachdruck, mit dem Mauricius die Trunksucht
brandmarkt und bekämpft, erweckt wie gesagt den Eindruck, dass dieses Laster am Anfang des 17. Jahrhunderts in manchen Gegenden Deutschlands ganz besonders stark verbreitet gewesen ist. So war es vielleicht in der Gegend von Nürnberg, wo Mauricius
wohnte. Grübel und Moller schrieben ihre Dramen um
einige Jahrzehnte früher und in anderen Gegenden,
wo die Trunksucht möglicherweise sich nicht so ver-
heerend auswirkte. Deswegen widmeten sie ihr vielleicht nicht so viel Raum in ihren Stücken wie Mauricius.

Anmerkungen

1 Newald (R. Newald in: H. de Boor - R. Newald, op.cit.,
  S.94) stellt in bezug auf die Dramen der in Rede stehenden
  Zeitperiode dasselbe fest, indem er schreibt: "Es ist bezeichnend, dass die Stärkung und Unterstützung des Glaubens
  nicht mehr von ausschlaggebender Bedeutung ist. Als Spiegel
  menschlichen Lebens hat das Theater die Aufgabe, menschliche Charaktertypen vorzuführen, die Guten zu festigen,
  den Bösen ins Gewissen zu reden."
2 S.74 f.
3 Akt III, S.38.

b)   Verstärkte Resonanz der sozialen Probleme der
     Zeit

Wie brennend das Problem der sozialen Ungerechtigkeit im 16. Jahrhundert in Deutschland gewesen sein
muss, zeigt die Tatsache, dass die sich darauf beziehenden Stellen unseres Originals von den Autoren
der deutschen Versionen nicht nur aufgegriffen, sondern auch mit verstärkter Plastik ausgemalt worden
sind. So nimmt beispielsweise der gegen die Ausbeuter gerichtete Hassausbruch des Knechts Georgus bei
Grübel[1] im Vergleich mit dem des Gwaltherschen
Georgus eine schärfere Form an. Er beschimpft die
Herren folgendermassen:

> "Ich wils dir heiter gen zůverston,
> Wenn ich uber sy meister wär,
> So wolt ichs schleipffen hin und här,
> Wölt jn nun gar neüt verschonen.
> Sy müsstend mir auch sfelds gwonen
> Und erfarn was sy für gůt leben
> Den gantzen tag hacken in reben.
> *Auch die jetzt sind stolz hochtragen,*
> *Tag und nacht hand vollen kragen,*
> *In seyden samet einhär gond,*
> *Den gantzen tag am marckt müssig stond,*
> Sie müsstend mir allsamen werden
> So schwartz, als die heilig erden.
> So hässlich wölt ich sy machen,
> Dass sy dessy nit würdind glachen."

Bei Moller[2] klingt das alles fast noch schärfer. Der
Knecht Balach würde sich an den Herren, wenn er die
Macht dazu hätte, für die ihm zugefügten Leiden
rächen:

> "Das solten sie wol werden jnnen:
> Ich wolt sie furn hinauss auffs feldt
> Und sie daselb in hitz und kelt
> Also umtreiben und beschwern,
> Das sie bald solten Gotts begern.
> Ich wolt sie leren kennen recht,
> Was arbeit eim vor wollust brecht,
> Den stoltz wollt ich jn wol vertreiben

           Mit hacken, graben, misten, kleyben.
           Sie haben weiss und weiche haut
           Und essen nicht gern speck und kraut.
           Solt ich jr koch und meister sein,
           Ich wolt es jn so treiben ein,
           Das sie nach einem magern kol,
           Die finger solten lecken wol.
           Die hend jn solten werden bald
           Von qwesen hart und ungestalt,
           Schwartz als ein kol, magr als ein hund
           Wolt ich sie machen, so ich kund."
Wenn die Herren zu wenig Kraft für diese Arbeit hätten, dann würde Balach sie mit einer Peitsche dazu
antreiben:
           "Darzu wust ich wol guten radt:
           Ich wolt sie treiben fru und spat,
           Wolten sie nicht willig und gern,
           So wolt ich nicht sein von jn fern
           Mit einer tatrschen peitschen scharff."
Auch bei Mauricius[3] ist hier die Peitsche im Spiel.
Der Wutausbruch Nickels klingt hart und unbarmherzig:
           "Diss geb ich bald dir zu verstehn,
           Wann ich uber die Meister wer
           Wolt ich sie schleppen hin und her
           Und jhr mit nichten nicht verschonn.
           Sie mustn mir auch der Arbeit gwohnn
           Und jnns Blut sawer lassen werdn
           Mit hacken, graben in der Erdn,
           Viel Arbeit, weng zu essen gebn,
           Damit sie merckten unser Lebn.
           Weil sie so stoltz sein und hochtragn,
           Habn Tag und Nacht nur volle Kragn,
           In Sammet, Seyden einher gehn,
           Am Marckt den Tag nur müssig stehn.
           Sie müstn mir in der Sonnen bratn
           Und jhres Wollusts fein gerathn,
           Durch schwer Arbeit allsamen werdn
           So schwarz, als sein mag die lieb Erdn,
           Darzu den Rückn mit Peitzschenreibn,
           Den Kutzel wolt ich jhn vertreibn."

Der Knecht Nickel klagt[4] über die ungerechte in der
Welt herrschende soziale Ordnung, die Ausbeutungswut der Herren und das schwere Schicksal der Ausgebeuteten:

"O Gott wie gehts zu so ungleich,
Es werdn von unser Arbeit reich
Die Herren, leben nur im sauss
Uns wie die Hund oft jagen aus,
Die wir doch müssen jung und altn
Mit unser schwern Arbeit erhaltn,
Wern wir nicht, wo wolten sies nehmen?
Weil sie sich thun der Arbeit schemn,
Noch thut sich keiner fast erbarmn
Uber das Gsind, odr sonst die armn,
Welchs sie mit Arbeit nur beschwern,
Die Haut jhn abziehn, nicht beschern,
Und täglich uns dermassen drückn,
Dass wirs wol fühlen in dem Rückn,
Die Haut kann kaum an Beinen klebn
Bey solchem mühseligen Lebn."

Der zweite Knecht Burckard, der dem Gwaltherschen
Philoponus entspricht, verteidigt die Herren:

"Es muss also seyn, ist auch recht,
Denn sie seyn Herren, wir nur Knecht.
Gott wehrt so unserm Übermuth,
Drumb leid das, und nim nur für gut,
Unbillich führt man solche Klag,
Wenns ja einer nicht endern mag."

Nickel beruft sich auf die Predigt des Pfarrers,
welcher etwas ganz anderes sagte und die Herren auf
ihre Pflichten verwies:

"... Hat gpredigt recht verständig wol,
Wie sich ein Herr auch halten soll
Gegn sein Gsind, nicht wie ein Tyrann,
Sondrn als ein gütig glimpflig Mann.
Man soll nicht sein so gar ergebn
Dem zeitlichen in diesem Lebn,
Sondern vielmehr auffs ewig hoffn.
O wie hat er so manchen troffn,
Wern nur da gwesen all die Reichn,
Ihr trotzen würd bald von jhn weichn."

Auf Burckards Argument, dass Gott die Knechte mit
der Rute züchtigt, was ein Beweis der väterlichen
Liebe sei, antwortet Nickel:

> "Warumb sagst nicht, dass auch die Reichn
> Gott sollt mit seiner Ruthen streichn?
> Und züchtigen sie wol dabei,
> Dass sie uns nicht mit Tyranney
> Und grausamkeit so theten plagn?"

Dem sechszeiligen Exkurs Davids bei Gwalther[5] über
das "venale ius" entsprechen in den deutschen Versionen auch längere und heftigere Wutausbrüche derselben Person, welche die Willkür in den Rechtsver-
hältnissen der Zeit in den düstersten Farben schildern. So sagt David bei Grübel[6]:

> "... Das dass arm volck wirt untertruckt,
> Das alle gsatz und recht sind buckt,
> Gricht und grecht wird nit ghalten,
> Sind feil bey jungen und alten.
> From, grecht, stond hinder der thüren;
> Schälck, öd Buben zeücht man füren.
> Tyraney, unbild, gwalt und gunst
> Gond für fromkeit, zucht, eer und kunst.
> Der schantlosen leuten sind vil
> Und thut ein yeder, was er wil.
> Under denen schreyt der arm man,
> Der bey solchen muss d'katzen han.
> Es schreyt wytwen, weyssen, frömbd un knecht
> suchend schutz, schirm, begärent recht."

Bei Moller[6a] lesen wir etwas Ähnliches:

> "... Das sich im gricht und recht die heren
> Mit gschenck lassen die hende schmeren,
> Sprechens urteil nach gunst und gelt,
> Deuten das gsetz, wies jn gefelt,
> Suchen jr eigen nutz allein,
> Die mussen vogt und empter sein,
> Welche mit schalckheit sind gerust
> Und thun alles was sie gelust,
> Und ist unter derselben gwalt
> Des lands ein jemerlich gestalt.
> Der frembde man thut hertzlich klagen,
> Widwen und weisen schier verzagen,

> Der arme man wird gar beschwert,
>
> Niemands ist das recht Recht beschert."

Daraus ist zu ersehen, dass die Missbräuche im Gerichtswesen eine besondere Form der Unterdrückung der Unbemittelten und der Willkür der Reichen bildeten.

Bei Mauricius ist dieser ganze Passus ausgelassen worden; er hat den Text seiner Vorlage (Grübel) an dieser Stelle erheblich gekürzt. Dafür finden wir bei ihm andere, sich auf soziale Missstände beziehende Fragmente, die er selbst hinzugefügt hat. So klagt der Knecht Cuntz[7] über den Geiz und die Verschwendung Nabals, die einen krassen Gegensatz zu der Armut vieler Notleidender bilden:

> "Hatt mancher guter, armer Mann,
>
> Was man nur heut wird überlahn.
>
> Er bhülff sich lange Zeit damit,
>
> Aber bei uns gschicht solches nicht,
>
> Es müsst eh werden den Hunden ztheil".

Die Lebensmittel, welche Nabal an einem einzigen Tag verprassen wird, würden für einen längeren Unterhalt eines armen Menschen reichen! Aber die Herren sind so geizig und unbarmherzig, dass sie die Lebensmittel lieber den Hunden geben würden als dem hungrigen Hausgesinde. Ganz ähnlich klagt - im 17. Jahrhundert - Haarsdörffer, wenn er in seinem Gedicht "Der Winter" schreibt:

> "Wie mancher Arme leidet Noth,
>
> Ohn Holtz, ohn Kleid und ohne Brod,
>
> Indem die Reichen prassen ..."

Daraus ist zu ersehen, wie wenig sich in Deutschland die Verhältnisse auf diesem Gebiet im Laufe eines Jahrhunderts geändert haben.

Burckard klagt[8]:

> "Dem mussiggänger werd zwey Brodt,
>
> Der Arbeiter hat kaum eins mit noth."

Burckard kommentiert die Tatsache, dass die Schafscherer nichts von dem aus Anlass der Schafschur bereiteten Mahl abbekommen, auf eine stoisch-ironische Weise. So ist es eben in der Welt:

> "Der Esel Korn trägt in die Mühl,
> Abr doch geneust er des nicht viel.
> Ein Hund muss hüten wol dass Haus,
> Abr er bekömpt das wenigst drauss.
> Welchs Ross des Haberns meist verdient,
> Hat nur von Zäckerling seind Pfriend."

So sehen wir, dass in diesem Fall die breite Redseligkeit der deutschen Versionen - im Vergleich
mit der eleganten Knappheit des Originals - den
Sachverhalt im Bereich der gesellschaftlichen Klas-
senunterschiede im 16. Jahrhundert viel expressiver
zum Ausdruck bringt.

Bei Mauricius ertönt die Klage über die schlechten Herren, in diesem Fall konkret über Nabal, nicht
nur aus dem Munde der Feldarbeiter Burckardt und
Nickel, sondern wir hören sie noch vom Hausdiener
Andre[9]. Auch dieser bringt seine Empörung zum Ausdruck über Nabals Geiz und die schlechte Behandlung
der Knechte am Fest der Schafschur:

> "Solchs krencket mich im Hertzen gar,
> Wir habn jhm nun gdient ubers Jahr,
> Viel müh und arbeit ausgestanden,
> Weils uns bey Tag und Nacht zuhandn
> Ist kommen Ungluck mancherley,
> Von Hitz, Frost, Hunger, Durst dabey.
> Aber da man sich nu soll frewn,
> Thut ein Trunck Wein den Herren gerewn,
> Den er uns Knechten heut solt ebn
> Zu einr Ergetzligkeit hergebn,
> Gibt uns nur Habr- und Gerstenbrodt,
> Da ihn darzu doch treibt kein noth,
> Helt nur auff Thewrung Wein und Korn,
> Solt er dadurch nicht Gottes Zorn
> Verdienen und die brennend Hell?"

Nicht nur den Knechten gegenüber ist Nabal so geizig; er betrügt auch die Kirche bei den schuldigen
Abgaben:

> "... Und hat doch weder Kind noch Kegl,
> Bleibt dennoch so ein grober Flegl,
> Dass er sich tut garnichtes schemn,
> Dürffts unserm Hergott von Füssen nehmn,

Zum venigsten ja vom Altar,
Wie er tut mit den Schafen zwar,
Dann er nicht halb den Zehendn reicht,
Sondern das meiste hinderschleicht,
Dass er nur mög sein Mammon mehrn,
Den er allein nur hält in Ehrn."

Und nun kehrt wieder das erste Thema zurück: die Knechte der reichen Herrn müssen darben!

"Und weiss doch, dass wir seine Knecht
Müssen ausstehn nicht Unglück schlecht
Im Sommer, Winter, Regn und Schnee,
Fülln nur das Maul von und nicht eh."

Dieses Thema taucht in den deutschen Versionen noch einmal am Schluss des Stückes auf. Weil es in der Übersetzung Mollers am plastischsten hervortritt, ist es angebracht, diese hier anzuführen. Nach Nabals jähem, schrecklichem Tode kommen die beiden Diener - bei Gwalther heissen sie Georgus und Philoponus, bei Moller Balach und Boas - noch einmal auf die Probleme der sozialen Ungerechtigkeit zu sprechen. Der empörte Balach liess sich durch die Vorhaltungen des frommen, geduldigen, die ungerechten Herren verteidigenden Boas nicht im geringsten überzeugen. Im Gegenteil - die Strafe, die Gott über Nabal so schnell verhängt und die er eben prophezeit hat, erscheint ihm gerade wie eine Bestätigung der Richtigkeit seiner Meinungen: Balach sagt[10]:

"Ich preyse Gottes gütigkeit,
Und spur hie sein gerechtigkeit,
Das er durch sein Gottliche krafft
Auff solche weis die reichen strafft,
Umb jren pracht und ubermut,
Dadurch sie manches armes blut
Verachten und ganz sehr beschwern."

Die Intervention Gottes, der offensichtlich auf der Seite der Unterdrückten steht, verschafft ihm Genugtuung, lässt ihn sein eigenes schweres Schicksal geduldiger ertragen:

"Nu gan ich jn jr wesen gern,
Und bin auch mit meim gluck und standt
Besser zufrieden dan zuhandt."

Boas ergreift auch jetzt noch die Partei des Herrn:
es ziemt sich für die Diener nicht, den Tod ihres
Herrn auf eine abfällige und gehässige Weise zu kommentieren und ihre Genugtuung, Nabals Bestrafung erlebt zu haben, zur Schau zu tragen - belehrt er Balach. Schliesslich kann einem ähnlich schrecklichen
Tod jeder Mensch zum Opfer fallen:

> "Dasselb geburt eim jderman
> Das er Gotts willn sey unterthan,
> Und gab sich dar gedultig ein,
> Was so muss und nich anders sein.
> Doch wils uns auch gar nicht geburen,
> Das jmand solt horn oder spuren,
> Das wir von unsers Iunckern sach,
> Wie er gfalln in solch weh und ach,
> Spottisch und gifftig reden sollten,
> Gleich als wirs so gern haben wolten.
> Was jm jtzt widerfahren ist,
> Das mustu auch zu aller frist
> Und andre all gewarten sein.
> Dann allen menschen in gemein
> Kan solchs gar leichtlich widerfaren,
> Wir sind von einer haut und haren."

Balach entgegnet darauf, dass es seiner Ansicht nach
gerade seine Pflicht ist, solche Nachrichten zu ver-
breiten, denn dadurch werden andere vor den Folgen
des schlechten Lebens gewarnt:

> "Ich aber halts hiefür gar eben,
> Das ein mensch fleyssig acht sol geben,
> So sich, wies dan zuzeiten pflegt,
> Etwan ein solcher Fall zuträgt,
> Das er, so es wurd nötig sein,
> Durch solcher beyspiel krafft und schein,
> Und durch meldung solcher geschichten,
> Mug andre leut fein unterrichten."

Boas gibt zu, dass derartige Warnungen nützlich seien,
sie müssen jedoch eine angemessene Form haben - man
solle den verstorbenen Herrn nicht "zu grob schelten":

> "Ia lieber gsel in der gestalt
> Ich es mit dir auch gentzlich halt.
> Doch wil ich, das man sey darob,

Und mach das schelten nicht zu grob.
Sonst mochtens andre dafür halten,
Wir liessen unsern zorn mehr walten,
Und folgten unserm mutwilln mehr,
Denn das wir suchten Gottes ehr."

Boas' Treue seinem Herrn gegenüber lässt sich durch
nichts erschüttern: Die Knechte sollten nicht so
viel Kritik an ihren Brotherren üben, meint er, sondern statt dessen lieber sich selber ins Auge fassen
und auf eigene Besserung bedacht sein:

"So soltestu auch dein gestalt,
Wie du so wol siest abgemalt,
Wie du seist so ein feiner knecht
Auch gleicher weis anschawen recht."

Es folgen hier wieder religiöse Argumente:

"Denn Gottes ehr leuchtet vorwar
Aus deinem stand auch hell und klar.
Denn Gott hat dich zum knecht gemacht,
Das du wurdst was zu recht gebracht.
Und wurdest zam, bendig und mild,
Der du sonst nicht viel leiden wilt.
Wilt niemands nicht schonen noch sparen."

Balach sieht ein, dass Boas nicht von seinem Standpunkt abzubringen ist und lässt die Sache fallen:

"Ey lass die predigt jtzund faren
Ich weis es wol und sags auch frey,
Du stehst alzeit dem Iunkern bey.
Ist doch eben so wenig dir
Darvon geholfen alse mir."

Boas gleicht hier dem armen betrogenen Dystyges aus
dem erwähnten "Hofteufel". Auch dieser ist, obgleich
er ein solches Unrecht erfahren hat, von der grundsätzlichen"Frömmigkeit" der machthabenden Herren
überzeugt. Er sieht die Ursache des Unheils nicht im
herrschenden System, sondern in der Boshaftigkeit
einzelner Beamter, welche die Herren hinters Licht
führen.

Der oben angeführte Dialog führt uns die Tatsache vor Augen, dass in der in Rede stehenden Zeit
ein Verfechter der sozialen Gerechtigkeit nicht nur
bei den Ausbeutern, sondern auch bei den Ausgebeute-

ten mit konservativ orientierten Ansichten zu kämpfen hatte. Dies ist auch aus der Gesinnung der Mägde zu ersehen, die ihre stete Dienstbereitschaft
ihrer Herrin Abigaol gegenüber mit Nachdruck betonen. So sagt bei Mauricius[11] Sandel (im Personenverzeichnis Susanna genannt):

"Mein Hertze Fraw, was ihr nur schafft,
Bin ich doch euch mit Dienst verhafft,
Bei Tag und Nacht ich willig bin,
Wie mich denn mein Pflicht weist dahin."

Sie hat ein tiefeingewurzeltes, auf religiöser Überzeugung basierendes Pflichtgefühl:

"Denn solt ich ebn als ein Dienstbot
Nicht folgen, so erzürnt ich Gott,
Hett all mein Lebenlang kein Glück,
Sondern ging alles mir zurück,
Bin drumb da, dass ich folgen soll ..."

Die andere Magd, Salome, lässt[12] ihre Erwägungen verlauten über die seltsame Lebensmittelsendung, die
ihre Herrin eben veranlasst hat. Sie ahnt nicht, dass
diese guten Dinge für David und seine Leute bestimmt
sind. Ob das herrliche Essen auch den Dienern zugute
kommen wird? Dann würde sie sich von Herzen freuen!
Wie dem auch sei - sie muss jedenfalls ihren Pflichten nachkommen. Sie wird auch für die kleinsten ihr
zufallenden Lebensmittelreste dankbar sein:

"Wird uns auch was davon zu stehn,
Soltens nur seyn die Abschrötlein,
Die von Mahl uberblieben seyn,
Wenn man uns die nur geben solt,
Nicht mehr ich mir begehren wolt."

Wir sehen hier keine Spur von Hassgefühlen, Unzu-
friedenheit und Ansprüchen auf soziale Gerechtigkeit! Salome trägt eine echt christliche Bescheidenheit und Anspruchslosigkeit zur Schau. Sie findet
offensichtlich die herrschenden sozialen Zustände
in Ordnung; es fällt ihr überhaupt nicht ein, dagegen Klage zu erheben. Dies bezieht sich natürlich
auf einen solchen Fall, wo die Herrin - Abigail -
gut und gerecht gegen ihre Dienerschaft ist.

Salome würde wahrscheinlich nur die Auswüchse im herrschenden sozialen System beanstanden, das System als solches jedoch, sein Grundsatz erscheint ihr selbstverständlich, natürlich und unantastbar. Wir dürfen annehmen, dass diese Dienstmägde die Mentalität der konservativen gesellschaftlichen Mehrheit des 16. Jahrhunderts repräsentierten, während die Protest erhebenden Knechte eine revolutionäre Minderheit bildeten.

Anmerkungen

1 Akt II, Sz.I, S.17. (Giovanolis Ausgabe S.233, Z.633-647).
2 Akt II, Sz.I, S.66.
3 Akt II, S.23.
4 Akt II, S.21.
5 Akt I, Sz.III, S.23. (Giovanolis Ausgabe S.44, Z.248-253).
6 Akt I, S.12. (S.221, Z.338-351).
6a Akt I, Sz.III, S.49.
7 Akt I, S.15.
8 Akt I, S.21.
9 Akt III, S.43.
1O Akt V, Sz.II, S.17O.
11 Akt IV, S.51.
12 ebenda.

c) Polemische Akzente in den Prologen

Alle unsere deutschen Dichter verteidigen sich in
den Prologen zu ihren Stücken gegen die Angriffe
verschiedener Gegner und Feinde. Dies ist eigentlich
als ein terenzisches Element aufzufassen, denn Terenz benutzte bekanntlich seine Prologe dazu, sich
mit seinen Feinden - besonders mit dem "malevolus
poeta" Luscius Lanuvinus - auseinanderzusetzen. Fassen wir, der chronologischen Ordnung gemäss, zuerst
Grübel ins Auge:

Gleich im Widmungsbrief klagt dieser Autor über
Leute, die die Darstellung menschlicher Laster in
der biblischen Komödie beanstandeten und dies nicht
nur in seinem deutschen Spiel, sondern auch im "Lateinischen", d.h. im Original von Gwalther. Hat doch
auch Gwalther - wie bereits erwähnt - in seinem Widmungsbrief mit boshaften Widersachern gerechnet, die
sein Werk angreifen würden. Bei Grübel lesen wir
diesbezüglich: "Dann wir sunst von etlichen sind
gstumpfiert worden, die nit nun wider unser Teütsch
Spyl, sunder auch wider das Latinisch gredt und ge-
stritten hand, was man doch, die Heilig Biblisch
geschrifft in solche schimpff zeüchen, und in denen
Spylen hoffart, trincken, kriegen, auch andere laster
und unmass leeren wollend, Solche unnd dergleichen
Schnäutzler lassend wir jetzmal rüwen, dieweyl
d'Prologus darvon redt halt, unn dieselbs antastet.
Doch gebend wir jnen auch oben den bscheid, den der
Prologus in Terentio solchen gsellen gibt. Do er
spricht. 'Faciunt nae intelligendo, ut nihil intelligant.'" Dieser Satz ist dem Prolog zu "Andria"
des Terenz entnommen. Grübel bittet seinen Widmungsadressaten "den Eerenvesten fürsichtigen und Weysen
Junckern Christoffel Waldkilch, diser zyt Vogt dess
reychs, und Seckelmeister, die man bey uns nempt
Rechner der loblichen Statt Schaffhusen", den "Ober-
herrn" des Spiels, um Beistand und Verteidigung "so
es etwan von nöten sein wurd".

Im Prolog, den ich im Kapitel "Das Verhältnis
der deutschen Versionen zueinander und zum Original"

eingehend bespreche, greift er dieses Thema wieder
auf. Er antwortet den Anklägern, dass sie nicht verstehen, worum es im Spiel geht[1]:

"Mûss ich doch auf jren anklagen,
Antwort geben, und offentlich sagen,
Das sy sich nichts verstandind auff Spyl,
Noch auff solche lobliche kurtzwyl,
Von denen vor zeyten die alten
Anderst gredt hand und darvon ghalten ..."

Grübel hat die Widersacher durchschaut. Er weiss,
aus welchem Grund sie ihn und diese Art von biblischen Spielen angreifen. Sie tun es deswegen, weil
sie dort eigene Laster, ihr "seüwisch läben" dargestellt und sich auf diese Weise vor der Öffentlichkeit entblösst sehen. Grübel "schmeckt den Braten":

"Mir ist schier ich schmeck den braten.
Ich glaub auch ich wols erraten,
Warumb sy hinnen auf thûging schlon:
Allein darumb das wir jr thûn und lon,
Ihr volle weyss, und stolzen pracht,
Als darmit umbgond tag und nacht,
Ir unsällig, seüwisch läben,
In dem Spyl an tag thûnd gäben
Und offentlich dem volck zeigen an,
Das verdreüsst sy, wents nit vergût han.
Sy meinen man sol nit sagen darvon,
Und sy schemment sich nit das selbig zethon."

Grübel muss aber ausserdem zweifellos einen ganz
persönlichen Gegner gehabt haben. Davon zeugt die
Inschrift, die wir auf der Titelseite seines Werks
finden:

"Examinier zum ersten dich,
Darnach kumm und corrigier mich".

Es hat sich hier offensichtlich um einen "Besserwisser" gehandelt, der Grübels Werk verbessern wollte,
der aber möglicherweise selber nichts Besseres zu
leisten imstande war.

Bei dem Verfasser der nächsten deutschen Bearbeitung von "Nabal", Moller, nimmt diese Polemik mit
Gegnern und Widersachern - im Vergleich mit Grübel -
ein ungeheuer grosses Ausmass an. Es ist evident,

dass unser Autor mit vielen Gegnern zu kämpfen hatte,
deren Anfeindungen er längere Zeit ausgesetzt gewesen sein muss. Bereits auf dem Titelblatt der Komödie finden wir eine gegen eine unbekannte Person gerichtete rätselhafte Inschrift, welche auf einen
Neider hindeutet. Sie lautet: "Cum non queas esse
Mimus, sis zoile Momus." Daraus erhellt, dass es
sich hier um jemand handelt, der Mimus sein, also
wohl im Stück mitspielen wollte, aber aus irgend-
welchen Gründen nicht konnte. Von Creizenach[2] erfahren wir, dass in den Widmungsbriefen und Vorreden
zu den Schulkomödien Ausfälle gegen die Neider -
"Zoili" - keine Seltenheit waren.

Am Anfang seines Widmungsbriefes klagt Moller
über "falsche verleumbdung", die sich jedoch, wie es
aus dem Kontext hervorgeht, auf seine Arbeit auf dem
Rektorposten im allgemeinen zu beziehen scheint:
"So lange ich dem new gestifften Gymnasio in der
weit und hochberumbten stadt Dantzig vorgestanden",
lesen wir dort, "habe ich allzeit nach meinem hoch-
sten vermugen, allen fleis treuwlich angewendet, des
ich mich mit gutem gewissen widder alle falsche ver-
leumdung wol rumen mag, das die zarte und liebe jugent unter meyner Disciplin auf allerley weise und
wege in Gottes Furcht, geburlicher Zier des Lebens,
guten kunsten und sprachen geubet und getrieben wurde ..." Im Zusammenhang mit der Schilderung der
Schulaufführungen, die er in seinem Gymnasium all-
jährlich veranstaltete, schreibt Moller weiter[3]:
"Ob nu wol solch mein furnemen unnd werck von etlichen, mit was fug, recht und grund, lass ich sie
dartun, so sie können, angefochten, und als ein un-
tüchtig und nichtig ding ausgerufen wird: So lass
ich doch der selbigen selbst angemaste zunötigung
unnd unzeitige klugheit mich so sehr nicht anfech-
ten, das ich es dafür wolt halten, es muste nach jrem
kopff und meinung alle ding bestellet unnd hinaus
gefuret werden, und ich auch derhalben mein furnemen
drumb must fallen lassen." Moller verteidigt sich
gegen diese Anfechtungen, indem er sich auf die Autorität von Gelehrten, die Zustimmung der Obrigkeit

288

und die Freude beruft, welche die Jugend an seinen
Aufführungen hat. "Sonderlich dieweil ich gewis erkant habe", lesen wir weiter[4], "das sich solch werck
nicht allein der meiste teil der gemeinen burgerschaft, sondern auch der gröste hauff weyser und
erfarner menner, ja auch die Obrigkeit selbst gefallen lest, und es vor gut und nutzlich ansicht.
Das ich nicht sage von der lust, so die jugent darzu tregt und darvon enpfengt, das sie sich muge vor
einer ganzten gemeine offentlich sehn und also horen
lassen, das sie von menniglich verstanden, sich also
beweyse, das sie muge den danck, als lob und einen
guten namen darvon bringen." Im weiteren bittet er
den Culmischen Bischof Stanislaus und seinen Bruder
"Herrn Franz von Sylslaw, Erbgesessen zu Meselanz,
und Hauptmann auff Risenburg etc.", denen er sein
Werk widmet, um Beistand gegen die voraussichtlichen Angriffe seiner Gegner[5]: "Unnd bitte dienstlich
unnd gantz sehr Ewere Gnaden und herligkeiten, wollen sich derselbigen - d.h. der Komödie (MW) - als
schutzhern und gevattern, jrer alten gütigkeit und
angeborner fromkeit nach, gnedig und gunstig annehn-
men: jrem gewalt aber und hohen ansehn nach widder
alle verbitterte afterreder und feindselige klugling
festiglich beschirmen und in jre tugentreiche und
trewe hand lassen befolen sein." Daraus erhellt,
dass die genannten Würdenträger Mollers ausgesprochene Gönner waren - Moller bittet für sein Werk
umd ihre "commendation, schutz und schirm", weil er
weiss, dass niemand sich seiner "so willig, begirig,
gnedig und gunstig wurd annehmen". Um seine hohen
Gönner zu ehren und ihnen seine Dankbarkeit zu erweisen, fügte Moller seinem Werk ein lateinisches
Lobgedicht bei unter dem Titel: "Insignia nobilium
Prussiae de Sylslavia haeredum in Meselantz". Dieses
in der Form eines elegischen Dystichons verfasste
Gedicht ist ein typisch humanistischer Panegyricus.
Unser Autor tröstet sich ferner mit der von Gwalther
wörtlich übernommenen Paraphrase des Catullischen
Verses:

>"Rumores rabularum et invidorum
>Omnes unius aestimemus assis."

und verdeutscht sie gleich auf seine Art:

>"Ich frag nach aller kleffer schar
>Und gschrey des Neidharts nicht ein har".

Die richtige Auseinandersetzung mit den oben genannten "kleffern und feindseligen klugling" findet jedoch erst im Prolog statt. Wie wir sehen, folgt auch
Moller hierin dem Vorbild des Terenz. Sein Prolog
hat, wie gesagt, eine ganz ungewöhnliche Länge. Er
wird von vier nacheinander auftretenden "pueri"
deklamiert und umfasst neun Seiten. Für diese uner-
hörte Ausdehnung des Prologs sind wohl zwei Gründe
in Betracht zu ziehen: erstens wollte Moller hier
vier zusätzliche Schüler mit Rollen versehen, zweitens seinen Feinden eine gründliche Abfuhr erteilen.
Aus dem erbitterten Ton, in dem er seine Polemik
führt, geht hervor, dass er sich durch die scharfen
Anfeindungen, von denen er redet, ernstlich verletzt
fühlen musste. Der Primus Puer begrüsst alle Anwesenden[6] und bittet sie, sie möchten als Schiedsrich-
ter entscheiden, wer in dem Streit recht hat: Moller
oder seine Feinde, die "Stoltz und unruhige leut",
welche

>"Durch jren hohmut sich unterstan,
>Dis furnemen zu fechten an.
>Und durch abgunst und falsche tuck
>Und andre solch ehrliche stuck
>Ganz unverschempt darnach thun stechen,
>Wie sie uns mochten was ab brechen
>An unser trew und namen gut
>Und an uns küeln jrn frechen mut."

Moller muss viele Gegner gehabt haben. Er sagt:

>"Den solten wir den neidern all,
>Nach recht begegnen auff ein mal,
>So mussten wir ein monat lang
>Haben darzu, ein solchen dank
>Verdienen wir von vielen leuten,
>Die alle ding zum ergsten deuten ..."

Diese gewiss stark übertriebene Bezeichnung der Geg-
nerzahl lässt doch immerhin auf eine grössere Oppo-

sition gegen die von Moller veranstalteten Schulvorstellungen schliessen. Weil die Zeit nicht ausreicht,
sagt Moller, um allen zu antworten, so will er sich
einstweilen gegen zwei Personen verteidigen[7]. Wir
lesen:

"Drumb wollen wir ytzt und allein
Zweyer leut red und falschen schein
Entdecken, und auch widerlegen,
So sich wider uns hie erregen."

Es wäre für uns von Belang, diese beiden Personen
kennenzulernen. Leider werden sie von Moller nicht
genannt und er gibt uns keinerlei Hinweise oder Andeutungen, die uns in diesem Fall als Anhaltspunkte
dienen könnten. Moller teilt seine Gegner in zwei
Kategorien ein: in solche, die die Schulvorstellungen überhaupt beanstanden und sich darüber aufregen,

"Das in latein und deudscher sprach
Al jar unser gewonheit nach
Wir dieser schul zubung und ehr
Zweymal Comedien agern"

und solche, welche grundsätzlich nichts dagegen haben, aber behaupten, dass die Schüler es nicht richtig zu machen verstehen. Die ersteren

"Runtzeln die naess, klagen uns an,
Das wir durffen auff freyem plan
Schimpffrede bringen offentlich,
Sagen es sey sehr ergerlich,
Und werde guter zucht und sitten
Durch solche spiel viel abgeschnitten,
Es sey wider die erbarkeit,
Und thu schaden der messigkeit;
Denn man mit lecherlichen stucken
Gemeinglich solche spiel thut schmucken,
Und fuhrn personen ein darneben
Die boes exempel von sich geben."

Moller antwortet ihnen: das, was sie hier in der
Vorstellung beanstanden, was ihnen angeblich "nicht
behagt", das tun sie doch zu Hause selber "wie geyle
knecht". Es folgt eine weitläufige Aufzählung aller
didaktischen Vorteile, welche die Aufführungen aufzuweisen haben. Dieser Passus ist grundsätzlich auf

Gwalthers Widmungsbrief und Prolog gestützt. Obgleich
die Nachahmung auf den ersten Blick infolge Mollers
ungeheurer Dehnung nicht ganz augenfällig scheint,
so wird sie doch bei eingehender Betrachtung evident.
Der zweiten Gruppe von Gegnern antwortet der Puer
tertius[8]. Denjenigen, welche behaupten, dass die
Schüler in ihren Darbietungen

> "es nicht als treffen wol
> Un machens nicht, wie es sein sol"

wird hier der Rat erteilt, sie mögen dasselbe besser
machen. Die Polemik wird folgenderweise beschlossen:

> "Last sehn was sie konn machen draus:
> Ob jn nichts gbrech in jrem haus,
> Ob sie uns konnen uberwinden,
> So sol sichs zwar wol anders finden.
> So sies aber nicht besser konnen,
> So wollen sie uns doch vergonnen,
> Das wir es mugen zimlich machen,
> In diesen schwern und newen sachen."

Wie sehr die Anfeindungen Moller verletzten, ist
daraus zu ersehen, dass der Quintus Puer im Epilogus, welcher mit seiner Rede das ganze Stück beschliesst, noch einmal dieses Thema aufgreift. Er
sagt[9]:

> "Het jr nur unser thun euch allen
> In gunst und lieb lassen gefallen,
> Calumniern sey von euch fern."

Es folgt eine Entschuldigung, die offensichtlich
den Vorwurf betrifft, dass die Schüler "es nicht so
machen, wie es sein soll", sich also auf den Mangel
an schauspielerischen Fähigkeiten bei den jungen
Darstellern bezieht. Es wird als Rechtfertigung die
Tatsache vorgebracht, dass die Jungen das Stück
nicht genau eingeübt haben. Der "quintus puer" sagt
nämlich:

> "Nempt vor gut mit uns jungen knaben,
> Dies zuvor nicht viel gubet haben.
> Das wirs aber gefangen an,
> Das han wir zwar im besten gthan."

Durch diesen Prolog gewinnen wir einen interessanten Einblick in die durch die Schulaufführungen ver-

ursachten Streitigkeiten. Obgleich uns Moller, wie
wir sahen, im Unklaren darüber lässt, mit welchen
Gegnern er hier zu tun hatte, und vor allem, wen er
mit den genannten zwei Personen gemeint hat, denen
er vornehmlich Antwort erteilen wollte, so finden
wir doch anderswo Hinweise, welche uns zu der Vermutung berechtigen, dass einer von diesen beiden
der Arzt Placotomus, Brettschneider, gewesen sein
könnte. Wir besitzen nämlich interessante Nachrichten über eine heftige Polemik zwischen Moller und
Placotomus, die die Aufführung des Dramas "Nabal" im
Jahr 1564 entfachte[10].

Auch bei Mauricius begegnen wir im Prolog Kla-
gen über boshafte Gegner der Aufführungen:
"Wenn man abr dergleichen fürstellt,
Ist es dahin nicht zu verstehn,
Als wolten wir uns unterstehn,
Gemelte Laster einzuführn,
Wies Nassweis leut aussspintisirn
Möchten, in jhrem krumpen Hirn,
Gesponnen aus eim groben Zwirn,
Als wolten wir alles umbkehrn,
Die Jugend fressen und sauffen lehrn
Und andere Unfläterey ...
Abr mit der und dergleichen Klag
Gebn solche Gsellen an den Tag,
Dass sie sich ebn so viel verstehn
Auff dergleichen Comoedien,
Als eine Kuh auff das Bretspiel.
Denn, was soll man hie sagen viel:
Viel anders habn hievon die Altn
Geredt und auch viel höher ghaltn
Solch ubungen schön und herrlich,
Draus die Leut sollen spiegeln sich ..."[11]
Unser Autor fügt seinen Darlegungen noch ein zusätz-
liches Argument hinzu, vielleicht um seine Entlehnun-
gen von Grübel - die ich im Kapitel "Das Verhältnis
der deutschen Versionen zueinander und zum Original"
bespreche - zu vertuschen. Er sagt, man solle gerade
auf der Bühne die menschlichen Laster darstellen, um
dadurch eine abschreckende Wirkung zu erzielen. Er

beruft sich hierbei auf das Beispiel der Spartaner,
welche angeblich bei der Kindererziehung ein ähnliches didaktisches Verfahren angewandt haben:

"Haben nicht die Spartaner auch
Vorzeiten ghabt ein solchen brauch,
Dass sie jhr Sclaven, gantz Sawfoll,
Wenn sie gewesen sein und toll
Und gleichsam jrer Sinn beraubt,
Welchs sie auch gäntzlich habn geglaubt,
Jhrn Kindern fürgestellet habn,
Das lehreten bey zeit die Knabn,
Welch ein schnöd Lastr das Sauffen sey
Und hüten sich vor Fullerey."

Es folgt der auf Gwalther - auf dem Wege durch Grübel - und letzten Endes, wie wir sahen, auf Lucrez
zurückzuführende Vergleich der Spielpraxis mit dem
Verfahren des guten Arztes, welcher das bittere Heilmittel mit Zucker süsst, um es dem Kranken angenehm
zu machen. Wir finden aber in Mauricius' Prolog noch
eine Stelle, welche zu Vermutungen berechtigt, dass
die Gegner der Vorstellungen, die vom Autor erwähnten "Nassweis leut", einmal ihre Ablehnung auf eine
ziemlich unzweideutige Weise zum Ausdruck brachten.
Am Anfang seines Prologs gibt Mauricius die Ursachen
an, welche es bewirkten, dass im vergangenen Jahr
keine Schulvorstellung stattfand. Die zweite Ursache
ist die, dass

"Ein gschwinde Kranckheit herumb ist gang ..."

worunter doch wohl die Pest zu verstehen ist. Die
erste Ursache war aber etwas anderes:

"Die ursach wird wol habn vernommn,
Wer zum Lateinschn Spiel ist kommn,
Ist uns wol gangen drinn so krauss,
Dass wir seyn gern blieben zu Hauss."

Als Erklärung dieser Worte bietet sich uns folgende
Alternative dar: Entweder war die Aufführung nicht
gelungen - vielleicht spielten die Schüler schlecht,
oder vergassen ihre Rollen - oder es ist zu einem
Tumult, zu einer Demonstration der Zuschauer gekommen. Im Hinblick auf den Grund einer etwaigen Demonstration kämen wieder zwei Möglichkeiten in Betracht.

294

Die Zuschauer können ihren Unwillen gegen lateinische Vorstellungen manifestiert haben, denn von einer solchen ist hier die Rede, oder aber gegen die
Vorstellungen überhaupt, d.h. gegen das oben erwähnte Darstellen von menschlichen Lastern in Komödien,
deren Themen der Heiligen Schrift entnommen wurden,
was - wie wir sahen - von etlichen Zuschauern als
demoralisierend empfunden wurde. Wie ersichtlich,
handelt es sich bei unseren Autoren erstens um Gegner der Schulaufführungen überhaupt und zweitens um
Gegner der deutschen Schulaufführungen. Es ist jedoch mit grosser Wahrscheinlichkeit anzunehmen, dass
hier auch einfach ganz persönliche Feindschaft und
gewöhnlicher Neid im Spiel war, worauf beispielsweise die erwähnte Inschrift auf der Titelkarte des
Werkes von Moller hinweist, wo ausdrücklich von
einem "zoilus", einem Neider die Rede ist, oder der
erwähnte Zweizeiler, dem wir auf der Titelkarte bei
Grübel begegnen[12].

Anmerkungen

1 S.3 (Giovanolis Ausgabe S.205, Z.101-106, 109-120).
2 W. Creizenach, op.cit., Bd.II, S.379.
3 S.4.
4 ebenda.
5 S.8 f.
6 S.16.
7 S.17.
8 S.23.
9 S.198.
10 Ich bespreche diese Polemik eingehend in meinem Artikel
   "Das Drama "Nabal" von Heinrich Moller. Ein Beitrag zur
   Geschichte des Schuldramas von Gdańsk", Acta Universitatis
   Nicolai Copernici, Filologia Germańska I, Nauki Humanistyczno-
   Społeczne, Zeszyt 64, 1974, S.87-90.
11 Hier liegt eine unverkennbare Nachahmung von Grübel vor -
   eine Kompilation von zwei Stellen. Mauricius hat hier den

oben angeführten Passus aus Grübels Widmungsbrief mit dem
ebenfalls zitierten Fragment des Prologs verbunden.

12 Die Klagen der Schuldramendichter über die "Zoili" waren
    wahrscheinlich eine gewöhnliche Erscheinung; wir finden
    sie beispielsweise im Prolog zu Frischlins "Susanna",
    S.157 f. Wir lesen dort:

>   "Da schrein gewisse naseweise Richter,
>   In heiligen Komödien soll kein
>   Leichtfertig Volk auftreten, sondern lauter
>   Ehrwürdige Personen, die der Jugend
>   Zum Vorbild dienen können, gleich als brächte
>   Die Schlechten, Lasterhaften, Tückischen,
>   Die Lügner, Säufer, Gotteslästerer
>   Der Dichter darum auf die Bühne, dass
>   Die andern sich nach ihnen bilden sollen
>   Und nicht nach jenen, deren Tugenden
>   Und Biederthaten sie vor Augen sehen.
>   Ja, sagen jene Richter, ihr entweihet
>   Die Heilige Schrift! - Nun damit geben sie
>   Recht zu verstehn, dass sie nichts verstehn.
>   Führt denn der heilige Geist nur fromme Menschen
>   Und Tugendmuster dort uns vor? nicht auch
>   Wüstlinge, Trunkenbolde, Bösewichte,
>   Damit ihr Beispiel uns zum Bessern treibe?"

d) Anachronismen bei den deutschen Autoren

So wie bei Gwalther finden wir auch bei den deutschen Autoren Anachronismen, die ich als etwas Selbstverständliches nur in ein paar Worten bespreche.

Bei Moller finden wir beispielsweise folgende anachronistische Ausdrücke: Abisaus spricht von Davids "regiment"[1], Aber[2] möchte ein "landsknecht" sein, Boas gebraucht das Wort "juncker"[3], Balach spricht vom "predger, der die Schrift ausdeutet"[4], also vom protestantischen Geistlichen, Balam[5] zählt unter seinen Kleidungsstücken die "hosen" auf, Davids Boten sind mit "gwer" ausgerüstet[6]; das "geschütz" soll im Kampf losbrennen[7]. Gnatho beruft sich auf die "Kaiserfreyen strassen" und will "vor dem schultzen klagen"[8], Urias spricht von der "schiltwacht"[9], die Braut - Abigail - soll "zu der Kirchen" geführt werden[10].

Hier einige Beispiele aus der Fassung des Mauricius: Albrecht klagt über Nabals Geiz mit folgenden Worten[11]:

"Rewt ihn doch alles nicht so sehr,
Als wenn er das geringst selt wendn
An Kirch und Schul und ander endn".

Abigail spricht[12] von "christlicher Bescheidenheit"; ferner[13] ist hier von den "Landesknechten" und[14] vom "christlichen Sterben" die Rede[15].

Anmerkungen

1 S.57.
2 S.75.
3 S.117
4 S.65.
5 S.71.
6 S.79.
7 S.133.
8 S.175 f.
9 S.193.
10 S.193.

11 S.38.

12 S.46.

13 S.59.

14 S.13.

15 Marginalerweise möchte ich hier bei der Besprechung des In-
    halts der deutschen Versionen noch auf ein Merkmal hinwei-
    sen, nämlich auf das Nichtvorhandensein von sogenannten
    Monstrositäten in den deutschen Stücken. Michael (F. Micha-
    el in: R. Arnold, Das deutsche Drama, S.66 f) berichtet,
    dass in den Schulstücken zuweilen "Greueltaten und Grau-
    samkeiten ohne Rücksicht auf die jungen Gemüter auf die
    Bühne gebracht wurden". Wir erfahren, dass in einem Schul-
    drama von Johann Rasser aus dem Elsass das blutige Haupt
    des Johannes "in ein blatten gelegt" wurde; "Sobald das
    geschahe, wand sich der abgehawen Kopff in der Schüssel
    oder blatten und sprach..." Ein Kriegsknecht bracht fer-
    ner bei der Belagerung Jerusalems "ein halbes gebrahten
    jungs Kind an einem Spiess stecken". Jemand wird "das
    Herz aus dem Leib gerissen und um den Mund geschlagen,
    worauf man den Leichnam noch aufhängt". Michael kommen-
    tiert diese Tatsachen folgenderweise: "Seltsame Pädago-
    gen, diese Schulmeister und Pastoren, die ihre jugendli-
    chen Schauspieler mit dem Raffinement solcher Ungeheuer-
    lichkeiten zur Besserung ihrer Sitten führen wollten."
    Man könnte hier hinzufügen, dass uns das oben Erwähnte
    einerseits an "das Herzmaere" von Konrad von Würzburg,
    andererseits an die barocken Greueldramen von Lohenstein
    erinnert.

B. FORM

a) Amplifikation

Wenn man die gemeinsamen Formmerkmale aller deutschen Versionen unseres Stückes ins Auge fasst, so
stellt man fest, dass die auffallendste Eigenschaft
hier in der Amplifikation besteht. Wir erfahren von
den sich mit dem Schuldrama befassenden Autoren,
dass bei Übersetzungen aus dem Lateinischen ins
Deutsche die Amplifizierung eine Regel bildet. "Die
deutsche Fassung ist gewöhnlich breiter", sagt
Michael[1]. Die deutschen Autoren verstehen es anscheinend nicht, sich an das Ausmass der Vorlagen
zu halten. Der genannte Autor[2] bezeichnet die mangelnde Fähigkeit der humanistischen Autoren zum
"knappen Ausdruck" als den Hauptmangel des deutschen Dramas überhaupt. Es wird hier mit Recht darauf hingewiesen, dass die Ursache dieses Mangels vor
allem im "alten Übel der Reimpaarfüllung" zu suchen
ist, dessen verbreiternde Wirkung bereits im Mittelalter bei der Einführung deutscher Texte im Oster-
und Weihnachtsspiel sich bemerkbar machte. Die zweite Ursache bildete höchstwahrscheinlich die bekannte
"Redseligkeit" der deutschen Dichter und Schulleute.
Was die letzteren anbetrifft, so ist hier noch eine
dritte Hauptursache zu erwähnen. Sie amplifizierten
nämlich oft nicht nur notgedrungen, um die Reimpaare
mit mehr oder weniger geschickt gewählten Flickwörtern auszufüllen, auch nicht nur aus Redseligkeit,
sondern auch "umb der Knaben willen" - wie sich Moller in der Vorrede ausdrückt - das heisst, sie erfanden bei der Übersetzung lateinischer Originale
noch zusätzliche Personen, vergrösserten absichtlich
deren Aussagen nur, um möglichst viele Schüler mit
Rollen zu versehen und an der Aufführung teilnehmen
zu lassen. Dies wirkte sich natürlich höchst negativ
auf die Form aus. "Manche überflüssige Rede wird eingeflochten", lesen wir bei Wolff[3], um alle Schüler
nach Gebühr zu beschäftigen". Es ist hier noch eine
vierte Ursache zu nennen, welche sowohl bei Über-

setzungen als auch bei selbständigen Werken eine
Rolle spielte, nämlich der schlechte Geschmack des
Publikums, welcher die Autoren oft beim Gestalten
ihrer Stücke entscheidend beeinflusste[4]. Die Zuschauer verlangten lange Stücke. Wenn der Verfasser solcher Forderung genugtun wollte, sah er sich
gezwungen zu "flicken", um die Zeit auf irgend
eine Weise auszufüllen. Er fügte in sein Stück zusätzliche Episoden, komische Intermezzi ein, die
mit der Handlung in keinem Zusammenhang standen,
oder hängte sogar eine Posse an. Die Sache ging in
der späteren Zeit des Schuldramas so weit, dass die
Dichter, wie der genannte Autor[5] informiert, zu den
"ödesten Kunstmitteln" griffen, um nur die knappe
biblische Erzählung künstlich zu ergänzen und die
vorgeschriebene Zeit auszufüllen, wodurch das eigentliche Drama in den Hintergrund gedrängt wurde. "Die
Oper, das Komödiantendrama, das Schäferspiel
schliesslich (es handelt sich hier wahrscheinlich
um das 17. Jahrhundert), eingelegte Lieder, Duette,
die derbe Komik des Pickelhärings mussten als Hilfsmittel herhalten", lesen wir.

Was nun unseren ersten Autor anbetrifft, nämlich Grübel, so können wir seine Amplifizierung als
eine Amplifizierung "ersten Grades" bezeichnen. Er
führte keine zusätzlichen Personen ein, änderte
überhaupt fast nichts am Original. Das Längenver-
hältnis gestaltet sich etwa - in Seiten gerechnet -
100 bis 160. Wir haben also mit einer angemessenen
Amplifizierung zu tun. Der Umfang der Grübelschen
Übersetzung reicht noch nicht an das zweifache des
Gwaltherschen Textes heran.

Hier ein vergleichendes Beispiel:
Gwalther[6]:
    "Abi ergo et ista servulis denuntia,
    Ut quae in regali cernier convivio
    Solent, cito et dicto celerius proferant."
Diesem entspricht bei Grübel[7]:
    "So gang, thů den knechten sagen,
    Das best als thůgind füren tragen,
    Das yenem mögend kommen an,

Dann heüt wend wir gůt leben han
Und das vögelin lassen sorgen,
Weisst wär lebt bis an morgen."
Bei Gwalther sagt der Küchenjunge Opsocleptes[8]:
"An non quis esset hic qualisque dixeram?
Mirum si alio herus posset oblectarier.
Pereat necesse est, qui suas res talibus
Credit."
Diesem entspricht bei Grübel[9]:
"Ist er nit ein solcher wie ich gseit,
Wär hatt jn nun zů dem herren treitt?
Ich glaube von wannen kem ein fantast,
Er neme jn auff, lüde jn zgast,
Wenn nun einer jn lobt, glatte wort gibt.
Darumb ist kein wunder so er verdirbt.
Dann wär sölchen gsellen trawt, nitt spart,
Gwüss er auff dem flotz gen Strassburg fart."
Weit grösser ist die Amplifizierung Mollers. Sein
Stück hat einen fast 2 1/2 mal grösseren Umfang
als das Original. Er gibt selbst zu[10], dass sein
Drama "sich aber was lang verstreckt"[11]. Die Zahl
der agierenden Personen hat er verdoppelt. Bei Gwalther sind es 21 Personen, bei Moller 46. Er
schreibt[12] selbst ausdrücklich, dass er "etliche personen umb der knaben willen hinzugesetzt" hat. Er
meint sogar, seine Änderungen seien so grundlegend,
dass "so einer sie (d.h. die beiden Komödien - M.W.)
kegen einander halten wolt, derselb an etlichen orten
beynah zweyfeln kond, ob diese aus der lateinischen
ubersetzt und verdeudscht werde".
Vergleichen wir nun probeweise die Aussagen
einzelner Personen des Stücks bei Gwalther mit denen
bei Moller. So spricht z.B. Glycologus[13] bei Gwalther:
"Nam forte pauper, inops, hinc inde obambulans
Quaerensque cui fraude et dolis imponerem,
Sumptu suo qui me ociosum pasceret ..."
Das Gegenstück bei Moller lautet[14]:
"Denn da ich gieng ganz unuorsicht,
Und het kein pfeng im beutel nicht,
Sah mich fest umb obch einen fund,
Den ich mit List betriegen kund,

```
          Das er mich nert ein ledig gang,
          Denn arbeit tut mir mächtig bang.
          Arbeit ich nicht gewohnet bin.
          Mich tregt auch nicht darzu mein Sin.
          Wo abr wer ein land zuvorzern,
          Da wolt ich wol bestehn in ehrn,
          Beweisen meinen treuen fleis,
          Schlemmen, das mir ausbrech der schweis.
          Da ich nun also umbhar schlich
          Wolt umb ein dienst bewerben mich ..."
```

Wir sehen: Moller hat den Text um ein sechsfaches
gedehnt!

Bei Gwalther schildert Glycologus Nabal folgenderweise[15]:

```
          "Hic opibus et fortunae donis ebrius,
          Extolli mire gaudet et laudarier."
```

Dem entsprechen bei Moller folgende Zeilen Gnathos[16]:

```
          "Und was mehr sein der feinen Stück:
          Ersoffen ist er ganz im glück,
          Und ist über die masse reich,
          Da hat er jn kaum seinen gleich.
          Sonst ist er grob als bonen stro,
          Gfelt jm doch wol, und wird sehr fro,
          So man jn lobt und weidlich rumpt
          Sein tun mit schonen worten blumpt."
```

Das Verhältnis ist hier vier zu eins.

Ein weiteres Fragment derselben Rede lautet:
Gwalther:

```
          "... viri sed mox notavi amentiam,
          Adeo salutoque nimis illum humaniter ..."
```

Moller:

```
          "Ich merckt bald, was die glock geschlagen,
          Gdacht, bar mein gsel, dem mustu zwagen.
          Dem narren mustu brilln verkeuffen.
          Er wird fein tanzn nach meiner pfeiffen
          Ich trat jm nehr, streichelt den bart,
          Und grust jn nach hoflicher art."
```

Im letzten Beispiel war das Verhältnis eins zu drei.
Moller hat andererseits auch einige unwesentliche
Fragmente des Originaltextes ausgelassen und etli-
che Kürzungen vorgenommen, deswegen haben solche

302

Amplifizierungen einzelner Reden - wie eine drei-,
vier- oder zuweilen sechsfache - Raum in seinem
Stück, dessen Proportion zum Original sich im Verhältnis zweieinhalb zu eins ausdrückt. So wie in den
oben angeführten Beispielen hat Moller auch bei
seinen übrigen Dehnungen fast keine neuen Inhalts-
elemente hinzugefügt. Man muss zugeben, dass unser
Autor hier eigentlich eine erstaunliche und eigen-
artige Kunst entfaltete, indem er die fast wörtliche Treue zum Original mit einer so grossen Dehnung
zu verbinden verstand. Er sagte im ganzen Stück im
allgemeinen genau dasselbe wie Gwalther, nur mit
viel mehr Worten! Mit anderen Worten dasselbe aus-
zudrücken, was ein anderer gesagt hat, ist nicht
schwer, aber regelmässig mit so viel mehr Worten
und Sätzen - dazu noch ohne dem Rhytmus und dem
Reim grösseren Abbruch zu tun (letzteres trifft natürlich, wie bei den anderen deutschen Versionen,
nur relativ zu, worauf ich an anderer Stelle näher
eingehen werde) - ist wirklich kein Leichtes und
verdient eine gewisse Bewunderung.

Hier noch ein Beispiel von dieser Art. *Gwalther:*
Pornion klagt über das schwere Schicksal der Dienstmägde. Ihre Klage erstreckt sich bei Gwalther über
6 Zeilen. Dieselbe Klage nimmt bei Moller 15 Zeilen
ein! Er ändert hier aber nichts am Inhalt; er baut
nur die Details aus.

Pornion sagt bei Gwalther[17]:

"... qualem nos modo
Spudaeum habemus, qui quia herae prae caeteris
Potest adulari, solus regit omnia
Molestiorque est multo, quam si servulus
Ipse haud unquam fuisset: ita demum suo
Fungi putans sese officio fideliter,
Laboribus si nos tantumnon enecet."

Bei Moller sagt Agar[18]:

"Ein solcher gselle ist auch nun
Daniel unter unserm gsind,
Ich wolt das er wer taub und blind.
Denn weil derselb ein heuchler ist,
Und der frawen zu aller frist

                Wol nach dem maule sprechen kan,
                So muss er sein der beste han
                Und uber das gesind regieren,
                Er weckt uns all morgen vor vieren,
                Und liegt uns darnach uberm hals,
                In einer stund solln wir tun alls.
                Er helt uns so gestreng und fest,
                Als wer er nie ein knecht gewest.
                Und meint darzu noch anders nicht
                Dan er habs so wol aussgericht."
Den knappen Satz von Gwalther:
                "Laboribus si nos tantumnon enecet"
gibt Moller mit drei Zeilen wieder:
                "Er weckt uns all morgen vor vieren,
                Und ligt uns darnach uberm hals
                In einer stund solln wirs tun alls."
Mollers Dehnungstechnik rückt jedoch andererseits
Gwalthers Kunst "des knappen Ausdrucks" ins volle
Licht. Gwalthers Schreibweise und Stil ist als
kunstvoll zu bezeichnen - kondensierte Ausdrucksweise ist nicht jedermans Sache (man denke an die
berühmte "brevitas" des Stils von Tacitus!) -, Mollers Dehnungen hingegen eher als künstlich. Zwischen
diesen beiden Begriffen liegt bekanntermassen ein
grundlegender Unterschied, der jedoch Mollers Werk
als ganzes nicht disqualifizieren soll.
      Was nun die dritte deutsche Version anbetrifft
- die von Mauricius - so ist hier festzustellen, dass
seine Amplifikation sich ungefähr in denselben Grenzen hält wie die von Grübel. So lautet beispielsweise bei Gwalther die Frage Davids[19]:
                "Itane beneficiorum Nabal immemor,
                Tam foeda nobis nuntiat convitia?"
Die entsprechende Stelle bei Mauricius[20] lautet hingegen wie folgt:
                "Wie? hat den Nabal die Gutthat,
                Die man bissher bewiesn jhm hat,
                In kurzer zeit so gar vergessn?
                Dass er so thurstig und vermessn
                Uns sol entbieten spott und schimpf,
                Da er hett mögen brauchen glimpff?"

304

Der Koch Pyroptes sagt bei Gwalther[21]:

"Statur. Sed tu quid huc fers insolens?"

Bei Mauricius nimmt die Rede von Peter viermal so viel Platz ein[22]:

"Mein guter Freund, Danck soltu han,
Du sihst wol was wir thun, wir klaffn,
Wust nicht was wir sonst hettn zu schaffn,
Hast nicht heut unsern Herrn gesehn?"

Die Ursache des fast gleichen Ausmasses der Amplifikation bei Grübel und bei Mauricius wird im Zusammenhang mit dem Verhältnis Mauricius zu Grübel deutlich, welches ich an anderer Stelle bespreche[23]:

Anmerkungen

1 F. Michael in: R. Arnold, Das deutsche Drama, S.72.
2 F. Michael, op.cit., S.62.
3 E. Wolff in: R. Arnold, Das deutsche Drama, S.266.
4 Wie der eben erwähnte Autor (E. Wolff, loc.cit.) berichtet, übte beispielsweise das Zittauer Publikum einen gewissen Zwang auf die Dramendichter aus. Es war an eine fünfstündige Dauer des Stücks gewöhnt und wollte einfach nicht früher nach Hause gehen.
5 E. Wolff, op.cit., S.269.
6 Akt I, Sz.I, S.18. (Giovanolis Ausgabe, S.36, Z.138-140).
7 Akt I, S.8. (S.214, Z.165-170).
8 Akt I, Sz.II, S.21. (S.40, Z.188-191).
9 Akt I, S.10. (S.218, Z.245-252).
10 Vorrede, S.6.
11 Ganz umgekehrt äussert sich darüber Bolte (J. Bolte, op. cit., S.6) indem er von einem "recht breiten Original" spricht. Wie dieses Missverständnis in Boltes Urteil zu erklären ist, wissen wir nicht.
12 loc.cit.
13 Akt I, Sz.I, S.13. (Giovanolis Ausgabe, S.28, Z.5-7).
14 Akt I, Sz.I, S.27.
15 Fortsetzung derselben Szene. (Z.11 f., 14 f.).
16 Fortsetzung derselben Szene.
17 Akt V, Sz.IV, S.95. (S.182, Z.1860-1866).

18 Akt V, Sz.IV, S.184.
19 Akt III, Sz.I, S.49. (S.94, Z.812 f).
20 Akt III, S.35/6.
21 Akt I, Sz.II, S.20. (S.38, Z.163).
22 Akt I, S.12.
23 Für alle deutschen Versionen gilt beim Vergleich mit dem
    lateinischen Original die Bemerkung, die wir bei Hase
    (E. Hase, op.cit., S.114) finden. Er berichtet, dass es
    an manchen Orten gebräuchlich war, bei der Aufführung von
    Dramen den Text gleichzeitig lateinisch und deutsch dar-
    zubieten. So ist z.B. Frischlins "Phasma" gespielt worden.
    Man brachte dort "jede Rede erst im kurzen, guten Latein,
    dann im schlechten, weitschweifigen Deutsch". Einen ganz
    ähnlichen Sachverhalt stellen wir beim Vergleich unserer
    deutschen Versionen mit ihrem lateinischen Original fest.

b) Übernahme von Gwaltherschen Sentenzen und ande-
    ren Formelementen

Im Original von Gwalther finden wir eine Reihe von
Sentenzen, die der Autor mit Majuskeln kenntlich gemacht hat. Dieses Formelement verdient unsere besondere Beachtung und dies aus zwei Gründen: Erstens,
weil ihr meritorischer Wert darin liegt, dass sie
zur Exemplifizierung der didaktischen Tendenz des
Autors dienen - Sprüche und Sentenzen prägen sich
bekanntlich ins Gedächtnis stärker ein als andere
Textformen - sie hämmern gewissermassen die dargebrachten Lehren in die Köpfe der Zuschauer ein;
zweitens, weil sie gemäss der Poetik von Scaliger,
um einen paradoxen Ausdruck zu gebrauchen, Gwalthers Komödie als Tragödie qualifizieren könnten
und auf Seneca zurückzuführen sind. Das Vorhandensein von Sentenzen wird nämlich in dieser Poetik
als ein signum specificum der Tragödie aufgefasst.
Spingarn[1] schreibt darüber folgendermassen: "For
Scaliger the moral aim of the drama is attained,
both indirectly, by the representation of wickedness ultimately rewarded, and more directly by the
enunciation of moral precepts throughout the play.
With the Senecan model before him such precepts
(sententiae) become the very props of tragedy - sunt
enim quasi columnae aut pilae quaedam universae
fabricae illius - and so they remained in modern
classical tragedy. Minturno points out that these
are to be used most in tragedy and least in epic
poetry." Spingarn führt auch die sich auf die Rolle
der Sentenzen im Drama beziehende Ansicht Ronsards
an[2]. Er schreibt: "Ronsard ... asserts that tragedy
and comedy ... should be enriched by numerous ex-
cellent and rare sentences ... in a few word the
drama must teach much being the miror of human
life ..." Sentenzen wurden, wie es scheint, als eine
besondere Würze gern sowohl von den Neulateinern,
als auch von deutschen Dramenautoren gebraucht. Im
Aufriss[3] finden wir eine Bemerkung über die "Vorliebe der Zeit" für Sprichwort und Fabel, was angeblich

einen "Zug zum Typischen, Allgemeinen, Über- - oder
richtiger gesagt - Unterpersönlichen" kundgab. Es
gab damals bekanntlich, wie der Autor des Aufris-
ses[4] es betont, zahlreiche Sprichwörtersammlungen
im Bereich der deutschen Literatur. Man latinisierte sogar, wie Creizenach[5] berichtet, deutsche Sprichwörter. Sehr interessant ist im Zusammenhang damit
die Information Borcherdts[6], derzufolge die Lübecker
Zirkelbrüderschaft, welche von 1430 bis 1550 wirkte
und kleine Dramen aufführte, Sentenzen und Sprichwörter behandelte, indem sie die alte und die neue
Zeit gegenüberstellte, Tugend und Weisheit pries.
Nebenbei gesagt vermutet Borcherdt in diesem Fall
einen niederländischen Einfluss. Um mit Sicherheit
feststellen zu können, mit welcher Art von Sentenzen wir es bei Gwalther zu tun haben - d.h., ob diese den zeitgenössischen deutschen Sprichwortsammlun-
gen entnommen und latinisiert wurden oder aber vom
Verfasser - so wie es sich eben aus der jeweiligen
Situation des Spiels ergab - gedichtet worden sind,
müsste man sämtliche oben genannte Sammlungen überprüfen. Die meisten Sentenzen muten bei Gwalther
wie allgemeine Weisheiten an, manche haben den Anschein, als ob sie von Gwalther ad hoc geprägt worden wären. Dies anzunehmen erscheint im Hinblick
auf die Nachricht, die wir bei Creizenach[7] finden,
durchaus möglich. Creizenach sagt ausdrücklich, dass
die Autoren oft selber Wendungen und Sittensprüche
erfanden, welche im Druck besonders hervorgehoben
wurden. Bei Gwalther sind die Sentenzen eben mit
Majuskeln gekennzeichnet worden, also besteht eigentlich der Grund zur Annahme, dass sie von Gwalther erdacht worden sind. Wir müssen sie nunmehr ins Auge
fassen und mit ihren Gegenstücken bei den deutschen
Autoren vergleichen. Gwalthers[8] Glycologus sagt:

> "Verum esse nunc scio vulgi puerbium,
> NULLA evenire posse cuique incommoda,
> Quae non alicuius commodo subserviant."

Das Gegenstück bei *Grübel* lautet[9]:

> "*Das ist ein gwüsses, waar sprüchwort,*
> *Welches ich heut selbs an diesem ortt*

308

Erfaren han, das viel und dick,
Einse schad sey des anderen glück."

Bei *Moller* lesen wir[10]:

"Itzund erfar ich mit der that,
Was das gmein sprichwort in sich hat,
Das nichts so bose sey auff erdt,
Welches nicht etwan wor nutz zu werdt."

Bei *Mauricius* sagt Antonius[11]:

"Das ist ein gwiss und wahrs Sprichwort,
Welchs ich heut selbst an diesem ort
Erfahren hab, dass viel und dick
Eins Schaden sey des andern Glück."

Gwalther[12] - David sagt:

"NULLA integra est mortalibus felicitas,
Quin plura semper incidunt incommoda."

Grübel[13]

"Kein mensch ist, dens schon etwan wol gadt,
Der nit erfare grossen unradt,
Vil angst und nott, jammer, unfall
In seinem läben über all.
Ist schon einer ein zeytle im wolstand,
Grad übernacht stosst im unglück zůhand."

Moller[14]

"Keins menschen gluck, das ist so gantz,
Das nicht etwan ein bose schantz
Schlage darein, und es verterbe,
Niemand ist selig ehe er sterbe.
Keins gluck ist vor seim end zu preysen."

Mauricius[15]

"Kein Mensch ist, wenns ihm schon wol geht,
Der nicht in Unglück auch gereth,
Muss aussstehn Noth, Jammer, Angst, Unfall
In seinem Leben überall.
Ist er schon ein zeit im Wolstand,
Stösst ubr Nacht Unrath jhm zuhand,"

Gwalther[16] - *David:*

"Nunc quam bene dictum miser ego intelligo,
ARUNDINI niti quassatae et fragili,
Quicunque dubio hominum favore nititur."

Grübel[17]

"*Darumb alle die den menschen truwend*
Auff sand, kadt, stoub und äschen buwend,
Und der sich auff den gunst der wält ladt,
Ist als einer, der auff einer kuglen stadt,
Oder am zerbrechlichen ror gadt."

Moller[18]

"Auff ein roer der sich lehnet fest,
Der sich auff menschen gunst verlest.
Denn wies roer schwach ist gantz und gar,
So ist die gunst auch wanckelbar."

Mauricius[19]

"*Drumb all die, so den Menschen trawn,*
Auff Sand, Koth, Staub und Aschen bawn,
Dann wenn man sich verlest auff gunst,
Ists schon verdorbn, und gar umbsunst,
Und darauff nicht gewisser geht,
Als der auff einer Kugel steht
Oder auff eim zerbrochenen Rohr."

Gwalther[20]

"At nunc video, caro quid possit improba,
INVITA quae viam, quam aliis monstraverat,
Ingreditur."

Grübel[21]

"Jetz will mein unmächtig fleisch nit dran
Auff dem weg, den ich andren zeigt han."

Moller[22]

"Aber ich fuel auff diesen tag,
Was meins leibs schwaches fleisch vermag.
Widder den weg es hefftig ficht,
Und will jn gerne wandeln nicht,
Den es doch andern hat gezeiget."

Mauricius:

Das Gegenstück dieser und der nächsten Sentenz
fehlt bei Mauricius. Er hat hier einen längeren Passus seiner Vorlage ausgelassen. Ob es
aus Versehen geschah, oder ob der Autor es absichtlich tat, ist nicht mit Gewissheit zu sagen.

Gwalther[23]

(Deus) "PATRIS tamen haud abijciet ingenium pii
Nec ultra, quam simus ferendo[x], nos sinet

x (hier liegt ein seltsamer Fehler vor)
Tentarier."
Grübel[24]

"Dann er hat eines treüwen vatters ard,
Und weisst wie wir sind so blöd und zart,
Wirt uns nit mer leiden auffladen,
Dann das wirs wol mögend tragen."
Moller[25]

"Doch eines frommen vaters mut,
Der sein kinden nichts boses thut,
Wird er zu uns behalten wol,
Er ist gutig und gnaden vol,
Er wird uns ja nicht hoher lahn
Versuchen, dann wir konnen bstan."
Gwalther[26]

"FERAMUS omne, quod ferendum venerit."
Grübel[27]

"Näminds von jm auf dultiglich,
Und was sunst kumpt leydind willigklich.
Dan Gott, der alles kan regieren,
Wirts als zum glücklichsten end füren."
Moller[28]

"Wir woln jn weiter sorgen lassen,
Vnd ein getrostes hertze fassen,
Und leiden alles mit gedult,
Was er uns aufflegt wol verschuldt."
Mauricius[29]

"Darneben aber Fleisch und Blut
Das bittere Creutz auch weh tut,
Welchs ich doch tragn will mit gedult,
Wer weiss wie wir diss han verschuldt,
Der lieb Gott wird alls wol regieren,
Und zum glücklichsten ende führn."
Gwalther[30]

"... Gravi quando dolore perciti
VLTORIS audient Dei sententiam."
Grübel[31]

"Es wirt darzů kon das sy vergeben
Und spadt reuw und bůss werdind han,
Wens Gotts angsicht nun sähen an,
Und hören sein grecht Straaff urteil,

Das solchen allen wird zů teil.
Gott wirt ein grusam spruch fellen
Über sollich dergleichen gsellen."
Moller[32]

  "Es wird einmal kommen die zeit,
  Das sie zu spät werden mit leit
  Und grossem wehmut sehr beklagen,
  Das sies also getrieben haben,
  Wan Gott wird ein schwer urteil sprechen,
  Vnd mit ernst solches leben rechen."
Mauricius[33]

  "So mögen sie es allein fressen,
  Vielleicht wird jhn bekommen das
  Nicht anders als dem Hund das Grass.
  Denn gmeiniglich ein volles Hauss
  Sein eignen Wirth thut speyen aus."
Gwalther[34]

      "Venire nos necessitas
  Coegit, qua NIHIL est in orbe durius."
Grübel[35]

  Die not uns härzůkommen tringt,
  Welche auff erdterich alles zwingt ..."
Moller[36]

  "Ach herr, lasts euch nicht sein ein spot,
  Zwung uns jtzt nicht die grosse not.
  Welche dan auch wol eysen bricht,
  So wern wir hierher kommen nicht."
"Not bricht Eisen" - hier haben wir ein bekanntes
Sprichwort.
Mauricius[37]

  Die Noth herzu uns kommen dringt,
  Die alles auff Erdreich bezwingt".
Gwalther[38]

  "Sic comparatum est, VT SUAE fortis fere
  Omnes pigeat, aliosque se felicius
  Vivere putent ..."
Grübel[39]

  "Es ist also ein alts harkomen,
  Das ein jeder sein stand und stadt
  Schilt und läugt, wies eim andren gadt,

Und meint allweg in sinen sin,
Es gang eim andren bass dan jm ..."
Moller[40]

"So geht es zu alzeit auff erden,
Das wenig leut erfunden werden,
Die nicht jrs glucks und stands verdreusst,
Ein ider bey sich also schleust:
Sih, dem es in seim stand wol geht,
In deinem es viel erger steht."

Mauricius

hat diese Sentenz ausgelassen. - Hier haben wir
einen ähnlichen Gedanken, wie im polnischen
Sprichwort: "Cudze chwalicie, swego nie znacie;
sami nie wiecie, co posiadacie."

Gwalther[41]

"... sed nunc malo edoctus probo
Quae vulgo passim celebratus sententiam,
Qua BELLUM inexpertis suave dicitur."

Grübel[42]

"Darumb ich yetzund billichen büssen,
Und han darmit probiert das sprüchwort,
Das man dan seit gar an manchem ort,
Das dass kriegen sey ein feyner standt,
Ja denen, die es nicht versůcht hand."

Moller[43]

"Ich bin sein nu gar offt sat worden
Und weis, das zu dem kriges orden
Niemand kann lust und liebe haben,
Dan allein unversuchte knaben."

Mauricius[44]

"Drumb ich auch jetzund billich buss,
Und hab mit probirt das Sprichwort,
Das man viel sagt an manchem ort:
Das kriegen sey ein feiner stand,
Ja denen dies versucht nicht hand."

Gwalther[45]

"Nam dum licet, nobis vivendum censeo,
QUANDO fore scio cum frustra id tentabimus"

Grübel[46]

"Lassend uns trincken frölich sin.
Des nächsten tags farind wir dahin,
So ists dan vergebens und umb sust."

Moller hat diese Sentenz nicht wiedergegeben.
Mauricius hat diese Stelle ebenfalls ausgelassen.
Gwalther[47]

> "Satiusque iudico multis nocentibus
> IGNARUM et inscium parcere, quam sanginem
> Unius hominis innocentis fundere."

Grübel[48]

> "Das dünckt aber vil besser mich,
> Vil verdienten unwysenlich
> Verschonen, dann eins fromen blůt
> Vergiessen aus verdachtem můt ..."

Moller[49]

> "So dunkt es mich noch besser auch,
> Das einer durch unwissenheit
> Vieler verschont in krieges zeit,
> Die ein staup verdient hetten wol,
> Als das er unbedacht und toll,
> Ein eingen man brecht umb sein leben,
> Der nie darzu het ursach geben."

Mauricius - bei ihm ist diese Sentenz nicht zu finden.
Gwalther[50]

> "... non me puto
> UXORIS officio piae fungi et bonae,
> QUAM FERRE convenit mariti crimina
> Potius, quiritando quam temere traducere."

Grübel[51]

> "*Dann es stad nit zů einer Eeren frauwen*,
> Das jren mann auss mach; *sol mer schauwen*,
> *Wie syss jn sich vertruck und sich lyd*,
> Und auch *vil böser worten myd* ..."

Moller[52]

> "Denn ein ehfraw nicht darauff tracht
> Die Gott und jr ehr etwas acht,
> Yrs haussherrn laster oder schand
> Zu sprengen durch ein gantzes land."

Mauricius[53]

> "*Steht auch nicht zu einr Ehrenfrawen*,
> Jrn Mann ausstragn, *soll vielmehr schawn*,
> *Dass sie es unterdrück und leid*,
> Dadurch *viel boser Red vermeid* ..."

314

Gwalther[54]
> "... nihil exstimem esse stultius
> REIque DOMesticae periculosius,
> Quam coniugum simultatem et discordiam"

Grübel hat diese Sentenz ausgelassen.

Moller[55]
> "Denn ich das wol abnemen kan,
> Wo jrgent unter fraw und man
> Zwitracht und neid entsteht im haus,
> Da kan nichts gutes werden aus."

Mauricius liess diese Sentenz aus.

Gwalther[56]
> "IDEMque sibi fidentes nunquam deserit."

Grübel[57]
> "*Derselbig Gott würdt die nit lon,*
> Die hoffnung werdend zů jm han,
> *Wirt auch nit werden lon zů schanden ...*"

Moller[58]
> "Auch die so sich fest an jn fassen,
> Pflegt er in keiner not verlassen."

Mauricius[59]
> "*Derselbig Gott wird die nicht lassn,*
> Die gänzlich sich auf jhn verlassn,
> *Und werden nimmermehr zu schadn.*"

Gwalther[60]
> "PRIOR est petendus, huius qui mali est caput."

Grübel[61]
> "Den sol man *zersten gryffen an,*
> *Der des unglücks ein ursach ist,*"

Moller[62]
> "Wir wolln erst holn den rechten man,
> Der diss ungluck hat gstifftet an."

Mauricius[63]
> "Wil einer seyn ein bhertzter Mann,
> Sol er *zu erst den greiffen an,*
> *Der diss Unglücks ein Ursacher.*"

Gwalther[64]
> "... sed tamen
> AUDENDUM aliquid est pro salute publica."

Grübel 65
> "*Nüt destminder* so mǔss yetz ich
> Etwas thǔn - *und auch waagen mich,*
> *Diewyls den gmeinen wollstand brürt,*
> Und mich Gott darumb hat zǔ jm gfürt."

Moller 65
> "Ich muss in Gottes namen fort,
> Ums besten willen muss ichs wagen."

(Die Wiedergabe des Gwaltherschen Ausdrucks "pro salute publica" mit "Umbs besten willen" ist nicht genau. Es ist nicht dasselbe, wie das "Gemeine Wohl".)

Mauricius 67
> "*Nicht desto wenigr* so muss ich
> Für jhn kommen und auch wagen mich,
> *Weils den gmeinen Wolstand berührt.*"

Gwalther 68
> "Vah SOLERTIA
> QUID non muliebris efficit?"

Grübel 69
> "*Ha wie sind die wyber doch so gschwind.*
> *Ich glaub nit, das man jrs glychen find.*"

Moller 70
> "Seht wie es umb der weiber list
> Ein ding so starck und mechtig ist?
> Er zwingt die herrn nach seinem willen,
> Und kann gar bald ein lermen stillen."

Mauricius 71
> "*Abr wie seynd Weiber nur so gschwind,*
> *Gleub kaum, das man jhrs gleichen findt.*"

Gwalther 72
> "NAM MULTA suadet improba
> Fames: tum proprium hoc habent fere milites,
> FAMELicis ut cuncta licere existiment."

Grübel 73
> "*Dann wo der hunger ist verhand,*
> *Under kriegslüten auff dem land,*
> *So gibt er jnen nüt gǔts yn,*
> *Darzǔ hand schier kriegsknecht all den sinn,*
> *Das sy vermeinent kurtz und schlecht,*
> *Was sy nun thǔynd, das sy recht.*"

316

Moller[74]

>"Denn hunger macht, das offt geschiecht
>Von manchem, das sonst gschehe nicht.
>Darzu so ist der kriegsleut brauch,
>Das sie halten mit ledgem bauch
>Mugen sie thun alles mit recht."

Mauricius[75]

>*"Denn wo der Hunger in den Landen*
>*Unter Kriegssleuten ist verhanden,*
>*Gibt er ein gar nichts gutes jhnn,*
>*Denn Kriegsleut habn fast all den Sinn,*
>*Dass sie nur meinen kurtz und schlecht,*
>*Was sie thun, das sey alles recht."*

Gwalther[76]

>"... nec ii dixisse perperam mihi
>Videntur, EBRIETAS quibus vesania
>Spontanea dicta est."

Grübel[77]

>"Darumb so hand auch recht gredt darvon,
>Die da gseit, wie es yetz thůt gon,
>*Es syge nun die trunckenheit*
>*Ein frywillige unsinnigkeit*
>*Oder taubsucht on allen zwang."*

Moller[78]

>"Und was ist sonst die trunckenheit,
>Dan ein willig unsinnigkeit?"

Mauricius[79]

>"... *dass die Trunckenheit*
>*Sey ein freywillig Unsinnigkeit,*
>*Odr ein Taubsucht ohn allen zwang."*

Gwalther[80]

>"Licet
>Enim IMPII COR instar indomiti maris
>Furiat, novasque res semper deliberat:
>Ludit tamen ipsorum studia iustus Deus."

Grübel[81]

>"Dann so schon sgottlosen hertz und gmůt
>Wie das ungstimm meer taubt und wůt
>Und tracht wiess etwas neüwes stiffte an
>So lacht nun der grecht Gott, nun jren dran

Und macht zůnüten all jren radtschlag,
Die sy erdenckend alle tag."
Moller[82]
"Denn obwohl der gotlosen hertz
Gleich wie das meer tobet on schertz,
Und alzeit etwas newes brawet,
Welchs den frommen gantz scheusslich drawet.
So lacht doch Gott, und macht zu nicht
Alls, was der gotloss denckt und dicht."
Mauricius hat diese Sentenz nicht mehr, weil er das
Stück gekürzt hat.
Gwalther[83]
"NAM omnium
CONDITIO eadem est ..."
Grübel[84]
"Denn wir all sind im glichen stand ..."
Moller[85]
"Wir sind von einer haut und haren."
Mauricius ---
Gwalther[86]
"SED MULTA ferat oportet, quisquis sic suas
Res instituit, aliorum ut vivat sumptibus."
Grübel[87]
"Dann der darff, das er sich duck, lyd vil.
Der auss anderen seckel zeren wil."
Moller[88]
"Der muss vorwar leiden gar viel,
Der sich gibt in ein solches spiel,
Das er nur ein schmorotzer sey.
Ess und trinck allenthalben frey."
Mauricius ---
Gwalther[89]
"NAM FALLERE non potest Deus, qui veritas
Est ipsa;"
Grübel[90]
"Gott, der da weisst, was uns allen brist,
Wirt nit fälen, dwil er dwarheit ist ..."
Moller[91]
"Die hoffnung wird euch nicht betriegen,
Denn Gott ist war, und kan nicht liegen."
Mauricius ---

318

Der hier durchgeführte genaue Vergleich der
Sentenzen, d.h. ihrer deutschen Fassungen mit dem
lateinischen Original ist für uns sehr aufschlussreich. Er führt uns nämlich drei Dinge vor Augen.
Erstens haben wir hier Beispiele für die Amplifikation, die - wie gesagt - das Kennzeichen aller
deutschen Versionen ist. Die grösste Dehnung des
Textes finden wir auch in diesem Fall bei Moller.
Zweitens zeigen uns diese Beispiele, wie skrupel-
und vorbehaltlos Mauricius seine Vorlage, das heisst
den Text Grübels sich zu eigen machte. Er schrieb
unzählige Stellen davon einfach ab, an anderen be-
quemte er sich zu geringen, ganz unwesentlichen
Änderungen, wahrscheinlich um seiner Arbeit den Anschein von Selbstständigkeit zu verleihen. Obgleich
ich dieses Problem eingehender an anderer Stelle
erörtere, möchte ich doch bereits bei dieser Gelegenheit - um Wiederholungen zu vermeiden - ein Beispiel für das Verfahren des Mauricius geben. Ich
habe die betreffenden Stellen durch kursive Schrift
gekennzeichnet.
   Drittens ist aus diesem Vergleich die grundsätzliche Treue zum lateinischen Original zu ersehen, die alle deutschen Bearbeitungen kennzeichnet.
   Ich bespreche ausnahmsweise Gwalthers Sentenzen
nicht bei der Analyse des Gwaltherschen Dramas, sondern im Rahmen der Analyse der deutschen Versionen
unseres Stückes aus technischen Gründen, d.h. um auch
diesmal Wiederholungen zu vermeiden. Deswegen beziehen sich die folgenden Bemerkungen eigentlich
auf Gwalther und nicht auf die deutschen Autoren.
Nicht alle Sentenzen haben hier die typische, übliche Sentenzform. Manche weisen eine seltsame, erwei-
terte Gestalt auf, weil sie in einen anderen Satz
eingeflochten sind. Sie sind in die Form eines persönlichen Ausspruchs gekleidet und könnten selbständig nicht existieren. Es besteht aber kein Zweifel darüber, dass gemäss der Absicht unseres Autors
alle diese Sprüche als Sentenzen aufgefasst werden
sollen, denn er hat sie deutlich mit Majuskeln gekennzeichnet, um unsere Aufmerksamkeit auf sie zu

lenken. Wir können diese Sentenzen charakterisieren,
indem wir sie im Hinblick auf den Inhalt in drei
Gruppen einteilen. Die erste Gruppe mutet stoisch
an (2, 6, 8, 9, 13, 22); die zweite christlich (3,
7, 15, 20, 23). Der Rest ist als allgemein gnomisch-
didaktisch zu bezeichnen. Die elfte Sentenz erinnert
an den Satz aus der Ode des Horaz (Carm.II,3, v. 15-16)

"... dum res et aetas et sororum
Fila trium patiuntur atra."

Die Sentenzen können auch noch unter anderem Gesichtspunkt eingeteilt werden. Wir begegnen hier nämlich
einerseits Sentenzen, deren Inhalt immer aktuell,
also zeitlos ist, und andererseits solchen, welche
sich lediglich auf die gegebene Situation beziehen,
also als "stückbezogen" zu bezeichnen sind.

Was die Verdeutschung der lateinischen Sentenzen betrifft, so ist zu sagen, dass deren Inhalt von
den deutschen Autoren treu übernommen wurde, die
Form sich hingegen sehr verschieden gestaltet - je
nach dem Ausdrucksvermögen der einzelnen Dichter und
ihrem geistigen Niveau. Weil Grübel das niedrigste
Niveau aufweist, fielen auch die Sentenzen bei ihm
und eo ipso bei Mauricius am primitivsten aus. Bei
der siebenten Sentenz haben wir bei Mauricius eine
interessante Interpretation zu verzeichnen. Wir
haben hier nämlich mit einer Paraphrase zu tun.
Mauricius benutzte hier - anstatt der genauen Übersetzung - zwei volkstümliche Redensarten, deren
symbolische Wendungen dem Inhalt der Gwaltherschen
Sentenzen entsprechen.

Was die übrigen Formelemente anbetrifft, so wurden sie im allgemeinen von den deutschen Autoren ohne
wesentliche Änderung übernommen. Es ist nur zu ver-
merken, dass die Einteilung in Szenen lediglich bei
Moller vorhanden ist. Grübel hat keine Szeneneinteilung; deswegen hat sein Nachahmer - Mauricius - auch
keine. (Die Änderungen, die Moller eingeführt hat,
bespreche ich im Kapitel "Das Verhältnis der deutschen Versionen zueinander und zum Original".)

Anmerkungen

1   J.E. Spingarn, op.cit., S.79.
2   J.E. Spingarn, op.cit., S.203.
3   Aufriss ..., S.64.
4   S.67.
5   W. Creizenach, op.cit., Bd.III, S.104.
6   H. Borcherdt, op.cit., S.151 f.
7   W. Creizenach, op.cit., Bd.III, S.99.
8   S.13. (Giovanolis Ausgabe S.28, Z.1-3).
9   S.5. (S.208, Z.1-4).
10 S.27.
11 S.7.
12 S.21. (S.42, Z.197 f).
13 S.10. (S.219, Z.267-272).
14 S.45
15 S.15.
16 S.22. (S.42, Z.212-214).
17 S.11. (S.219, Z.289-293).
18 S.46
19 S.15.
20 S.22. (S.44, Z.225-227).
21 S.11. (S.220, Z.306 f).
22 S.47.
23 S.23. (S.44, Z.240-242).
24 S.11. (S.221, Z.328-331).
25 S.49.
26 S.24. (S.46, Z.275).
27 S.12. (S.222, Z.379-382).
28 S.51.
29 S.15.
30 S.32 (S.62, Z.445 f).
31 S.18. (S.234, Z.667-671).
32 S.68.
33 S.23.
34 S.39. (S.74, Z.579 f).
35 S.22. (S.243, Z.889 f).
36 S.79.
37 S.28.
38 S.36. (S.68, Z.508-510).
39 S.20. (S.239, Z.785-789).
40 S.73.

```
41   S.36.  (S.70, Z.527-529).
42   S.21.  (S.240, Z.815-819).
43   S.75.
44   S.27.
45   S.48.  (S.92, Z.806 f).
46   S.30.  (S.258, Z.1271-1273).
47   S.52.  (S.98, Z.891-893).
48   S.32.  (S.264, Z.1409-1411).
49   S.99.
50   S.59.  (S.114, Z.1055-1058).
51   S.38.  (S.276 f, Z.1720-1723).
52   S.120.
53   S.46.
54   S.60.  (S.114, Z.1063-1065).
55   S.121.
56   S.68.  (S.130, Z.1254).
57   S.54   (S.289, Z.2078-2080).
58   S.135.
59   S.55.
60   S.69.  (S.132, Z.1277).
61   S.45.  (S.291, Z.2129 f).
62   S.136.
63   S.56.
64   S.70.  (S.132/4, Z.1285 f).
65   S.46.  (S.292, Z.2150-2153).
66   S.137.
67   S.57.
68   S.73.  (S.138, Z.1360 f).
69   S.48.  (S.296, Z.2284 f).
70   S.142.
71   S.60.
72   S.76.  (S.144, Z.1426-1428).
73   S.51.  (S.301, Z.2411-2416).
74   S.148.
75   S.67.
76   S.83.  (S.158, Z.1599-1601).
77   S.55.  (S.312 f, Z.2713-2717).
78   S.161.
79   S.72.
80   S.85.  (S.160/2, Z.1631-1634).
81   S.56.  (S.315, Z.2769-2774).
```

82   S.164.
83   S.88. (S.166, Z.1701 f).
84   S.59. (S.320, Z.2893).
85   S.170.
86   S.91. (S.172, Z.1773 f).
87   S.61. (S.325, Z.3016 f).
88   S.177.
89   S.99. (S.190, Z.1956 f).
90   S.67. (S.339, Z.3316 f).
91   S.192.

c) Beschaffenheit der Sprache: Sprachliche "Verwilderung"

Ein gemeinsames Merkmal aller deutschen Versionen unseres Stückes bildet weiterhin die schlechte Qualität der Sprache. Dies ist aber selbstverständlich kein signum specificum unserer drei deutschen Bearbeitungen, sondern bekanntlich das der deutschen humanistischen Literatur überhaupt. Wir haben hier mit keiner "subliterarischen" Sprache zu tun, sondern mit der literarischen Sprache der Epoche. Innerhalb ihres Bereichs gibt es natürlich bei den einzelnen Autoren einige Unterschiede und Nuancen - nichtsdestoweniger war die deutsche Sprache des 16. Jahrhunderts als solche ungelenk, unbiegsam und unentwickelt. Luther versuchte sie, wie wir wissen, "in neue Bahnen" zu lenken; sein Einfluss war jedoch auf diesem Gebiet nach der Meinung Manns[1] begrenzt. Er erstrebte nämlich keine einheitliche Regelung der deutschen Sprache bezüglich Wortform, Schreibweise und Zeichensetzung. Sein Hauptverdienst besteht im Zurückdrängen der heimatlichen Eigensprachen. Erst im 17. Jahrhundert wurde, wie Mann betont, eine hochdeutsche Bildungsliteratur als Muster für eine geschriebene Sprache geschaffen. Einstweilen war also die Sprache noch grob, ungehobelt, derb und hart. Luther selbst bezeichnete nach Schmidt[2] die deutsche Sprache seiner Zeit als zu "hart", als "nimis dura" zum Übersetzen des Terenz.

Die sich mit dieser Epoche beschäftigenden Forscher klagen über die "Verwilderung" der derzeitigen deutschen Sprache. So bezeichnet sie beispielsweise Tieck[3] als einen "ungebildeten Dialekt" im Vergleich mit der "weichen" und "wohllautenden" deutschen Sprache des 13. und 14. Jahrhunderts. Infolge des "Zurückziehens des Adels von Poesie und Wissenschaft" gelangte die Dichtkunst und somit die Entwicklung der Sprache in die Hände der Bürgerlichen, welche sie "anfangs, seit Frauenlob, mit Eigensinn und seltsamer Künstlichkeit", späterhin "als Handwerk und nach ganz willkürlichen Regeln" behandelten, ohne

sich um deren "Wohllaut und musikalischen Rhythmus"
zu kümmern. All dies erklärt, nach der Ansicht
Tiecks, "einigermassen, aber bei weitem nicht ge-
nugtuend" die Erscheinung und "es bleibt für den
Forscher noch vieles übrig, um die so schnelle Ent-
artung der Sprache zu erklären". Wenn wir nach anderen Ursachen dieses unheilvollen Zustandes Umschau halten, dann wären hier noch einige Faktoren
zu nennen.

Erstens ist hier die Vorherrschaft der lateinischen Sprache in der deutschen Literatur zu erwähnen, welche, wie wir wissen, sich später auf die
Entwicklung der deutschen Sprache überaus positiv
auswirkte, einstweilen aber noch deren Verselbstän-
digung hemmte. Zweitens ist hier das allgemeine kulturelle Niveau Deutschlands zu berücksichtigen,
welches naturgemäss die Sprache beeinflusste. Hier
trifft vollständig der Ausspruch Schillers zu, welcher - nach Koch[4] - die Sprache als "den Spiegel
der Nation" bezeichnet haben soll. Die deutsche Nation hatte nämlich in der in Rede stehenden Epoche
noch, um den Ausdruck Burdachs[5] zu gebrauchen, "ein
unkünstlerisches Empfinden"; das Zeitalter war
"phantasiearm", sein Geist "roh", "derb" und "män-
nisch". Der Patron der Epoche war ja, wie bereits
erwähnt, der von Sebastian Brandt geschaffene Sankt
Grobian! Das allgemeine Stilempfinden war damals
in Deutschland "nicht fein genug". "Die Ausbildung
des Geschmacks ist dürftig, es fehlt an einem Ideal
höheren, geistigen Lebensgenusses", stellt in diesem
Zusammenhang Borcherdt[6] fest. Es gab hier, wie
Devrient[7] betont, keine entsprechende Kunstatmosphäre,
keinen Schutz für die Künstler, kein Mäzenatentum -
bekannt ist die "socordia principum Germaniae", die
sie auf dem Gebiet der Kultur zur Schau tragen - und
keine Kunstzentren, wie sie in anderen Ländern, vornehmlich in Italien, in dieser Zeit bestanden. Die
Fürstenhöfe, welche die Rolle der genannten Kultur-
zentren hätten übernehmen sollen, hielten, wie Borcherdt[8] bemerkt, nicht Schritt mit der humanistischen Metamorphose der Zeit. Sie waren vielmehr kon-

servativ orientiert und versuchten an den Traditionen der alten ritterlichen Kultur festzuhalten, während das Bürgertum in seinen kulturellen Bestrebungen, für deren Realisierung ihm ohnehin die entsprechenden geistigen Voraussetzungen fehlten, isoliert
blieb[9]. Infolgedessen ist der Humanismus in Deutschland nach der Auffassung Borcherdts[10] nie heimisch
gewesen; er blieb ein Fremdkörper im deutschen Gei-
stesleben, ja - sein Einbruch verursachte in der
deutschen Kunst geradezu[11] "eine innere Krise". Da
der Humanismus in Deutschland ein "Fremdkörper" war,
fehlte es hier auch an Bestrebungen, eine feine
humanistische Sprache herauszuarbeiten. Selbst die
gebildeten Humanisten passten sich, wie Borcherdt[12]
betont, der unentwickelten, ungelenken, unbiegsamen,
groben Volkssprache an und machten keinen Versuch,
eine höhere Sprache zu schaffen. Borcherdt spricht
hier von "dem Willen zur Verbindung der humanistischen Tendenzen mit volkstümlicher Sprache".

Es ist hier jedoch noch ein anderer mächtiger
Faktor in Betracht zu ziehen, welcher im Bereich der
Kultur von ausschlaggebender - in diesem Fall nega-
tiver - Bedeutung war. Es handelt sich um die Reformation, welche sich auf die Literatur im wahrsten
Sinne dieses Wortes zerstörend auswirkte und die
Entwicklung der ästhetischen Kultur auf diesem Gebiet und somit auch auf dem der Sprache in entscheidendem Masse hemmte. Wenn sich die Literatur nicht
entwickeln konnte, dann konnte sich auch keine literarische Sprache entwickeln. Die sich mit dem Schuldrama beschäftigenden Autoren stellen die verheerende Wirkung der Reformation auf die Kunst und auf die
Literatur fest. "In der kirchlichen Zerrissenheit
ging alle freudige Begeisterung, alle Schöpferkraft
zugrunde", schreibt Holstein[13]. Die vorreformatori-
schen verheissungsvollen Anfänge der kulturellen
Entwicklung an den Universitäten in Basel, Freiburg,
Tübingen, Heidelberg, Erfurt wurden nach der Feststellung von Kürschner-Borinski[14] durch den Ausbruch
der Reformation zunichte gemacht.

"Das deutsche Volk hatte in der Reformation
sein Gewissen gerettet, aber den Schmuck und die höhere Würze des Lebens, den Literatur und Künste verleihen, auf Jahrhunderte hin fast eingebüsst", lesen wir dort. Treffend charakterisiert die Lage der
Dinge Borcherdt, indem er schreibt[15]: "Die Reformation reisst alle geistigen Kräfte an sich und macht
die Entwicklung einer rein ästhetischen Kultur unmöglich." An einer anderen Stelle[16] stellt dieser
Autor fest: "Nichts lag der Reformation ferner als
ein ästhetisches Verhältnis zum Kunstwerk." Sie
liess keinen Raum für andere Probleme, andere Fragen, andere Interessen. Man könnte dieses Phänomen
als einen sui generis geistigen "Totalitarismus"
bezeichnen. Es war eine Alleinherrschaft über die
Gemüter, welche ästhetische Interessen aus dem Gesichtspunkt der meisten Schriftsteller verschwinden
liess. Nicht nur die Flugschrift, sondern auch das
Drama wurde, wie wir wissen, zum Instrument der konfessionellen Polemik. Wir haben es hier mit einer
einzigartigen Erscheinung in der deutschen Litera-
tur- und Theatergeschichte zu tun, denn wohl nie
vorher und nie nachher hat das Schauspiel in solchem Masse den religiösen Zwecken gedient. Der bereits zitierte Ausspruch "Das bretterne Schaugerüst
ist zur Kanzel geworden" ist nicht übertrieben. Der
organischen Entwicklung des Dramas - und somit auch
der dramatischen Sprache, können wir hinzufügen - sind
nach dem Ausdruck Kochs[17] "die Wege versperrt worden".
Den Schaden, der durch "die schwere Geistesbedrückung"
auf diesem Gebiet entstand, vermochten nach seiner
Ansicht "die gelehrten Anstrengungen" des 18. und
19. Jahrhunderts nicht wiedergutzumachen. Die Poesie
wurde vom literarischen Markt durch die Unmengen
der politischen und konfessionellen Schriften ver-
drängt[18]. Diese Meinungen sind alles Stimmen der
späteren Forscher der Renaissanceperiode. Die Erkenntnis bezüglich des negativen Einflusses der reformatorischen Bewegung auf die deutsche Literatur
ging jedoch bereits den Zeitgenossen auf. Sie gipfelte in dem berühmten Ausspruch des Erasmus: "Ubi

Lutheranismus - ibi litterarum interitus!"[19] Es war
nötig, uns die wichtigsten, teilweise bekannten Faktoren, die die Verwilderung der deutschen Sprache
im 16. Jahrhundert bewirkten, noch einmal vor Augen
zu führen, um die Sprache unserer drei deutschen
Autoren entsprechend d.h. objektiv zu bewerten. Wenn
wir also bei unseren Wertungsbestrebungen von dem
oben geschilderten faktischen Sachverhalt ausgehen,
dann wird das Urteil für unsere Autoren weniger un-
günstig ausfallen. Die Beschaffenheit des Instruments,
mit dem sie arbeiteten, war eine von ihnen unabhängige Gegebenheit. Sie dichteten in einer Sprache, die
ihnen zur Verfügung stand und diese war sehr unzulänglich. Deswegen erscheint das Urteil, welches wir
in bezug auf das Schuldrama bei Merker-Stammler finden[20], nicht unberechtigt. Es lautet: "Ästhetisch
stand das Schuldrama überhaupt auf sehr tiefer Stufe."[21]

Volkstümliche Redensarten

Wenden wir nunmehr unsere Aufmerksamkeit einem sehr
wichtigen Bestandteil aller deutschen Bearbeitungen
zu, nämlich den darin enthaltenen volkstümlichen
Elementen. Alle Autoren flochten in ihre Dramen entweder einzelne volkstümliche Ausdrücke oder ganze,
zuweilen wie Sentenzen anmutende, volkstümliche Redewendungen ein. Sie sind für uns deswegen beachtens-
wert, weil sie einen Teil des zeitgenössischen volkstümlichen Wort- und Sprichwortschatzes repräsentieren. Sie könnten gegebenenfalls einen interessanten
Beitrag zu Spezialstudien auf diesem Gebiet bilden.
    Bei Grübel finden wir folgende volkstümliche
Redewendungen:
S.6 (Giovanolis Ausgabe S.209, Z.37 f)
     Glycologus schildert Nabals Charakter:
     "Damit ich nun dest bass kont *fatzen*
     Und jn hinder den oren kratzen".
     Jemanden hinter den Ohren kratzen, soll hier
     "schmeicheln" bedeuten.

S.6   (S.210, Z.65)
      Nabal spricht von Abigail:
      "Sy wolt mich gern *auff jren schrott bringen*"!
      Das soll heissen: sie will, dass ich mich nach
      ihr richte.

S.9   (S.215, Z.191)
      Opsocleptes kommentiert das Verhältnis des
      Schmarotzers zu Nabal:
      "*Wie hat lamp lempen so fin funden*".
      Dies will sagen: "die richtigen Typen haben ein-
      ander gefunden" - Glycologus in Nabal ein Opfer,
      das er ausbeuten, und Nabal in Glycologus einen
      Schmeichler, der ihn loben wird[22].

S.10 (S.218, Z.251 f)
      Opsocleptes kritisiert Nabal:
      "Dann wär sölchen gsellen trawt, nicht spart,
      gwüss *er auf dem flotz nach Strassburg fart*".
      Wie aus dem Kontext erhellt, muss "auf dem
      flotz nach Strassburg fahren" soviel bedeutet
      haben, wie seine Sache verlieren, ins Verhäng-
      nis geraten.

S.24 (S.246, Z.986)
      Ocymachus spricht zu Nabal:
      "Die jr steckind *voll gyff und gallen*".
      Diesen Ausdruck, jemand sei "voller Gift und
      Galle" (Alliteration wie "Kind und Kegel")
      kennen wir noch heute, als Bezeichnung eines
      bösen Menschen.

S.24 (S.247, Z.998)
      Glycologus schildert die Gesandten Davids:
      "Sind aber *nit einer butten werdt*,"
      D.h.: "Sie sind keiner Aufmerksamkeit wert"[23].

S.43 (S.287, Z.2016)
      David sagt:
      "Dann wie mengs mal *die not ysen bricht* ..."
      Den Ausdruck kennen wir auch heute: "Not
      bricht Eisen!"

S.49 (S.298, Z.2334 f)
      Nabal spricht von Abigail:
      "Es zwyflet mir yetz auch nit dran,
      Dann das ichs werd *an eim schnürly han*."

"Wie am Schnürchen" - dieser Ausdruck wird
auch heute noch gebraucht, als Bezeichnung
einer widerstandslosen Befolgung eines Be-
fehls.

S.51   (S.303, Z.2459)
Abigail sagt zu Nabal:
"Als baldt man dir *redt in din schilt*".
Das heisst: "... nach deinem Gefallen redet."

S.51a   (S.304, Z.2491 f)
Abigail spricht von Nabal:
"Ob er sich doch wöll lon uberwegen
und *ein anderen beltz anlegen*".
"Einen anderen Pelz anlegen" will heissen:
"sich ändern."[24]

S.54   (S.311, Z.2665)
Dysigamus spricht von dem unverhofften Tod
des Menschen:
"So fart er wie der schnee davon".
Der Mensch verschwindet so schnell wie der
tauende Schnee im Frühling. Dieser Ausdruck
mutet volkstümlich an.

S.55   (S.311, Z.2680)
Dysigamus spricht von den Trinkern:
"Welche *wie elsess bättler stincken.*"
Der Ausdruck "elsess bättler" der evidenterweise einen negativen Wert hat, ist nicht
leicht zu erklären. Das Wort Bettler ist klar,
nur der erste Bestandteil ist unklar. Meint
er "aus dem Elsass"?

S.64   (S.331, Z.3146)
Spudäus spricht zu sich selbst:
"Und kämend dann *umb sack und seil.*"
Der Ausdruck bedeutet wohl "Hab und Gut"
(wieder Alliteration).

S.66   (S.336, Z.3251)
Pornion spricht von Abigail:
"Wens uns auch etwan *durch dfinger säch.*"
"Durch die Finger sehen", d.h. etwas mit Nach-
sicht behandeln, ist ein bekannter Ausdruck.

330

Einen noch reicheren und interessanteren Schatz von
volkstümlichen oder volkstümlich anmutenden Redewendungen finden wir bei *Moller:*

S.28 *Gnatho* spricht in seinem Monolog:
"*Ich merckt bald, was die Glock geschlagen*"
das heisst "ich erkannte die Situation."

S.28 Gnatho sagt weiter:
"*Dem narren musstu brilln verkeuffen.*"
Das soll heissen: "den muss ich zum besten hal-
ten."

S.29 Gnatho sagt:
"*Ich hat jn bald am schnabl erkant*".
Das bedeutet: "ich durchschaute seinen Charak-
ter."

S.31 Nabal äussert sich über Abigail:
"Und *ligt mir stets vor meinen ohren.*"
Jemand "vor den Ohren liegen" will sagen: ihm
eine Predigt halten, seine Fehler vorhalten.

S.36 Nabal spricht von den verschiedenen Saul er-
teilten Ratschlägen:
"Sonderlichs zwar *nichts drauffe sass.*"
Dies will heissen: "sie waren nichts wert."

S.40 Amon spricht von Gnatho:
"*Ein newen gast, der jm sey gleich,*
Und jm das maul mit honig streich."
Hier haben wir wieder einen synonymen Ausdruck
für "schmeicheln" (wie oben: "hinder den oren
kratzen").

S.41 Sophar spricht über Nabal und Gnatho:
"*Danach der man, danach der quast,*
Wie der wirt, so ist auch der gast."
Dies entspricht der bereits angeführten Rede-
wendung bei Grübel: "So hat Lamp lempen fein
gefunden" und bildet die zweite Variante des
Gegenstücks für das polnische "Wart Pałac
Paca ..."

S.42 Ammon spricht zu Achab:
"*Du bis mir sehr andechtig worden*
Und dienst wol in der pfaffen orden."
Dies soll eine Bezeichnung für eine falsche
Frömmigkeit sein.

S.53 Joab sagt:
"Drumb *mach ich mich jtzt aus dem rauch.*"
Heute sagen wir dafür: "sich aus dem Staub machen" - sich davon machen, fliehen, die Flucht
ergreifen.

S.56 David sagt:
"Doch muss man jtzt in diesen sachen
Aus der noth eine tugent machen."
Dieser Ausdruck ist uns auch noch heute be-
kannt.

S.61 Der Argumentator des 2. Aktes gebraucht den
Ausdruck *"das nass gesindt"* als Bezeichnung
für die Trunkenbolde.

S.61 Hier ein ähnlicher Ausdruck von Boas: *"die nas-
sen knaben."*

S.64 Boas spricht zu Balach:
"Gott pflegt, die wir in sunden bleiben,
Den Kutzel uns also vertreyben."
Jemand "den Kutzel vertreiben" heisst hier:
"ihn in Zucht halten".

S.65 Balach spricht zu Boas:
"So feilstu weit der rechten thur."
Es bedeutet: "so irrst du bei weitem".

S.65 Boas sagt zu Balach:
"Und weis, was wir fur kreutlein sein."
Es bedeutet: (Gott) kennt unsere Fehler und
Sünden, unsere sündhafte Natur. Hier haben
wir wieder ein Gegenstück im Polnischen: "co
za ziółko" (sogar eine ganz wörtliche Übersetzung!)

S.75 Obed sagt zu Abisaus:
"Von Kriegselend und solchen dingen
Wolt ich auch wol *ein liedlein singen.*"
Auch heute sagen wir noch "ich kann davon ein
Liedlein singen", d.h. ich weiss bescheid da-
rüber, kann viel davon berichten.

S.75 Obed sagt zu Abisaus:
"Doch wie dem all, *sawr her sawr hin ...*"
Es bedeutet wahrscheinlich: "wie dem auch sei".

S.76 Abisaus sagt:
"Und macht *sich drüber ein gewissen;
Das er begieng ein solche that.*"

332

Dieser Ausdruck wird von uns auch heute gebraucht. Wir sagen: "ich mache mir *daraus* ein Gewissen" im Sinne: ich habe hier sittliche Bedenken.

S.77 Abisaus sagt:
"Und ziehn so in der jrr herumb,
Ytzt in die richt, dan in die krumb."
Dieser Ausdruck will so viel bedeuten wie "hin und her" oder "in verschiedenen Richtungen".

S.84 Abisaus sagt zu Nabal:
"Meinstu das wir nach dir viel fragen?
Du solst uns vol ein schweis abiagen."
Dieser Ausdruck bedeutet: "du wirst uns keinen Schrecken einjagen!"

S.85 Abisaus sagt zu Gnatho:
"Ich will dir bald du loser tropff
Also *zulausen* deinen kopff ..."
Hier haben wir mit keiner Wendung, sondern mit einem einzelnen Wort zu tun: "zulausen" will heissen: verhauen.

S.85 Gnatho sagt zu Abisaus:
"Für dir fürcht ich mich *nicht ein har.*"
"Nicht ein har" bedeutet "nicht ein bisschen".

S.88 Iacob ruft aus: *"Botz druss!"* Das entspricht dem spätmittelhochdeutschen Fluchwort "Potztausend!"

S.90 Simon sagt zu Abraham:
"Aber seht dort siht Nabal auss,
Das haubt das wird jm werden kraus;
Das wir so lange sind auss gewest."
Das Haupt wird ihm "kraus" werden heisst: "er wird sich ärgern".

S.90 Nabal gebraucht einen seltsamen Ausdruck:
"O tardè, wo bleibt jr so lang?"
Es ist das lateinische Adverb tarde - "spät", mit einem Betonungs-Akzent versehen.

S.95 Iacob sagt:
"Und hat dem groben pawrn gar eben
Ein weidliche *maultasche* geben."
Maultasche heisst hier wohl: Maulschelle.

"Und jm die *haar etwas verlesen.*"
Die Haare verlesen bedeutet: "in die Haare
fahren".

S.103 Abel sagt:
"Trinckt jn fast zu, jtzt halb, dan gantz,
Sicht jn doch nicht wol auff die schantz."
Jemand auf die Schantze sehen - dieser Ausdruck ist nicht ganz klar. Vielleicht stammt
das Wort "schantz" von dem französischen
"chance". Dann würde der Ausdruck bedeuten:
er fragt nicht nach ihren Möglichkeiten, in
dieser Hinsicht (berücksichtigt ihr Trinkver-
mögen nicht). Dies ist sehr wahrscheinlich,
denn die Gäste können wirklich nicht mehr
trinken.

S.107 Simon sagt zu Nabal:
"*Es will nichts mehr durch meinen Kragen.*"
Dieser bildliche Ausdruck bedeutet: "ich kann
nicht mehr trinken".

S.110 Nabal sagt zu seinen Gästen:
"*Macht doch die helle nich so heis.*"
Jemand "die Hölle heiss machen" heisst: "ihm
ins Gewissen reden". Dieser Ausdruck wird auch
heute gebraucht.

S.130 David spricht von Nabal:
"*So schilt er mir die haut gar vol.*"
Jemand "die Haut voll schelten" muss bedeutet
haben: "ihn mit Schmähungen überhäufen".

S.136 Abigail spricht von Davids Kriegsleuten:
"*Wie machen sie sich so gar kraus.*"
Wir begegnen hier zum zweiten Mal dem Ausdruck
"kraus". Es bedeutet hier mehr als "wütend",
nämlich - "bedrohlich".

S.144 Nabal spricht über Abigail:
"Die mich gar sehr mit schelten plagt,
So jchs ein moelchen hab gewagt."
Der Ausdruck bedeutet: "wenn ich einmal (ein
einziges Mal) zu viel getrunken habe".

S.147 Nabal spricht von den Gesandten Davids:
"*Und hort einer dem andern beicht.*"
Dieser Ausdruck meint: gegenseitig die Beichte
hören.

334

S.151 Abigail sagt zu Nabal:
"Pfuy dich, der schand!"
Das heisst: "schäme dich!"
S.165 David sagt zu Abiathar:
"Und schlag mein ampt auch in den windt."
Den Ausdruck; etwas "in den Wind schlagen",
d.h. nicht beachten, kennen wir auch heute.
S.170 Boas sagt:
"Wir sind von einer haut und haren."
(wieder Alliteration!) Das bedeutet: wir sind
von gleicher Beschaffenheit, wir sind alle Men-
schen.
S.176 Balach sagt zu Gnatho:
*"So wird er dir nach altem brauch
Ein butterbrodt zu lohne geben".*
Das heisst: "er wird dich entsprechend belohn-
nen." Heute gebrauchen wir den Ausdruck:
"etwas für ein Butterbrot verkaufen", d.h.
spottbillig.
S.176 Gnatho sagt:
"Es ist kein ungluck nicht alleine."
"Ein Unglück kommt niemals allein" gebrauchen
wir noch heute.
S.187 Agar spricht von Abigail:
*"Pfuy, das jr ja ein solches freyen,
Mug wie dem hund das grass gedeyen."*
Das heisst: "möge ihr das schlecht bekommen".
S.193 Urias spricht über Saul:
*"Denn wir sehn in dem schwanck jtzt gehn
Sein tyrannei und übermut."*
"Im schwanck gehen" will sagen: "auf dem Höhe-
punkt sein"[25];
Urias (weiter):
*"Wan es nu wird am scherfsten stechen,
So wird es in eim huy zerbrechen."*

Bei *Mauricius* finden wir ebenfalls solche Redens-
arten:
S.36 So spricht Abisai von Nabal:
*"Denn wenn man lang ein Bawren bitt,
So plodrn jhm die Hosen nur mit."*
Dieser Ausdruck ist nicht ganz klar.

S.38   Abisai spricht zu David:
"Wann Glimphius nicht helfen wil,
Muss man Ernestum brauchn im Spiel."
Hier ist die Frage offen, ob dieses Sprichwort
im Volk bekannt war, oder aber von Mauricius
seiner Vorliebe für lateinische Wörter gemäss,
die ich im Kapitel "Eigene Elemente der deutschen Fassungen" erörtern werde, erfunden wurde. Es sind hier die deutschen Wörter Glimpf
und Ernst latinisiert worden. Der Sinn dieser
Redewendung ist ganz klar und bedarf keines
Kommentars.

S.38   Albrecht sagt:
"Gar bald jetzund, man stimt schon an,
Wird meins Herrn Musiken angahn,
Das ist, *der Mertzenkälber plern.*"
"Der Märzenkälber plärren" ist hier ein ver-
ächtlicher Ausdruck für das Geschrei der Be-
trunkenen.
Albrecht sagt weiter:
"Odr sagt, er wöll sich sonsten stelln,
Ia wohin? In seins gleichen Gselln,
Die ebn solch *Molckentremel* seyn."
Der ebenfalls zweifellos verächtliche Ausdruck
ist etymologisch nicht ganz klar.

S.40   Eubulus sagt:
"Auff seinem Mist allzeit ein Hahn
Ist frewdigr, wie ich offt han ghort."
Dies soll bedeuten: "jeder fühlt sich sicherer
auf einem bekannten Gebiet, bzw. zu Hause"[26].

S.41   Simon zu Nabal:
"... mein *lieber Misthans* ..."
Es muss ein volkstümlicher, etwas vulgärer Ausdruck gewesen sein.

S.46   Ähnlich der Ausdruck von Abigail:
"Doch soll mich niemand dafür haltn,
Das ich so red von meinem *Altn.*"
Das heisst: "von meinem Mann".

S.49   Der Argumentator des vierten Aktes sagt:
"Ein gut wort allzeit gut stat findt,
Werden auch zwo aus einer Gabn,

336

Wenn mans zu rechter zeit kan habn,
Man sagt im Sprichwort, fertig Hand,
Die wird gelobt durch alle Land."
Hier haben wir mit einem pleonastischen Ausdruck zu tun, denn derselbe Spruch wird zweimal - in anderer Form - wiederholt. Die zweite Fassung: "fertig Hand ..." scheint ein authentisches Sprichwort zu sein, wogegen die erste: "Werden auch zwo aus einer Gabn ..." möglicherweise von Mauricius geprägt wurde[27].

S.49   Der Argumentator spricht von Nabal:
"Den *Knopff* sein Filtzerey selbst trifft,
Der so sein Mildgkeit thut beweisn,
Als Sanct Lenhard thet mit seim Eysn.
Derselb wolts keinem Menschen lahn,
Es trügs jhm dann ein Dieb davon."
Wir begegnen hier offensichtlich einer volkstümlichen Legende - oder auch einem Märchen? - von Sankt Lenhard, welche die Bestrafung des Geizhalses exemplifizieren sollte.

S.52   Joab sagt zu David:
"Drum muss man diesem Unrath wehrn,
Die Feind *rechtschaffen Mores lehrn.*"
Dieser Ausdruck kann trotz der lateinischen Herkunft (mores) volkstümlich gewesen sein[28].
Joab sagt weiter zu David:
"Er muss wol unser Liedlein pfeiffn."
Das bedeutet: "er muss uns gehorchen".

S.54   Der Zwerg sagt:
"Mir fellt jetzt das gmein Sprichwort ein,
Dass *gross faul sey, unnutz das klein.*"
Ob es wirklich ein Sprichwort ist, oder nur ein von Mauricius erdachter Spruch, ist schwer zu sagen.

S.56   Abisai spricht von Nabal:
"Sein Mildigkeit erst dann beweist,
Da jhn der Iuncker Rewling beist."
Der Junker Rewling personifiziert natürlich die Reue, die Gewissensbisse.

S.61   In der Rede des Narcius finden wir verschiedene, wahrscheinlich volkstümliche Ausdrücke:

"O recht auff dich, *Doctor Siman,*
Zieh ab so mit dein armen Leutn,
Geh heim ein ander mal beyzeitn,
Wart nicht stets biss auffn letzten Man,
Sonst möcht wider werden zu lohn
Daheim *ein Eychner Butterweck,*
Dein Fraw ist ein von Scharffeneck."
Der "Doctor Siman" ist ein rätselhaftes Symbol;
der "Eychner Butterweck" bedeutet jedenfalls
ein Gerät, mit welchem die erzürnte Hausfrau
den betrunkenen, zu spät nach Hause kommenden
Mann schlägt. Der letzte Ausdruck "ein von
Scharffeneck" ist leicht verständlich; er be-
zeichnet einen Menschen mit energischem, impul-
sivem Charakter.

S.62 Narcius spricht von Nabal:
"Hat ziemlich Wein heut aufgefasst,
Darinnen sich gar sehr vertiefft,
Glaub, er hat schon den *Otzn gerüfft.*"
Der letzte Ausdruck ist nicht klar.

S.64 Eulalia sagt:
"Ich mach mich aber aus dem staub,
Denn ich hierauss nichts hab zu schaffn,
Ich wolt denn feil tragen jung affn."
"Junge Affen feiltragen" ist hier wahrschein-
lich ein Synonym für eine unnütze, unsinnige,
oder unmögliche Tätigkeit[29].

S.65 Nabal sagt:
"Wenn ich werd haben gtruncken gnug,
Und *fahren hin in Nobiss-krug.*"
"In den Nobis-Krug hinfahren" bedeutet wohl
soviel wie sterben[30].

S.66 Nabal sagt zu Abigail:
"Denn ich habs jhnen uber all
Alls abgeschlagn *mit Putzn und Stiel.*"
Wir sagen heute "mit Stumpf und Stiel". Dieser
Ausdruck muss "vollständig" bedeuten.

Ob nun all diese angeführten Redewendungen
volkstümlich sind, lässt sich ohne genauere Studien
inbezug darauf nicht mit Bestimmtheit sagen. Manche
können als damals gebräuchliche Sprichwörter gekenn-

338

zeichnet werden, aber es ist auch möglich, dass einige von den Verfassern geprägt wurden. Jedenfalls mutet ihre Mehrzahl volkstümlich an und das Vorhandensein des volkstümlichen Elements ist in allen deutschen Versionen zu verzeichnen[31]. Creizenach[32] berichtet, dass sprichwörtliche Redensarten in den
Schuldramen häufig verwendet wurden und dass sie
auch bei den "minder begabten Dichtern" den Stil
belebten und den Übersetzungen aus dem Lateinischen
"unmittelbare Frische" verliehen.

Der metrische Grundsatz

Das Metrum, der Rhythmus, spielen bekanntermassen
eine bedeutende Rolle bei der Gestaltung der Dramenform. Was die Schuldramen anbetrifft, so wurden sie
grundsätzlich in Versen verfasst. Prosa war in diesem Fall - von geringen Ausnahmen, wie die Stücke
von Christian Weise abgesehen - undenkbar, weil sie,
wie Michael[33] berichtet, als "bühnenfremd" aufgefasst wurde. Höchst interessante Erwägungen über die
Funktion des Rhythmus im dichterischen Kunstwerk finden wir bei Lockemann[34]. Dieser Autor bezeichnet den
Rhythmus als "das elementarste Gestaltungsmittel
dichterischer Sprache". Er bilde eine "komplexe Gesamtheit", und habe in der Dichtung mannigfache Aufgaben zu erfüllen. U.a. "grenzt er oft die Kunstsphä-
re der Dichtung von der Realität ab, ... sondert aus
dem gehaltlosen Zeitverlauf eine Strecke eigener
gestalteter Ordnung heraus" und "schafft so eine
Ganzheit gegenständlicher Präsenz über dem Strom der
Vergänglichkeit". Deswegen hätten frühere Jahrhunderte nur metrisch-rhythmische und dichterische
Sprachen anerkannt[35].
    Die metrische Gegebenheit, mit der wir in unse-
ren deutschen Bearbeitungen zu tun haben, ist der
paarweise gereimte Viertakter - der sogenannte Knittelvers. Dieser herrschte in Deutschland nach der
Feststellung Manns[36] seit 1200 bis 1600 uneinge-

schränkt im Drama, in der Erzählkunst und in der Di-
daktik. Gemäss der Definition desselben Autors[37] war
es meistens ein Vers mit iambischem Auftakt und mit
nicht ganz regelmässiger Füllung des einzelnen
Glieds, so dass auf die betonte Silbe ein oder zwei
unbetonte Silben folgen konnten. Mann weist darauf
hin, dass der Viertakter in der mittelhochdeutschen
Epik zum vollendeten Kunstausdruck erhoben worden
ist "mit einem subtilen Gefühl für den Klangwert der
Wörter, für den Ausdrucksgehalt des Rhythmus, für
die Reinheit des Reims". Mit der Zeit begann sein
Niveau zu sinken: er wurde zur konventionellen Dar-
bietungsform. Es bildete sich der sogenannte Knittelvers aus, welcher "das Absinken des alten aristokra-
tisch-ritterlichen Formwillens" und zugleich "das
Werden eines neuen Formgefühls" zum Ausdruck brachte.
Mit den antiken "poetischen und musikalischen Aus-
drucksversen" verglichen war es ein derb charakteri-
stischer Vers, welcher, wie derselbe Autor[38] bemerkt,
"einen Stilwillen eigener Art ausdrückte, der in
Deutschland stets im Widerspruch zum schönen Stil
lebendig blieb". Achtsilbige Verszeilen - das alt-
deutsche Reimpaar herrschte allenthalben - stellt
Genée[39] fest. Man wollte, wie wir bei Kürschner-
Borinski[40] lesen, Hebung mit Länge und Senkung mit
Kürze stets vereinigen. Da dies sich als unmöglich
erwies, begann die Verspraxis bei diesen Experimen-
ten immer mehr zu verrohen. Bei allen sich mit dem
Schuldrama beschäftigenden Autoren begegnen wir Klagen über die hier herrschende Willkür. Die deutschen
Humanisten wagten es nach der Ansicht Creizenachs[41]
nicht, "die einheimische Poesie und Verskunst umzugestalten". Wenn sie zum Volke sprachen, gebrauchten
sie die "althergebrachte populäre Versform". So entstanden, wie Burdach[42] sich ausdrückt, einförmig
klappernde und schnellfertige Versgebilde in grossen
Mengen. Michael[43] bezeichnet sie als "ungeschickte
und holprige Verse", eine "öde Reimpaarpoesie", welche in den Dramen des ganzen Jahrhunderts "eine unerträgliche Monotonie" hervorrufe. Nur vereinzelte
Autoren versuchten in der Renaissancezeit südliche

oder westliche Versmasse in die deutsche Dichtung
einzuführen. Wer vom breiteren Publikum verstanden
werden wollte, musste also im Viertakter schreiben.
Vor allem ist hier Paul Rebhuhn zu erwähnen, welcher
in seinem Schuldrama "Susanna" terenzähnliche Metren
anwendete. Er fand darin jedoch kein Verständnis und
keine Nachfolger; sein Versuch blieb also lediglich,
um den Ausdruck Manns zu gebrauchen, "ein Experiment
des gelehrten Humanisten"[44]. Das deutsche Publikum
war an "die Eintönigkeit des ewigen Abzählverses",
wie Borinski[45] es bezeichnet, gewöhnt und wollte keine anderen Rhythmen. Rebhuhn strebte, wie Borcherdt[46]
betont, Reinheit des Reimes, Gleichheit der Silbenzahl und den Zusammenfall von Wort- und Versakzent
an. Aber selbst bei ihm finden sich, nach der Feststellung Borinskis[47], Zusammenziehungen und Silben-
verstümmelungen. Derselbe Autor schildert[48] die Situation folgendermassen: "Das 16. Jahrhundert zwang die
Humanisten ... das gelehrte Kleid ganz abzuwerfen
und in die Fluten der verachteten Volkssprache hinab-
zutauchen." Es werden als Ausnahmen nur einzelne
Dichter wie Hans Sachs und Fischart verzeichnet, die
den Viertakter etwas kunstvoller behandeln. Mann[49]
erwähnt in diesem Zusammenhang H. Sachs, dem er
"deutsches Klang- und Formgefühl" zuerkennt, ferner
Erasmus Alberus und Burkardt Waldis, als "besonnene
Künstler" dieses Stils. Erst Fischart war nach Manns
Meinung derjenige, "der dem alten Viertakter eine
neue Geschmeidigkeit" verlieh. An anderer Stelle[50]
schreibt Mann freilich, dass Fischart "das Knorrige,
Eckige, Kantige" des Vierhebers zum Kunstprinzip erhob. Daraus folgt, dass im allgemeinen die Dichtung
des 16. Jahrhunderts in rhythmischer Hinsicht ein
unerfreuliches Bild darbot. Die sprachliche Gestalt
eines Werkes trägt, wie Lockemann[51] sich treffend
ausdrückt, nicht nur die Züge des Dichters, der sie
schafft, sondern auch "des Stückes Welt, das in sie
eingeht". Dieses "Stück Welt" zeichnete sich eben
durch mangelnde Empfindung von Rhythmus und Klang-
schönheit aus. Die Erfüllung der von Lockemann[52]
an ein dichterisches Kunstwerk gestellten Forderun-

gen war also von vorneherein ausgeschlossen. "Die
dichterischen Gestaltungsmittel", meint dieser,
"Metrum, Rhythmus, Klang ..., haben u.a. die Aufgabe, die Ordnung herzustellen. Sie erfüllen sie nur,
wenn sie einstimmig sind, wenn sie alle eine organi-
sierende Mitte erscheinen lassen. Wenn wir diese
nicht sehen, wenn wir nicht jede stilistische und
rhythmische Einzelheit auf sie beziehen können, haben wir kein Schönheitserlebnis." Vom Schönheitserlebnis kann in unserem Fall leider nicht die Rede
sein, weil wir hier nicht mit Ordnung, sondern - im
Gegenteil - mit Unordnung zu tun haben.

Das ideale Gleichgewicht zwischen dem Vers-
und dem Satzrhythmus gestaltet sich nach Lockemann[53]
folgendermassen: "Differenzierend greift in die zur
Regelmässigkeit tendierende versrhythmische Ordnung
die freie Ordnung des Satzes ein, die, auch wenn
sie vom Vers überformt wird, ihre eigene Ordnungs-
kraft nicht verliert ... Der Satz hat eine ausgesprochene Gipfeltendenz, während der Vers die Ge-
wichte gleichmässig zu verteilen strebt. Aus dem
Zusammenwirken der metrisch-rhythmischen Ausgleichs-
tendenz und der satzrhythmischen Gipfeltendenz ergibt sich ein Rhythmus, der sich dem einzelnen Gedicht so eng anschmiegen kann, als es einem allein
herrschenden metrischen Rhythmus möglich wäre." Der
metrische Rhythmus soll sich mit dem Eigenrhythmus
von Wort und Satz nach dem Ausdruck desselben Autors[54] "zur spannungsvollen Einheit verbinden". Der
Knittelvers ist leider von diesem Idealbild weit
entfernt.

In der in Rede stehenden Zeit herrschte - wie
es aus den Aussagen der sich mit den metrischen und
prosaischen Theorien des Humanismus beschäftigenden
Autoren erhellt - auf diesem Gebiet eine ungeheure
Begriffsverwirrung. Es wurde freilich, wie Boriński
berichtet[55], bereits im Jahre 1486 eine "Ars versifi-
candi et carminum" verfertigt. Diese behandelte aber
wahrscheinlich mehr die antike Metrik. Mit der deutschen Prosodie beschäftigte sich nach Boriński[56] als
erster Johann Engert im Jahr 1583[57]. Newald-De Boor[58]

informiert uns, dass noch die ersten Verstheoretiker, welche die Herrschaft des alten Vierhebers, d.h. des Knittelverses brachen, den akustischen Eindruck der Sprache nicht in Betracht zogen, sondern den deutschen Sprachstoff "unter optische Schemata stellten". Boriński[59] bezeichnet Paul Schede als den ersten bedeutenden Vertreter der Renaissancedichtung in deutscher Sprache - wir haben hier jedoch schon mit der Neige des 16. Jahrhunderts zu tun - und Weckerlin betrachtet er[60] als denjenigen, der "aus der bewusstlosen Monotonie der viermal gehobenen Reimpaare" hinausging. Seinen "Sprung" in die "mannigfachen Strophen der romanischen Kunst" betrachtet Boriński als einen grösseren Umschwung, als die von Opitz zustande gebrachte Reform. Aber auch "noch so ein hervorragender Dichter wie Georg Rudolf Weckerlin zog oft der exakten Metrik die schwebende Betonung vor", bemerkt Mann[61].

Im Lichte dieser Tatsachen erscheinen die metrischen Fehler und Verstösse unserer Autoren nicht mehr so ungeheuerlich[62]. Die Unordnung, der wir im Viertakter unserer deutschen Versionen begegnen, ist wie bereits erwähnt, zweifacher Art: Sie betrifft die beiden euphonischen Elemente des Verses: den Rhythmus und den Reim.

Wenn wir erstens den Rhythmus in Betracht ziehen, dann stellen wir einen - durchgehenden - Mangel an Übereinstimmung zwischen Wort- und Versakzent in allen deutschen Versionen fest. Wir dürfen annehmen, dass es ein allgemeiner Mangel des Viertakters war, wenn, wie oben gesagt, Rebhuhns Versuch, in seinen Dramen Gleichheit der Silbenzahl und den Zusammenfall von Wort- und Versakzent zu erzielen, als Ausnahme dargestellt wird. Es bleibt also nur zu sagen, dass unsere Autoren in dieser Hinsicht keine Ausnahme bilden, obgleich sonderbarerweise Bolte[63] bei Moller die durchgehende Übereinstimmung von Wort- und Versakzent rühmt. Wie er zu solch einem irrtümlichen Urteil gekommen ist, bleibt unbegreiflich. Meine obige Feststellung ist also weder ein positives noch ein negatives Urteil. Keiner von unseren Autoren strebte

auf dem Gebiet der Metrik etwas Besseres an, weil es
aber fast keiner ihresgleichen getan hat, können wir
diese Tatsache nicht negativ einschätzen. Sie hielten sich an das allgemeine Niveau. Eine Neuerung zu
wagen, fiel keinem von ihnen ein. Vielleicht betrachteten sie den landläufigen Vers als eine Selbstver-
ständlichkeit, vielleicht fehlte es ihnen an Mut,
neue Wege zu beschreiten, vielleicht - oder vielmehr
wahrscheinlich - auch an Begabung dazu.

Um die vorgeschriebene Silbenzahl zu erreichen,
nahmen unsere Autoren oft zu Flickwörtern, zuweilen
sogar zu syntaktischen Kürzungen und Auslassungen
Zuflucht. Zu Flickwörtern griffen sie aber vor allem,
um den Reim zu "retten". Hier gelangen wir zu der
zweiten Art von Unordnung in unseren deutschen Versen, welche sich auf den Reim bezieht.

Wir können hier in bezug auf den Rhythmus und
auf den Reim folgende sprachliche und stilistische
Verstösse unterscheiden, die als "Hilfsmittel" dienen sollten:
1. Flickwörter
2. Wortverstümmelungen
3. Tautologien
4. Syntaktische Kürzungen oder Auslassungen
Wir wissen, dass Opitz in seinem "Buch von der deutschen Poeterey" derartige Verstösse, besonders die
Wörterverstümmelungen, brandmarkte. Trotz aller dieser Massnahmen, die das ästhetische Gefühl des Lesers
oder Hörers verletzen, finden wir in den deutschen
Fassungen noch Stellen, wo der Reim fehlt. Offensichtlich ist den Autoren in diesen Fällen nicht einmal
eine Wortverstümmelung eingefallen! Wir finden bei
unseren Autoren massenweise Beispiele für die genannten Verunstaltungen. Das Material ist hier so umfang-
reich, dass es das Thema für eine gesonderte Arbeit
darbietet. Deswegen beschränke ich mich hier nur auf
die Angabe einiger Beispiele. Eine eingehende bis
ins einzelne gehende Analyse dieser sprachlichen Erscheinung gehört nicht zum Thema meiner Abhandlung.
Ich führe hier also nur probeweise einige Wortverstümmelungen an.

344

Moller:

S.60 Wo ich dann kan, und einen *find*
      Der mir meiner armut helffen *künd* (= könnte)

S.95 An unser red sich garnicht *kart* (= kehrte)
      Ia, er davon viel stolzer *ward*.

S.97 So wird gestraft der lose *man*
      Und bringt der hauff ein beut dar*van* (= davon)

S.94 Dann tyrannisch grausam und *rauch* (= rauh)
      So dunckt es mich noch besser *auch*.

S.109 Das geht uns ganz und gar nicht *an*
      Euch aber ichs hertzlich wol *gan* (= gönne).

S.120 Niemands darff klagen noch *vertrawen*,
      Denn es mich etwan mocht *gerawen* (= gereuen).

S.128 Und leg hin seinen Zorn und *grimm*,
      O gutger Gott, erhor mein *flim* (= Flehen).

S.144 Vn die becher zu offt *erhaben*, (= erhoben)
      Mein helligs hertz daran zu *laben*.

S.155 Mit meinem Herrn dem Nabal *do* (= da)
      Und schick sich alle Sach *also*.

S.156 So sag mir doch was jhm *gebrist* (= gebricht),
      Das es so gferlich mit ihm *ist*,
      und weiter:
      Darzu so stehts jm in der *seiten*
      Und wie mit eim schermesser *schneiten* (= schei-
      den).

S.157 Darnach, des niemand sich *verhofft*,
      Fiel er zur erden das es *pofft* (= pochte).

S.49 Das sich im gricht und recht die *heren*
      Mit gschenck lassen die hende *schmeren*
      (=schmieren).

S.56 Der bass zu diesem handel *tocht* (= taugte),
      Itzt in der Eil man finden *mocht*.

Mauricius:

S.43 Wie wohl zu dienen diese *zeit*
      Gar schwer ist, und viel zschaffen *geit* (= gibt).
      Ausser Verstümmelungen gibt es bei unseren Au-
toren auch Flickwörter und Wortdehnungen, wie "gar
nicht*es*" (Moller, S.178) oder "*gelied*" (Moller S.182),
pleonastische Wendungen, wie "gleich bald" (Moller
S.68), die die Silbenzahl ausfüllen sollen. Auch

Wortkürzungen haben wir, wie z.B. Hergt (= Herr Gott) bei Mauricius (S.43). Wir begegnen hier, wie gesagt, auch syntaktischen Verunstaltungen und reimlosen Vers-Endungen.

Im Zusammenhang mit der unregelmässigen Versfüllung, der wir bei unseren deutschen Autoren mit Ausnahme von Moller begegnen, verdienen die Erwägungen, die wir bei Mann[64] finden, unsere besondere Beachtung. Mann behauptet nämlich, dass bei Sachs diese Unregelmässigkeit nicht das Ergebnis seines dichterischen Unvermögens, sondern von ihm - so wie später von Frischlin und Fischart sowie von den Fabeldichtern Burkard Waldis und Erasmus Alberus - zum Stilprinzip erhoben wurde. Der Vers sollte eben gedrängt, derb, knorrig, charakteristisch sein. Dadurch erkläre sich "die Vorliebe für die Reihung einsilbiger Wörter, die vielen Elisionen, die die Vokale mindern und den Reichtum an Konsonanten steigern". Man bildete hier bewusst "einen Gegenstil zum schönen antiken Stil, zu seiner weiten, weichen, harmonischen Schwingung" aus.

Wenn wir nun die "Derbheit" und "Knorrigkeit" des Verses bei unseren deutschen Dichtern in Betracht ziehen, dann gelangen wir zu der Überzeugung, dass es sich in diesem Fall kaum um kein "Stilprinzip" gehandelt haben kann. Wir finden zwar bei ihnen stellenweise ebenfalls Anhäufungen von einsilbigen Wörtern, aber angesichts der sich in den unzähligen Flickwörtern, Wortverstümmelungen und anderen Verunstaltungen manifestierenden offensichtlichen künstlerischen Unbeholfenheit unserer Autoren können wir die erwähnte Erscheinung wohl kaum als "künstlerische Prägnanz" und "literarische Leistung" ansehen; wir müssen sie vielmehr als ein Werk des Zufalls betrachten. Wir haben hier mit einer passiven Widerspiegelung der metrisch-rhythmischen Willkür und Verworrenheit der Epoche zu tun[65].

Mangel an Versbrechung

Ein weiteres gemeinsames Formmerkmal aller deutschen
Versionen ist der Mangel an Versbrechung. Dies ist
als ein grundlegender Mangel zu bezeichnen im Vergleich mit Gwalther, der die Versbrechung durchgehend und sehr geschickt anwendet. Gehört doch dieses
Element zu den Hauptvoraussetzungen für die dramatische Spannung. Der gleichmässige monotone Fluss
der Rede bei unseren deutschen Autoren wirkt breit,
ruhig, episch. Dieser Mangel macht sich im ganzen
Stück geltend, ganz besonders jedoch in den drama-
tischsten Momenten der Handlung. So finden wir zum
Beispiel bei Gwalther[66] in dem Augenblick, in welchem
Abigail mit höchster Bestürzung die Nachricht von
der dem ganzen Hause drohenden Gefahr vernimmt, ein
lebhaftes, dramatisches Gespräch zwischen ihr und
Philoponus statt:

Ab. "Quid vero id ist? quisve eius est author
mali?
Ph. Herus Nabal. *Ab.* Hei me miseram: sed dic
tamen,
Qui istud potuerit, qui pedem nunquam hodie
Quantum ipsa scio extulit fores. *Ph.* Id nescio ..." usw.

Schreck, Bestürzung, Spannung - all das kommt in
diesem schnellen Wortwechsel zum Ausdruck. Er klingt
natürlich, überzeugend - so könnte man sich in Wirklichkeit diese Szene vorstellen. Dagegen lässt uns
der gelassene, ruhige Fluss der Rede und Gegenrede
dieser beiden Personen in den deutschen Bearbeitungen
wenig von der dramatischen Spannung der Situation
verspüren. So lesen wir bei Grübel[67]:

Abigail
"Was ist doch das, gib mir des ein bricht,
Wer der sye, der sölches hey angricht."
Philoponus
"Unser Herr Nabal treit schuld daran"
Abigail
"Ach, ach, ey mir armen, sag an
Wie? was hatt er dan angfangen?

Er ist doch nie zum hauss auss gangen,
Als vil ich weiss und brichtet bin"
Philoponus
"Er synit aussgangen lon ich sin,
Aber fraw des hand euch verwegen," usw.

Bei Moller lautet diese Szene wie folgt[68]:
Abigael
"Wer hat ein solch spiel angerichtet?"
Boas 2
"Der Iuncker, ich weiss anders nicht."
Abigael
"Ach Herrgott, wie doch das sein mag
So er doch ist den gantzen tag
Auss diesem hause kommen nicht?"
Boas 2
"Ich bin also gewiss bericht
Und ist auch nu gantz offenbar" usw.

Vergleichen wir jetzt das dramatische Gespräch, welches nach der Abwendung der Gefahr zwischen Abigail und Nabal stattfand und die tödliche Erkrankung des letzteren zur unmittelbaren Folge hatte, mit seinem Gegenstück bei Moller.

Gwalther[69]
Ab: "Venere ad te a Davide missi nuntii
Qui commeatum poscerent? *Na.* Quid ni? *Ab.* Quid his
Datum est responsi? *Na.* Quo mihi quam maxime
Digni videbantur: negavi his omnia
Quae postulabant. *Ab.* Quid, negasti?
Na. scilicet ..."

Moller[70]:
Abigael
"Aber sagt, habt jr nicht vernommen,
Das botten wern vom David kommen
Und hetten profiant begert?"
Nabal
"Solt ich drum satteln bald ein pferdt?"
Abigael
"Was ist jn dan vor antwort worden?"
Nabal
"Als wirdig ist derselbig orden,
Sie wolten nur da viele sagen,
Habs jn aber gantz abgeschlagen"

348

Abigael

"Und weistet jr sie ledig weg?"

Nabal

"Ja, sollt ich sein ein solcher geck ..." usw.
Hier begegnen wir wieder einem behaglichen, fast ge-
mütlichen Ton, in dem die Aufregung der beiden Ge-
sprächspartner überhaupt nicht zum Ausdruck kommt.

Hier noch ein Vergleichsfragment: Der abgerisse-
ne, hastige Wortwechsel, welcher zwischen Spudaeus,
Dysigamus und Philoponus nach Nabals jähem Tod stattfindet, malt plastisch das Erstaunen, den Schrecken
und die Bestürzung, die diese Nachricht bei den Ge-
sprächsteilnehmern hervorruft ab:
Gwalther[71]:

Sp. "Quid? tune herum oppetijsse dicis? *Ph.* Maxume.
Sp. Herus meus obijt? *Ph.* Repente, cum hoc fore
Nemo putaret, unico quasi anhelitu
Efflavit animam purpuream: ut pote sanguine
Quam plurimo mixtam: *Dys.* Quid tu Philopone mi nar-
                                 ras?
Ph. Quod audis, et cui ipse interfui."
Moller[72]:

Daniel

"Ey was ich hor, ist er gestorben?"

Boas 2

"Er ist eins schnellen tods verstorben
Die seel gieng von jm wie ein flut,
Vermischet mit geronnen blut."

Simon

"Ey ist es so greulich geschen?"

Boas 2

"Ich habs mit meinen augen gsehn ..."
Wir haben wieder eine ruhige Schilderung, die
in ihrer Objektivität den Eindruck, die diese Nachricht macht, gänzlich verwischt.

Nicht anders verhält sich die Sache bei Mauricius. Hier unterhalten sich über Nabals Tod Spudaeus
und Bartime[73]:

Spudaeus

"Wo so geschwind hnaus: hieher da,
Wem wiltu so gar eilends nah?

349

Was wil das zittern zeigen an,
Komm bald, thu uns bericht davon,
Und sag wies unserm Herren geht."
                Bartime
"Ich weiss nicht wies jetzt umb jhn steht,
Das weiss ich wol, dass er ist gstorbn."
                Spudaeus
"Gstorben? So sind wir auch verdorbn."
                Bartime
"Ja du hörsts von eim, der es weiss."
                Spudaeus
"Und hat er auffgebn schon sein Geist?"
                Bartime
"Gehlings, als er den Athem zug,
Die Seel vom Leib nam jhren flug."

Auch hier ist der gelassene Redefluss gänzlich ungeeignet, die Situation entsprechend darzustellen.

Anmerkungen

1 O. Mann, Deutsche Literaturgeschichte, S.99 f.
2 E. Schmidt, op.cit., S.24.
3 L. Tieck, op.cit., S.VI.
4 Koch, op.cit., S.80.
5 K. Burdach, Aufriss ..., S.66 ff.
6 H. Borcherdt, op.cit., S.147.
7 E. Devrient, op.cit., S.140.
8 H. Borcherdt, op.cit., S.147.
9 Ganz anders verhielt sich die Sache in Italien, wo es keine derartigen "Kastenunterschiede" gab und wo alle - Adel,
   Fürsten und humanistisch gebildete Bürger - sich gemeinsam an der Schaffung einer nationalen Kultur beteiligten.
   Witczuk (J. Witczuk, op.cit., S.7) bezeichnet die deutsche
   Kultur der Reformationszeit als "krähwinklerisch", die
   Welt- und Lebensanschauung als "kleinbürgerlich". Unter
   dem Einfluss der neuen humanistischen Strömungen erwachte
   in Deutschland zwar das Interesse für die Antike, es hatte
   jedoch nach der Behauptung Maassens (J. Maassen, op.cit.,
   S.94) mehr ein kulturhistorisches, als ein literarisch-
   ästhetisches Gepräge.

10 H. Borcherdt, op.cit., S.152.

11 H. Borcherdt, op.cit., S.92. Was das uns hier besonders in-
    teressierende Gebiet des Dramas anbetrifft, so erklärt
    Borcherdt diesen Vorgang folgendermassen: Der Spiritualis-
    mus des Mittelalters habe sich in allen Völkern Europas
    einheitlich ausgewirkt - sein Produkt war überall das
    geistliche Drama. Er ermöglichte aber trotzdem die Ent-
    wicklung der nationalen Spezifik in den einzelnen Ländern,
    während die Erneuerung des antiken Dramas mit seinem fest-
    gefügten System von Raum- und Zeitvorstellungen vor allem
    dem romanischen Kunstbewusstsein entsprach. Deswegen blühte
    das Theater in Italien auf und in Spanien und Frankreich
    wurden die Grundlagen zur barocken Kunst gelegt. Sogar die
    Niederlande erwiesen sich dank ihrem ausgeprägten Sinn für
    Realismus empfänglich für die antiken Anregungen auf dem
    Gebiet des Dramas. Der Humanismus habe in diesem Land "eine
    nationale Hochblüte" vorgefunden, die mit "dem innersten
    Wesen der antiken Kultur" übereinstimmte. Deswegen hat sich
    hier der Humanismus mit den nationalen Tendenzen vereini-
    gen können. Inbezug auf die dramatische Kultur führt Bor-
    cherdt einen Vergleich zwischen diesen Ländern und Deutsch-
    land durch. Dank den deutsch-italienischen Kulturbeziehun-
    gen, sowie durch die geographische Lage wirkt sich in
    Deutschland der italienische Einfluss in diesem Bereich am
    stärksten aus. Er findet hier jedoch eine seinem Wesen
    ganz entgegengesetzte Bewusstseinshaltung, die "eine Synthe-
    se von antiker Geschlossenheit und mittelalterlicher Ge-
    löstheit" nicht zustande kommen lässt.

12 H. Borcherdt, op.cit., S.157.

13 H. Holstein, op.cit., S.275.

14 Kürschner-Borinski, op.cit., S.60.

15 H. Borcherdt, op.cit., S.192/3.

16 H. Borcherdt, op.cit., S.42.

17 M. Koch, op.cit., S.100.

18 Was den negativen Einfluss der Reformation auf die Entwick-
    lung der Dramaturgie anbelangt, so glaubt Wolkan (F. Wol-
    kan in: R. Arnold, Das deutsche Drama, S.105) eine Analogie
    feststellen zu können zwischen den mittelalterlichen und
    den humanistischen Dramenschöpfern, die seiner Meinung
    nach darin bestand, dass beide unfrei waren, "beide im
    Bann der Autoritäten standen". Er sagt (F. Wolkan, op.cit.,

S.59), dass das "grenzenlose theologische Gezänk" den Boden der deutschen Literatur unterwühlte. Die Dramen dieser Zeit wären lediglich "in dramatische Form gezwängte theologische Disputationen" und somit keine poetischen Werke, sondern "dramatische Monstrositäten". Boriński (K. Boriński: "Die Poetik der Renaissance, S.23) stellt fest, dass die Reformation "die ärgste Feindin der Poesie" war, trotzdem Luther selbst, wie Boriński im weiteren bemerkt, "die Künste nicht durch das Evangelium zu Boden schlagen wollte."

19 Einen analogen Einfluss auf die Kultur hatte bekanntlich in Böhmen die hussitische Bewegung.

20 Merker-Stammler, op.cit., S.198.

21 Auch wies das Durchschnittspublikum, für welches die Schuldramenautoren ihre Werke schrieben, nach Michael (F. Michael, in: R. Arnold, Das deutsche Drama, S.82), keine Spur von ästhetischer Schulung auf, konnte also auf jene in dieser Hinsicht keinerlei positiven Einfluss ausüben. Wir finden bei Michael ein höchst unerfreuliches Bild dieses Publikums. Wir lesen hier: "Der grösste Hauff ... gaffet nur danach, ob ein Tisch oder banck zubrechen, jrer viel jemmerlich über den Haufen stürtzen, oder sonst etwas zu beklagen oder zu lachen vorfallen wollte."

22 Vgl. dazu das polnische Sprichwort: "Wart Pałac Paca, a Pac Pałaca", oder "Trafił frant na franta."

23 Vgl. den polnischen Ausdruck: "Nie jest wart złamanego szelagą".

24 Vgl. das italienische Sprichwort: "Il lupo perde la pelle, ma non il vizio."

25 Vgl. den französischen Ausdruck "être en vogue".

26 Vgl. den polnischen Ausdruck: "na swoich śmieciach".

27 Dieses Sprichwort ist auf den lateinischen Spruch zurückzuführen: "Bis dat, qui cito dat".

28 Vgl. das polnische: "Ja cię nauczę moresu!"

29 Vgl. das griechische γλαῦκ᾽ Ἀθήναξε

30 Im Sprach-Brockhaus, Leipzig 1940, S.444 finden wir folgende Erklärung: Nobiskrug, nach dem Volksglauben der vorübergehende Aufenthaltsort der Verstorbenen auf dem Weg ins Jenseits.

31 Ausserdem finden wir bei Mauricius noch einige vulgäre Ausdrücke wie:

S.29: ... Thun sie nur Land und Leute bscheissn,
... Was mustu seyn für ein Schnoutzhahn.   Oder
S.62: ... Bezahlt er mich mit solchem Gstanck.

32 W. Creizenach, op.cit., Bd.III, S.395 f.

33 F. Michael in: R. Arnold, Das deutsche Drama, S.50.

34 F. Lockemann, Literaturwissenschaft und literarische Wertung, S.22 f.

35 Nach der Ansicht von Wellek-Warren (R. Wellek-A. Warren, op.cit., S.197) organisiert das Metrum den Klangcharakter der Sprache, es ordnet den Prosarhythmus, bringt Einheiten von annähernd gleicher Zeitdauer hervor und vereinfacht so den Bezug zwischen den Silbenlängen. Es verlangsamt das Tempo, verlängert die Vokale, um deren Obertöne oder Klangfarbe (timbre) herauszustellen. Es vereinfacht und ordnet die Intonation, die Sprachmelodie. Der Einfluss des Metrums besteht also darin, Worte zu "aktualisieren", d.h. sie herauszuheben und unsere Aufmerksamkeit auf ihren Klang zu lenken. In guter Dichtung werden die Beziehungen zwischen den einzelnen Wörtern sehr stark betont.

36 O. Mann, Deutsche Literaturgeschichte, S.135.

37 O. Mann, Geschichte des deutschen Dramas, S.20.

38 O. Mann, Deutsche Literaturgeschichte, S.73.

39 R. Genée, op.cit., S.77.

40 Kürschner-Borinski, op.cit., S.81.

41 W. Creizenach, op.cit., Bd.III, S.380.

42 E. Burdach, op.cit., S.68.

43 F. Michael in: R. Arnold, Das deutsche Drama, S.49, 58 und 101.

44 E. Titmann, op.cit., S.XXII.

45 K. Boriński, op.cit., S.29.

46 H. Borcherdt, op.cit., S.160 f.

47 K. Boriński, op.cit., S.29.

48 K. Boriński, op.cit., S.15.

49 O. Mann, Deutsche Literaturgeschichte, S.132 f.

50 O. Mann, Geschichte des deutschen Dramas, S.66.

51 F. Lockemann, op.cit., S.87.

52 F. Lockemann, op.cit., S.61.

53 F. Lockemann, op.cit.., S.76 f.

54 F. Lockemann, op.cit., S.23.

55 K. Boriński, op.cit., S.16.

56 K. Boriński, op.cit., S.37.

57 Was die Versbehandlung bei Luther anbetrifft, so informiert
uns Boriński (K. Boriński, op.cit., S.29), dass er "das uralte Versgesetz, nur die Hebungen zu zählen, unbekümmert
um die Senkungen" aufgegriffen hatte.

58 Newald-De Boor, op.cit., Bd.5, S.39.

59 K. Boriński, op.cit., S.48.

60 K. Boriński, op.cit., S.54.

61 O. Mann, Deutsche Literaturgeschichte, S.137.

62 Bezeichnend ist im Zusammenhang damit die Behauptung Newalds
(R. De Boor-R.Newald, op.cit., Bd.IV, S.39 ff), dass man
sich in Deutschland über die Dauer und Stärke der Silben
nie einig gewesen ist, "weil man in das Wesen der deutschen
Sprache nicht eingedrungen war". "Wie wenig klar", sagt
Newald, "war man sich über den Sprachstoff und die Möglichkeit, ihn aus eigenen Gesetzen zu formen!"

63 J. Bolte, op.cit., S.4.

64 O. Mann, Geschichte des deutschen Drams, S.32 f.

65 Wie wenig erforscht und wie komplex das Problem der Metrik
als solches ist, zeigt uns, nebenbei gesagt, die Vielzahl
der sich darauf beziehenden Theorien sowie der Wandel, welchen diese in den neusten Zeiten erfahren haben. Einen interessanten Einblick in die neuesten wissenschaftlichen
Strömungen, welche auf diesem Gebiet zu beobachten sind,
bieten uns die sich darauf beziehenden Erwägungen von Wellek-Warren dar (A.Wellek-R. Warren, op.cit., S.187). Hier
wird der älteste Typ der Prosodie, auf den sich die obigen
Ausführungen stützen, als "graphische" Prosodie bezeichnet.
"Graphische" Prosodiker versuchen metrische Schemata und
Muster aufzuzeichnen, die ein Dichter in seinem Werk angeblich befolgt hat. Diese "graphische" metrische Theorie wurde in der neuesten Zeit als unzulänglich erklärt. Man schuf
deswegen andere Typen von metrischen Theorien. So gibt es
noch eine musikalische Theorie, die auf der Voraussetzung
beruht, "dass sich das Metrum in der Dichtung analog zum
Rhythmus in der Musik verhält und deshalb am besten durch
ein Notensystem dargestellt wird". Diese Theorie wird,
nach dem Bericht von Wellek-Warren, besonders in Amerika
anerkannt. Sie versagt jedoch bei nicht isochronen Vers-
typen und führt zu willkürlichen, subjektiven prosodischen
Auffassungen. In hohem Ansehen steht heute in manchen
Fachkreisen die dritte Art von metrischer Theorie, nämlich

354

die akustische Metrik. Bei der hier angewandten Methode
arbeitet man mit Oscillographen, welche die verschiedenen
Elemente, die das Wesen des Metrums ausmachen, eindeutig
festsetzen. Es gibt aber auch Sachverständige, bei denen
diese "laboratorische" Metrik ernste Bedenken erweckt. Sie
gelangten zu der Überzeugung, dass das Versgefüge sich nicht
durch blosse akustische und musikalische Methoden erfassen
und ergründen lässt. "Die Versgeschichte ist der ständige
Konflikt zwischen verschiedenen Normen, in dem ein Extrem
gern durch ein anderes ersetzt wird", lautet die diesbezügliche Meinung von Wellek-Warren. "Die übliche Einteilung
der Verslehren in syllabische, akzentmässige und quantita-
tive Systeme ist nicht nur ungenügend, sondern auch irreführend", lesen wir. "Wir sind uns heute bewusst", sagen
unsere Autoren zum Schluss ihrer Ausführungen, "dass Laut
und Metrum nicht von der Bedeutung isoliert, sondern als
Bestandteil der Ganzheit eines Kunstwerkes untersucht werden müssen."

66 Akt III, Sz. IV, S.61. (Giovanolis Ausgabe S.116, Z.1087-
    1090).
67 Akt III, S.39. (S.278, Z.1764-1772).
68 Akt III, Sz. V, S.122.
69 Akt IV, Sz.III, S.145. (S.142, Z.1403-1407).
70 Akt IV, Sz.III, S.145.
71 Akt IV, Sz.V, S.82. (S.156, Z.1565-1571).
72 Akt IV, S.159.
73 Akt IV, S.71

3. Eigene Elemente der einzelnen deutschen Fassungen

A. INHALT

Mauricius

a) Änderung der Charakteristik Nabals und des Schmarotzers

Mauricius hat eine kleine aber markante Änderung in der Charakteristik Nabals durchgeführt. Dieser hat soeben von Abigail von der furchtbaren Gefahr gehört, die er mit seiner Tat heraufbeschworen, seine Frau hingegen durch ihre Tapferkeit und Klugheit abgewendet hatte. Daraufhin sagt er[1]:

"Muss mich meinr Filtzigkeit schier schemen."
Diese unverhoffte "Selbstqualifikation" klingt in Nabals Mund erstaunlich. Sie sieht fast wie eine Andeutung auf eine innere Wandlung aus. Diese Worte gehören zu den letzten, die er im Stück spricht. Später erscheint er nicht mehr auf der Bühne; wir vernehmen nur die Nachricht von seinem Tode. Wenn die letzten Worte Nabals etwa eine Art Bekehrung bedeuten sollten, dann hätten wir hier nur mit einer teilweisen Bekehrung zu tun, denn sie betrifft nur seinen Geiz, nicht aber seine Trunksucht. Ob dieser seltsam anmutende Satz zufällig oder absichtlich von Mauricius geschrieben wurde, ist nicht zu ersehen. Bei Grübel, dessen Bearbeitung Mauricius Vorlage bildete, hören wir nichts dergleichen von Nabal. Im lateinischen Original bekennt er nur[2]:

"... quando miser
Sum plus satis: ita me tua haec oratio
Totum paene exanimavit."
Er ist zutiefst erschrocken, dass die Manifestation seines Geizes und seiner Menschenfeindlichkeit solch verhängnisvolle Folgen hatte. Genau so beträgt er sich bei Moller[3]. Er sagt:

"Ach, ich mocht schier vor leid verzagen.
Ich geh hinein, mir ist nicht wohl."
Bei Mauricius "schämt sich" Nabal wegen seiner
"Filtzigkeit". Ob hier wirklich das sittliche Be-
wusstsein in ihm für einen Augenblick wach wird?
Die Frage muss dahingestellt bleiben, weil wir nur
mit einer einzigen Regung von dieser Art zu tun ha-
ben[4].

Die Änderung der Schmarotzergestalt kann hingegen nicht als Zufall aufgefasst werden. Mauricius
lässt seinen Antonius nach Nabals Tod unbehelligt
davonziehen. In der Fluchtszene trägt er eine ganz
andere moralische Haltung zur Schau, als seine Vorbilder bei Gwalther und Grübel. Bei Gwalther[5] erleben wir die bereits in anderem Kapitel erörterte
"Selbstqualifikation" des Schmarotzers. Bei Grübel,
der - wie ich es im weiteren zu beweisen mich bemühen werde - Gwalthers Text treu befolgte, kommt
Glycologus auch zur Einsicht, dass ihm recht geschehen sei. Er sagt[6]:

"Wem sol ich aber solchs erzellen?
Ich weiss kein under meinen gsellen,
Noch anderen, die nit werdend jähen,
Dann es sy mir eben recht geschähen,
Darumb nüt bessers dann ich mich trucke,
Sölches als lyde, duld in mich schlucke,
Dann der darff das er sich duck lyd vil,
Der aus anderen seckel zeren wil."

Ähnliches sagt Glycologus bei Moller[7]:

"Aber wem sol ichs solchs nu klagen?
Vorwar es wird ein jeder sagen,
Mir sey hiran gar recht geschehen.
Wolan, es pflegt so zuzugehn,
Der muss vorwar leiden gar viel,
Der sich gibt in ein solches spiel,
Das er nur ein schmorotzer sey,
Ess und trinck allenthalben frey."

Der Schmarotzer von Mauricius kommt nicht zu der Einsicht, ihm sei "recht geschehen". Er ist sich keiner
Schuld bewusst. Er schickt sich - ganz im Gegenteil -

fröhlich dazu an, ein nächstes Opfer zu suchen und
sein bisheriges Leben weiterzuführen. Er sagt[8]:

> "Meins bleibens ist auch hie nicht lengr,
> Denn in dem Haus würd mir nur bängr,
> Viel Kümmernuss und Furcht mirs brächt,
> Wenn ich an meins Herrn Tod gedächt.
> Will lieber viel Meil sein davon,
> Mich um ein andern Herrn umbthon,
> Da ich vielleicht viel besser Tag,
> Als bei der Wittib haben mag,
> Den trawrig sein ist nicht meins fugs,
> Darumb will ich mich trollen flugs,
> Nur aufblasen ein Federlein,
> Mich darnach auff d'Strass machen fein.
> Wann ich glück hett, und guten Wind,
> So wolt ich fahren gar geschwind
> Auff eim Schüsselkorb ubr den Rhein,
> Wo ich auch käm ins Land hinein,
> Und dürft zu diesem gar kein Schiff,
> Wolt sonst wohl wissen den rechten Griff."

Eine solche Pointe ist eigentlich im Hinblick auf
die didaktische Tendenz des Stückes als ein Fehl-
griff des Autors zu bezeichnen.

b) Erweiterung des Familiendramas

Mauricius hat das Familiendrama, das Gwalther gleichsam angedeutet hatte, erweitert und ausgebaut.

Alcimus' Weib, Xantippe, von der im Drama von
Gwalther nur erzählt wird, erscheint hier auf der
Bühne und greift in die Handlung ein. Sie lauert
ihrem betrunkenen Mann auf und verprügelt ihn unter
heftigen Schimpfreden kräftig[9]:

> "Ey ist es denn nicht Sünd noch Schand,
> Dass ebn einr berühmbt und bekand
> Wil werden, durch das leidig sauffn;
> Drauss doch nur folget schlagn und rauffn,
> Ja offtermals Todschlag darzu,
> Und könd doch einer wol seyn mit ruh

Daheimen mit dem Weibe sein,
Auch trincken wol ein Seidlein Wein.
Mein volle Saw hab ich eingsperrt,
Welchs er schon gestr und heut verführt,
Hat gar daheim nichts angerührt.
Was thut der Tropff, versucht sein Heil,
Lesst sich herab an einem Seyl,
Leufft unversehens aus dem Hauss,
Darumben muss ich auch gehn aus,
Dass ich ihn nur heim wider bring,
Und weil er ja acht so gering
All mein Vermahnung, so ich gthan,
Der liederlich und heiloss Man,
So wil ich jhn mit dem Barthwisch
Recht abblewen, wie ein Stockfisch,
Dass er auffs nechst daheimen bleib,
Einmal auch sorg hab auff sein Weib.
Halt nichts davon, wenns donnert lang
Und schlägt nicht ein: Mir ist recht bang,
Das ich muss auff der Gassen harrn.
Dort seh ich gleich den vollen Narrn.
Muss nur ein weng auff d'seiten gehn
Ihn lassen vor füruber gehn."
Nach diesem Wutausbruch geht sie zur Tat über.
Sie beginnt ihren Mann heftig zu schlagen. Sie
"schmiert zu", wie die Bühnenanweisung sich an die-
ser Stelle ausdrückt. Ihre Schläge werden aber auch
noch von einer "einprägsamen" Moralpredigt beglei-
tet. Sie will dadurch offenbar dem Schuldigen ihre
heilsamen Lehren besser einschärfen und gleichzeitig
sich selber "Luft machen", ihre lange aufgespeicherte
Wut zum Ausbruch gelangen lassen. Sie ruft:
"Ich bin, schluck ein den Prügelkrapffn
In vollen Weinschlauch und Danzapffn.
Schemstu dich nicht, dassd' Nacht und Tag,
Welchs doch kein Ochs noch Kuh vermag,
So viel Wein in dich giessen magst
Und mich so sampt den deinen plagst.
Heb dich daheim du volls Mastschwein,
Odr ich schlag dir die Lenden ein,

> Du must fort unterthan mir seyn,
> Wil dich wol lehren sauffen Wein."

Ihre Schläge müssen recht wirksam gewesen sein, denn
Alcimus beginnt um Erbarmung zu bitten:

> "Mein güldens Weib, nur jetzund schon,
> Mein Lebtag will ich nimmer thon,
> Mein Schatz, mein schmatz, hör auff zu schlagn,
> Man wird mich sonst heim müssen tragn.
> Mir thun der Rück und Lendn so weh
> Dass ich kaum auff den Füssen steh."

Daraufhin lässt Xantippe ihren Mann los, aber ihr
Mundwerk ruht noch immer nicht:

> "So troll dich hnein ins Henckers namn,
> Warumb thust dich nicht s'sauffens schamn,
> Du volle Saw, du volle Kuh,
> Wil schon sehn, wie ich den sachn thu,
> Dich nur ein zeitlang sperren ein,
> Daheim ins Narrenketterlein,
> Und dich daselbst wol kühlen lassn.
> Wirst dich wol drinn des trinckens massn,
> Dich sollen Drüss und Peulen bstahn."

Sie hat ein Heilmittel gefunden: sie wird ihren Mann
einsperren und ihm auf diese Weise das Saufen abge-
wöhnen. Das erwähnte "Narrenketterlein" ist wahrscheinlich ein besserer Kerker als der, aus welchem
Alcimus eben entflohen ist. Der ganze Vorgang wird
von einem gewissen, im Personenverzeichnis nicht
erwähnten Narcius beobachtet. Er fügt noch seine
Lehre hinzu:

> "O recht auf dich, Doctor Siman,
> Zieh ab so mit dein armen Leutn,
> Geh heim ein ander mal beizeitn,
> Wart nicht stets biss auffn letzten Mann,
> Sonst möcht wider werden zu lohn
> Daheim ein Eychner Butterweck,
> Dein Fraw ist ein von Scharffeneck
> Die wol sicht auff jhren vortheil."

Er lässt noch nach dem Erscheinen Abigails auf der
Bühne seine Klagen über den Wahn der Trunksucht verlauten, der die Menschen gefangen hält:

360

"Mein Gott, ist denn das nicht ein plag?
Die ihm der Mensch muthwillig anthut,
Dass er verseufft sein Haab und Gut,
Darneben auch wol sein Gesund,
Dass er darnach kein gsunde stund
In seinem Leben nimmer hab,
Rennt auch wol in die Hell hinab,
Das bringt die ledig Füllerey.
Gleub dass der Teufel drinnen sey.
Hat doch mein Herr den gantzen Tag
Heut gsoffen, was er nur vermag,
Sampt seinen Gestn, den vollen Zapffn,
Die gar sein tretn in sein Fussstapffn,
Habn kaum ein wenig aussgerast,
Bald widr die Becher auffgefast ..."

In der oben angeführten Prügelszene werden einerseits Einflüsse der Plautinischen Komödie, anderseits die des Fastnachtspiels sichtbar, wo Prüge-
leien bekanntlich - neben den Gerichtsverhandlungen -
ein sehr beliebtes Motiv bildeten. Ausserdem wäre zu
sagen, dass Xantippe etwas an den antiken Komödien-
typ der "zänkischen Alten" erinnert[10]. Eine ganz
ähnliche Szene finden wir nach Francke in der Komödie "Pseudostratiotae" von Schoneus vom Jahr 1618.
Dort lesen wir:

"Duo combibones admodum diluculo
Foras una egressi ad potandum commeant
Uxores per totum illos quaerunt oppidum
Mox deprensos plagis contundunt plurimis."

c) Rätselhafter Passus

Wir haben in diesem Stück noch eine Stelle in Mauricius' Stück zu erwähnen, die weder bei den anderen
deutschen Autoren noch im lateinischen Original ihr
Gegenstück besitzt. Ich spreche hier von einem Passus aus dem Argumentum[11], welcher den Inhalt des ganzen Stücks angibt und zugleich moralische Erwägungen
allgemeiner Art enthält. Dieser Passus mutet etwas

361

unverständlich und rätselhaft an. Es ertönt hier die
Klage über die geizigen Reichen, welche den Armen
keine Hilfe in ihrer Not leisten wollen:

"Gleub dass Brüderlich Lieb und Trew
Lengst gstorben und verfault schon sey,
Wie viel wirstu nur finden heut,
Von Gott gsegnt wohlhabender Leut,
Die jhnen nichts lassen abgehn,
Lassn abr die Armen hinden stehn ..."

Nun folgt ein sonderbarer Gedankengang:

"Und sonderlich in dieser Klemm
Blind war, der jrer sich annehm.
Was thun nur offt die Korn Juden?
Mich dünkt sie schlagn auff jhr Buden
Nach jhrem gfalln in dem Kirchtag,
Der wird sie anlegn alle plag,
Wenn sie nehmen ziemlichen gwin,
Dasselbig das gieng dennoch hin,
Aber d'Armen gar zu ubersetzen,
An jhn das Barthlmes Messer wetzen,
Das ist fürwar ein schweres ding,
Und wenns gleich einmal, zweymal gling,
Müssns doch nur Adlers Federn sein,
Die rauskommn, wie sie gflogen hnein,
Und führt der Teufl auff einmal hin
Den lange Jahr erscharten gwin.
Wilt eim dienen, so dien jhm recht.
Sonst wird dir werdn dein Lohn auch schlecht.
Drumb solln wir in uns selber gehn,
Von der Unart bey zeit abstehn ..."

Was bedeutet dieser Passus? Weswegen wird hier das
Beispiel der Juden herangezogen, die auf dem Jahr-
markt ihre Ware verkaufen und durch diesen Gewinn
zum Reichtum gelangen? Völlig unverständlich klingen
hier die nächsten Verse. Was soll hier beispielsweise der Vergleich mit dem Adler? Der Satz: "an jhn
das Barthlmes Messer wetzen" mutet fast wie eine Anspielung an die berüchtigte Bartholomäusnacht in
Frankreich an. Was anderes könnte noch der Ausdruck
"Barthlmesmesser wetzen" bedeuten? Der Zusammenhang
dieses Geschehnisses mit unserem Text ist zwar schwer

362

zu ergründen, aber die Möglichkeit einer solchen Reminiszenz ist vom Gesichtspunkt der Chronologie betrachtet nicht ausgeschlossen. Die Bartholomäusnacht fand nämlich bekanntermassen im Jahr 1572 statt, und Mauricius schrieb seinen "Nabal" im Jahr 1607. Wenn sich der rätselhafte Kontext klären liesse, dann könnten wir die Antwort auf diese Frage finden, was hier gemeint ist.

Anmerkungen

1   Akt V, S.68.
2   Akt IV, Sz.III, S.77. (Giovanolis Ausgabe, S.146, Z.1468-1470).
3   Akt IV, Sz.III, S.152.
4   Vielleicht wollte Mauricius damit eine didaktische Wirkung erzielen. Ebensogut ist es jedoch möglich, dass er diesen Satz als eine Art Flickzeile, nur der Verspaarfüllung und des Reimes wegen schrieb. Der Zweizeiler lautet nämlich wie folgt:
> Das wil von hertzen ich gern *vernehmn*
> Muss mich meinr Filtzigkeit schier *schemn*.
Die scheinbare "Bekehrung" kann also auch ganz einfach einen rein technischen Griff bedeuten.
5   Akt V, Sz.II, S.100 f. (Giovanolis Ausgabe, S.172, Z.1764-1774).
6   Akt V, S.71. (S.325, Z.3010-3017).
7   Akt V, Sz.II, S.177.
8   Akt V, S.73.
9   Akt IV, S.60.
10 O. Francke, op.cit., S.127.
11 S. 5 f.

B. FORM

1. Grübel

a) Bühnenanweisungen

Als erstes eigenes Element ist bei Grübel das Vorhandensein von Bühnenanweisungen in seinem Stück zu
bezeichnen. Dies scheinbar kleine Element hat jedoch, wie wir gleich sehen werden, eine ausschlaggebende Bedeutung für die Klassifizierung von Dramen-
typen. Im Drama Gwalthers verzeichnen wir das Fehlen
jeglicher Bühnenanweisungen. Letzteres war, wie wir
von Creizenach[1] erfahren, in den Schuldramen die Regel. Die Bühnenanweisungen fehlen hier fast immer.
Auf der anderen Seite begegnen wir jedoch vereinzelten Informationen, dass es hier auch ausnahmsweise
Bühnenanweisungen gegeben hat. Von Genée[2] erfahren
wir beispielsweise, dass Adam Puschmann, über den
er sonst nicht näher informiert, sein Spiel sogar
mit "eingehenden und umständlichen" Anmerkungen
"wie man es agieren soll" versehen hat. Der Spielleiter solle darauf achten, "dass das Aussprechen
der Wörter mit den Gestibus concordire". Wir wissen,
dass der berühmte Sturm in seinen "Klassenepisteln"
genaue Anweisungen gibt, "wie Schulkomödien aufzuführen seien". Michael[3] informiert, dass dem Personenverzeichnis im Schuldrama gelegentlich auch Angaben über Kostüme und Anordnung der Spieler und der
Szenen beigefügt wurden. Derselbe Autor berichtet
an anderer Stelle[4] über Johann Krüginger aus Joachims-
tal, dass dieser seine Dramen sogar mit "anschauli-
chen" Bühnenanweisungen versehen hat. Dies alles sind
jedoch Ausnahmen. Möglicherweise ist hier das Vorbild
in den Dramen von Hans Sachs zu erblicken, der sie,
wie Witczuk[5] bemerkt, mit reichen und détaillierten
Bühnenanweisungen ausstattete. Die Antwort auf die
Frage, warum in den meisten Schuldramen die Bühnenanweisungen fehlten, lautet: weil der Grundtypus des
Schuldramas nicht theatralisch, sondern literarisch-
theoretisch war. Wie Röhl[6] bemerkt, dachte man an-

fänglich bei der Erneuerung des antiken Dramas keineswegs an Aufführungen. Erst allmählich kam in den
protestantischen Schulen und Universitäten die Sitte
auf, die Dramen zur Aufführung zu bringen. Dasselbe
schreibt Mann[7]: "Problematischer war die Nachahmung
des antiken Dramas. Bühne und Bühnenspiel waren verloren, man besass nur die Texte. Man übernahm sie als
Lesetexte und verstand sie nicht als Texte für Bühnen-
dramen. Es verging erst einige Zeit, bis die Humanisten innerlich verstandene Dramen in lateinischer
Sprache hervorbrachten." Weiter[8] weist Mann auf den
Unterschied hin, der in dieser Hinsicht zwischen
Italien und Deutschland bestand. In Italien fasste
man die Komödie von vorneherein in dramatisch-thea-
tralischer Konvention auf, während man in Deutschland ihr Hauptelement im Dialog erblickte. Die Dialoge Lukians wurden infolgedessen als Dramen bezeichnet. Man schrieb Komödien nur als Dialoge, als Zeugnisse der vom Verfasser beherrschten Kunst des humanistischen Sprechens[9]. Mann betont, dass die deutschen Humanisten ihre Stücke schlechthin für Dekla-
mation, nicht aber für schauspielerisches Handeln
schrieben[10]. Das Schauspiel war in diesem Fall kein
Ziel, sondern nur ein Mittel zum Zweck, welcher im
rhetorischen Vortrag oder in der Didaxis bestand[11].
So wie der erwähnte Devrient erblickt auch Holl[12]
"Antinaturalismus" im Schuldrama, das er als "Bil-
dungsdrama" bezeichnet; dessen Bühne bezeichnet er
als einen "Ort für Vortragskunst" und die Aufführungen sind für ihn "mehr ein Rezitieren, als ein Agieren". Nach Michael[13] gab es hier zwei Typen von Vorstellungen: Wenn nämlich die Dramenautoren die Schüler ins Auge fassten, dann brachten sie hauptsächlich den deklamatorischen Aspekt des Stückes zum
Vorschein; wenn das Spiel hingegen für die älteren
Bürger bestimmt war, dann wurden "effektvolle Aktions-
szenen" produziert. Eine solche theoretische Unterscheidung ist einleuchtend; nur müsste man es an
einer grösseren Anzahl von Schuldramen nachprüfen,
ob sie in der Praxis durchgeführt worden war. Auch
Goedeke[14] bemerkt, dass die Autoren speziell, um

die Schüler "im Memorieren und Deklamieren" zu üben,
lange Reden ohne Unterbrechung in die Stücke ein-
flochten. Genée[15] betrachtet es als "den Schulpoe-
ten eigene Redseligkeit" und zitiert das Beispiel
von Frischlins "Rebecca", welche ein Gespräche von
6000 Versen enthält, das den ganzen ersten Akt aus-
füllt. Borcherdt[16], welcher das Wort als "das Le-
benselement des ganzen Renaissancedramas" bezeichnet,
stellt ebenfalls fest[17], dass die Wirkungsform dieses
Dramas lediglich im Wort und dessen Ausdeutung liegt;
die mimische Darstellung sei nur Beigabe. Auch er
spricht in diesem Zusammenhang von "Antinaturalismus". Er sagt: "Der literarische Grundtypus zeigt
also eine rhetorische Pathetik, die von allem Natu-
ralismus entfernt ist." Desgleichen sieht Witczuk[18]
die Wortkunst als das primäre, die Gestik und Mimik
hingegen als das sekundäre Element im Schuldrama an,
wenn er schreibt: "Nacisk w grze kładzie się na
recytację zaniedbując mimikę i swobodne poruszanie
się na scenie. Gesty są skąpe i stereotypowe."[19]
    Wenn wir nun Grübel Bearbeitung unter dem oben
geschilderten Gesichtspunkt betrachten, dann kommen
wir zu der Vermutung, dass das Vorhandensein von
Bühnenanweisungen in seinem Werk möglicherweise sich
zum Teil dadurch erklärt, dass seine Komödie nicht
von Schülern, sondern von Bürgern dargestellt wurde.
Wie dem auch sei - wir finden jedenfalls bei Grübel
Bühnenanweisungen vor, welche sein Werk von dem Original unterscheiden. Sie sind bei weitem noch nicht
ausreichend, aber ein Minimum davon ist vorhanden.
Die anderen deutschen Versionen haben auch einige
Bühnenanweisungen, aber als erster hat sie Grübel
eingeführt. Wenn wir also das eingangs angeführte
Kriterium gebrauchen, dann können wir sagen, dass
Gwalthers Original als "literarisch-rhetorisch" zu
bezeichnen ist, also den Grundtyp des Schuldrams repräsentiert. Grübels Stück war eigentlich kein Schuldrama, denn es wurde für die Bürger von Schaffhausen
geschrieben. Mauricius ist gleichsam als "der zweite
Grübel" zu bezeichnen, also hat er auch einige kurze
Bühnenanweisungen, wie "geht weg", "läuft ab", ein-

mal sogar eine lateinische, S.30: "stringit gladium".
Zweimal finden wir eine längere Bemerkung (S.38,
n57). Ich führe hier einige von den Bühnenanweisungen an, die wir bei Grübel finden:

Nabal redt mit ihm sälbs allein (S.18, Giovanolis Ausgabe S.235), Glycologus hört das wässen in
der kuchy, loufft härauss und spricht (S.23/245),
Glycologus gadt dahin; Nabal redt mit jm sälbs allein (S.24/247); Wie David die Antwort Abisaus vernommen, spricht er (S.30/260) ..., Nabal nimpt ein
lären becher und spricht (S.33/265) ..., hebt den
Becher mit Wein und spricht (S.33), ... jetzt trinkt
er aus und spricht darauf (S.33/266), ... jetzt stadt
er vom tisch auf und spricht wyter (S.35/271); Philoponus der buren knecht kumpt ab dem fäld redt mit
jm allein (S.36/273); Abigail Nabals frouw kumpt
häruss redt mit jr allein (S.37/275); Wie David wieder ins leger gon wil spricht er: (S.44/288); Wie
sich Abigail mit prouandt auff dfart macht spricht
sy zu dienern (S.44/288); David kumpt auss dem läger
(S.45/289); Abigail kumpt für David, knüwet vor jn
nider und spricht (S.46/292); David richt sy wider
auff und spricht (S.46/292).

b) Zwischenaktmusik

Ein anderes selbständiges Element, das Grübel seinem
Original hinzugefügt hat, ist die Zwischenaktmusik.
Nach jedem Akt finden wir bei ihm die Bemerkung:
"Musica". Dieser lakonische Ausdruck lässt natürlich
keinerlei sichere Schlüsse darüber zu, welcher Art
diese Musik gewesen ist. Wir können nur sagen, wie
sie gewesen sein kann, weil wir sonst über diesbezügliche Nachrichten verfügen. Wir müssen hier von
der Feststellung ausgehen, dass Musik im Drama eine
alte und höchst ehrwürdige Tradition hat, deren Ursprung bekanntlich in der griechischen Antike zu
suchen ist. Lehrlinge der Griechen waren auch auf
diesem Gebiet die Römer. Über die Musikbegleitung

im römischen Lustspiel informiert uns eingehend
Dziatzko[20]. Dieses antike Element wurde von manchen
Dramenautoren der Renaissance aufgegriffen, womit
nach der Ansicht Borcherdts[21] die "Entwertung des
Wortes" sich im Drama geltend zu machen begann. Unser
Autor nimmt[22] in diesem Fall die Vermittlung Senecas
an. Bei ihm folgt nach jedem Akt ein Chorlied, das
jedoch meistens keinen Zusammenhang mit der Handlung
des Stücks aufweist. Im Renaissancedrama auf deutschem Boden wandte man die Musik in zwei Formen an:
als Zwischenaktmusik und als Ausschmückung der Aktschlüsse. Borcherdt bringt einige Beispiele dafür: In
Reuchlins "Henno" sind volkstümliche Tanzweisen zu
Opernmelodien umgeformt worden; Celtis und Macropedius
sowie ihre Schüler schwankten "zwischen streng humani-
stischem Odenstil nach Art des Tritonius in vierstim-
migem Akkord und freier Anlehnung an die Motette".
Die Autoren der deutschen Schuldramen handhaben die
Musikelemente anders: In Rebhuhns "Susanna" werden
die deutschen Aktschlüsse zweistimmig gesungen, aber
als Tanzlieder im Dreitakt. Bei Joachim Greff finden
wir als Einschiebsel volkstümliche, bei Burkard Waldis vier- bis fünfstimmige Lutherlieder. Bei Rollen-
hagen haben wir deutsche Chöre in antiker Skansion.
Ein Meisterstück - vom musikalischen Standpunkt aus
betrachtet - bildet nach Borcherdt die von Johannes
Sturm in Strassburg im Jahr 1587 zustandegebrachte
Vertonung der von Joseph Scaliger ins Lateinische
übersetzten Chöre zum "Ajax" des Sophocles. Diese
Chöre wurden metrisch ziemlich getreu zu vier Stimmen
gesetzt. In hinzugedichteten Exodien für zwei Solo-
stimmen sang ein achtstimmiger Doppelchor. "Während
aber noch die Meistersinger", schliesst Borcherdt
seine Erwägungen, "sich mit der Einführung von Mei-
sterliedern begnügen, mischen sich erst im späteren
Schuldrama, vor allem im Jesuitendrama, durch reich-
liche Verwendung orchestraler Wirkungen und häufiger
Chorgesänge immer mehr Opernzüge ein, wodurch die
Bedeutung des Wortes zugunsten eines Gesamtkunstwer-
kes immer mehr zurücktritt. So wird es möglich, dass
die Musik in Gestalt der Oper des 17. Jahrhunderts

die Führerschaft auf dem Theater übernimmt." Derselbe Autor[23] informiert uns, dass wir auch bei den Schweizer Dramenautoren Chöre finden. In Bircks "Joseph" wird die Handlung sechsmal durch Chorgesänge unterbrochen, in Kolross' "Von fünferlei Betrachtnussen" sind die Chöre, wie in Bircks "Susanna", in gereimten sapphischen Oden verfasst.

Grübel war ein Schweizer. Für dergleichen Kunststücke reichte jedoch - wie ersichtlich - sein spärliches Talent bei weitem nicht aus. Er wollte aber evidenterweise nichts destoweniger der aufkommenden Mode für Musikelemente in Dramen Folge leisten und stattete deswegen sein Stück mit Zwischenaktmusik aus. Er wollte vermutlich mit diesem Kunstgriff seinem Stück zum "höheren Niveau" verhelfen. Wir können mit ziemlicher Sicherheit vermuten, dass es Instrumentalmusik gewesen ist[24]. Es ist anzunehmen, dass derartige Musikeinlagen bei minderwertigen Dramen ein dekoratives Hilfsmittel bildeten, das die Zuschauer über die Mängel und Unzulänglichkeiten des Stückes hinwegtäuschen sollte[25].

Schliesslich muss hier noch ganz kurz auf ein Merkmal hingewiesen werden, das Grübels Bearbeitung von den anderen deutschen Versionen unterscheidet. Grübel schrieb sein Werk nämlich nicht nur im "Schlechten Deutsch", wie die anderen Autoren, sondern im "Schwytzer-Deutsch" - in der Schweizer Mundart (allerdings in starker Anlehnung an die oberdeutsche-schweizerische Kanzleisprache). Diese Mundart verleiht dem Drama noch eine ganz besondere Prägung. Dem Sprachwissenschaftler bietet sich Grübels "Nabal" als ein interessantes Forschungsobjekt dar, und dies umsomehr, als wir hier einen unkonsequenten Vokalismus zu verzeichnen haben. Auf diese Eigenschaft unseres Werkes macht uns Baechtold aufmerksam[26], indem er schreibt: "Grübels "Nabal" ist im Bezug auf seinen mundartlichen Sprachschatz nicht unwichtig. Lautlich ist bereits der neuhochdeutsche Vokalismus, zwar nicht konsequent, durchgeführt." Ich halte es für angebracht, hier von der Anführung der betreffenden Beispiele abzusehen, weil dies nicht zum eigentlichen Thema meiner Arbeit gehört[27].

Anmerkungen

1 Creizenach, op.cit., Bd.III, S.100.
2 R. Genée, op.cit., S.217.
3 F. Michael in: R. Arnold, Das deutsche Drama, S.59.
4 F. Michael, op.cit., S.68.
5 J. Witczuk, op.cit., S.24.
6 H. Röhl, op.cit., S.92.
7 O. Mann, Deutsche Literaturgeschichte, S.124.
8 O. Mann, op.cit., S.126 f.
9 Deswegen gebraucht auch Wilpert (Gero von Wilpert. Sachwörterbuch der Literatur, S.658 f) für die Schulstücke
   die Bezeichnung "Sprechdrama".
10 So äussert sich auch Wiessner (Gustav Wiessner, Deutsches
   Theater als Darstellung deutschen Wesens, S.24), indem er
   schreibt: "Das Wort beherrschte die Zeit und das Wort kam
   auf dieser Reliefbühne zur Geltung. Die neuaufkommenden
   gelehrten Schulen stellten solche Bühnen in ihren Aulen
   auf, um die künftigen Prediger in Rhetorik zu üben."
11 Siehe dazu auch Devrient (E. Devrient, op.cit., S.110). Das
   Schuldrama bediente sich nach seiner Ansicht der Darstel-
   lungskunst "nur zu Befestigung der Gelehrsamkeit oder zur
   Verbreitung religiöser und politischer Gedanken". Der
   schauspielerische Aspekt wurde hier so, wie im mittelalterlichen Drama, vernachlässigt. Die Idee, der Gedanke sei
   hier die Hauptsache und die Schauspielkunst sei lediglich
   "ein Organ zu deren Veranschaulichung und Veröffentlichung".
   Die Beachtung der Vortragskunst glaubt Devrient - im Gegensatz zu dem gelehrten - im volkstümlichen Drama zu finden,
   welches "von der Natur ausging". Er fügt hier eine bezeichnende Bemerkung bei: "So hatte sich den Einfältigen und Un-
   mündigen das Geheimnis des dramatischen Lebens offenbart,
   das den Weisen des geistlichen und gelehrten Dramas verbor-
   gen geblieben war."
12 K. Holl, op.cit., S.70.
13 F. Michael in: R. Arnold, Das deutsche Drama, S.61.
14 K. Goedeke, op.cit., Bd.IV, S.328/9.
15 R. Genée, op.cit., S.203.
16 H. Borcherdt, op.cit., S.191.
17 H. Borcherdt, op.cit., S.160.
18 J. Witczuk, op.cit., S.19.

19 Durch eine solche Haltung im Spiel sollten sich übrigens
die Schüler nach der Meinung Creizenachs (W. Creizenach,
op.cit., Bd.III, S.93) in der Interpretation ihrer Rollen
bewusst und betont von den verachteten Komödianten unterscheiden. Ähnliches lesen wir bei Merker-Stammler (op.cit.,
S.199): "Der Kunstcharakter des Spiels ist deklamatorisch
und man sieht es gar nicht einmal gern, wenn ein Darsteller
durch Entfaltung allzugrosser schauspielerischer Kunst aus
dem Rahmen herausfiel." Vergleiche dazu auch E. Schmidt,
op.cit., S.35. Diese Tendenz scheint jedoch zuweilen zu
weit gegangen zu sein, denn wir lesen bei Creizenach
(ebenda), dass die Schüler manchmal ein "täppisches Benehmen" zur Schau trugen und nicht selten deswegen von den
Zuschauern ausgelacht wurden. Es scheint, dass diese Unge-
schicktheiten mit zwei Gründen zu erklären sind: erstens
durch den in Rede stehenden Mangel an schauspielerischer
Schulung und zweitens dadurch, dass sie, wie aus einer von
Creizenach zitierten Bemerkung Knausts hervorgeht, nicht
immer alles verstanden, was sie deklamierten. Vielleicht
haben wir es diesem Umstand zuzuschreiben, dass sich, obgleich der Schwerpunkt der dramatischen Gestaltung in den
Schuldramen auf dem Wort lag, nichtsdestoweniger, wie
Borcherdt (H. Borcherdt, op.cit., S.189) berichtet, wohl
später "ein fester Gebärdenkanon" zur Unterstützung der
Rhetorik ausgebildet hat, der den Darstellern "über Dilet-
tantismus und Abhängigkeit von Zufallsbegabungen" hinweg-
geholfen haben soll. Es war wahrscheinlich das unentbehr-
liche Minimum von Mimik und Gestik darin erörtert worden.
Wir erfahren, dass es sogar Hilfsbücher zur Rhetorik und
Vortragskunst gegeben hat, die vom Schultheater als massgebend benutzt wurden. Demzufolge schrieb der Frankfurter
Universitätsprofessor Jodocus Willich 1543 einen "Liber de
pronuntiatione rhetorica", der seine Lehren aus Quintilian
und der Bibel schöpfte. So kam, nach Borcherdt, eine "klas-
sisch orientierte und doch moderne Normalgestik" zustande.
Trotzdem kamen aber diese Lehren, wie wir wissen, nur sehr
selten in den gedruckten Bühnenanweisungen der Schuldramen
zum Vorschein.
20 K. Dziatzko-E. Hauler, op.cit., S.42 ff. Dort wurden drei
Arten von Szenen unterschieden:

a) lyrische Szenen wurden mit Musikbegleitung rezitatorisch gesungen

b) die in trochäischen oder iambischen Septenaren sowie in iambischen Oktonaren geschriebenen Szenen wurden zur Musik deklamiert

c) die Senarszenen wurden einfach gesprochen - ohne jegliche Musikbegleitung.

Ausserdem boten die Stelle vor dem Prolog und die Zwischenaktpausen Raum für Musik. Wir wissen auch, welche Instrumente für diese Musik gebraucht wurden. Wir werden ferner informiert, dass während der ganzen Blütezeit des römischen Lustspiels die Cantica nicht von den Schauspielern, sondern von einem besonderen Sänger ausgeführt wurden, während die Schauspieler dazu nur "agierten". Die Zusammengehörigkeit von Theater und Musik war nach Wille (G. Wille, Musica Romana, S.158 f) für die römischen Betrachter selbstverständlich. Dieser Autor bringt viele neue Nachrichten in bezug auf die Rolle der Musik im römischen Drama und ändert in mancher Hinsicht die herkömmlichen Vorstellungen, die auf diesem Gebiet der Wissenschaft herrschten. Er behauptet vor allem, die Römer hätten sich in der Musik nicht mit blosser Nachahmung der Griechen begnügt, sondern sie hätten hier auch eigene, selbständige Leistung aufzuweisen.

21 H. Borcherdt, op.cit., S.191

22 H. Borcherdt, op.cit., S.153.

23 H. Borcherdt, loc.cit.

24 O. Francke (op.cit., S.104) äussert die Meinung, dass die Anwendung von Chorgesängen in den humanistischen Komödien, welche später von Gottsched gelobt wurde, "von vollständiger Verkennung des Wesens der terenzisch-plautinischen Komödie" zeugt. "So mussten also auch die Chorgesänge dazu beitragen, den sehr vermissten Zusammenhang der Handlung noch mehr zu lockern und auseinanderzuziehen", fügt Francke missbilligend hinzu.

25 Marginalerweise sei hier noch darauf hingewiesen, dass die durch die didaktische "Grundtendenz" ihrer Spiele gebundenen Autoren - wie von Michael (F. Michael in: R. Arnold, Das deutsche Drama, S.106) hervorgehoben wird - auch von anderen "Lockmitteln", die den Ernst der Didaxis etwas mildern sollten, Gebrauch machten. Nicht nur, um die Dramen zu dehnen, sondern auch, um die "schweren" Stücke etwas

attraktiver zu gestalten, führten sie nämlich Zwischenspie-
le und zusätzliche Episoden ein. Dieses Bestreben wird von
Michael negativ eingeschätzt. Die Autoren bereicherten zwar
dadurch - nach seiner Ansicht - die Dramen um das mangelnde Element des Witzes und um theatralische Effekte, zer-
störten jedoch zugleich die Einheit der Handlung. Auf diese Weise fielen sie in die "alte, verwirrende Fülle der
Osterspiele" zurück und langten wieder an ihrem Ausgangspunkt an. So wurde der Kreis der literarisch-theatrali-
schen Bestrebungen der Dramenautoren geschlossen.

26 J. Baechtold, Geschichte der deutschen Literatur in der
Schweiz, S.366.

27 Es wäre noch bei Grübel ein Détail zu erwähnen, welches
wir in den anderen deutschen Versionen nicht finden. Ich
spreche von dem Vorhandensein des "Erst Herold", welcher
den Prolog, und des "Letzt Herold", welcher den Epilog
rezitiert. Dieses Détail ist offensichtlich auf Hans Sachs
zurückzuführen, in dessen Stücken es bekanntlich einen
Herold gab, der auf die guten Lehren hinzuweisen pflegte,
welche das jeweilige Stück den Zuschauern darbot.

2. Moller

a) Episches Element

Moller hat die 2. Szene des III. Aktes in eine ganz
andere Gestalt gekleidet, als wir es bei Gwalther
finden. Hier wird das Trinkgelage auf der Bühne dargestellt. Moller hat hingegen die ganze Szene durch
einen epischen Bericht ersetzt. Obgleich diese Änderung als originell bezeichnet werden kann und von
Moller wahrscheinlich abwechslungshalber vorgenommen
wurde, so steht es doch ausser Zweifel, dass sie ein
ausgesprochen episches Element darstellt. Ein Gespräch, wenn auch ohne Versprechung, wirkt immerhin
noch dramatischer, als ein solcher Bericht[1], wie
ihn Abel[2] dem Aser über das Gastmahl erstattet:

> "Sie trinken flucks zu halb und vollen,
> Noch sie nicht frolich werden wollen,
> Sich noch nicht grosse frewd ereigt,
> Der ein halb schlefft, der ander schweigt.
> Der Iuncker der thut ja das best,
> Wolt gern frolich machen die gest.
> Trinckt jn fast zu, jtzt halb dan gantz,
> Sieht jn doch nicht wol auff die schantz,
> Er muss alzeit der erst sein vol,
> Die andern die sich nicht so tol,
> Das sie so eingiessen den wein,
> Sie konnen sich verschonen fein.
> So richtet auch mit seinem wahn
> Der nachbar viele trauerkeit an.
> Der wil viel predgen bei dem wein
> Da man sol guter dinge sein.
> Ich glaub, wer er nicht da gewest,
> So wern viel frolicher die gest.
> Aber nu wird nichts werden draus:
> Sie werden nuchtern gehn zu hauss.
> Allein der Iuncker, wie es scheint,
> Der wird nicht nuchtern bleiben heint," usw.

Dieser Bericht nimmt vier volle Seiten ein. Dabei
geht ein Teil von Nabals Charakteristik sowie der
seiner Gäste verloren. Die Szene des Gastmahls wirkt

bei Gwalther, wie auch bei Mauricius und Grübel,
viel plastischer. Der Einfall Mollers war wohl an
sich interessant, nur seine Realisierung fiel etwas
fade aus.

b) Komisches Element

Es ist noch keine Episode in Mollers Version zu erwähnen, die kein Gegenstück im lateinischen Original
hat. Es ist zwar eine an sich unbedeutende Episode,
sie gewinnt jedoch eine besondere Bedeutung, wenn
man sie unter dem Gesichtspunkt dessen betrachtet,
was die Griechen τὸ γελόϊον nannten. Es handelt sich
hier nämlich um das komische Element. Gwalther nannte
sein Stück Comoedia sacra - Grübel betitelt seine
Übersetzung "Ein schön christenlich und kurzwylig
Spil", Moller nennt seine Bearbeitung "ein Newes
weltliches Spiel" (was ziemlich neutral klingt), Mauricius "eine schöne Comoedia". Im Kapitel "Die Bezeichnung "comoedia sacra" war ich bemüht darzulegen,
wie irreführend dieser Titel in unserem Fall ist;
"Nabal" ist keine Komödie. Nichtsdestoweniger redet
Gwalther im Zusammenhang mit seinem Stück in seinem
Widmungsbrief an Susliga-Rolicz[2] von den "comicarum
actionum aculei", die in seinem Werk zu finden sind.
Bei Moller gebraucht der Puer Secundus[3] den Ausdruck
"Schimpffred und artig possen fein", die das aufzu-
führende Stück angeblich enthält. Er sagt:
    "Es sind aber gesprengt mit ein
    Schimpffred und artig possen fein,
    Das dadurch werd die red geziert,
    Welches dann ein lust zur lehr gebiert.
    So gehn sie auch on nutz nicht hin,
    Sie han offt ein verborgenen sin.
    Wird also durch solch schimpf und spiel
    Die herb tugend gemieltert viel.
    Und gleich mit susser wurtz gekreut,
    Das dar lust zu kriegn junge leut.
    Gleich als die Ertzt ein bittern tranck,

So etwan ist ein kindlein kranck,
Mischen, und strewen zucker drein,
Das ihn das Kind gern neme ein.
Und nicht darob ein schewen trag.
Sondern nutzlich geniessen mag."

Der letzte Passus entspricht der bereits erörterten
auf Lukrez zurückzuführenden Stelle aus Gwalthers
Widmungsbrief.

Wir finden trotz solcher Ansagen bei Moller
nicht viel mehr Komik als bei Gwalther. Immerhin
aber mehr. Ausser der Szene des Beiseitesprechens
des Schmarotzers[4] und dem Bericht des Philoposius,
in dem er erzählt, dass er die vorige Nacht im
Schweinestall zu verbringen genötigt war, finden wir
bei unserem Autor noch eine Szene, die im lateinischen Original nicht vorhanden ist. Es handelt sich
um die 5. Szene des II. Aktes[5] in welcher Nabal und
seine Gäste sich gegenseitig in Höflichkeiten über-
bieten. Keiner von ihnen will als erster in den Spei-
sesaal hineingehen. Sie lassen einander den Vorrang
so lange, bis sie endlich beschliessen, alle zusammen gleichzeitig hineinzugehen.

Nabal:
"Aber es ist die zeit ja schier
Zu tisch, wolan geht jr vorhin."
Abraham:
"Das het wol einen neuen sin,
Das die gest solten voran gehn.
Nabal:
"Ey lasst uns hie nicht lange stehn,
Lasst euch nicht nötgen, geht nur vort."
Simon:
"Herr Nabal das war unerhort,
Geht jr vorhin, es euch gezimpt,"
Nabal:
"Dasselb nicht viel gibt oder nimpt,
Sol ich euch den weg weisen dan?"
Iacob:
"Also ists recht und wohlgethan,
Herr Abraham folgt jr dem herrn,

Was wolt jr euch doch lange wern?
Wir sind ja volck aus einem reich."
Abraham
"Wolan, so gehn wir all zugleich".
Dieses kleine Intermezzo ist ein ziemlich gelunge-
ner technischer Griff, der einen echt komischen Effekt zeitigt und ein wenig Situationskomik in das
Stück bringt. Wir haben bei Moller noch ein belusti-
gendes Moment zu verzeichnen. Ich spreche hier von
einem komischen "Lupus in fabula - casus", dem wir
bei Moller[6] begegnen. Der Nennung des Namens der
gerade herbeigewünschten Person scheint nämlich Da-
vid eine geradezu magische Kraft zuzuschreiben. Man
braucht nur einen Namen auszusprechen, um die diesen
Namen tragende Person gleichsam automatisch herbei-
zuführen. David erwartet Urias, den er mit der Braut-
werbung zu Abigail abgesandt hat und führt ein Selbst-
gespräch:
"Mich wundert, wo er bleibt so lange,
Harrn und sorg macht mir selber bange."
Da erblickt er seinen Gesandten:
"Aber schaw dort, da kompt er schon."
Und nun folgt der seltsame Zusatz:
"Het ich nur eh geredt darvon,
So wer er auch eh widder kommen
Vnd ich eh gut botschaft vernommen."
Eine groteske Auffassung: David bedauert, dass er
Urias nicht früher beim Namen genannt hat, denn dann
wäre er auch früher gekommen. Damit erschöpfen sich
die komischen Momente, die wir in Mollers Stück fin-
den.

Anmerkungen

1 S.100.
2 S.5. (Giovanolis Ausgabe S.14).
3 S.21.
4 S.35.
5 S.92.
6 S.194.

3. *Mauricius*

a) Lateinische Redewendungen

Mauricius gehörte offensichtlich zu denjenigen humanistischen Schriftstellern, die ihre Gelehrsamkeit,
in diesem Fall ihre Kenntnis der lateinischen Sprache, gern zu Schau trugen. Wir haben hier ein eigenartiges Phänomen zu verzeichnen: Einerseits macht
sich in der deutschen Literatur des 16. Jahrhunderts
eine starke Tendenz zum Übergang von der lateinischen
zur Nationalsprache geltend; andererseits wird es
jedoch sichtbar, dass nicht alle Schriftsteller eine
so radikale Verdeutschung der Sprache erstrebten.
Hans Sachs gebraucht bekanntlich in seinen Werken mit
Vorliebe lateinische Wörter. Michael[1] berichtet über
Sachs, dass dieser in den von Albrecht von Eyb angefertigten Übersetzungen der plautinischen Komödien
einige von dem Eichstätter Domherrn verdeutschte Namen zurück latinisierte und die Schwurformel "bei
Iovi" festsetzte. Sogar im Volksschauspiel von Jörg
Wickram begegnen wir, wie Borcherdt[2] darauf hinweist,
lateinische Eigennamen. Man wollte also das Latein
nicht ganz aufgeben. Um mit seiner Kenntnis des Lateins prahlen zu können, flicht Mauricius von Zeit
zu Zeit in sein Stück lateinische Wörter ein. So lesen wir[3] im Argumentum:

> "Meint das sy recht *vita beata*
> *Evacuare pocula*."

Es entsteht hier durch diese Wendung ein ungeschickter Reim. Nabal sagt in seinem Monolog[4]:

> "Wer wolt mich nicht *beatum* nennen,
> Der mich mein Reichthumb thut erkennen,
> Mein Haab und Gut, Silber und Gold,
> Und das mir die gantz Welt ist hold.
> Allein mein schönes *Mulier*
> Die bringt alzeit was in die queer ..."[5]

Weiter wendet Mauricius eine lateinische Endung an
deutschem Wort an[6]: zu *Hoffo* = am Hofe. Abiathar
sagt[7]:

"Nam omne dat Deus bonum
Sed non per cornua Taurum".
David sagt zu Abisai[8]:
"Wir gehn schon all drey damit umb,
Wie man dem Unrath bald fürkom,
Und haben schon ein Weg erdacht,
Wie Proviant zu wegn werd bracht,
Dich zu eim *Expeditor* gmacht."
Macedo sagt von David, Gott habe ihn[9]
"Zum *successore* Sauli gstellt."
Der Küchenjunge Cuntz spricht vom Schmarotzer[10]:
"Ich seh ihn für ein Zechbrudr an,
Wie dann der gesterige Tag
Wol aussgwiesen; was er vermag
Im Sauffen, bleibt war, dass Schlim Schlem
Ihm allzeit suche *similem,*
Wie hat Lamp Lempen so fein gfundn."
Das lateinische Wort "similem", das sich sogar ziem-
lich gut mit "Schlem" reimt, klingt wirklich selt-
sam, man möchte fast sagen grotesk im Munde eines
Küchenjungen!
Abiathar sagt zu David[11]:
"Das ist gewiss, dass *Nomina*
Mit sich tragn jhre *Omina.*"
und weiter:
"Wie oft hat Gott die selbst geendt
Zu einem sonderlichn *Event.*"
Hier ist das lateinische Wort eventus gekürzt und ver-
deutscht worden des Reimes wegen.
Abisai sagt von Nabal[12]:
"So thet auch diese *Bestia* ..."
Alcimus sagt[13]:
"Ein *Pleni* bessr ich seyn vermein
Als sechs *esurientes* seyn!"
Der Ausdruck "ein Pleni" wurde hier fehlerhaft ge-
braucht (Plural statt Singular).
Narcius gebraucht den Ausdruck[14]:
"Die grössten Gläser *in floribus.*"
Nabal sagt[15]:

"Nur das verdreusst mich im Hauswesn,
Dass auf den Morgen erst nur lesn,
Vil *Cavillantes* mein Weib will ..."
Abisai berichtet von Nabals Tod[16]:
"Drauff ist die raise jhm kommen an,
Die ihm bald alle *sensus* nahm."
Wir finden auch einige französische Wörter bei Mauricius. So lesen wir[17]:
"mein *bon* Compan"
(Französisch ist hier eigentlich nur das Adjektiv
"bon". "Compan" ist vielleicht als eine Art "kauderwelsch" zu bezeichnen.)
Der "Ander Knecht" spricht von Nabal[18]:
"Dann ihn die Gäst recht habn vexirt,
Weil er mit Landknechtn vor *parlirt*".
Hier wurde das französische Wort "parler" verdeutscht.
Die französischen Einflüsse begannen sich bekanntlich
in der deutschen Sprache erst im 17. und besonders
im 18. Jahrhundert geltend zu machen. Deren frühere
Spuren, denen wir bei Mauricius begegnen, sind vom
sprachwissenschaftlichen Standpunkt aus betrachtet
als nicht uninteressant anzusehen.

b) Teufelsgestalten und Zwerg

Mauricius wollte offensichtlich um jeden Preis originell scheinen. Er wollte wohl auch die Tatsache
vertuschen, dass er Grübel so skrupellos ausgebeutet hatte[19] und griff deswegen zu billigen Mitteln,
um sein Werk zu "verschönern", "interessanter" zu
gestalten. Er führte deshalb in sein Stück[20] Teufelsgestalten und die Episode mit dem Zwerg[21] ein. Was
die Teufelsfiguren anbetrifft, so ist zu sagen, dass
dies keine Erfindung von Mauricius gewesen ist, sondern dass die Teufel in den Dramen dieser Epoche
"modern" waren. Seit dem Erscheinen des bereits erwähnten, den Titel "Hofteufel" tragenden Stückes von
Chryseus "wimmelt es" - wie sich Michael[22] ausdrückt -
auf der Bühne der Zeit nur so von spezialisierten

Höllensöhnen". Bei unserem Georg Mauricius hat man
"das ganze Satanskonzil beisammen": "Hof-, Kriegs-,
Sauf-, Haus-, Ehe-, Schul-, Wald-, Kirchen- und
Aufruhrteufel".

Michael behauptet weiter, dass diese Vorliebe
für "teuflische Intriganten" in dieser Epoche nicht
nur für das Drama, sondern auch für andere literarische Gattungen charakteristisch sei, dass die entscheidende Anregung in dieser Hinsicht jedoch vom
Drama ausging, nämlich vom "Hofteufel" des Chryseus.

Kehrein[23] äussert die Meinung, dass der Ursprung
dieser "Teufeleien" in Frankreich zu suchen sei, wo
sie sehr beliebt waren. Die "Teufelsmode" drang dann
nach Deutschland ein, wo man sich an ihr zu ergötzen
begann. Man unterschied zwei Kategorien von Teufeln,
parallel zu den zwei Kategorien von Narren (Hof- und
Volksnarren): die "groben, exekutiven Teufel" und
die "Einbläser des Bösen, die Hofteufel". Das Gegenstück der letzteren bildete der Hofnarr, der die
Stimme des bösen Gewissens personifizierte. Kehrein
unterweist uns diesbezüglich weiter: "Dabei erinnere
man sich an den 1555 erschienenen "Hosenteufel" gegen
die damals üblichen weiten Beinkleider von dem Ber-
liner Prediger Mausculus". Er ergänzt das "Satanskonzil" von Michael-Arnold noch mit anderen Typen: Mus-
culus schrieb noch z.B. u.a. einen "Fluchtteufel".
Andere Autoren "produzierten" Jagd-, Faul-, Spiel-,
Schrop-, Zauber-, Gesinde- und noch weitere ähnliche
Teufel. Wir erfahren weiter, dass von allen diesen
Teufeln im Jahr 1575 eine "Gesamtausgabe" angefertigt
wurde unter dem Titel "Theatrum diabolorum"[24]. Als
Mauricius um das Jahr 1607 sein Werk zu schreiben begann, hatte er also bereits, wie ersichtlich, eine
reiche Auswahl von Teufelstypen zur Verfügung.

Er führt in sein Stück zwei Teufelstypen ein:
den Saufteufel und den Aufruhrteufel. Die beiden
"Spezialteufel" sind ziemlich geschickt gewählt,
denn der Saufteufel hat in unserem Drama ein gutes
Wirkungsfeld bei Nabal und seinen weinliebenden
Nachbarn und der Aufruhrteufel ist in Davids Lager
nicht schlecht am Platze. Er findet hier eine dank-

bare Aufgabe als der böse "Einbläser", der Davids
Krieger angesichts des immer grösser werdenden Le-
bensmittelmangels zur Meuterei aufhetzt. Man kann
es sich gut vorstellen, dass ein begabter Dichter
das Teufelsmotiv entsprechend benutzen könnte. Mauricius war jedoch leider kein begabter Dichter. Er
handhabe das Motiv rein mechanisch. Die beiden Teufel erscheinen nur einmal[25], stellen sich vor und
verschwinden, ohne später wieder in die Handlung
einzugreifen.

In der Teufelsszene[26] erstattet der Saufteufel
Bericht über seine gestrige Tätigkeit:

"Der Saufteufel der heisse ich,
Verricht hab ich mein Ampt redlich
Den gestrign Tag in Nabals Hauss.
Jetzt muss ich ein weil gehn heraus,
Denn ich mein Gsellen hab aussgsandt;
Als der im Lager wol bekandt,
Ein Meuterey zu richten an,
Dem David so ein Abbruch zthan.
Denn wir stehn Sauli trewlich bey,
Als der von Gott verlassen sey.
Hie will es aber nicht recht gehn,
Wenn ziemlich schon die sachen stehn.
David an keim ort sicher bleibt,
Darzu jetzt Hungersnot jhn treibt ..."

Die Teufel werden jedoch in ihrer Tätigkeit von den
Engeln gehindert, welche den frommen David beschützen.

"Noch dennoch konnen wir mitnichten,
Was wir begehrten, gar ausrichtn.
Die Engl, jhm auff den Dienst stets wartn,
Die uns das Spiel gar tun verkartn."

Jetzt erscheint der Aufruhrteufel. Er berichtet über
seine Arbeit "an Saulis Hof". Die Ermordung der fünf-
undachtzig Priester, die David am Anfang des Stücks
beklagte, ist sein Werk gewesen. Jetzt ist er in
Davids Lager mit dem Anstiften einer Meuterei beschäftigt:

"Im Lager find sich grosser Mangl,
Steht d'sach schon zwischen Thür und Angl,

Kömpt dem Volck nicht zu Proviant,
Lauffen sie gwiss hinweg zuhand."

Nun gilt es zu verhindern, dass jemand den Bedräng-
ten in der Hungersnot zu Hilfe käme. Besonders ist
Nabal ins Auge zu fassen, an den sich David mit der
Bitte um eine Lebensmittelspende wenden wird. Nabal
darf David nichts geben:

"Wir müssen jhm den Pass verlegn,
Dass jhm kein Mensch drinn komm entgegn,
Theil ihm mit weder Wein noch Brodt
In dieser klemmen Hungersnoth,
Und sonderlich auch, dass Nabal
Dessn sie sich denn in diesem fall
Thun trösten, jhnen geb nichts gar,
Lass sie nur stecken in der gfahr."

Der Saufteufel ist seiner Sache sicher, er kennt Nabals Geiz - es ist unmöglich, dass er David mit Lebensmittel versieht:

"Weiss wol, bey Nabal wird nichts seyn,
Er ist viel zu ein grober Rüetz,
Ein Drückenpfennig, karger Filtz."

Eine Ausnahme bildet hier das Saufen. Darin zeigt
sich Nabal freigebig.

"Allein dass er mild ist im Sauffn,
Darin lest er etwas mitlauffn.
Sonst treufft gewiss nichts von jhm ab,
Am Spiess ich schon den Braten hab.
Darff mich besorgn da keiner gfahr,
Sie bringn von jhm nicht ein Hundsshaar ..."

Der Teufel sieht Nabals Ende voraus und freut sich
schon auf die Beute:

"Was gilts, ich werd heut s'Sauffens lachn:
Wird jhm bald drauff der Puckel krachn,
Wenn er bekömpt sein rechten Lohn,
Habn wir auch unsern theil davon."

Die Teufel müssten mindestens noch einmal, am Ende
des Stücks, erscheinen und über das Gelingen oder
Misslingen ihres Vorhabens Bericht erstatten. Ihre
einmalige kurze Anwesenheit auf der Bühne ist ein
rein mechanischer Griff des Autors und der Zusammenhang der Teufelgestalten mit dem Stück ist sehr

locker. Sie sind eben eine Art Requisit, das man
nach Belieben benutzen oder ebensogut ohne Nachteil
für die Handlung unbenutzt lassen kann. Das Auftreten der Teufel ist jedoch motiviert.

Ganz unmotiviert hingegen und völlig sinnlos
ist das kleine Intermezzo mit dem Zwerg[27], welcher
sich unvermittelt Davids Leuten auf dem Weg zu Nabals
Haus anschliesst. Er hält eine kleine Rede darüber,
dass der kleine Wuchs des Menschen keineswegs von
seiner Minderwertigkeit zeugt und verschwindet ebenso plötzlich, wie er erschien. Seine Ansprache lautet[28]:

"Zu dem Zug muss ich mich auch rüstn,
Ich thu mich eben so wol brüstn,
Ob ich gleich klein bin von Person,
Als sonst der allergrösste Mann,
Wenns an der gröss alls ligen soll,
Erlief ein Ochs ein Hasen wol.
Mir fällt jetzt das gmein Sprichwort ein,
Dass gross faul sey, unnütz das klein.
Ein Flog, den man kaum sehen kann,
Vexiert in Hosn ein grossen Mann,
Der Scorpion mit seim klein Stachl,
Macht bald eim Riesen aus dem Sachl,
Und was ich etwan bin zu klein
Dasselb verricht mein Barth allein,
Darunter hundert Landsknecht ich
Verbergen köndte sicherlich,
Dass sie gar solten trocken stehn,
Solt noch so starck der Regen gehn.
Hui Katz, hui widr, nur her zu mir,
Mein Spadyess das zeig ich dir,
Köndt ich dir sonst kein Thück beweisn,
Wolt ich dich in ein Knie doch beissn.
Nur her, frisch, mundter, unverzagt,
Wer weiss, wer noch den andern jagt?"

Sein Auftreten weist keinerlei Zusammenhang mit dem
szenischen Geschehen auf. Mauricius wollte ihn offenbar als rein "dekoratives" Element benutzen. Wir erfahren von Scherer[29], dass Mauricius an seine Stücke
gern Teufel, Engel, Narren und Zwerge - letztere mit
besonderer Vorliebe - "anklebte"[30].

384

c) Rätselraten

Einen weiteren "Verschönerungsgriff" bildet bei Mauricius das Rätselraten, mit dem sich Nabal und seine
Gäste - halb betrunken nach dem Festgelage - die Zeit
zu vertreiben suchen. Natürlich ist es auch wieder
nicht ausgeschlossen, dass dieses Motiv in einer der
erwähnten verschollenen Versionen zu finden war und
dass Mauricius als Kompilator auch das Motiv des
Rätselratens von jemand übernommen hat. Eubulus
schlägt vor[31]:

>"Wolten wir gehn ein weil spatziern,
>Sehn wer den andern hrumb köndt führn,
>Im Retzl auffgebn und Reimen machn,
>Dass jederman solt unser lachn ..."

Das "Reimen machn" will der Gesellschaft aber nicht
gelingen. So bringt Mauricius einen ganzen längeren
Passus ohne Reime:

>"Das reimen ist uns heut zu glehrt,
>So haben sich verkehrt all ding,
>Das Rätzl auffgeben ist viel leichtr,
>Das wolln wir brauchn zu dieser frist ..."

Nun beginnt das Rätselraten. Mauricius bringt hier
eine Reihe von ganz seltsamen Fragen, die hier Rätsel
genannt werden. Teilweise sind es einfache Wortspiele.
Es ist nicht zu ermitteln, ob es wirkliche Rätsel
sind, etwa einige von den Rätseln, welche im 16. Jahrhundert in Deutschland im Umlauf gewesen sind, oder
aber von Mauricius selbst entworfene "Pseudo-Rätsel".
Um diese Frage zu beantworten, müsste man alle deutschen Rätselsammlungen der humanistischen Epoche eingehend durchstudieren, was - wenn es überhaupt möglich ist - einen sehr grossen Zeitaufwand verlangen
würde.

Das Rätselaufgeben beginnt Nabal mit folgender
an Simon gerichteten Frage:

>"Sitt dich, du wollst mir zusagn gleich,
>Warumb ein Messr ein Messer heisst".

Simon gibt hierauf eine wunderliche Antwort:

>"Dass sichs befleisst ein Messerer."

Nabal gibt die Lösung an:

"O nichts, du fehlest drinn gar weit,
Drumb dass mit dem Hefft ist zugericht,
Sonst hiess man es nur eine Klingen"
Diese Lösung klingt wenig verständlich.
    Jetzt richtet sich Simon an Nabal mit einer
Gegenfrage:
"Sag mir, wo Gäns im Wasser gehn?"
Nabal antwortet prompt:
"Im Wasser gehns halt überall."
Simon hält ihm mit Schadenfreude die richtige Lösung
entgegen:
"Oho, hasts auf diess mal verlohrn,
Im Wasser gehns nur, wos seicht ist,
Sonst schwimmens, mein lieber Mist Hans!"
Diese Pointe ist zwar primitiv, aber noch passabel.
    Jetzt fragt Nabal den Trophimus:
"Wann thun dem Hasen die Zähn weh?"
Trophimus gerät darüber in Verlegenheit:
"Dein fragen ich nicht gnug vernim,
Denn ich es nicht ghort all mein Tag,
Dass er an Zähnn soll leiden schmertzn."
Nabal triumphiert wieder:
"Ich abr, wann jhn beissen die Hund,
Von stund thun jhm die Zähn fast weh".
Hier haben wir mit einem einfältigen Wortspiel
Zehen/Zähn(e) zu tun.
    Jetzt ist die Reihe an Trophimus. Er fragt Si-
mon:
"Sag Simon, warumb man den Käss schabt?"
Simons Antwort lautet:
"Hat sichs bey dir nicht redlich gnarrt
Darumb, das er ist was schmutzig."
Hierauf belehrt ihn Trophimus:
"Du antwortest mir zmal schnarcherisch,
Hast es dennoch errathen nicht,
Seh wohl, dass dir an Witz auch fehlt;
Drumb, denn wann er würd Feddern habn
Würd man jhn rupffn und schaben nicht."
Jetzt fragt Simon:
"Du, sag mir, wie der Guckuck guckt".

Alcimus:

"Mit dem Schnabl, habs errathen gschwind."

Simon:

"O nichts, er gucket mit sein Augn".

Diese Antwort erscheint dem Alcimus "seltzam geferbt".
Wir haben hier wieder mit einem Wortspiel zu tun.

Simon fragt wieder:

"Mein, sag mir auch dieses herfür,
Womit doch nur der Guckuck schreyt"

Es ist eine ähnliche Frage, wie die erste. Alcimus
antwortet darauf:

"Solt ichs nicht wissen, brecht mir Jammer.
Sagt man doch weit und breit davon,
Dass ers muss mit dem Schnabl verrichtn."

Simon triumphiert wieder als Besserwisser:

"Du hasts errathen nicht ein meydt,
Denn mit den Füssen schreytt er fort."

Dies Rätsel ist von derselben Art, wie das mit: Ze-
en-Zähn(e). Hier haben wir das Wort schreyt (von:
schreien) und schreytt (von schreiten). Alcimus bezeichnet dieses Rätsel als "Narrenwerk":

"Wer hett des Narrnwercks gwartet hie?"

Das nächste Rätsel gibt der kluge Eubulus auf:

"Was macht der Wein dann in dem Glass?"

Alcimus antwortet:

"Er wart dein, biss du das ausstrinckst."

Eubulus unterweist den Gefragten:

"Ich muss bey glauben deiner lachn,
Weist nicht, dass ers thut machen feucht?"

Sein nächstes Rätsel lautet:

"Sag mir, was übers Wasser geht
Und lasst doch stets den Bauch daheim?

Alcimus kapituliert vor der schwierigen Frage; er
weiss es nicht. Eubulus bringt die Lösung:

"Die Sonn all Tag darüber geht,
Und steht jhr Corpus doch am Himmel.
Diss aufzulösen ist nicht schwer."

Es mag dahingestellt bleiben, ob diese Rätsel schwie-
rig oder leicht und einfach zu nennen sind. Jedenfalls sind sie alle reichlich seltsam, teilweise primitiv, manche von ihnen muten sogar etwas grotesk an[32].

d) Mauricius: Eigene Sentenzen

Bei Mauricius finden wir ausser den von Gwalther,
auf dem Wege über Grübel, übernommenen Sentenzen
noch einige andere. So zitiert der Prologus das
Sprichwort (S.3):

> "Man sol der Zeit ihr Recht tun."

(Vgl. das ital.: "Ogni cosa a suo tempo.")
Auf S.5 lesen wir:

> "In dem Becher ertrinken mehr
> Als in dem ungestümen Meer."

Auf S.6:

> "Dann wenns Fewr schlegt zum Dach hinaus,
> So hilft kein leschn, ist alles aus."

und:

> "Ins Dorff den Wolff der Hunger treibt."

Ob Mauricius diese Sprüche selbst erdacht, oder aber
von jemand übernommen hat, ist nicht zu ersehen. Als
"eigene" Sentenzen unseres Autors bezeichne ich sie
in diesem Sinn, dass sie sich weder bei Gwalther noch
bei Grübel befinden, also einen kleinen selbständigen
Zusatz des Mauricius bilden.

Anmerkungen

1   F. Michael in: R. Arnold, Das deutsche Drama, S.60.
2   H. Borcherdt, op.cit., S.160.
3   auf S.5.
4   S.8.
5   Das Wort Mulier kommt noch auf S.11 und S.33 vor.
6   S.10.
7   S.17.
8   S.18.
9   S.27.
10 S.11.
11 S.35.
12 S.36.
13 S.62.
14 S.62.

15 S.65.
16 S.73.
17 S.9.
18 S.31.
19 Darauf gehe ich näher im Kapitel: "Das Verhältnis der deut-
    schen Versionen zueinander ..." ein.
20 S.20-31.
21 S.54-55.
22 F. Michael in: R. Arnold, Das deutsche Drama, S.72.
23 J. Kehrein, Die dramatische Poesie der Deutschen, Bd.I,
    S.59.
24 Wilpert (Gero von Wilpert, op.cit., S.626) spricht noch
    von einem anderen "Theatrum diabolorum", dem des Frankfur-
    ter Verlegers Feyerabend vom Jahr 1569 (vielleicht war es
    eine frühere Auflage des oben erwähnten Theatrum?) und
    nennt dabei noch andere Spezialteufel: die Mode-, Geiz-,
    Wucher-, Hoffart-, Sabbath-, Tanz-, Heiligen-, Weiber- und
    Pfarrteufel.
25 im II. Akt.
26 S.20-21.
27 S.54/5.
28 S.54.
29 Allgemeine Deutsche Biographie, loc.cit.
30 Meine Einschätzung von Mauricius' Dramentechnik findet ihre
    volle Bestätigung in der sich darauf beziehenden Meinung
    von Scherer. Wir lesen bei ihm über Mauricius: "Seine Tech-
    nik ist sehr unvollkommen, vielfach schwelgt er in leerem
    Geschwätz." Als solch ein "leeres Geschwätz" kann man eben
    den Auftritt des Zwerges im "Nabal" bezeichnen. Scherer
    betont (Allgemeine deutsche Biographie, loc.cit.) weiter,
    dass Mauricius gern die Zahl der Nebenpersonen vergrössert
    und zusammenhanglose Episoden rein äusserlich anflickt.
31 S.39.
32 Ergänzend wäre hier noch zu sagen, dass zu den selbständi-
    gen Elementen bei Mauricius noch die Personennamenänderung
    zu rechnen wäre. Vielleicht wollte er auch durch dieses
    Détail seine Abhängigkeit von Grübel vertuschen? Es handelt
    sich dabei natürlich um die Namen der nicht-biblischen Per-
    sonen. So heisst der Schmarotzer bei ihm Antonius, der
    Koch Peter, der Küchenjunge Cuntz. Nabals Gäste tragen die
    Namen: Trophimus, Simon, Eubulus und Alcimus (den Namen

Eubulus übernahm Mauricius unverändert). Die Bauernknechte heissen Nickel und Burckard, die anderen Knechte Andre und Bartime. Abigail hat bei Mauricius nicht zwei, sondern drei Mägde: Salome, Susanna und Eulalia (dieser Name ist wieder unverändert). Drei Namen wurden also von Mauricius unverändert übernommen: Eubulus, Eulalia und Spudaeus. Dieser Name wurde jedoch nicht für den Verwalter, sondern für einen Knecht benutzt. Ausserdem hat Mauricius - so wie Moller - die Personenzahl erheblich vergrössert, so dass sie zusammen mit dem Prologus, Epilogus, den Argumentatoren der einzelnen Akte, dem unbenannten Spiessjungen, mit dem Zwerg und den Teufeln 45 Personen beträgt. Es kamen hier noch hinzu: Fritz - Kellner, Hans - Kellerknecht, Albrecht - Nabals Junge, Macedo - Feldwebel, Ptolemaeus - Fuhrierer und Niceta - ein Junge. Diese fast unübersichtliche bunte Fülle von Personen ist, wie wir wissen, für die Fälle bezeichnend, in denen die Schulmeister möglichst viele Schüler mit Rollen versehen und an der Aufführung teilnehmen lassen wollten.

4. Das Verhältnis der deutschen Fassungen zueinander und zum Original

A. GRÜBELS VERHÄLTNIS ZU GWALTHER

Wenden wir uns nunmehr der Frage nach dem Verhältnis der deutschen Versionen zueinander und zum lateinischen Original zu. Die in chronologischer Ordnung erste deutsche Version des Dramas von Gwalther, welche uns bekannt ist, bildet die Übersetzung von Sebastian Grübel dem Jüngeren aus Schaffhausen. Sein Verhältnis zu Gwalther muss man als eine fast sklavische Nachahmung bezeichnen. Wir haben hier mit einer vollständigen "Treue zum Original" zu tun. Grübel hält sich treu an den Text seiner Vorlage, übersetzt ihn fast wörtlich "Szene für Szene", mit einer Genauigkeit, die die Römer "obscura diligentia" nannten. Er änderte überhaupt nichts im Inhalt des Stücks, er übernahm sogar die Namen der Personen; man könnte fast sagen, er habe Gwalther buchstäblich kopiert. Die Amplifizierung, der wir bei Grübel wie bei allen unseren deutschen Autoren begegnen, ändert an dieser Tatsache nichts, denn sie besteht nur in der Reimpaarfüllung. Es werden dabei keine neuen Textelemente eingeführt. Auf derartige Bearbeitungen bezieht sich die Bemerkung, die wir im Aufriss[1] finden: "Andererseits lässt die schablonenhafte, vom Vorgänger nicht loskommende Art bei Dramen mit vielbehandeltem Inhalt nicht selten die Phantasiearmut der Zeit erschreckend erkennen." Die Schwäche der Einbildungskraft, der Inventionsmangel der Autoren wird hier als ein "unverkennbar rationalistischer Zug der Zeit" bezeichnet.

In unserem Fall kann jedoch wohl kaum von einem Einfluss des "rationalistischen Zugs der Zeit" die Rede sein, sondern viel eher ganz einfach vom Mangel an literarischer Begabung. Grübel war sich dieses Mangels, wie wir wissen, durchaus bewusst und schätzte seine Leistung selber sehr niedrig ein. Er wäre wohl auch nie auf den Gedanken gekommen, dieses Stück zu übersetzen, wenn ihn die Bürger von Schaffhausen um ein deutsches Stück nicht inständig gebeten hätten. Wir lesen in seinem an den Juncker Christoffel Waldkilch gerichteten Widmungsbrief folgende Erklärungen: "nach dem ich etlich Latinische Comaedias mit meinen Schůlerknaben gespilt und gehalten, ward ich offtermals, von vilen Eerlichen unseren mitburgeren angeredt, ernstlich ermanet, und fründlich gebätten, ich solte doch (zů lob und Eer einer gantzen Burgerschaft) mich, nit nur auff Latinische Spyl legen, und solche mit Schůlern halten, sunder ein mal ein Teütschs zu handen nemmen unn mich mit einer Jungen Burgerschaft allhie, üben und bemügen." Grübel entschuldigt sich weiter: "Wiewohl ich mich nun vil zů kleinfůg, unachbarer und unküntiger geachtet, dann das ich jrem anmuten unnd erforderen, statt thůn unn wilfaren mochte, han ich doch mich inn dlenge mit mögen aussreden noch erweeren." So beschloss er "dess hochgeachten unn wolgeleerten herren Růdolffen Walthers Latinische Comaediam Nabal ... auffs aller einfaltigsten inn Teütsch reymen zestellen ...". Die Bezeichnung der Übersetzung als "einfältig" ist eine zutreffende "Selbstqualifikation". Er beruft sich hier auf das "exempel" berühmter Vorgänger, die wegen ihrer Übersetzungen "mächtig sind glopt worden" und verleiht der Hoffnung Ausdruck, dass man ihm seine Arbeit "nit verargen noch zum bösen schieben" werde. Er beabsichtigte auch anfänglich nicht, sein "unachtbar kleinfůg, und schlecht ding" drucken zu lassen, aber er ist diesbezüglich "von vilen Spylgsellen vermant worden".

Es ist unmöglich, hier die Beweise für Grübels Abhängigkeit von Gwalther zu erbringen, denn seine ganze Übersetzung bildet einen einzigen Beweis dafür. Freilich haben wir in diesem Fall nicht nur mit Grübel, sondern mit einer "Autorengemeinschaft" zu tun. Bei der Übersetzung leistete Grübel nämlich sein "geliebter gfatter, ein flyssiger, Kundstrycher Glasmaler " Hieronymus Lang "hilff und zůschub". Wie weitgehend diese Hilfe gewesen ist, das heisst, wie gross und welcher Art der Anteil des Glasmalers an Grübels

Werk war, lässt sich natürlich auf keine Weise feststellen, weil wir diesbezüglich über keine Anhaltspunkte verfügen.

Ob wir Langs Hilfe Gutes oder Schlechtes zu verdanken haben, ist nicht zu ersehen. Bemerkenswert ist lediglich diese seltsame Zusammenarbeit als solche. Nebenbei sei hier gesagt, dass Newald[2] auch von einem "Malerdichter" aus dem 16. Jahrhundert berichtet, der eine Komödie schrieb. Er heisst Tobias Stimmer und stammt sonderbarerweise auch aus Schaffhausen! Unser Fall ist also nicht vereinzelt. Wir verdanken Grübel eine sehr wichtige Nachricht; aus der dem Personenverzeichnis beigefügten Bemerkung erfahren wir nämlich, dass Grübel ausser dem Gwaltherschen Original noch eine oder mehrere deutsche Versionen der Komödie "Nabal" gekannt hatte. Er hat sie jedoch nicht berücksichtigt, sondern er hielt sich genau an das Original. Er schreibt: "Noch vil ander sprächend Personen hat man in disem Spyl ghan, als Fendrich, Narren, gmein Kriegsknecht, Teüffel, Todt etc., die doch wissiglich seind aussglassen worden, und nit hargesetzt, dieweyl sy nit im Latinischen vergriffen warend". Angesichts der Tatsache, dass Grübel andere deutsche Übersetzungen (oder eine Übersetzung?) von Gwalthers "Nabal" zur Verfügung hatte, die er doch ohne weiteres für sein Vorhaben verwenden, d.h. mit den Schaffhauser Bürgern zur Aufführung bringen konnte, ist es eigentlich zu verwundern, dass er sich so viel Mühe gab und eine eigene Übersetzung zustande brachte. Aus irgendeinem Grund muss er es für angebracht gehalten haben, die Zahl der deutschen Bearbeitungen von "Nabal" noch zu vergrössern. Möglicherweise waren die anderen Übersetzungen noch schlechter als seine? Vielleicht ging es ihm darum, die Treue zum Original zu bewahren? Solange wir keinen Einblick in die verschollenen Versionen haben, sind diese Fragen nicht zu beantworten.

Die erwähnte marginale Bemerkung von Grübel ist für uns jedenfalls sehr wichtig. Es erhellt daraus, dass in dem Dezennium 1549-1559 mindestens ein anderer deutscher Autor Gwalthers "Nabal" übersetzt hat.

Es kann sich hier aber auch um mehrere Autoren handeln. Die verschollene(n) Verdeutschung(en) ist
(sind) bisher noch nicht literaturgeschichtlich erfasst worden; ohne die zufällige Notiz von Grübel
wüssten wir überhaupt nichts von deren Existenz. Es
ist im Hinblick auf das Thema der vorliegenden Arbeit sehr zu bedauern, dass die genannte(n) Über-
setzung(en) für uns unzugänglich ist (sind), denn
deren Kenntnis könnte sich vielleicht als sehr aufschlussreich erweisen und den Gesamtaspekt der literarischen Analyse unserer deutschen Stücke in einer
entscheidenden Weise umgestalten.

Das Personenverzeichnis ist bei Grübel und Gwalther fast identisch. Grübel fügte hier nur noch drei
eigene Personen hinzu: den Prologus - oder "erst
Herold", den Epilogus - oder "letzt Herold" und den
Argumentarius. Das sind ganz unwesentliche, lediglich als technisch zu bezeichnende Zusätze, denn
diese Personen spielen im Drama keine Rolle[3].

Unsere besondere Beachtung verdient Grübels
Prolog. Zunächst ist hier die Behauptung von Baechtold[4] zu widerlegen, nach welcher der Epilog und
der grösste Teil des Prologs bei Grübel selbständige,
von Gwalther unabhängige Elemente wären. Selbständige Elemente gibt es in Grübels Stück so gut wie keine.
Grübel hat fast alles von Gwalther übernommen, nur
entsprechend amplifiziert. Ausserdem hat unser Autor
in seinen Prolog Fragmente von Gwalthers Widmungsbrief eingeflochten. Da diese Kontamination von Grübel fast "nahtlos" zustandegebracht wurde und erst
bei eingehender Analyse zum Vorschein kommt, ist sie,
wie ersichtlich, Baechtolds Aufmerksamkeit entgangen.
Infolge dieser Kontamination und Amplifikation erscheint Grübels Prolog viel länger als der von Gwalther. Überdies finden wir etliche Teile von Gwalthers
Prolog bei Grübel im Epilog. So hat Grübel Gwalthers
Textelemente an verschiedenen Stellen untergebracht,
aber verwertet hat er sie alle. Ob diese ganze Kontamination von Grübel absichtlich zustandegebracht
wurde, oder ob sie ein Werk des Zufalls ist, lässt
sich nicht mit Bestimmtheit feststellen. Jedenfalls

macht Grübel nicht den Eindruck, als ob er eine
selbständige Arbeit vorspiegeln wollte. Weist er doch
ausdrücklich sowohl im Titel seines Drams, als auch
im Widmungsbrief auf den eigentlichen Autor des Werkes hin.

Wie dem auch sei - es ist sehr interessant, in
Grübels Prolog und Epilog die einzelnen Elemente von
Gwalthers Prolog und Widmungsbrief zutage zu fördern.
Die vollständige Wiedergabe der Kontamination würde
hier zu viel Raum einnehmen. Ich beschränke mich deswegen auf die Anführung einiger Proben. Einen Teil
von diesem Vergleich brachte ich bereits bei der Besprechung der polemischen Elemente in den Prologen
unserer deutschen Stücke. Hier wollen wir noch einige
weitere Fragmente der beiden Texte vergleichen:

Grübel (Prolog)[5]	*Gwalther* (Epistola)[6]
"Dann sy sagend man sey sunst vyl Auch anders zschaffen und ze-thůn"	"quasi quod agam non sit aliud ..."
"Die weyl in Teütschen und wäl-schen landen Sy grosse gfaar, unrůw verhan-den"	"tam afflicto communis eccle-siae statu ..."
"Sy zeygend aber nur darumb an, Das der person kein rechnung thůnd han, Die weyl es von allen menschen wend begären, Das doch nit yederman mag ge-wären".	"dum nullo habito personarum discrimine quid vis a quo is exigunt".
"Dann man ander weyss leüt gnůg hatt, Auf dem land und in diser statt, Die solch ding an den etwas glägen, Mit fleyss und ernst könnend er-wägen ..."	"Sunt autem vicissim multi ubi-que gentium, qui ut eruditione et rerum longo usu me multis parasangis superant, sic ea tractare possunt me multo feli-cius."

"Dann ich acht nit gnůg, dass
            man sag,
An der Cantzlen der welt
            fürtrag,
Das ein jeder sein dienst ampt
            und pflicht
Zu dem er gordnet fleyssig
            aussricht,
Desgleich was man solle thun
            und lassen
Sunder das mans auch auff'der
            gassen,
Auf dem marcktplatz und
            radthauss
Solches leere anzeig und rich-
            te auss."

"Nec sufficere puto, ut in loco
religioni et divinis cultibus
sacro illud fiat, nisi cadem
doctrina et foro et curiae et
compitis et theatris etiam in-
feratur ..."

"Und seytmal dpredig so wenig
            bekeert,
Die man täglich an der Cantz-
            len leert,
Hand wir thon, wie ein treüwer
            artzt thůt,
Der alles brucht, was dem
            siech ist gůt,
Vermischt die saueren, bitte-
            ren tranck,
Damit dest lieber näm der
            kranck."

"... Et quia inter summam no-
vissimi huius saeculi corrup-
telam multorum ea est improbi-
tas, ut verbi Dei doctrinam cum
nuda simplexque proponitur au-
dire prorsus designentur necessarium puto, ut fideles medicos
imitemur, qui pharmaca acerbiora melle condire, vel labra
summa pyxidum eodem inungere
solent, ut aegrotos, qui morosi
nimium amara et acerba fastidiunt, hoc pio et salubri dolo
fallant."

Obgleich ich diesen Passus von Gwalther bereits
einmal angeführt habe, als ich diesbezüglich auf
Lucrez als Quelle hinwies, zitiere ich ihn noch zum
zweiten Mal und zwar um zu zeigen, dass sich in diesem Fall hinsichtlich des Umfangs das Verhältnis zwischen Gwalther und Grübel ausnahmsweise umgekehrt gestaltet: statt der gewöhnlichen Amplifikation finden
wir bei Grübel diesmal eine Kürzung. Diese Kürzung
geht hier soweit, dass sie Unklarheit bewirkt. Der
Arzt "vermischt die saueren bitteren tranck" - wo-

mit? Die Hauptsache ist hier ausgelassen worden.
Fast wäre man geneigt, auf diese Stelle den bekannten
Passus aus der "Ars Poetica" des Horaz anzuwenden
(V.25), welcher lautet:

> "Brevis dum esse laboro
> Obscurus fio ..."

Hier noch weitere Vergleichsproben: Grübel[7]

> "Dieweyl jr zum dickeren mal und vyl
> Hand gern zůghört ein fassnacht Spyl,
> Sind willig gwest unuerdrossen,
> Sond jr fürnemlich dem zůlossen,
> Welches genon aus der heiligen geschrifft
> Und neüt schädlichs darin vergrifft.
> Das da mocht bösseren die gůten sytten,
> Den dieses alles ist vermitten,
> Jedoch so einer etwan käm füren,
> An dem man nit viel gůts tät spüren,
> So wirt er dir ein vorbild geben,
> Das du nit also sollist läben,
> Dieweyl er umb das laster, das er thon,
> Entpfangen hat sein verdienten lon."

Dieser Passus entspricht dem Fragment aus Gwalthers
Prolog[8], welcher lautet:

> "... quare viri clarissimi
> Si multa saepe ludicra
> Spectare dignati estis, hanc e fontibus
> Ductam sacris comoediam,
> Aequis animis spectare etiam dignemini,
> Quae nil, quod obsit, continet.
> ....
> Nec quisquam erit, cuius queat proterwitas
> Mores bonos offendere,
> Quin si quis hic minus bonus producitur,
> Docebit alios rectius
> Vivere, suis dum digna moribus
> Sibi obveniret praemia."

Die weiteren Ausführungen des Gwaltherschen Prologus
hat Grübel in seinem Epilog verwertet. Hier begegnen wir einer reichen Amplifikation. So hat Grübel
Gwalthers Fragment[9]

> "Sic Nabal hic dives potensque plurimum,
> Docebit omnes divites,
> Quam vana sit possessio pecuniae,
> Prudentiam ni adiunxeris."

zu folgenden Versen des Epilogs erweitert[10]:

> "Darumb jr hausvätter jr rychen all
> Lernind auss dem exempel Nabal,
> Das nit vil nutz gross hab, gůt und gelt,
> So einer schon überkäm die gantz welt,
> Wo er nit solchs brucht mit bscheidenheit,
> Und begabt sy mit verstand und wyssheit.
> Desglych wie das die füllery
> So ein schantlich gross laster sy,
> Wies dlüt bring in schmach, schand und not,
> Welches uns wirt anzeigt yns Nabals todt;
> Dann trunckenheit nimpt kein gut end,
> Darumb sich yederman von jren wend
> Und sich fürhin der mässigkeit flyss,
> Von deren er erlangt lob eer und pryss."

Ein weiteres Fragment des Epilogs, welches lautet[11]:

> "Jr wyber, jr hand zelernen vyl
> Von Abigael, die euch zum byspyl
> Ist für gestellt, ein zierd aller frauwen,
> Wie jr sond jr bhalten und beschawen,
> Wie jr sond mit den mannen umbgohn
> (Wie wohl euwer wenig thůnd jr nachschlon).
> So jr schon ruch und härb mannen hand,
> Ungschlachts ding, in den kein verstand,
> Sond jr (wie sy) dmann underwysen,
> Nit fliehen, sonder in leer ie bewysen,
> Euch trucken, nit füren grosse klag,
> Biss etwan einer besser werden mag."

setzt sich aus zwei Gwaltherschen Stellen zusammen.
Der erste Teil stammt aus Gwalthers Prolog[12]:

> "Illius at coniunx Abigael foeminas
> Omnes suo exemplo instruit
> Docetque sedulo (dociles licet hactenus
> Invenerit paucissimas)."

Der zweite Teil ("So ihr schon ruch und herb mannen hand ...") ist auf den in dem an Susliga gerichteten Widmungsbrief enthaltenen Satz zurückzuführen, wel-

cher lautet[13]: "Discent per Abigaelem admonitae
matronae, quibus rationibus maritos suos, iniquos
etiam et plane incommodos tractare debent, ut commodioribus uti possint."

Derartige Vermengungen gibt es hier mehrere.
Manche Stellen aus dem Widmungsbrief hat Grübel im
Epilog, andere wieder im Prolog untergebracht. Als
selbständig wäre in Grübels Epilog nur der Schluss
zu betrachten. Hier bittet unser Autor um Entschuldigung der etwaigen Mängel "in reden oder bärden", die
vielleicht nicht "vollkommenlich" ausgefallen sind.
Die Zuschauer mögen die Unzulänglichkeiten verzeihen,
"zum besten schieben" und "der ersten prob zuschri-
ben". Denjenigen, die das Stück "verlachen" würden,
es aber selber nicht besser zu machen verstehen, will
Grübel keine Beachtung schenken. Anhand diese Ver-
gleichs bemühte ich mich die "sklavische" Abhängigkeit unseres Autors von Gwalther zu veranschaulichen.

Anmerkungen

1 Aufriss ..., S.66.
2 H. De Boor-R. Newald, op.cit., S.92.
3 Nebenbei gesagt wäre der Genauigkeit halber zu erwähnen,
   dass auch bei Gwalther ein Schüler den Prolog und ein anderer die Periocha rezitiert; sie sind jedoch im Personenverzeichnis nicht aufgenommen worden.
4 J. Baechtold, op.cit., S.360.
5 (Ungezählte Bl.5-7v) (Giovanolis Ausgabe S.202-206).
6 S.2-3. (S.10-16, bes. S.10/12).
7 S.4. (S.206, Z.143-156).
8 S.9. (S.22, Z.9-14, 21-26).
9 S.10 (S.22, Z.27-30).
10 S.70. (S.344, Z.41-54).
11 S.70. (S.344, Z.55-64).
12 S.10. (S.24, Z.33-36).
13 S.5. (S.14).

B. MOLLERS VERHÄLTNIS ZU GWALTHER UND GRÜBEL

Was nunmehr die von Moller zustandegebrachte deutsche
Bearbeitung unseres Dramas betrifft, so ist folgendes
festzustellen: Sein Werk weist, wie bereits angedeutet, genau wie die Bearbeitung von Grübel eine grundsätzliche Treue zum lateinischen Original auf. Beide
Autoren haben Gwalthers Text auf eigene Art - und
zwar unabhängig voneinander - treu wiedergegeben.
Zwischen den Texten von Grübel und Moller findet man
keine Spur von Ähnlichkeit. Es ist kaum anzunehmen,
dass Moller Grübels Übersetzung gekannt hatte, weil
wir nichts von einem Kontakt unseres Autors mit dem
Schweizer Schrifttum hören. Eines steht jedenfalls
fest: selbst wenn Moller Grübels "Nabal" kannte, be-
achtete er ihn nicht; er hielt sich bei seiner Arbeit unmittelbar an das Original. Die im Kapitel
"Eigene Elemente der einzelnen deutschen Fassungen"
besprochenen Änderungen bestehen lediglich in Äus-
serlichkeiten. Sie betreffen die Form. Im Inhalt ist
zwischen dem Original und der Fassung Mollers keinerlei wesentlicher Unterschied zu verzeichnen. Zu den
äusserlichen Änderungen gehört auch die von Moller
durchgeführte Personennamenänderung. Ausser den
Hauptpersonen des Stücks, d.h. den biblischen Gestalten, die selbstverständlich ihre Namen behalten mussten, erhielten alle anderen Personen bei Moller andere Namen. So wurde hier der Schmarotzer, welcher bei
Gwalther Glycologus heisst, nach Terenzischem Muster
Gnatho benannt; so heisst nämlich der Parasit im
"Eunuchus" des Terenz. Der Koch heisst hier Achab,
die beiden servi domestici - Amon und Sophar. Die
servi rustici heissen hier ganz sonderbar: "Boas
tres pueri - Boas$_1$, Boas$_2$ und Boas$_3$"; der Hausverwalter trägt den Namen Daniel, Abigails Mägde heissen Agar und Rebecca. Nabals Gäste tragen folgende
Namen: Eubulus heisst Abraham, Dysigamus - Simon,
Philoposius - Jacob und Gastrodes - Balam. Die duces
funditorum heissen bei Moller Obed und Aber. Ausserdem finden wir hier noch zusätzliche Personen: Urias
(wahrscheinlich sollte es der biblische Urias sein)

und Josaphat - benannt "collega" - richten bei Abigail
Davids Brautwerbung aus; Nabal erhielt zwei Knaben -
$Abel_1$ und $Abel_2$, Abigail - einen Knaben - Aser, David - zwei Knaben $Thobias_1$ und $Thobias_2$, die im Personenverzeichnis wohl versehentlich ausgelassen worden sind. Es treten hier ferner auf: Jonas tympanista
in Davids Kriegslager, vier Schüler - pueri - die den
Prolog, fünf Schüler, die die argumenta der einzelnen
Akte aufsagen. Noch ein anderer Schüler rezitiert die
Periocha. Die erwähnten zusätzlichen Personen wurden
von Moller, wie bereits vermerkt, "umb der Knaben willen" eingeführt[1]. So macht Mollers Stück - mit dem
klassisch-knappen Original verglichen - den Eindruck
einer fast barocken Fülle: der Zahl der 21 Personen,
die wir bei Gwalther finden, entspricht bei Moller
die Zahl von 45 Personen, deren Grossteil nur eine
statistenähnliche Rolle spielt. Im Zusammenhang mit
dem Personenverzeichnis ist noch ein Detail hervorzuheben, welches unsere Beachtung verdient. Moller hat
als einziger unter unseren deutschen Autoren dem
Personenverzeichnis das Namenverzeichnis der agierenden Schüler hinzugefügt. Bei Gwalther finden wir kein
solches Verzeichnis. Wahrscheinlich hat er, wie bereits erwähnt, sein Stück für das Strassburger Gymnasium geschrieben und die Rollen wurden erst später
bei der Vorbereitung einer konkreten Vorstellung ver-
teilt. Deswegen konnte Gwalther die Namen der an der
Aufführung beteiligten Schüler im voraus unmöglich angeben. Dies wird wohl auch kein allgemeiner Brauch
beim Druck von Schuldramen gewesen sein, denn das
Vorhandensein eines solchen Verzeichnisses wird in
der ersten Ausgabe von Reuchlius "Henno" von Holstein[2] besonders hervorgehoben. Dieses Spielerver-
zeichnis, welches wir bei Moller finden, ist für uns
insofern interessant, als wir dadurch einen Einblick
in die nationale Abstammung der Zöglinge der von Moller geleiteten Anstalt gewinnen.
   Zu den von unserem Autor eingeführten technischen Änderungen ist auch der Epilog[3] zu zählen, weil
bei Gwalther kein solcher vorhanden ist. Inhaltlich
ist hier jedoch im Vergleich mit Gwalther kein neues

Element zu verzeichnen. Wir finden in Mollers Epilog
einfach Gwalthers Prolog wieder - nur in entsprechend
amplifizierter Form. Seinen Prolog hat Moller, wie
wir wissen, für die Polemik mit seinen Gegnern ausgenutzt.

Der Passus:

"Die reichen soln auch in jrm leben
Sich jres glucks nicht uberheben,
Denn hie haben sie gut bescheidt,
Wie vns kunst und vorsichtigkeit,
Es sey umbs gut und alles gelt,
Ein so loess ding auff dieser welt,
Das manchem leib und leben kurtz,
Und die Seel in die Helle sturtz."

ist nichts anderes als der Passus aus Gwalthers Prolog, S.10 (Giovanolis Ausgabe S.22, Z.27-30):

"Sic Nabal hic dives potensque plurimum,
Docebit omnes divites,
Quam vana sit possessio pecuniae
Prudentiam ni adiunxeris."

Im Passus S.197:

"Die bosen weiber hie auch mercken,
Das sie durch mutwilln allein stercken
Yr mennr in zorn und uppigkeit,
Und sich selbs machen mueh und leidt.
Aber wie es umb eine fraw,
Dies nicht mit jrm man sucht zu gnaw,
Die Gottfurchtig und ehrlich ist,
Zuchtig, from, klug, on argelist,
Wie es umb die hab ein gestalt,
Ist hie gar artig abgemalt
In der schonen Abigaëln,
Die sich nu zu derselben gseln,
Und folgen jren tugden nach,
Die konnen zwar in keiner sprach
Genug gelobt und gehret werden,
Es ist nichts werders auff der erden."

finden wir - in stark amplifizierter Form - folgende
bereits zitierte Stelle des Gwaltherschen Prologs,
S.10 (S.24, Z.33-36):

"Illius at coniux Abigael foeminas
Omnes suo exemplo instruit,
Docetque sedulo (dociles licet hactenus
Invenerit paucissimas)."

Genau so finden wir hier die sich auf David und Abiathar beziehenden Stellen in Mollers Epilog wieder.
Er hat auch die letzten Zeilen des Stücks, die Gwalther - wie ich es bereits im Kapitel "terenzische
Elemente" erwähnte - aus der "Andria" von Terenz
übernahm, in den Epilog übertragen. Der Primus puer
sagt am Anfang des Epilogs, S.196:

"Yr durft nu hier nicht lengr stehn,
Zu harn, das sie heraus her gehn,
Und zu der kirchen furn die braut,
Sie werden drinnen itzt vertrawt."

Moller gebraucht in seiner Vorrede, S.4, inbezug auf
sein Stück das bekannte Gleichnis mit dem Spiegel.
Die Menschen sollen sich in seinem Stück wie in
einem Spiegel besehen. "Die gemeine burgerschaft soll
dieses lebens und wesens erinnert werden und sich
sampt jrem thun gleich als in einem spiegel besehen ..." Da der Ausdruck "Spiegel" in solchem Zusammenhang in der deutschen humanistischen Literatur
mit Vorliebe gebraucht wurde und zu den für diese
Epoche charakteristischen modernen Stichwörtern gehört, zudem auch bei Gwalther nicht zu finden ist,
erscheint es angebracht, ihm hier etwas Beachtung zu
schenken. Wir finden diesen Ausdruck in der Vorrede
zu verschiedenen humanistischen Dramen. So lesen wir
beispielsweise im Prolog zu Greffs "Aulularia" nach
Holstein[3]:

"Denn Komödia ist, versteht mich das,
Gleichwie ein helles Spiegelglas,
Darin man sieht und lernen kann,
Was übelgehandelt oder wohlgethan.
Man sieht hier treiben alle Menschenkind,
Was sie beginnen, wie sie gesinnt.
Sie sind gleich jung, oder sein alt,
Sind hesslich oder wohlgestalt,
Sie sind gleich arm, dazu auch reich,
Sind wie sie sind, gilt eben gleich.

        Ir aller sitten sichstu fein
        Gleichwie in einem Spiegel rein ..."
Greff hat nach Holstein[4] gemeint, auch in der Antike
habe es Spiele gegeben:
        "Drin wie in einem Spiegel klar
        Ein jeder würd seines feils gewahr."
Derselbe Greff soll, nach Maassen[5], in der Vorrede
zu einem seiner Stücke die "Spiegelfunktion" der
deutschen humanistischen Dramen folgendermassen formuliert haben: "Wie denn alle Spil und Actiones, Latinisch oder Deudsch, geistlich oder weltlich, in
Spiegel sollen sein, gutes daraus zu lernen und das
böse zuuermeiden."
        Ähnlich drückt sich nach Holstein[6] in der Ein-
leitung zu einer Ausgabe seines "Henno" Reuchlin aus:
        "Humanae speculum merito comoedia vitae
        Fertur, quod variis moribus una scatet.
        Hinc licet amplecti rectos pravosque cavere
        Cum videt eventus mens utriusque viae."
Dieses Gleichnis wird auf den von Donatus Cicero zu-
geschriebenen Ausspruch zurückgeführt, welcher lautet:
        "Continet humanae speculum comoedia vitae
        Turpiaque urbano facta lepore notat."
Dieser Ausdruck - speculum - wird auch von Spingarn
aufgegriffen und kommentiert[7]. Er schreibt: "Comedy
is the best corrective of men morals; it is indead
what Cicero calls it, imitatio vitae, speculum con-
suetudinis, imago veritatis. This phrase ascribed by
Donatus to Cicero, runs through all the dramatic
discussions of the Renaissance and finds its echo in
the famous passage of Hamlet." Diesen Satz zitiert
Cervantes in seinem "Don Quixote". I. Lusca gebraucht
in seiner Vorrede zu "L'Arzigoglio" ebenfalls den
Ausdruck "Spiegel": "... Comedy should be" schreibt
Spingarn, "truth's image, the example of manners and
miror of life."
        Einen späten Nachklang dieses Spiegelmotivs fin-
den wir noch, nach Hase[8], bei Schiller, welcher gesagt haben soll, im Theater wäre der Torheit ein
Spiegel vorgehalten.

Der Ausdruck "Spiegel" ist übrigens keine "Erfindung" des Humanismus und kein Spezifikum der dramatischen Literatur. Er wurde auch auf andere literarische Kompositionen angewandt und, wie wir wissen, bereits im Mittelalter gebraucht. Wir begegnen ihm bei Kompilationen juristischer - wie Sachsenspiegel, Schwabenspiegel - oder theologischer Art - wie Speculum humanae salvationis[9]. Bei der Dramenproduktion bediente man sich jedoch dieses Gleichnisses mit besonderer Vorliebe: Devrient[10] kommentiert diesen Brauch folgendermassen: "Der Zweck der dramatischen Kunst nach des grössten Dramatikers Ausspruch, sowohl anfangs als jetzt, war und ist, der Natur gleichsam den Spiegel vorzuhalten: der Tugend ihre eigenen Züge, der Schmach ihr eigenes Bild und dem Jahrhundert und Körper der Zeit den Abdruck seiner Gestalt zu zeigen."

Anmerkungen

1 Von einem ähnlichen Verfahren berichtet Newald (H. de Boor-R. Newald, op.cit., Bd.V, S.94) im Zusammenhang mit dem Schuldramatiker Kaspar Brülow, welcher um 1600 in Strassburg wirkte. Auch in seinen Dramen wurde der Personenapparat durch die Zahl der agierenden Schüler bestimmt. Er führte in seine Stücke zusätzlich mythologische und allegorische Gestalten ein, um möglichst viele Schüler bei der Aufführung beschäftigen zu können.
2 H. Holstein, Johann Reuchlins Komödien, S.51.
3 S.196 f.
4 H. Holstein, Johann Reuchlins ..., S.50 f.
5 H. Holstein, Johann Reuchlins ..., S.45.
6 J. Maassen, op.cit., S.91.
7 H. Holstein, Johann Reuchlins ..., S.57.
8 J.E. Spingarn, op.cit., S.104.
9 K. Hase, op.cit., S.296.
10 Im 16. Jahrhundert bezeichnet der Ausdruck "Spiegel" ausserdem, wie uns Wilpert (G. Wilpert, op.cit., S.550) informiert, eine "beliebte Form des literarischen Panoramas mit

guckkastenartigen Einzelszenen ohne feste Komposition und
Verbindung, die teils auf Harmonie, Analogie, teils auf
Kontrast beruht". Es wird hier das "Speculum vitae humanae"
von Ferdinand von Tirol zitiert, ferner das "Speculum Mundi"
von Ringwalt und die lehrhaften Dichtungen wie Fürstenspie-
gel, Ritterspiegel u.a.
11   E. Devrient, op.cit., S.XI.

C. MAURICIUS' VERHÄLTNIS ZU GWALTHER; GRÜBEL UND MOLLER. DIE BENUTZUNG ANDERER QUELLEN

Zu den interessantesten Schlussfolgerungen gelangen wir bei der Analyse des Verhältnisses des letzten deutschen Autors, Mauricius, zu seinen Vorgängern.

Was zunächst Mauricius' Verhältnis zu Gwalther anbetrifft, so ist zu sagen, dass wir zwischen diesen beiden Autoren keinerlei konkrete Beziehungen feststellen können. Ob Mauricius das lateinische Original des "Nabal" gekannt hat, ist ungewiss. Falls ja, dann hat er es grundsätzlich ausser acht gelassen und hielt es angesichts der Tatsache, dass bereits andere fertige deutsche Übersetzungen vorlagen, für überflüssig, eigene Mühe bei einer Übersetzung dieses Stückes ins Deutsche aufzuwenden. Es ist aber auch möglich, dass er Grübels Text ausgebeutet hat, ohne das Original gelesen zu haben. Jedenfalls zog er es vor, den Weg des geringsten Widerstandes zu gehen, indem er umfangreiche Textpartien von Grübel kopiert hat. Stellenweise führte er hier kleine Änderungen ein, zuweilen schrieb er einfach ab. Dies wurde bereits bei dem von mir oben durchgeführten Vergleich der Sentenzen sichtbar; ich habe dort die zwischen Mauricius und Grübel bestehenden Analogien durch Unterstreichung hervorgehoben. Nunmehr möchte ich die in Rede stehende Methode des Mauricius noch durch einige ergänzende Beispiele veranschaulichen.

Grübel (S.6, Giovanolis Ausgabe S.210, Z.57-60), Nabal sagt:

> "Wer wolt mich nicht glückhafft nennen,
> Der mich mein reychthumb thät erkennen,
> Mein hab und gût, sylber und gold,
> Und das mir die gantz welt ist hold."

Mauricius (S.8)

> "Wer wolt mich nicht beatum nennen,
> Der mich, mein Reichthumb thut erkennen
> Mein Haab und Gut, Silber und Gold
> Und das mir die gantz Welt ist hold."

Durch die Einfügung des lateinischen Wortes "beatum"
statt "glückhafft" hat hier Mauricius den Rhythmus
verbessert.

Grübel (S.9/214 f, Z.173-182), Glycologus sagt:
"Noch sol kein junger man verzagen.
Das glück thûts eim als zu härtragen.
Wär hett sich dass ytzmal versähen,
Das mir vom Nabal heütt ist bschähen,
Das ich sein Hoffmeister wer worden,
Das ist für mich ein rechter orden.
O Glück, wie thûstu by mir ston!
Du hast mich hütt noch nie verlon;
Doch bhalts mir lang, das bitt ich dich,
Dann das ämptlein ist wol für mich."

Mauricius (S.11)
"Noch soll kein junger Man verzagn.
Das Glück thuts eim alls herzu tragn.
Wer hatt sich jemals des versehn,
Das mir von Nabal heut ist gschehn,
Das ich wer sein Hoffmeister wordn,
Das ist für mich ein rechter Ordn.
O Glück, wie thustu mir beystahn!
Do hast mich heut noch nie verlahn;
Doch bhalt mirs lang, das bitt ich dich,
Denn das Emptlein ist wol für mich."

Grübel (S.17/232, Z.612-621), Philoponus sagt:
"Ich halts für ein vätterlich zeichen,
Das Gott uns wöl darmit erweichen.
Mit arbeit wöl er uns bladen,
An der seel sol es neüt schaden.
Dann er weiss wol, was uns allen brist,
Darzu was uns nutz oder schad ist.
Dann wern wir nit beschwärt mit arbeit,
Wurdend wir uns gen auff düppigkeit.
Darumb strafft, züchtiget er uns mit der rût,
Wie ein treüwer milter vatter thût."

Mauricius /S.22), Burckard sagt:
"Ich halts für ein Väterlichs Zeichn,
Dass uns Gott woll damit erweichn,
Mit Arbeit uns also beladn
Soll uns doch an der Seel nicht schadn.

408

Denn er weiss wol, was uns gebrist,
Darzu was uns nütz und schad ist.
Dann würdn wir nicht bschwert mit arbeit,
Legtn wir uns nur auf Üppigkeit.
Drumb züchtigt er uns mit der Ruth
Gleich wie ein frommer Vater tut."

Grübel (S.42/284, Z.1926-1935), David sagt:
"Der arbeitsäligest mensch bin ich
Warlich auff disem erdterich.
Ich acht als viel sygind geboren,
Heyend all zůsamen geschworen,
Mich zehassen und zů verderben.
Kein gut lob kann ich nienen erben,
Kan auch nienerin zwegen bringen,
Noch mit gůthät noch andren dingen,
Das man mich zu einem fründ wöll han,
Sunder es hasset mich yederman."

Mauricius (S.52), David sagt:
"Der arbeitseligst Mensch bin ich,
Der jemals glebt hat auff Erdrich.
Glaub dass all Menschen, so geboren,
All haben jetzt zusammen geschworn,
Zu hassen mich und zu verderbn.
Kein gut Lob kan ich nirgend erbn,
Kan auch bei niemand z'wegen bringn,
Wedr mit Gutthat noch andern dingn,
Das man mich zu eim Freund wöll han,
Sondern es hasst mich jedermann."

Grübel (S.46/293, Z.2174-2189), Abigael sagt:
"Nabal hatt gsündet wider euch
Und das gantz und gar grob und schwerlich;
Ist auch wol wert das ers entgelt
Und gstraaft werde vor der welt.
Jr sind aber gantz und gar nicht wärdt,
Das jr an jm verhönd mit dem schwärdt.
Dann sytmal der adler nit nach fragt
Ein schwarm ymmen, und nit noch jagt,
Noch ein löw, der ein kůnig der thier,
Achtet einer flo, was woltend dann jr
Dess so vil achten, des Nabal thůn,
Und sin redt so vil zschaffen gen lon;

              Dann als gross er ist, ist er ein knopff,
              Ein grobs höltzly, düppel und tropff,
              Wie dann sin nam, Nabal, zeigt an
              Ein unwysen, torechten man."
Mauricius (S.57), Abigail sagt:
              "Nabal hat gsündigt wider euch,
              Und solches gantz und gar schwerleich;
              Wer auch wol werth, dass ers entgelt
              Und hart gestraft würd für der Welt.
              Abr ihr seyd dessen gar nicht werth,
              Dass jhr an jhm verhöhnt eur Schwerdt.
              Der löblich Adler nicht nachfragt
              Einem Bienschwarm, jhm nicht nach jagt,
              So wol der Löw, ein König der thier,
              Acht keinen Floh, was wolt denn jhr
              Dess so viel achtn, was Nabal than,
              Euch seiner Redn hart nehmen an;
              Als gross er ist, bleibt er ein Knopff,
              Ein grober Knebel, Tölpel, Tropff,
              Wie denn sein Nam, Nabal, zeigt an
              Einen unweisn thörichten Man ..."
Grübel (S.48/296, Z.2294 f), Abisaus sagt:
              "Es ist ein Nabal von recht auch:
              Ein stockfisch, esel und ein gauch."
Mauricius (S.60), Abisaus sagt:
              "Er ist ein Nabal, und bleibt auch
              Ein Stockfisch, Esel, und ein Gauch."
Grübel (S.50/300, Z.2388-2391), Abigail sagt zu Nabal:
              "Ach du trachst weder anfang noch end,
              Förchst aber nit jre hend?"
              Nabal zu Abigail:
              "Ich? grad als ob dry bättler mann
              Etwas wider mich fahind an."
Mauricius (S.66), Abigail sagt zu Nabal:
              "Ey du bdenckst wedr Anfang noch End,
              Fürchtstu nicht aber jhne Hend?"
              Nabal zu Abigail:
              "Ich? grad als ob drey Bettelmann
              Was wiedr mich wolten fangen an."
Ein solches Verfahren war bei Mauricius Gewohnheit.
Scherer[1] berichtet, dass unser Autor bei seiner Dra-

menproduktion viele fremde Vorlagen "ausgebeutet"
hat. Demnach beruht der "Hamann" "ganz wesentlich"
auf dem gleichnamigen Stück von Naogeorgus. Dem
"David und Goliath" liegt, wie wir erfahren, die
"Ölung Davidis" von Valentin Boltz zugrunde. Die
"Comödie vom Schulwesen" enthält Züge, die aus den
Dramatisierungen der Parabel vom Verlorenen Sohn geschöpft sind. Scherer bemerkt, dass erst weitere
wissenschaftliche Forschungen herausstellen müssen,
"wie weit Mauricius sonst die ältere dramatische
Literatur ausgebeutet hat". Nun können wir die Reihe
der eben angeführten Beispiele noch um den Titel
"Nabal" vergrössern.

Allerdings haben wir, was die Ausbeutungspraxis
anbetrifft, bei Mauricius mit keinem vereinzelten
Fall in der zeitgenössischen Dramenliteratur zu tun.
Bei Newald[2] lesen wir nämlich beispielsweise von
Kaspar Brülow - einem Schuldramendichter, der ungefähr in derselben Zeit wie Mauricius wirkte und von
Holstein[3] als "das bedeutendste Talent, das unsere
Literatur in der Zeit vor Lessing aufzuweisen hat",
bezeichnet wurde -, dass er oft "umfangreiche Text-
stellen seiner Vorlagen übernahm, weil er in Eile
arbeitete". Wenn ein so bedeutender Dramatiker sich
also derartige Freiheiten erlaubte, dann erscheint
die Tatsache, dass auch Mauricius so verfuhr, nicht
mehr so ganz befremdlich. Grübel hielt sich sklavisch
an Gwalther und Mauricius an Grübel. Wir haben hierbei jedoch einen wesentlichen Unterschied zu verzeichnen: Grübel hat das lateinische Original immerhin übersetzt, Mauricius hat dagegen abgeschrieben.
Ausserdem wies Grübel deutlich auf seine Vorlage hin
und zwar gleich im Titel seines Werkes, welcher lautet: "Nabal. Ein schön, christenlich, lustig und
kurtzwylig Spil, erstlich durch den Eerwirdigen und
wollgeleerten Herren Rudolffen Walthern, auss dem
ersten Bůch Samuelis, des 25. Cap. gezogen, in ein
Latinische Comediam gestelt ...". Mauricius ver-
schweigt hingegen Gwalther als den Verfasser des
Originals. Er will offensichtlich als der Autor des
Dramas gelten, als derjenige, der den Stoff aus der

Bibel geschöpft und bearbeitet hat. Darauf weist die
Art hin, auf die er seinen Titel formuliert hat:
"Eine schöne Comoedia vom Nabal genommen aus dem
ersten Buch Samuelis am 25. Capitel. In deutsche
Vers gebracht durch M. Georgum Mauricium den Eltern."[4]
Nur eines ist bei diesem Verfahren unseres Autors positiv einzuschätzen, die Tatsache nämlich, dass er -
wie aus den oben angeführten Beispielen erhellen dürfte - durch winzige Einschiebsel oder durch Wortersatz
Grübels holprigen Rhythmus geglättet und dadurch be-
deutend verbessert hat.

Eine Abweichung von Grübels Text haben wir freilich bei Mauricius zu verzeichnen. Er hat nämlich das
Stück gekürzt, indem er die Hochzeit von David und
Abigail ausliess. David vernimmt hier die Nachricht
von Nabals jähem Tod mit Erstaunen und Genugtuung zugleich, denkt jedoch nicht daran, die Witwe zu heiraten. Er sagt lediglich (S.74):

> "Hilff Gott, wie kömpt die Straff so gschwind,
> Doch sey globt der HErr, dess die Rach
> Der weg hat gnommen meine Schmach,
> An Nabal dem unbsonnen Mann,
> Der so viel Lestrung mir thet an,
> Hat doch mich und die Knecht enthaltn,
> Dass wir nicht böss mit bössm vergaltn,
> Der HErr hat selbst, welchs wir tun wollten
> Das ubel auff sein Kopff vergoltn."

Es ist nicht zu ersehen, weswegen Mauricius diese
Änderung vorgenommen hat. Nur um das Stück zu kürzen?
Doch wohl kaum. Es ist auch schwerlich anzunehmen,
dass er es um des guten Geschmacks willen getan, dass
er also gegen die sofort nach Nabals Tod erfolgende
Wiederverheiratung Abigails sittliche Bedenken gehegt
hat. Der oft ans vulgäre grenzende Ton, den sein Stück
aufweist, setzt bei ihm ein derartiges Feingefühl kaum
voraus. Vielleicht erschien ihm das obige Motiv aus
irgendeinem Grunde überflüssig, vielleicht wollte er
durch die Änderung seine "Originalität" beweisen und
seine Abhängigkeit von Grübel zu vertuschen versuchen,
d.h. seiner Arbeit den Anschein von Selbständigkeit
verleihen? Möglicherweise befolgte er auch hierin

noch eine andere uns unbekannte deutsche Version,
von deren Vorhandensein oben die Rede gewesen ist.
Ausserdem finden wir bei Mauricius eine Reihe von
Stellen, die weder im lateinischen Original, noch
in den anderen deutschen Versionen ihr Gegenstück
haben. Es handelt sich um folgende Fragmente:
1. Im Original und in den übrigen deutschen Versionen lässt Nabal am Anfang des Stückes nur einen
   Monolog verlauten. Mauricius legt ihm noch einen
   zweiten in den Mund. In dem ersten Monolog lobt
   er sich folgendermassen (S.6):

> "Für war ich bin der seligst Mann,
> Der nur auf Erden leben kan,
> Das Glück steht mir auch trewlich bey,
> Glaub nicht, dass einer reicher sey,
> In dieser gegend weit und breit,
> Leb drum in aller freudigkeit.
> Denn wo ich nur hinwirff mein Gsicht,
> Seh ich, dass mir gar nichts gebricht.
> *Von hohem Stamm bin ich geborn,*
> *Dem Helden Caleb ausser Kohrn,*
> Der nur mit Josua allein
> Ist kommen in das Land hinein,
> Das ander Volck ist gantz gebliebn,
> Und in der Wüsten auffgeriebn."

Die letzten sechs Verse, die weder im lateinischen
Original noch in unseren anderen deutschen Fassungen zu finden sind, entsprechen dem Passus aus
dem Buch der Könige (1 Sam 25,3): *"Erat autem de
genere Caleb"*, den Mauricius hier etwas ausgebaut
hat durch die Erwähnung des Josua. Daraus ergeben
sich folgende Möglichkeiten: Erstens kann man vermuten, dass Mauricius diese Einzelheit selbst aus
der Quelle, d.h. aus dem Buch der Könige geschöpft
hat. Zweitens ist es nicht ausgeschlossen, dass
er sie von einem anderen Autor übernahm, der ebenfalls das Original von Gwalther übersetzt hat, es
aber um dieses biblische Detail bereichert hat.
Als dritte Möglichkeit kommt hier schliesslich
die Hypothese in Frage, dass noch ein anderer
Autor unabhängig von Gwalther dasselbe biblische

Thema bearbeitet hat. Am wahrscheinlichsten erscheint hier die Vermutung, dass Mauricius seinem
kompilatorischen modus scribendi gemäss ausser
Grübel noch einen anderen Autor ausgebeutet hat.
Die Annahme, dass er selbst Quellenstudien durchgeführt hat, ist bei diesem Autor, der in seiner
literarischen (oder pseudoliterarischen?) Tätigkeit den Weg des geringsten Widerstandes zu gehen
pflegte, als sinnlos zu bezeichnen.

2. Im weiteren lobt sich Nabal:

"So ist auch mein vermögn fast gross
Von Ochsen, Kühen, Eseln, Ross.
Hab bey drey tausend Schaff allein ...
Hab drobn auch auff den Allmen schön
Bey tausend Geiss und Ziegern gehn ..."

Die entsprechende Stelle im Buch der Könige lautet (1 Sam 25,2):

"Erantque ei oves tria milia et mille caprae."

Grübel, der wie ich feststellte, Mauricius unmittelbare Vorlage bildete, bringt hier nur eine allgemeine Angabe. Sein Nabal hat (S.7/Giovanolis
Ausgabe S.211, Z.95):

"Von Geissen, schaaffen ein grosse Herd."

obgleich seine Vorlage, d.h. Gwalther, die Zahl
genau nach der Bibel angibt (S.16/32, Z.74 f):

"Quos inter ovium pascuntur tria milia,
Et mille totis errant caprae montibus."

Moller folgte Gwalther in diesem Fall treuer als
Grübel. Er schreibt (S.31):

"Drey tausent schaff in einer herd
Und tausent ziegn, viel geldes werd."

Daraus erhellt, dass Mauricius auch in diesem
Fall ausser Grübel noch andere Vorlagen benutzt
haben muss. Hier kommen zunächst die Bearbeitungen von Gwalther und Moller in Frage. Da wir keine anderen Spuren von Gwalther bei Mauricius finden, ist es wenig wahrscheinlich, obgleich nicht
ganz ausgeschlossen, dass Mauricius an der in Rede stehenden Stelle Gwalthers Text befolgte. Was
hingegen Moller anbetrifft, so könnte diese Stelle - wenn wir das oben erwähnte Peitschenmotiv in

Betracht ziehen würden - bereits als das zweite
gemeinsame Motiv der beiden Autoren angesehen werden. Ebenso gut kann aber Mauricius diese Stelle
aus einer ganz anderen, uns unbekannten Bearbeitung unseres Themas oder schliesslich doch direkt
aus der Bibel entnommen haben.

3. Der von David an Nabal mit der Bitte um Lebensmittel gesandte Abisai gebraucht Worte, welche ebenfalls - wie die vom "Helden Caleb" - keine Ent-
sprechung besitzen, und dies weder im lateinischen
Original noch in den anderen deutschen Versionen.
Er sagt nämlich zu Nabal (S.29):

"Drumb wollt uns gnädig sehen an,
Und dieser Trew geniessen lahn,
Die weil wir, wie Gott lob ist kund,
Sein kommen zu einr guten stund."

Dieser Passus entspricht folgender Stelle im Buch
der Könige (1 Sam 25,8): *"In die enim bona venimus
ad te."* Hier bieten sich uns ähnliche Schlussfolgerungen dar, wie bei dem Passus vom Helden Caleb.

4. Nabal richtet an Antonius Worte, in denen er seine Empörung über Davids unverschämte Bitte Ausdruck verleiht (S.30):

(Die Gesandten):
"Begehren von uns Proviant,
Die wir kaum unsern Gästen zhand
Und Dienern habn zu wegen bracht ..."

Diese Stelle entspricht dem Fragment aus dem Buch
der Könige (1 Sam 25,11): "Tollam ergo panes meos
et agnas meas et carnes pecorum, *quae occidi tonsoribus meis,* et dabo viris, quos nescio, unde
sint?"
Bei Gwalther lesen wir an dieser Stelle (S.40/
Giovanolis Ausgabe S.76/78, Z.621-624):

"Rogas? Davidicae
Sunt factionis nuntii, atque postulant,
Ut quae paravi *convivis* obsonia
Ipsis famelicis tribuam ..."

Auf S.28 (S.54, Z.354 f) spricht David zwar von
Nabal zu Abisaus: "Nam convivium tonsoribus parat".
Dies mutet auf den ersten Blick wie eine Inkonse-

quenz an. Bei näherer Betrachtung kommen wir aber
zu solcher Schlussfolgerung: David konnte überzeugt sein, dass Nabal, der Sitte gemäss, das
Mahl für die Schafscherer bereiten liess. Nabal
redet hier also nur von den convivae, von den Gästen, während Mauricius seinen Nabal das Mahl auch
für die Diener vorbereiten liess. Es ist aber eine
evidente Inkonsequenz, ein Versehen von Mauricius.
Klagen doch in seinem Stück Nabals Knechte - Nickel
und Burckard - darüber, dass sie von dem herrlichen
Mahl keinen Bissen abbekommen werden! Mauricius
hat diese Inkonsequenz übersehen. Er hat einen
grossen Teil seines Stücks, wie wir wissen, von
Grübel übernommen, diese Einzelheit nahm er aber
anderswoher, ohne auf die innere Kongruenz seines
Stückes achtzugeben.

Bei Grübel erwähnt Nabal auch lediglich seine
Gäste als diejenigen, für welche er das Essen bereiten liess. Er sagt (S.23/245, Z.952-954):

"... sy sygind gsanten
Von David, begärend speyss und provant,
Die wir unseren *gesten* zů grüst hand ..."

Ebenso redet Nabal bei Moller in diesem Zusammenhang auch nur von seinen Gästen (S.83):

"Sie kommen mit gewappter hand
Von Davids rotten auss gesand.
Derselbe von mir fordern lest,
Das ich, was jtzt vor *meine gest*
Ist angericht in meinem hauss,
Ym geben sol in leger naus."

5. David beschliesst, die von seiten Nabals erlittene
Schmähung zu rächen. Er will mit seinen Leuten
Nabals Haus überrennen und dort alles zugrunde
richten. So ordnet er folgendes an (S.38):

"Joab im Lager bald umbschlag,
Dass man sich rüst noch heut den Tag,
Und bring auff bey *vier hundert Mann*,
Mit Panzr und Harnisch angethan,
Und mit den besten Wehren sein ..."

Genau diese Zahl wird im Buch der Könige angegeben (1 Sam 25,13): "et secuti sunt David quasi
quadringenti viri ..."

416

Bei Gwalther wird die Zahl der Krieger nicht angegeben. David spricht hier nur von dem geplanten
Angriff im allgemeinen (S.52/98, Z.894 f):

"Sed rem ad socios referamus, atque singula
Paremus, huc mox producturi militem."

Grübel drückt es, gemäss seiner Vorlage, auch
ganz kurz aus (S.32/264, Z.1417 f):

"Auch das ein yeder wisse wol,
Wan man die knecht aussfûren sol."

Bei Moller lautet Davids Befehl folgendermassen
(S.99):

"Aber wir wolln den handel gar
Antragen vor der gantzen schar,
Und wolln uns rusten, das wir bald
Die sach angreiffen mit gewalt."

Wie ersichtlich ist Mauricius der einzige, der bei
dieser Gelegenheit - genau wie das Buch der Könige - von vierhundert Mann spricht. Hier bieten
sich wieder die bereits erörterten Hypothesen dar.

6. Eigentümlich verhält sich die Sache mit der folgenden Stelle. Der erboste David schwört, dass
er Nabals Haus bis zum nächsten Morgen in Schutt
und Asche legen und die Bewohner alle vertilgen
wird (S.52 f):

"Schwer drauff bey dem Jehova mein,
Der woll mir auch genädig seyn,
Gott thu dieses, und noch viel mehr
Den Feindn Davids, zu seiner Ehr,
Wo ich ebn *auff morgenden Tag,*
Aus allem dem, das er vermag.
Ein einigen lass uber bleibn,
Ich wils dermassen alls auffreibn,
Was an die Wand nur pissen mag,
Alls muss zu grund gehn, wie ich sag."

Für diese Stelle ist die Vorlage wieder in der
Bibel zu suchen. Im Buch der Könige (1 Sam 25,22)
spricht David folgende Worte: "Haec faciat Deus
inimicis David, et haec addat, *si relinquero usque ad lucem matutinam mingentam ad parietem.*"

Wir finden dieses Fragment weder bei Gwalther
noch bei Moller. Bei Gwalther sagt David nur
(S.66/Giovanolis Ausgabe S.126, Z.1198-1201):

"Sancteque iuro per Iehovae numina,
Quae mihi inimica velim, nisi ante crastinam
Lucem tam ipsum quam omnem ipsius domum et greges
Confecero totos."

Bei Moller sagt er (S.131):

"Und schwere beim Iehova mein
Vnd sag das er mein feind sol sein,
Wo ich den Nabal nicht ermordt
Vnd alles was jm zugehort,
Ehe dan morgen der tag anbricht,
Da wil ich niemands schonen nicht,
Drumb denckt und thut bald zu den sachen."

Sonderbarerweise begegnen wir ihm jedoch bei Grübel. David sagt dort (S.43/Giovanolis Ausgabe,
S.285, Z.1972-1979):

"Darumb schwär ich bim Jehova min
Ald Gott sol mir nit gnedig sin,
Wen ich, nit *eh der morndrig tag
Anbricht*, so vil mir werden mag,
Nit nun in sunder alles das,
So er hat leüth, vych und was,
An ein wand brüntzet, in einer stund
Verderben und gar richten zu grund."

Dies ist wieder ein Beweis dafür, dass Grübel ausser dem Gwaltherschen Text noch andere, uns unbekannte Vorlagen bei seiner Übersetzung benutzt
hat.

Mauricius lässt David während dessen Begegnung
mit Abigail diese Worte noch einmal wiederholen.
David sagt (S.59):

"Werstn mir nicht begegnt in eil,
Und hettst dir lengr gnommn der weil,
So wer dem Nabl nichts verbliebn,
Sondern solt alles auffgeriebn
Seyn worden auff morgenden Tag,
Was an die Wand nur pissen mag."

Diese Wiederholung stammt ebenfalls aus dem Buch
der Könige. "Nisi cito venisses" sagt dort (1 Sam
25,34) David zu Abigail, "in occursum mihi, non
remansisset Nabal usque ad lucem matutinam mingens
ad parietem."

Bei Grübel finden wir keine solche Wiederholung.
David sagt hier nur (S.47/295, Z.2248-2251):

"So jr nit werind zů mir kon,
Jr müsstind alle zschytern gon,
Vnd wär schon um eüch beschehen,
Hettind den letzten tag gsehen."

Gwalther hat auch an dieser Stelle den biblischen
Text nicht berücksichtigt. Sein David sagt zu
Abigail (S.72/136, Z.1341 f):

"Nisi tua nos praevenisset solertia
Extremus hic vobis illuxisset dies."

Moller, der, wie wir wissen, den Gwaltherschen
Text treu befolgte, legt David folgende Worte in
den Mund (S.141):

"Denn ich sag euch bey meinem eid,
Wo nicht durch ewr gescheidenheit
Dem ungluck wer gekommen fur,
Das euch hart war vor ewer thur,
So het es sich mit sturm erhebt
Und ihr zum letzten heut gelebt."

7. Schliesslich finden wir am Ende des Stücks ein
Textfragment, welches wieder entweder unmittelbar
auf die Bibel, oder auf eine andere Bearbeitung
des Nabalthemas zurückzuführen ist. Auch dieses
Fragment findet sich weder bei Gwalther noch in
unseren übrigen deutschen Versionen. Joab erzählt
David (S.73) von Nabals Tod folgendermassen:

"Es geht schon ubrall das Geschrey,
Dass er mit schmertzen und grosser Plag
Gelebt hat *bis in zehnden Tag,*
Sey heut vor Mittemtag gestorbn."

Und Abisai drückt sich in diesem Zusammenhang so
aus (S.73 f):

"Und alles was man jm sprach ein,
War grad als saget mans *eim Stein.*"

Im Argument des fünften Aktes (S.63) lesen wir
über Nabals Tod folgendes:

"Als nu Abigail diss gsagt
Und ubr jhrs Herren Unart klagt,
Erstarte das Hertz im Leibe sein,
Dass er bald worden wie ein Stein.

Und Gott selbst jhm dermassen schlug,
Dass er am zehnden Tag hinzug."
Die entsprechende Stelle in der Bibel lautet wie
folgt (1 Sam 25,37-38): *"et emortuum est cor eius
intrinsecus et factus est quasi lapis. Cum per-
transissent decem dies, percussit Nabal et mortuus
est."*

Das Motiv des "zehnten Tages", welches Mauricius - oder der Verfasser seiner Vorlage - aus
der Bibel übernommen und zum Grübelschen Text hinzugefügt hat, zeugt wieder, nebenbei gesagt, von
einem Versehen unseres Autors, denn durch die Einführung dieses Motivs entstand eine Inkonsequenz
im Text des Dramas. Während des Berichts von Nabals
Tod (S.70) ist nämlich vom "gestrigen" Gastmahl
die Rede, und alle anderen Umstände weisen deutlich darauf hin, dass Nabal sofort, d.h. am Morgen nach dem Zechgelage und nicht erst nach zehn
Tagen gestorben ist.

Anmerkungen

1 W. Scherer in: Allgemeine Deutsche Biographie, Bd.XX,
  S.B.
2 R. Newald in: H. de Boor - R. Newald, op.cit., Bd.V, S.94.
3 H. Holstein, Die Reformation im Spiegelbilde ..., S.59.
4 Dass diese literarische "Ausbeutungspraxis" im 16. Jahrhundert ziemlich verbreitet gewesen sein kann, dürfen wir
  aus der im "Sendbrief vom Dolmetschen (S.4)" enthaltenen
  Klage Luthers schliessen. Hieronymus Emser aus Dresden
  wollte sich demzufolge Luthers Übersetzung des Neuen
  Testaments skrupellos aneignen. Luther schreibt diesbezüglich: "... und nahm sich mein neu Testament fast von
  Wort zu Wort, wie ichs gemacht hab, und tat meine Vorrede,
  Gloss und Namen davon, schrieb seinen Namen, Vorrede und
  Gloss, verkauft also mein neu Testament unter seinem Na-
  men."

Um noch einmal auf Mauricius' Verhältnis zu Moller
zurückzukommen: es ist nicht ausgeschlossen, dass Mauricius

Mollers Bearbeitung gekannt und ausgenutzt hat, denn wir
finden bei Mauricius zwei Details, denen wir sonst nur
bei Moller begegnen. Es handelt sich erstens um die oben
erörterte Übereinstimmung bei der Angabe der Zahl der
Schafe und Ziegen, die Nabal besitzt, und zweitens um das
"Peitschenmotiv". Es ist eine Kleinigkeit, die der Aufmerksamkeit eines oberflächlichen Betrachters leicht ent-
gehen kann und erst bei einer sehr genauen Analyse beider
Werke zum Vorschein kommt. Bei Moller möchte Balach die
schlechten Herren (die Stelle wurde bereits im Kapitel
"Die Resonanz der sozialen Probleme ..." angegeben) mit
einer "tarrschen Peitsche scharff" zur Arbeit treiben und
bei Mauricius spricht Nickel in diesem Zusammenhang auch
vom Gebrauch der Peitsche. Er würde den verhassten Ausbeutern bei ihrer Arbeit "dazu den Rücken mit Peitzschen reibn".

5. Die deutschen Fassungen bewertet unter dem Gesichtspunkt der älteren und neuen Übersetzungstheorien

Wenn wir den literarischen Wert der einzelnen deutschen Übertragungen festzusetzen versuchen, dann müssen wir dabei verschiedene Standpunkte, verschiedene Tatsachen und Gegebenheiten in Betracht ziehen. Wenn wir von Übersetzung sprechen, dann berühren wir ein vielschichtiges und kompliziertes Problem, mit dem sich seit Jahrhunderten Gelehrte und fachkundige Wissenschaftler beschäftigen. Als Ausgangspunkt wollen wir bei unseren Erwägungen folgende Feststellungen gelten lassen:

1. dass unsere deutschen Nachbildungen Übersetzungen aus der lateinischen Sprache sind,
2. dass sie in der Epoche des Humanismus entstanden,
3. dass wir hier mit Dramenübersetzungen zu tun haben,
4. dass unser Drama darüber hinaus eine spezifische Dramengattung, nämlich das Schuldrama repräsentiert.

Jede von diesen Tatsachen erfordert in unserem Fall eine besondere Betrachtungs- und Bewertungsweise.

Fassen wir zunächst den ersten Punkt ins Auge. Die Übersetzung aus dem Lateinischen ins Deutsche bewirkt als natürliche Konsequenz und gleichsam automatisch eine Amplifizierung des deutschen Textes, denn die klassischen Sprachen besitzen, wie Cauer[1] treffend ausdrückt, "eine ursprüngliche Kraft und Gedrungenheit und sind darum unseren modernen Sprachen überlegen, sodass unvermeidlich die Übersetzung etwas ausführlicher wird als das Original". In unserem Fall wurde die Amplifikation noch durch andere Faktoren verursacht, welche ich im Kapitel "Gemeinsame Merkmale der deutschen Fassungen"bereits erörtert habe. Die Übersetzung aus dem Lateinischen ist, wie Parandowski mit Recht hervorhebt[2], wegen der kulturellen und stilistischen Überlegenheit dieser Spra-

che den modernen Sprache gegenüber überhaupt keine
leichte Aufgabe. Der Übersetzer muss während seiner
Arbeit mit vielen Schwierigkeiten kämpfen, wenn er
der lateinsichen Syntax gerecht werden, adäquate
Ausdrücke für die lateinischen Wörter in der eigenen
Sprache finden, dem Ganzen eine schöne Form verleihen will. Diese Arbeit verlangt vom Übersetzer entsprechende Kenntnisse und grosse Gewissenhaftigkeit.
Diese beiden Dinge genügen jedoch nach der Ansicht
Parandowskis nicht. Es ist hier noch Begabung, Invention, dichterischer Elan erforderlich[3].

Richten wir nun unser Augenmerk auf die zweite
Gegebenheit, mit der wir hier zu tun haben, nämlich
auf den Umstand, dass unsere Stücke in der Epoche
des Humanismus entstanden. In dieser Zeitperiode
lassen sich, wie Borowy[4] behauptet, zwei gegensätzliche Auffassungen des Übersetzungsprozesses verzeichnen. Die erste verlangte eine möglichst treue
Übersetzung - diese Forderung bezog sich hauptsächlich auf die Übersetzung von biblischen und theolo-
gischen Texten. Die zweite, die rasch zur Vorherrschaft gelangte, bezog sich auf Werke der Dichter,
Geschichtsschreiber, Rhetoren und Moralisten und
liess den Übersetzern völlige Freiheit: sie durften
aus den übersetzten Werken nach Belieben diejenigen
Elemente für sich entnehmen, die ihnen gefielen,
ohne die übrigen zu berücksichtigen. Borowy sagt
schlechthin, dass in dieser Zeit die Grenzen zwischen der Übersetzung, der Paraphrase, der Nachahmung und dem Original flüssig und unwesentlich waren. Er beruft sich hierbei auf das Beispiel von
Kochanowski, welcher unbedenklich Übersetzungen von
Dichtungen griechischer und römischer Autoren mit
seinen eigenen Werken vermengte, ohne den Leser davon in Kenntnis zu setzen. Dasselbe taten andere
spätere Dichter. In Frankreich verkündeten Du Bellay
und Malherbe den Grundsatz einer freien Handhabung
der klassischen Originalwerke.

Ein grösseres Werk über die Methoden der Übersetzung erscheint in Europa - nach Borowy - erst
gegen Ende des 18. Jahrhunderts. Es war der "Essay

of the Principles of Translation" von F. Tytler -
eine Synthese der früheren Übersetzungstheorien.

Im Lichte dieser Informationen erscheint das
Verfahren des Mauricius - ich meine hier das Ver-
schweigen des Namens von Gwalther, als des Verfassers des Originals und die Ausnutzung des Grübelschen Textes - nicht mehr so befremdlich, wie im
Hinblick auf die heutigen diesbezüglichen Begriffe.
Mauricius hat eben den Grundsatz "der freien Ausbeutung" befolgt.

Die dritte Gegebenheit, mit der wir bei unseren
Übersetzungen zu tun haben, besteht in der Tatsache,
dass es sich hier um Dramenübertragungen handelt.
Die Übersetzung dieser literarischen Gattung setzt
wiederum, wie Zawieyski[5] mit Nachdruck darauf hinweist, ganz spezielle Begabungen bei dem Übersetzer
voraus. Die Problematik der Dramenübertragung - besonders der Dialoge - bezeichnet Zawieyski als kom-
pliziert und die Sprache des Dramas als vielschichtig.
Die Treue dem Original gegenüber besteht nach seiner
Ansicht in der Wiedergabe der Atmosphäre des übersetzten Werkes. Die Schulmeister, die sich in der
Epoche des Humanismus mit Dramenübersetzungen befass-
ten, hatten dazu keine theoretische Vorbereitung und
kümmerten sich kaum um derartig subtile Dinge, wie
beispielsweise die Vielschichtigkeit der Sprache. Sie
hielten sich einfach auf Grund ihrer vermeintlich
genügenden Kenntnis der beiden in Frage kommenden
Sprachen - Latein und Deutsch - für geeignet, ihre
Aufgabe zu bewältigen. Trotzdem können wir, was die
Atmosphäre des Dramas anbetrifft, feststellen, dass
diese in unserem Fall in allen Übersetzungen wiedergegeben wurde - wahrscheinlich deswegen, weil es hier
keine Nuancen oder Feinheiten gibt, welche bei der
Übertragung verloren gehen könnten. Auch in diesem
Sinn dürfen wir also von Treue zum Original sprechen,
welche alle unsere Übersetzungen aufweisen. Von der
Treue im Sinne von wörtlicher Übertragung und skla-
vischer Nachahmung war bereits im vorigen Kapitel die
Rede.

424

Schliesslich müssen wir in unseren Erwägungen noch die vierte Gegebenheit berücksichtigen - die Tatsache, dass das in Rede stehende Drama ein Schuldrama ist. Angesichts des ungeheuren Bedarfs sahen sich die Schulmeister genötigt, immerzu neue Dramen zu produzieren. Da man nicht zu oft dasselbe Stück aufführen konnte - es handelt sich hier um deutsche Dramen, die im Laufe der Zeit immer mehr überhand nahmen - musste man entweder neue Stücke schreiben, oder Übersetzungen aus dem Lateinischen anfertigen. Bei solch einer Massenproduktion muss mit rein "handwerklichen" Erzeugnissen gerechnet werden. Deswegen sollten wir bei unserer Bewertung einen entsprechenden Massstab gebrauchen[6]. Sehr zutreffend bemerkt Schmydtowa[7], dass jede Übersetzung das Endergebnis der Wirksamkeit zweier Faktoren bildet: der literarischen Kultur der Epoche und der Begabung des Übersetzers. Unter diesem Gesichtspunkt betrachtet, erscheinen unsere deutschen Versionen in einem besseren Licht. Vom Talent kann in unserem Fall höchstens nur bei Moller - und das sehr bedingt - die Rede sein und von der niedrigen literarischen Kultur der Epoche war bereits im anderen Kapitel die Rede.

Wollen wir es noch einmal hervorheben: selbst bei einem hervorragenden Talent des Übersetzers konnte die Qualität der Übersetzung nicht hervorragend sein, weil die literarische Kultur der Epoche zu niedrig war. Was das Talent anbetrifft, so lohnt es sich hier, die Stimme eines humanistischen Übersetzers, und zwar die von Luther, anzuführen. Er gelangte nämlich bei seiner Arbeit an der Bibelübersetzung zu der Einsicht, dass "das Dolmetschen nicht eines jeglichen Kunst" sei[8]. Er schreibt: "Es gehört dazu ein recht fromm, treu, fleissig, furchtsam, christlich, gelehret, erfahren, geübet Herz." Weiter bemerkt er: "Denn sie (d.h. die Papisten - M.W.) wissen weniger denn des Müllers Tier, was für Kunst, Fleiss, Vernunft, Verstand zum guten Dolmetscher gehört." Luthers Ansichten über die Fähigkeiten, die ein guter Übersetzer besitzen muss, lauten folgen-

gendermassen[9]: "Denn wer dolmetschen will, muss grossen Vorrat von Worten haben, dass er die wohl könne
haben, wo eins an allen Orten nicht lauten will." Er
beschreibt ferner seine mühevolle Arbeit an der Bibelübersetzung: "Und was soll ich viel und lange sagen
vom Dolmetschen? Sollt ich aller meiner Wort Ursachen und Gedanken anzeigen, ich müsste wohl ein Jahr
dran zu schreiben haben. Was Dolmetschen für eine
Arbeit sei, das hab ich wohl erfahren." Wir lesen in
diesem Brief[10] die berühmten Worte, die Luthers
Standpunkt in der Angelegenheit des Übersetzens aus
dem Lateinischen ins Deutsche kennzeichnen: "Denn
man muss nicht die Buchstaben in der lateinischen
Sprache fragen, wie man soll deutsch reden ... sondern man muss die Mutter im Hause, die Kinder auf
der Gassen, den gemeinen Mann auf dem Markt drum
fragen und denselbigen auf das Maul sehen, wie sie
reden, und darnach dolmetschen, so verstehen sie es
und merken, dass man deutsch mit ihnen redet."
     Es ist nicht ausgeschlossen, dass unsere deut-
schen Autoren Luthers Sendbrief vom Dolmetschen gekannt haben. Vielleicht versuchten sie Luthers
Grundsätze teilweise bei ihrer Arbeit zu berücksichtigen? Wenn wir beispielsweise die Verdeutschung von
Gwalthers Sentenzen in Betracht ziehen, dann können
wir feststellen, dass dort die Übersetzung nicht
"dem Buchstaben nach" erfolgte, sondern dass die
deutschen Gegenstücke der lateinischen Begriffe ziemlich geschickt gewählt worden sind.
     Ob unsere deutschen Autoren auch, so wie Luther,
"vierzehn Tage, drei, vier Wochen" ein entsprechen-
des Wort für ihre Texte gesucht haben? Dies ist wohl
kaum anzunehmen, denn man kann die Verantwortung bei
dem Übersetzen für Schulzwecke nicht mit der Verantwortung Luthers bei der Übersetzung des für seinen
Glauben grundlegenden Bibeltextes vergleichen. Von
Schönheit der Sprache ist in Luthers Sendbrief naturgemäss keine Rede, die euphonische Seite der Übersetzung konnte für ihn nicht in Betracht kommen. Den
von Luther an eine gute Übersetzung gestellten Forderungen würden unsere Übertragungen wohl genügen,

denn vom rein semantischen Standpunkt aus betrachtet rufen sie im allgemeinen keine grösseren Bedenken hervor.

Versuchen wir nunmehr die deutschen Übersetzungen von Gwalthers "Nabal" unter dem Gesichtspunkt der allerneusten Übersetzungstheorien in Betracht zu ziehen. Sehr überzeugende und interessante Erwägungen finden wir dazu bei Katharina Reis[11]. Sie beschäftigt sich in ihrem Werk, wie der Titel besagt, mit Übersetzungskritik sowie mit dem Phänomen des Übersetzungsprozesses und betrachtet es von einem ganz modernen Standpunkt aus. Ihrer Meinung nach gab es bisher auf dem Gebiet der Übersetzungskritik keine universale, auf alle Textarten anwendbare Theorie. Sie bemühte sich deswegen eine solche auszuarbeiten. Sie versichert, ihre Methode beziehe sich auf alle Kategorien von Texten und könne in jedem Fall, wo es sich um die Einschätzung einer Übertragung handelt, mit Erfolg benutzt werden. Reis bemerkt - wohl nicht zu Unrecht - dass bisher auf diesem Gebiet leider oft Willkür geherrscht habe, weil es einfach an "festen Bezugspunkten, an übergeordneten Einheiten" gefehlt habe, auf die man sich bei der Bewertung von Übertragungen stützen könnte. Aus diesem Grunde hätten sich oft die übersetzungskritischen Befunde durchaus subjektiv gestaltet, trotz vermeintlicher streng objektiver Voraussetzungen, von denen die Kritiker ausgingen. Reis formuliert die "legitimen Anforderungen", die an eine Übersetzung gestellt werden müssen. Als Hauptkriterium bei der Bewertung einer Übersetzung gilt für sie die Feststellung, "ob und wieweit der zu beurteilende Text den Inhalt wiedergibt, den der Text der Ausgangssprache enthielt"[12]. Alle anderen Werte erscheinen also zweitrangig - so die literarische Qualität der Übersetzung, die Invention ihres Verfassers, seine wissenschaftliche Exaktheit etc. Unsere Autorin sieht drei Arten von Gesichtspunkten, die bei der Beurteilung einer Übersetzung berücksichtigt werden müssen. Es sind:

1. texttypische Gesichtspunkte
2. innersprachliche Gesichtspunkte
3. aussersprachliche Determinanten.

In unserem Fall sind die texttypischen Gesichtspunkte ausschlaggebend.

Der erste Schritt, den der Kritiker tun muss, ist nach der Ansicht unserer Autorin die Durchführung der Texttypologie, d.h. die Bestimmung der Textkategorie, mit welcher wir es im gegebenen Fall zu tun haben. Angesichts der in Fragen der diesbezüglichen Nomenklatur herrschenden weitgehenden Unklarheit und Unsicherheit, wegen der sowohl die Übersetzer als auch die Kritiker auf die Durchführung eigener Analysen angewiesen sind, bemühte sich Reis hier allgemeingültige Kriterien zu formulieren. Sie unterscheidet nämlich drei Grundtypen von Texten:

1. inhaltsbetonte Texte
2. formbetonte Texte
3. appellbetonte Texte.

Inhaltsbetonte Texte sind auf Darstellung abgezielt. Bei den formbetonten liegt das Hauptgewicht auf der Ausdrucksfunktion des Werkes. Der appellbetonte Text ist hingegen, wie Reis hervorhebt, "auf aussersprachliche Effekte angelegt". Der Autor eines appellbetonten Textes fasst nach dem Ausdruck dunserer Autorin[14] "aussersprachliche Prozesse" ins Auge. Die Sprache benutzt er nicht als Mittel dazu, sich auszusprechen, sondern um den andern Menschen anzusprechen. Im Mittelpunkt steht hier der Appell. Es handelt sich hier nicht darum, dem Empfänger ästhetische Werte zu vermitteln, wie es bei formbetonten Texten der Fall ist, sondern um den Appell. Als appellbetonte Texte betrachtet Reis[15] folgende Textarten: Reklame, Werbung, Propaganda, Missionierung, Demagogie und Satire.

Von diesem Gesichtspunkt aus betrachtet ist unser Stück eigentlich als ein ausgesprochen appellbetonter Text anzusehen. Es bildet nämlich ein Mittelding zwischen Propaganda, Werbung und Missionierung. Es ist, wie wir wissen, auf Didaxis abgezielt, es ist reformatorische und moralische Propaganda;

es propagiert ethische Grundsätze, wirbt bei den Zuschauern für deren Befolgung und Abkehr vom lasterhaften Leben. Es ist reformatorische Kathechese, "eine gereimte Predigt". Bestand doch der gemeinsame Zweck aller biblisch-didaktischen Dramen in der Bekehrung der den verschiedenen Lastern verfallenen Menschen. Was freilich das Original von Gwalther anbetrifft, so müssen wir feststellen, dass sein Text nicht nur appellbetont ist; er ist nämlich zugleich formbetont. Gwalther hat es verstanden, die beiden Elemente Appell und Form erfolgreich zu vereinen. Er will nicht allein moralische, sondern auch ästhetische Werte vermitteln; er will seine Leser oder Zuschauer nicht nur "ansprechen", er will sich auch in schönem Latein "aussprechen". Er repräsentiert, wie wir wissen, den literarisch-rhetorischen Grundtypus des Schuldrams. In den deutschen Versionen haben wir dagegen hauptsächlich mit dem Appell zu tun, denn die Form und die Sprache lassen dort viel zu wünschen übrig. Auf alle appellbetonten Texte lässt sich mutatis mutandis der von Reis zitierte[16], sich auf die Satire beziehende Ausspruch von Bohner übertragen, welcher lautet: "Ihr Wesen ist Tendenz, ausserliterarische Engagiertheit." Die Autoren der deutschen Versionen waren - vielleicht ausser Moller - kaum literarisch engagiert. Grübel gab sich, wie wir wissen, über die literarische Unzulänglichkeit seines Werkes Rechenschaft. Tendenz, Zweckgebundenheit, welche bei Gwalther im Vordergrund stehen, verwandeln sich bei den deutschen Übersetzern in fast alleingültige Werte. Hier gilt die Formulierung von Reis[17]: "Die sprachliche Gestaltung eines bestimmten Inhalts wird beim appellbetonten Text der spezifischen ausssprachlichen Zielsetzung untergeordnet: beim Zuhörer oder Leser soll eine bestimmte Reaktion provoziert, zuweilen eine konkrete Aktion in Gang gesetzt werden." "Hier verselbständigt sich gleichsam", bemerkt Reis weiter, "die appellative Funktion der Sprache, die theoretisch ja in jeder sprachlichen Äusserung wirksam ist." In diesem Fall braucht nach dem von Reis zitierten Ausdruck Mounins[18] "der Schritt von linguistischer zur literarischer Operation" nicht getan werden. Bei dieser Art von Texten müssen, nach Reis, bei der Bewertung einer Übersetzung ausserliterarische Kriterien angewandt werden. Es kommt hier darauf an, dass der zielsprachliche Text den gleichen Effekt auslöst wie das Original. Die Autorin lässt in diesem Fall sogar starke Abweichungen vom Inhalt und von der Form des Originals zu: diese dürfen nicht als Verstoss gegen die "Treue zum Text" aufgefasst werden, wenn der "textimmanente Appell" erhalten geblieben ist. Die "ästhetische Komponente" wird hier nicht berücksichtigt. Hier gelangen wir zu der grundlegenden Unterscheidung, die Reis zwischen den Übersetzungstypen durchführt. Sie unterscheidet nämlich[19] zwischen einer pragmatischen und einer literarischen Übersetzung. Vom literarischen Übersetzer muss man schriftstellerische Begabungen verlangen, ein prgmatischer Übersetzer braucht hingegen kein solches Talent aufzuweisen. Wenn wir unsere deutschen Übertragungen als pragmatische Übersetzungen betrachten, dann sind sie eigentlich als völlig einwandfrei zu bezeichnen. Jede deutsche Fassung hat den textimmanenten Appell ungeschmälert wiedergegeben, Mauricius hat ihn sogar noch, wie wir wissen, ausgebaut.

Aus den obigen Ausführungen dürfte es erhellen, dass in unserem Fall eine eindeutige Einschätzung der deutschen Übersetzungen kaum möglich ist, dass man hier vielmehr, je nach dem angenommenen Standpunkt, verschiedene Bewertungen gelten lassen kann.

Anmerkungen

1 P. Cauer, Die Kunst des Übersetzens, S.75.
2 J. Parandowski in: O sztuce tlumaczenia, S.12.
3 Sehr geistreiche Bemerkungen finden wir zu diesem Problem
   bei Newald (H. de Boor, R. Newald, op.cit., Bd.V, S.3).
   "Das Hin- und Herübersetzen", schreibt er, "bedingt bei
   zweisprachigen Individuen, bei denen sich die sprachlichen
   Fähigkeiten die Waage halten, den Wechsel der Basis des
   Denkens. Dieser Idealfall tritt jedoch selten ein. Die
   einzelnen Beobachtungen lassen vielmehr den Schluss zu,
   dass der lateinisch geformte Gedanke dem strengen lateinischen Sprachsystem nicht immer angepasst werden kann.
   Es hängt auch von Begabung und Bildung des Einzelnen ab,
   wie er solche Schwierigkeiten bewältigt. Allerdings wäre
   es viel zu einfach, die Verhältnisse so darzustellen, als
   stünden sich lateinische und Volkssprache gegenüber wie
   Kunst und Natur. Es geht hier nicht um Polaritäten und
   Antithesen, sondern um Geltungsbereiche und praktische Erwägungen über die Anwendung der Mittel." Wenn wir diese
   Überlegungen gelten lassen, dann kommen wir zu der Einsicht,
   dass es nicht ganz einfach ist, die Übersetzungen, mit welchen wir in unserem Fall zu tun haben, eindeutig einzuschätzen. Ein wirklich zweisprachiges Individuum, bei dem
   sich die sprachlichen Fähigkeiten die Waage hielten, ist
   von unseren Übersetzern nicht einmal Moller gewesen, denn
   auch er beherrschte, wie es scheint, die lateinische Sprache besser als die deutsche. Seine Übersetzung weist - obgleich sie als die beste von allen in Rede stehenden Übertragungen anzusehen ist - keinen besonderen dichterischen
   Elan auf; sie wirkt vielmehr - mit dem eleganten Original
   verglichen - ziemlich schwerfällig. Selbst ein "zweisprachiges Individuum" wäre jedoch angesichts der Beschaffenheit
   der deutschen Sprache des Humanismus nicht imstande gewesen,
   etwas Besseres zu leisten. Ein Wechsel der Basis des Denkens ist, wie Newald richtig bemerkt, ein Idealfall der
   selten vorkommt. Wir dürfen uns also nicht wundern, dass
   wir ihn bei keinem von unseren deutschen Autoren zu verzeichnen haben.
4 W. Borowy in: O sztuce tlumaczenia ..., S.23.
5 J. Zawieyski in: O sztuce tlumaczenia, S.417 f.

6 Die heutigen Übersetzungstheorien stellen meistens an den
   Übersetzer ganz andere Anforderungen und fördern im Bereich
   der Form ganz neue Kriterien zutage. So spricht beispielsweise Borowy (W. Borowy in: O sztuce tłumaczenia, S.412 ff)
   von einer phonischen Schicht der Sprache, ferner von der
   Schicht der Satzbedeutungen und von der Darstellungsschicht.
   Ingarden (R. Ingarden in: O sztuce tłumaczenia, S.145 ff)
   unterscheidet drei Funktionen des Wortes: die Darstellungs-
   funktion, die Ausdrucksfunktion und die Appellfunktion. Er
   spricht ferner von einer "polyphonischen Harmonie", die
   unter den Werkschichten herrschen müsse. Die phonische
   Schicht des betreffenden Werkes verschwindet, wie Borowy
   darauf hinweist (W. Borowy in: O sztuce tłumaczenia, S.44),
   im Fall einer Versübersetzung, oder sie verwandelt sich in
   eine andere, wobei etwas vom integralen Inhalt des Werkes
   verloren geht. Auch dieses Moment müssen wir bei der Einschätzung unserer Übersetzungen in Betracht ziehen.
7 Z. Schmydtowa in: O sztuce tłumaczenia, S.113.
8 M. Luther, Sendbrief vom Dolmetschen, S.12.
9 M. Luther, op.cit., S.11.
10 M. Luther, op.cit., S.8.
11 K. Reis, Möglichkeiten und Grenzen der Übersetzungskritik.
12 K. Reis, op.cit., S.13.
13 K. Reis, op.cit., S.32.
14 K. Reis, op.cit., S.35.
15 K. Reis, op.cit., S.45.
16 K. Reis, op.cit., S.46.
17 K. Reis, op.cit., S.44.
18 K. Reis, op.cit., S.42.
19 K. Reis, op.cit., S.25.

V
DIE DÄNISCHE FASSUNG VON GWALTHERS "NABAL"

Ergänzenderweise ist hier noch hinzuzufügen, dass uns
ausser den deutschen noch eine dänische Fassung unseres Schuldramas bekannt ist. Möglicherweise harren
noch andere dänische Versionen ihrer Entdeckung, so
wie es nicht ausgeschlossen ist, dass überhaupt noch
mehrere Bearbeitungen von "Nabal" in anderen Sprachen und in anderen Ländern vorhanden sind, von deren
Existenz wir zu Zeit keine Kenntnis besitzen.

Die Information über das Vorhandensein der in
Rede stehenden dänischen Version verdanken wir Bolte[1].
Es ist eine Übersetzung von Søren Skriver. Die Nachrichten über die Person dieses Autors, die ich erlangen konnte, sind leider äusserst spärlich. Wir
entnehmen sie dem in der Königlichen Bibliothek in
Kopenhagen befindlichen "Forfatterlexicon omfattende
Danmark, Norge og Island". Demzufolge heisst unser
Autor Kjaer Søren, Severinus Paludanus, oder Søren
Skriver. Er stammt aus Ribe und war Schlosschreiber
in Kopenhagen. Sein Name ist also - wie ersichtlich -
ein Spitzname, ein nomen-omen. Er wurde Skriver benannt, weil er eben ein Skriver, d.h. ein Schreiber
war. Im Jahr 1549 wurde er Zöllner und Bürgermeister.
Er starb am 24. März 1582. Aus diesen Informationen
geht hervor, dass wir es hier mit keinem Schulmeister
oder Philologen zu tun haben, welche sich gewöhnlich
mit der Produktion oder Übersetzung von Schuldramen
beschäftigten. Es ist möglich, dass seine Nachkommen die philologische Laufbahn beschritten, denn wir
erfahren von Mann[2], dass Opitz während seines Auf-
enthaltes in Holland "den führenden Philologen"
Scriverius kennengelernt hat. Es ist nicht ausgeschlossen, dass es sich hier um einen Verwandten
von unserem Skriver handelt. Das Exemplar unserer
dänischen Version befindet sich in der Sammlung
Gamle Danske Comeed in Det Kongelige Bibliothek in
Kopenhagen unter der Signatur: Gamle Kongelige Samling Gl, Kgl. N° 794. Der Titel lautet: "Nabals

Comoediae. Som er uddragit aff den første Samuelis
Bog i dett XXV Cappit. Jens Lauritzen, Malmoe, manu
propria. Wie ersichtlich, gab Skriver - genau so wie
Mauricius - Gwalthers Autorschaft nicht an.

Auf der zweiten Seite befindet sich eine spätere mit hellerer Tinte hinzugeschriebene Eintragung,
welche lautet: Exhibita est haec comoedia Rhandrusiae
anno τοῦ λόγου (?) incarnati 1667, Die 8. Maji a
Petro Thyocaro (Theogaro?) scholae rectore. Wir sehen also, dass diese Komödie im Jahr 1667 in Jütland
- Randers (=Rhandrusia) liegt nämlich in Jütland - vom
Schulrektor Thyocarus zur Aufführung gebracht wurde.
Diese Nachricht ist für uns ungemein wichtig und aufschlussreich und zwar in zweifacher Hinsicht. Erstens
erhellt daraus, dass die Beliebtheit von Gwalthers
Stück sehr gross gewesen sein muss, wenn sein Einfluss bis nach Jütland reichte. Wir haben hier, wie
ich gleich darzulegen mich bemühen werde, entweder
mit der Übersetzung des Gwaltherschen Originals, oder
der Grübelschen Bearbeitung oder vielleicht einer
anderen Übersetzung des Gwaltherschen Textes, jedenfalls mit keiner Neubearbeitung des Nabalthemas, zu
tun. Zweitens zeugt dieser Bericht von der Grösse
der territorialen und zeitlichen Ausdehnung der
Schulaufführungspraxis in Europa.

Obgleich unsere dänische Handschrift stellenweise sehr undeutlich und deswegen schwer lesbar ist,
geht aus dem Vergleich der dänischen "Nabal" Fassung
mit dem Original von Gwalther eindeutig hervor, dass
Skriver in der Hauptsache das Original treu wiedergegeben hat. Es muss dahingestellt bleiben, ob Skrivers unmittelbare Vorlage Gwalthers Text, oder dessen genaue Übersetzung bildete, was aber eigentlich
für unser Problem keine ausschlaggebende Bedeutung
hat. Die Namen der agierenden Personen hat er unverändert übernommen, die Abfolge von Akten und Szenen
stimmt in den beiden Stücken genau überein. Der einzige Zusatz von Skriver besteht in den vier einander folgenden Epilogen, die er dem Drama hinzugefügt
hat. Es bestehen hier wie gesagt drei Möglichkeiten:
erstens kann Skriver unmittelbar Gwalther übersetzt

haben; zweitens kann Grübels Übersetzung seine Vorlage gebildet haben; drittens kann er eine Bearbeitung benutzt haben, deren Autor entweder Gwalther
oder Grübel befolgte. Es kommt hier weder Moller noch
Mauricius, auch kein anderer Autor, der vielleicht
unabhängig von Gwalther das Nabalthema bearbeitet
hätte, in Frage, weil die Namen der Personen, die wir
bei Skriver finden, nur bei Gwalther und Grübel zu
finden sind. Moller und Mauricius haben, wie wir wissen, die Namen geändert. Als einzige Möglichkeit käme
hier höchstens der Fall in Betracht, dass ausser Grübel noch ein anderer Übersetzer Gwalthers Namengebung, ausserdem noch die Einteilung in Akte und Szenen ebenso genau übernommen hat und unserem Skriver
als Vorlage diente[3].

Anmerkungen

1 siehe J. Bolte, op.cit., S.5.
2 O. Mann, Deutsche Literaturgeschichte, S.140.
3 Marginalerweise sei hier noch hinzugefügt, dass Skrivers
   "Nabal" auf 27 Karten in 2° geschrieben wurde, was 53 Seiten ausmacht. Das zu dieser Handschriftensammlung gehörende Blatt trägt den Titel "Randershaandskriftet" und bildet
   eine der reichsten und wichtigsten Quellen zur Erforschung
   der alten dänischen Schulkomödien.

VI
ZUSAMMENFASSUNG UND SCHLUSSBEMERKUNGEN

Nachdem wir das Schuldrama "Nabal" in seinen verschiedenen uns bekannten Versionen kennengelernt und
analysiert haben, wollen wir nunmehr die Ergebnisse
der Untersuchungen zusammenfassen, um zu einer ab-
schliessenden Feststellung zu gelangen.

Eine objektive Wertung eines Gegenstandes ist
bekanntlich auf allen Kunst- und Wissenschaftsgebie-
ten, also auch in der Literatur, keine leichte Aufgabe. Es taucht hier für den Wertenden an erster
Stelle die Frage nach den Wertungsmassstäben auf und
damit berühren wir ein ziemlich kompliziertes Problem, das seit geraumer Zeit ein Kampffeld von kon-
troversen Meinungen der Fachwissenschaftler bildet.
Wie stark ihre Meinungen auf diesem Gebiet auseinan-
dergehen, zeigt die von Lockemann[1] angeführte extre-
me Ansicht von Wolfgang Kayser und Emil Steiger, wonach die Wertung bereits in der Interpretation ein-
geschlossen ist. Lockemann berichtigt diese Meinung,
indem er erklärt, dass in diesem Fall zwei verschiedene und zu unterscheidende Akte verwechselt werden,
d.h. das Feststellen eines Bestehenden und das Werten eines Festgestellten. Er betont folgerichtig,
dass die für die Wertung entscheidende Frage nach
dem anzuwendenden Kriterium durch die Feststellung
des Faktischen nicht gelöst wird.

Die Kritiker werten nach der wohl nicht unrichtigen Ansicht Lockemanns[2] meistens subjektiv nach
allen möglichen Gesichtspunkten: ästhetischen, ethi-
schen, moralischen, weltanschaulichen, politischen
und sozialen, wobei es sich oft um naive, gefühls-
mässige Wertungen handelt, bei denen der Wertende
sich über die Prinzipien, nach denen er wertet,
selbst nicht klar geworden ist. "In der Lösung des
Kernproblems der Wertung, der Frage nach den Wertungskriterien ist man über die Überlegungen der
deutschen Ästhetiker nicht hinausgekommen", meint

Lockemann[3]. "Eine wissenschaftlich fundierte Wertung, eine Wertung auf Grund bestimmter Wertungskriterien, hat weder der Wissenschaftler noch der Liebhaber zu bieten", stellt er skeptisch fest. "Beide sind auf ihr Wertgefühl angewiesen und das ergibt sich aus der Ansprechbarkeit für dichterische Werte, die nicht erlernbar ist und dem einen so gut geschenkt sein kann wie dem andern."

Lockemann vertritt die Meinung, dass der Wertende die werkimmanenten Massstäbe benutzen, also die Wertungskriterien dem Werk selbst entnehmen müsse. Er beruft sich hierbei auf die diesbezügliche Meinung von Wellek-Warren. Die Frage "Wie soll ein literarisches Werk sein", ist nach dieser Auffassung unangemessen, weil "entsprechend der Unmittelbarkeit des ästhetischen Erlebnisses jedes Werk seinen Massstab in sich selbst trägt". Sehr zutreffend bemerkt unser Autor im Zusammenhang damit[4]: "Wieviele kritische Wertungen beziehen sich auf Werte, die das Werk garnicht geben will, wieviele übersehen, was es hätte geben können und darum hätte geben müssen. Die Dichtungsgattung, zu der das Werk gehört, die Epoche, in der es entstanden ist, legen bestimmte Arten der Verwirklichung nahe, schliessen andere aus ... Literarische Wertung und Kritik ist nicht die Äusserung der persönlichen Meinung des Kritikers, sondern der Wunsch einer Antwort auf die Frage nach den Werten, die in dem Werk verwirklicht sind."

Eine rein ästhetische Wirkung ist in unserem Fall aus den bereits erörterten Gründen ohnehin nicht möglich. Die Eigenart jedes literarischen Werkes wird doch, wie Wellek-Warren[5] bemerken, durch die ästhetische Konvention geformt, an der es teilhat. Wie kann man aber bei der Schuldramengattung von einer solchen Konvention sprechen? Eine solche Wertung würde ausserdem, wie Lockemann[6] sich ausdrückt, "die Literatur in ihren Turm (d.h. den Elfenbeinturm - M.W.) zurückweisen". Der Einfluss der Soziologie und ideologischer Tendenzen bewirkte es, dass man neuerdings die literarischen Werke an erster Stelle im Hinblick auf ihre Funktion innerhalb einer Gesellschaftsordnung zu werten begann, also den Schwerpunkt auf den Inhalt verlegte. Man fragt, "ob dichterische Werke der Vergangenheit ihrer geschichtlichen Situation gerecht geworden sind, ob sie diese bewältigt haben". Man geht also statt von einem diachronischen von einem synchronischen Standpunkt aus.

Diese Methode lässt sich auch in unserem Fall anwenden. Wir müssen unsere Dramen phänomenologisch betrachten und ihre historische Rolle, ihre Funktion innerhalb der Gesellschaft des 16. Jahrhunderts ins Auge fassen. Wir dürfen annehmen, dass die in Rede stehenden Werke der geschichtlichen Situation gerecht geworden sind. Das können wir feststellen, wenn wir die Voraussetzung in Betracht ziehen, die mit der Gattung des Schuldramas und mit der Epoche verbunden sind. Es steht ausser Zweifel, dass unsere Stücke im Rahmen der gewichtigen Rolle, die das Schuldrama in der Entwicklung der deutschen - und der europäischen - Kultur und Literatur gespielt hat und die ich im Kapitel "Das Schuldrama in Deutschland" zu kennzeichnen bemüht war, ihre Funktion auf eine mehr oder minder vollständige Weise erfüllt haben.

Was nun die Ranghöhe dieser Dramen innerhalb dieser ganz bestimmten Wertskala anbetrifft, so ist hier der erste Platz dem neulateinischen Original einzuräumen. Hier wäre noch manches zu sagen. Mann[7] bemerkt, dass erst einige Zeit vergangen ist, bis die Humanisten "innerlich verstandene" lateinische Dramen hervorzubringen vermochten. Bei Gwalther haben wir eben schon mit solch einem "innerlich verstandenen", harmonisch gebauten Drama, mit einem geschlossenen Gefüge zu tun. Ausserdem ist hier die korrekte Sprache hervorzuheben. Unser Autor gehörte augenscheinlich bereits zu den Vorläufern derjenigen Dichter, die vielleicht, wenn nicht hinsichtlich der dramatischen "Techne", so doch hinsichtlich der Sprache mit den antiken Dichtern wetteifern können. Ich möchte im Zusammenhang damit einen von Nadolski[8] zitierten Ausspruch von Andreas Dasius, dem Professor der lateinischen und griechischen Sprache am

Gymnasium von Gdańsk, anführen, welcher lautet:
"Tanta est nunc per Dei gratiam bonorum autorum
etiam neotericorum copia, ut plerique cum veteribus
certare et proprietate sermonis cum Latini, tum
Graeci possint." Diese Äusserung bezieht sich auf
das Jahr 1608; Gwalther schrieb seine Komödie im
Jahr 1549. Man könnte auch auf Gwalther die Bemerkung Lockemanns beziehen[9], dass zuweilen die Gestal-
tungstendenz des Autors stark genug ist, um die Wir-
kungstendenz zu überdauern. Die didaktische Tendenz
unseres Stückes ist - diachronisch betrachtet -
nicht mehr ganz aktuell, die polemische ebenfalls
nicht mehr, dessen korrekte Form hingegen ist noch
heute eindrucksvoll. Als das Hauptmoment in der Technik des Dramas bezeichnet Hirt[10] das Einhalten der
richtigen Proportion von Sprechen und Handeln, Wort
und Geste. Diese Proportion verstand Gwalther zu wahren[11]. Auch Rüetschi stellt fest, dass Gwalther den
Erfolg seiner Predigten u.a. dem ihnen innewohnen-
den richtigen Mass verdankte.

Um es noch einmal zu betonen: Das harmonische
Gefüge unserer Komödie ist entsprechend höher einzuschätzen, wenn man sich die Tatsache vor Augen hält,
dass es das Produkt einer Epoche war, in der das literarische "decorum" bewusst und programmässig der
"pietas" untergeordnet wurde - einer Epoche, deren
signum specificum der von Gnaphaeus formulierte und
von Francke[12] zitierte Grundsatz war, welcher besag-
te, die Pflicht aller derer, die ein literarisches
Werk schaffen wollen, "magis pietatis respectui, quam
literaturae decoro servire" sei[13]. Francke bemerkt
auch, dass die lateinische Schulkomödie keine kon-
tinuierliche Entwicklungslinie hatte, sondern vielmehr "ein Spielball des Zufalls" war, weil verschiedene kirchliche Einwände, Verbote der einzelnen Fürsten ihr Leben beeinträchtigten. Es kamen hier also
Tradition und vorhandene Muster für den Autor wohl
nicht immer in Frage; ausschlaggebend musste in diesem Fall sein persönliches Talent sein. Selbst ein
hervorragendes Talent wurde in seiner Entfaltung
durch die dramaturgischen Beschränkungen der Zeit

behindert. Sehr zutreffend bemerkt Mann[14] in bezug
auf Frischlin: Er - "der deutsche Aristophanes" -
beweise, dass "selbst ein grosses Talent die Schran-
ken der damaligen deutschen Dramatik noch nicht überwinden kann", weil doch die zeitgenössischen Dramen
vor allem Zeugnisse humanistischer Bildung sein sollten und ausserdem, wie ich es bereits darzulegen bemüht war, der Zeit "die grundsätzliche Einsicht in
das Ganze des dramatischen Gehalts und der dramatischen Gestalt" fehlte. Im Gegensatz zu Italien,
sagt Mann[15], wo der Weg zur ausgebildeten lateinischen Komödie nur kurz war, musste sich in Deutschland das lateinische Drama erst aus gelehrten Übungen herausarbeiten. Im Zusammenhang mit dieser Feststellung ist hier noch ein Moment hervorzuheben - ein
besonderer Gesichtspunkt, der wiederum eine besondere Betrachtungsweise für unser Werk impliziert.
Lockemann[16] unterstreicht die Rolle, die der Persön-
lichkeitswert des jeweiligen Verfassers bei der Einschätzung literarischer Werke spielt, indem er
schreibt: "Selbst Dichtungen geringeren Ranges, die
jedes dichterische Lebenswerk aufweist, können als
Träger des Persönlichkeitswertes eine höhere Schätzung erfahren, als ihnen nach ihren sonstigen künstlerischen Werten zukäme." Mutatis mutandis können
wir diese Behauptung auf Gwalther beziehen. Ich sage
mutatis mutandis, weil der Wert unseres Stückes
schon an sich nicht gering erscheint, jedoch im Hinblick auf die überdurchschnittliche Persönlichkeit
Gwalthers - unter dem genannten Gesichtspunkt betrachtet - entsprechend höher anzuschlagen wäre[17].
  Bei Gwalther begegnen wir einer Spur des Zuges
zum Universalismus, der bekanntlich die hervorragenden Geister der humanistischen Epoche kennzeichnete.
Unser Autor war vor allen Dingen ein Verfechter des
zwinglianischen Glaubens und ein kirchlicher Gelehrter. Ausserdem hatte er aber ein Interesse und auch
eine Begabung für die Dramaturgie. Natürlich ist
Gwalthers vielseitige Begabung nur toutes propor-
tions gardées hervorzuheben. Sein geistiges Format
bildet nur einen entfernten Anklang an den humani-

stischen uomo universale, ragt aber andererseits immerhin auf eine evidente Weise über den zeitgenössischen literarischen Durchschnitt hervor. Sehr positiv ist auch Gwalthers literarische Invention und Selbständigkeit einzuschätzen. Er folgte nicht der Nachahmungsmode, bearbeitete nicht wie so viele zeitgenössische Dichter ein bereits "ausgelaugtes" Thema, sondern er griff selber zur Bibel, suchte sich einen neuen, noch von niemand verwerteten Stoff aus und gestaltete ihn zu einem den Ausdruck einer organischen Ganzheit machenden Stück.

Bei der Einschätzung unserer deutschen Übersetzungen sind die von mir erörterten mannigfachen Faktoren in Betracht zu ziehen, vor allem die allgemeine "Darstellungschwäche" der Epoche und die Unzulänglichkeit der damaligen deutschen Sprache. Auf die letztere muss im Hinblick auf unsere deutschen Fassungen immer wieder mit Nachdruck hingewiesen werden, denn sie bildet ein umfassendes und bisher noch wenig erforschtes Problem. Es erscheint angebracht, bei den Schlussbemerkungen noch einige neueste sich auf diese Frage beziehende Ansichten der hervorragendsten deutschen Forscher und Gelehrten anzuführen.

"Seitdem die deutschen humanistisch Gebildeten begonnen haben", schreibt Conrady[18], "Gedichte in (neu-)lateinischer Sprache zu schreiben und zu publizieren, wird die Diskrepanz zwischen dieser durchgebildeten internationalen Kunstsprache und der noch wenig geschmeidigen Muttersprache offenbar." Conrady weist auf den Unterschied hin, der zwischen den Entwicklungsbedingungen der Volkssprache in den romanischen Ländern und in Deutschland bestand, indem er feststellt: "Selbstverständlich ist in den Ländern der Romania die Kluft zwischen der Volkssprache und der über ihr liegenden (neu-)lateinischen Kunstsprache nicht so gross, wie in Deutschland. Die lateinische Basis trägt auch dort, wo sie nicht unmittelbar gespürt wird, die romanischen Sprachen und Literaturen. Anders in Deutschland; hier ist die Spaltung schmerzhaft gross. Zwei Stränge laufen nebeneinander her. Hans Sachs, ein Volks- oder Kirchenlied auf der

442

einen und Jakob Micyllus oder Eoban Hesse auf der anderen Seite haben nicht viel miteinander gemein. Zwar ist es nicht so, als habe in Deutschland jener Komplex der lateinischen Tradition berührungslos neben der Dichtung in der Volkssprache gestanden. Ein blosser Hinweis auf die Arbeit derer, die die Impulse der italienischen Humanisten aufnahmen und für die deutsche Sprache fruchtbar machten: die Männer um Kaspar Schlick und Enea Silvio, auch Albrecht von Eyb, Niklas von Wyle, Henrich Steinhöwel, die mit ihren Eindeutschungen Beträchtliches geleistet haben. Aber wir dürfen nicht ihre Unbeholfenheit im Gebrauch ihrer Muttersprache verhehlen." Conrady bemerkt weiter: "Die anderen damals bestimmenden Nationalsprachen Europas, das Italienische, Französische, Holländische finden eher als die deutsche Sprache ihre Kunstform, zu der auch sie nicht ohne Schulung an der lateinischen Tradition gelangt sind. Die deutsche Dichtung bedurfte eines Martin Opitz, damit sie als künstlerische Sprache mündig würde." Aber auch Opitz klagt noch darüber, dass seine Zeitgenossen auf dem literarischen Gebiet "mit offenen Augen schlafen". "Während Italien so viele Petrarcas, Ariosts, Tassos, Sannazars, Gallien so viele Marots, Partas, Ronsards, England so viele Sidneys und andere ausgezeichnete Poeten zu unserer Schmach und Schande hervorgebracht hat", schreibt er[19], "während die Belgier, von gleichem Wollen beseelt, dasselbe unternommen haben und in der Tat nicht ohne Erfolg ... schlafen wir mit offenen Augen".

Der Durchbruch des deutschen Formgefühls auf dem Gebiet der Sprache wird, nach Newald[20], von Wentzlaff-Eggebert erst bei Gryphius festgestellt. Bis dahin haben wir in der Entwicklung der deutschen Sprache ein Übergangsstadium zu verzeichnen, welches, wie Newald[21] hervorhebt, im 17. Jahrhundert die Form einer Krise annahm. Zwei Faktoren kommen hier als Ursache in Betracht: erstens die bereits oben erörterte konfessionelle Spaltung Deutschlands; Newald[22] weist darauf hin, dass in den konfessionell und politisch einigen Ländern die Lösung des Problems der

Schrift- und Dichtersprache keine Schwierigkeiten
bot, während in Deutschland die einheitlichen Lösun-
gen ausblieben, weil es dort "an einem politischen,
kirchlichen, wirtschaftlichen und kulturellen Mittelpunkt fehlte"; zweitens die mit einer Art Gleichge-
wichtsverschiebung verbundene geistige Wandlung, welche die Überwindung der lateinischen Tradition, das
Aufgeben der lateinischen und das Aufnehmen der deutschen Formgebung bewirkten[23]. Dieser überaus wichtige sprachliche Vorgang gehört, wie Newald zu Recht
betont, zur allgemeinen abendländischen Bildungspro-
blematik, deren weite Zusammenhänge überhaupt noch
wissenschaftlich nicht behandelt worden sind. Wir
haben in diesem Fall mit einer Veränderung der Einstellung zur Sprache zu tun. Der Aufstieg der Muttersprache vollzog sich, nach Newald, "in der Richtung
des geringsten Widerstandes". Sie war kein gleichwer-
tiger Ersatz für das Latein. Newald redet hier von
einem "unsicheren Schwanken" der deutschen Sprache,
von einem "Vortasten in ein ihr bisher nicht zugäng-
liches Gelände". Mit einem bewundernswerten Scharfblick zieht hier Newald bei den deutschen Autoren
des Humanismus die sich im Bereich ihres Unterbe-
wusstseins vollziehenden Prozesse in Betracht, welche die Weise beeinflussten, in der sie die deutsche
Sprache handhabten. Wir haben hier also mit unter-
schiedlicher Einstellung zur deutschen Sprache zu
tun. Anders muss die Einstellung eines Dichters gewesen sein, welcher den Zugang zu der Muttersprache
von Kindheit an bewahrt hatte, als die eines Dichters, der diesen Zugang über die lateinische Sprache
suchen musste. Weil sich dieser Prozess im Unterbe-
wusstsein der Autoren abspielte, ist er wohl kaum
wissenschaftlich zu erforschen. Newald nimmt auf
Grund einzelner Beobachtungen an, dass der volks-
sprachlich geformte Gedanke dem strengen lateinischen Sprachsystem nicht immer angepasst werden konnte. Um diese feinsten Nuancen wahrzunehmen, bedürfte
es eines Spezialstudiums. Newald bringt u.a. interessante Bemerkungen über das verschiedenartige Verhalten prominenter neulateinischer Dichter und "Beherr-

444

scher der klassischen Formen" der Volkssprache gegenüber: Erasmus schränkte beispielsweise den Gel-
tungsbereich der Volkssprache ein und beanspruchte
für alle Äusserungen der Wissenschaft und Kunst den
Gebrauch der lateinischen Sprache; Hutten verzichte-
te auf dessen Gebrauch, wenn er aufklären wollte.
Newald betont, dass die Problematik des Übergangs
von der lateinischen zur deutschen Sprache ein eigenartiges stilistisches Phänomen sei, welches viele
Fragen auf dem Gebiet der formalen Wandlungen und
ihrer seelischen Voraussetzungen aufwirft. An deren
Lösung müsse man "mit feinen Instrumenten und nach
bewährten Vorbildern" herangehen, um "phantasievolle
Spekulationen" in der Auslegung und Deutung einzelner
Vorgänge zu vermeiden.

Einstweilen wurde die deutsche Sprache vielfach
als "barbarisch" bezeichnet. Die deutschen Humanisten
bemühten sich, nach Conrad[24], nachzuweisen, dass die
deutsche Sprache nicht barbarisch sei, sondern zum
Kreis der alten ehrwürdigen Sprachen gehöre. "Zwei
Hauptgedanken kehren ständig wieder", schreibt Conrady. Den ersten bildet die Behauptung, dass die
deutsche Sprache bereits zur Zeit der babylonischen
Verwirrung entstanden und somit eine der ältesten
Sprachen sei. Ascenas, der Enkel des Japet, habe sie
nach Deutschland gebracht. Der zweite Gedanke besteht
in der These, die deutsche Sprache habe sich rein und
ohne Vermischung mit anderen Sprachen erhalten - in
Opitzens "Aristarchus" heisst es, der sermo Germano-
rum sei "indivulsus et incorruptus"[25]. Überdies stellte das Gebiet der deutschen Literatur überhaupt in
der humanistischen Epoche nach der Feststellung
Newalds[26] ein "zerklüftetes und verworrenes" Gebiet
dar; es liegt auf der Hand, dass dieser Umstand den
zeitgenössischen Schriftstellern ihre Arbeit erschwe-
ren und die Qualität ihrer literarischen Erzeugnisse
beeinträchtigen musste. Newald schreibt: "Verwirrend
wirken die Vielfalt der Formen und deren Abwandlung,
Nebeneinander und Wechsel der Ausstrahlung, Abson-
derung einzelner Gruppen, welche eine eigentliche
Überlieferung pflegen, Annahme und Fortführung frem-

445

der Überlieferungen, wenn diese in ihrer Heimat
längst ihre Bedeutung eingebüsst hatten, schnelles
Aufnehmen des Fremden, ehe es einen breiten Wider-
hall findet, langsames Verebben und Ausklingen einzelner Ausdrucksformen, welche durch Pietät, Autorität und Gewohnheit geschützt sind." In einem derartigen Chaos musste es selbst für begabte Dichter
nicht leicht gewesen sein, einen eigenen Weg und eine
individuelle Ausdrucksform zu finden.

Aus den Ausführungen Newalds erhellt, dass noch
viele Probleme gelöst und mannigfache Forschungen auf
dem Gebiet der deutschen Sprache und Literatur des
Humanismus durchgeführt werden müssen. Erst nach der
Bewältigung dieser Aufgaben werden wir imstande sein,
mit entsprechenden Werkzeugen an die Betrachtung der
deutschen literarischen Erzeugnisse dieser Epoche
heranzugehen. Einstweilen können hier also jegliche
Bewertungsversuche nur eine bedingte Gültigkeit haben. Was unsere deutschen Fassungen des Schuldramas
"Nabal" anbetrifft, so erscheint hier die Fassung
Mollers als die beste. Sie kann gewissermassen als
Träger des Persönlichkeitswertes ihres Autors höher
eingeschätzt werden, denn der dichterische Rang Mollers wurde von Nadolski ziemlich hoch eingeschätzt[27];
den zweiten Platz nimmt die Übersetzung des Mauricius
ein, den letzten die von Grübel. Seine "Selbstqualifikation", die das Werk als "einfältig" bezeichnete,
trifft hier vollständig zu.

Als Endergebnis meiner Erwägungen scheint jedenfalls eine Feststellung ausser Zweifel zu stehen.
Wenn wir die Tatsache in Betracht ziehen, dass wir
von Gwalthers "Nabal" eine ganze Reihe von deutschen
Übertragungen zu verzeichnen haben - drei bekannte
und eine ungewisse Anzahl von unbekannten, deren
Vorhandensein durch die erwähnte Bemerkung von Grübel
sowie durch die ebenfalls erörterten Merkmale des
Stückes von Mauricius einwandfrei bescheinigt worden ist - dass wir ferner eine dänische Übersetzung
kennen, deren es doch auch mehrere gegeben haben mag,
dann wird es offensichtlich, dass die Verbreitung
dieses Schuldramas ein grosses Ausmass erreicht haben

446

muss. Einen Beweis dafür bilden auch die Nachrichten von den uns nicht näher bekannten Aufführungen dieses Dramas in Deutschland und in Böhmen. Wir wissen überdies, dass es auch in Dänemark aufgeführt wurde. Von Bolte[28] erfahren wir, dass Mollers Fassung von den Schülern des Gymnasiums von Gdańsk aufgeführt wurde, dass "Nabal" ferner noch in anderen Städten auf der Bühne dargestellt wurde und zwar in Wesel 1559 und in Prag 1584. Es war bereits von einer 1562 in Strassburg stattgefundenen Aufführung die Rede.

Dieser Sachverhalt berechtigt uns zu der Vermutung, dass sowohl die Zahl der Aufführungen von "Nabal" als auch die der Übersetzungen einen noch grösseren territorialen Umfang aufgewiesen hat als der, den wir zur Zeit kennen. Die langwierigen und grossangelegten Untersuchungen in den Archiven und Bibliotheken europäischer Länder, welche der Schweizer Wissenschaftler Kurt Rüetschi vor einiger Zeit bezüglich des literarischen Nachlasses von Rudolf Gwalther in Angriff genommen hat, werden möglicherweise noch andere deutsche oder in anderen Sprachen verfasste Bearbeitungen unseres Themas zutage fördern.

Bereits auf Grund der bisherigen Forschungen dürfen wir jedoch feststellen, dass die Reihe der beliebtesten biblischen Schuldramenthemen: Aaron, Abel, Abraham, Absalon, Achab, Adam, Amann, Aswerus, Atalia, Baal, Baltazar, Daniel, David, Eleazar, Elias, Esther, Esechias, Herodes, Holofernes, Isaak, Jakob, Jephte, Jehu, Jesebel, Joram, Der Ägyptische Joseph, Judith, die Maccabäer, Manna, Naamon, Nabuchodonosor, Rachel, Salomon, Samson, Saul, Tobias, Susanna, der Verlorene Sohn[29] nunmehr um den Titel "Nabal" zu vergrössern ist.

Anmerkungen

1 F. Lockemann, op.cit., S.11.
2 F. Lockemann, op.cit., S.10.
3 F. Lockemann, loc.cit.
4 F. Lockemann, op.cit., S.19.
5 Wellek-Warren, op.cit., S.256.
6 F. Lockemann, loc.cit.
7 O. Mann, Deutsche Literaturgeschichte, S.124.
8 B. Nadolski, Eos, Jg. 1959/60, Heft 2, S.170.
9 F. Lockemann, op.cit., S.12.
10 E. Hirt, op.cit., S.145.
11 K. Rüetschi, Private Mitteilungen ...
12 O. Francke, op.cit., S.66.
13 O. Francke, op.cit., S.61.
14 O. Mann, Geschichte des deutschen Dramas, S.45.
15 O. Mann, Geschichte des deutschen Dramas, S.37.
16 F. Lockemann, op.cit., S.88.
17 Die vielseitige Begabung unseres Autors, von der im Kapitel
    "Die Persönlichkeit des Verfassers" die Rede war, vererbte
    sich, wie wir von Rüetschi erfahren (Private Mitteilungen),
    auf seinen gleichnamigen Sohn, einen "dichterisch hochbe-
    gabten", zu früh verstorbenen Schriftsteller.
18 O. Conrady, op.cit., S.35.
19 nach Conrady, op.cit., S.36.
20 H. De Boor, R. Newald, op.cit., Bd.V, S.4.
21 H. De Boor, R. Newald, op.cit., Bd.V, S.2.
22 R. Newald in: H. De Boor, R. Newald, op.cit., Bd.V, S.6.
23 siehe dazu Newald in: H. De Boor, R. Newald, op.cit.,
    Bd.V, S.2.
24 C.O. Conrady, op.cit., S.36 f.
25 Als ein besonderes curiosum ist im Zusammenhang damit die
    von Conrady (loc.cit.) gebrachte Nachricht aufzufassen,
    nach der im ersten Jahrzehnt des 16. Jahrhunderts ein ober-
    rheinischer Humanist sich zu der Behauptung verstieg, Adam
    sei ein deutscher Mann gewesen, und was er gesprochen und
    seinen Nachkommen überliefert hat, sei die Sprache der
    "all Manns", die allemanische oder deutsche Sprache gewe-
    sen. Conrady fügt eine bezeichnende Bemerkung hinzu: "Doch
    diese ausserordentliche Hervorhebung der deutschen Sprache,
    ja - ihre Erhöhung über die anderen Sprachen hinaus -, scheint

nicht zugleich auch eine Sonderstellung der Muttersprache
als dichterische Kunstsprache mitzumeinen. Die Ursprachen-
und Reinheitstheorie bezieht sich auf das Grundgefüge, die
Sprachwurzeln, das Material der deutschen Sprache, nicht
aber auf ihre Geschliffenheit und künstlerische Durchbil-
dung."

26 H. De Boor, R. Newald, op.cit., Bd.V, S.5.
27 siehe dazu: B. Nadolski, Henryk Moller in: Ze Studiów nad
    Życiem literackim i kulturą umysłową na Pomorzu w XVI i
    XVII wieku, S.95 f; idem: Recepcja Terencjusza w Gdańsku
    w okresie renesansu in: Eos, Jg. L 1959/60 Heft 2, S.165;
    idem: Henryk Moller - humanista gdański z połowy XVI w. in:
    Eos, Jg. XLIX 1957/58, Heft 2, S.203 f.
28 J. Bolte, op.cit., S.3.
29 angegeben nach Wilpert (G. Wilpert, op.cit., S.267 f) und
    nach Poplatek (J. Poplatek, op.cit., S.154).

VII
QUELLENVERZEICHNIS UND BIBLIOGRAPHIE

1. Quellen

a) Nabal

Gwalther, Rudolf: Nabal. Rodolphi Gualtheri Tigurini Comoedia
sacra, quae inscribitur Nabal, desumpta ex I. Samuelis
XXV. cap., nunc primum conscripta et aedita. (In 1:
Druckermarke Froschauers). Iesus. Ecce agnus ille Dei,
qui tollit peccatum mundi. Ioan. 1.
  1. s.l.n.a. (Zürich, Christoph Froschauer, 1549) (Diese
     Auflage ist der Arbeit zugrunde gelegt).
  2. Strassburg, Christian Mylius, 1562.
  3. Herausgegeben und übersetzt von Sandro Giovanoli,
     Bonn 1979 (vgl. Anm. zu Witkowskas Vorwort).
Grübel, Sebastian (und Lang, Hieronymus): Nabal. Ein schön
Christenlich, lustig und kurtzwylig Spil, erstlich durch
den Eerwirdigen und wollgeleerten Herren Rudolffen Walthern
auss dem ersten bůch Samuelis des 25.Cap. gezogen, in ein
Latinische Comediam gestelt; nüwlich aber von einer Eerlichen loblichen jungen Burgerschafft zů Schaffhusen auff
den 16.tag Hö̈wmonats des 1559. jars Teütsch gespilt unnd
gehalten. Examinier zum ersten dich, Danach kumm und corrigier mich.
  1. Mühlhausen im Elsass, Peter Schmid, 1560.
  2. Herausgegeben von Sandro Giovanoli, Bonn 1979 (vgl. Anm.
     zu Witkowskas Vorwort).
Moller, Heinrich: Nabal. 1. Samuelis 25. Ein Newes weltliches
spil in deudsche reyme ubersetzt, und so wol eynem Erbaren,
Namhafftigen hochweysen Radt und gantzer gemeyne der Königlichen und weytberümbten stadt Dantzig in Preussen zu ehren, als zur ubung der jugent im Gymnasio daselbs agieret.
Henricus Mollerus Hessus. Cum non esse queas Mimus, sis
zoile Momus. Danzig/Gdańsk, Jacobus Rhodus, 1564.
Mauricius, Georg d.Ä: Eine schöne Comoedia, vom Nabal. Genommen aus dem ersten Buch Samuelis am 25.Capitel. In deutsche Verss gebracht. Durch M. Georgium Mauricium den

Eltern. Von newem durch den Authorem selbst durchgesehen,
Und Männiglich zu gut in den Druck verfertiget. Cum Gratia
et Privilegio. Leipzig, Abraham Lamberg, 1607 und 1613.
Skriver, Søren (Søren Kjaer, Severinus Paludanus): Nabals
Comoediae. Som er uddragit aff den første Samuelis Bog
i dett XXV. Cappit. (Schreibervermerk;) Jens Lauritzen,
Malmoe, manu propria. (Handschrift in:) Kopenhagen, König-
liche Bibliothek, Gamle Kongelige Samling Gl, Kgl. N°794.

b) übrige Quellen

Bibel: Pentateuchus (und) Liber Regum, hg. v. Philipp Melanch-
    thon, Wittenberg 1529. (Nachgetragen wurde die Zählung
    der Zürcher Bibelübersetzung, Zürich 1931).
Chryseus Johannes: Hofteufel von Johannes Chryseus. Das sechste
    Capitel Danielis ... spielweiss dar gestellt und in Rei-
    men verfasset. Frankfurt am Main, 1566.
Culmann, Leonhard: Ein schön Teutsch Geistlich Spiel, von der
    Widtfraw, die Gott wunderbarlich durch den Propheten Elia,
    mit dem Öl von jrem Schuldherren erlediget. Gezogen auss
    dem andern Thejl der Könige, am 4.Cap. zu trost aller
    Widwen und Waisen, durch Leonhardum Culmann von Craylss-
    heim. Nürnberg, Valentin Newber, s.a.
Curaeus, Achatius: Epicedion de morte doctissimi viri M. Hen-
    rici Molleri, Hessi, Poetae praestantis, Gymnasii inclyti
    senatus Dantiscani ad Sanctam Trinitatem Rectoris secundi -
    ad Amplissimumm Senatum totamque Rempublicam Gedanensem
    scriptum ab Achatio Cureo Marienburgense, eiusdem Gymnasii
    Professore, Danzig/Gdańsk, Jacobus Rhodus, 1567.
Frischlin, Nikodemus: Rebecca. - Operum poeticorum Nicodemi
    Frischlini, Balingensis, Com.Pal.Caes.Poet.Laur., Doct.
    Orat. et Philosophi clarissimi ... Strassburg, 1598.
Hrotswitha (Roswitha von Gandersheim): Hrotsvitae opera. Re-
    censuit et emendavit Paulus de Winterfeld. Berlin, Weid-
    mann, s.a.
Knaust, Heinrich: Iudicium D.doctoris Henrici Knaustii, quid
    una cum aliis quibusdam doctis viris Academiae Erphor-
    dianae seniat de propositionibus seu thematibus D.doctoris

Joannis Placotomi in controversiis de ratione docendi a
M. Josia Menio in Prussia motis, 1566.

Lipsius Justus: Iusti Lipsii, Manducationis ad stoicam – Philosophiam Libri tres. L. Anaeo Senecae, aliisque scripto-
ribus illustrandis. Antwerpen, ex officina Plantiana apud
Joannem Moretum, 1604.

Luther, Martin: Sendbrief vom Dolmetschen und Fürbitte der
Heiligen. Wittenberg 1530.

Naogeorgus, Thomas: Hamanus. Tragoedia Nova – sumpta e Bibliis,
reprehendens calumnias et Tyrannidem potentum et hortans
ad vitae probitatem et metum Dei, auctore Thoma Naogeorgo
Straubingensi Anno MDXLIII, mense Aprili.

Naogeorgus, Thomas: Tragoedia nova Pammachius, Wittenberg 1538.

Naogeorgus, Thomas: Hieremias, Tragoedia sacra qua totum fere
Ieremiae prophetae curriculum continetur, scripta a Thoma
Naogeorgo Straubingensi. Nunc vero ad usum Theatri Argen-
tinensis accomodata inque eodem exhibita mense Iulio
anno a nato Christo Salvatore MDCIII Argentorati. (Strassburg).

Opitz, Martin: Buch von der deutschen Poeterey. Abdruck der
ersten Ausgabe (1624), Halle 1955.

Terenz: Comoediae, Oxford 1926.

Terenz: Ausgewählte Komoedien des P. Terentius Afer ..., erklärt von Karl Dziatzko ..., bearbeitet von E. Hauler,
Leipzig 1898.

Terenz: P. Terentii Afri Comoediae, edidit Sextus Prete, Heidelberg 1954.

2. Enzyklopädien und Literaturgeschichten

Allgemeine deutsche Biographie, Berlin 1967.

Aufriss der deutschen Literaturgeschichte, Das Zeitalter des Humanismus und der Reformation, Leipzig 1932.

Baechtold J.: Geschichte der deutschen Literatur in der Schweiz, Frankfurt 1892.

Creizenach W.: Geschichte des neueren Dramas, Band 2 und 3, Halle 1901 und 1903.

Deutsche Nationalliteratur. Historisch-kritische Ausgabe hrsg. v. Kürschner, Berlin 1890, Registerband.

Eppelsheimer H.W.: Handbuch der Weltliteratur von den Anfängen bis zum Weltkrieg, Frankfurt/M., 1937.

Eppelsheimer H.: Bibliographie der deutschen Literaturwissenschaft, Frankfurt/M., 1957.

Fechter P.: Dichtung der Deutschen. Eine Geschichte der Literatur, Berlin 1932.

Forfatterlexicon omfattende Danmark, Norge og Island indtil 1814, af: H. Ehrencron-Müller, Bind IV, København MCMXXVII:

Gervinus G.G.: Geschichte der poetischen Nationalliteratur, Teil I-III, Leipzig 1856 und 1872.

Goedeke K.: Grundriss zur Geschichte der deutschen Dichtung, Hannover 1859 ff.

Gąsiorowski K.: Nabal in: Podręczna Encyklopedia Biblijna, dzieło zbiorowe pod red. ks. Eugeniusza Dąbrowskiego, tom II, Poznań-Warszawa-Lublin 1959.

Gümbel H.: Deutsche Kultur vom Zeitalter der Mystik bis zur Gegenreformation in: Handbuch der Kulturgeschichte, hrsg. von Heinz Kindermann, Potsdam, 1938.

Holl K.: Geschichte des deutschen Lustspiels, Leipzig 1923.

Hansel: Personalbibliographie zur dt. Literaturgeschichte, Berlin 1967.

Handbuch der Kulturgeschichte, hrsg. von H. Kindermann, Potsdam 1936, siehe Gumbel.

Internationale Bibliographie zur Geschichte der deutschen Literatur, Berlin Ost 1969.

Jöcher Chr.G.: Allgemeines Gelehrten-Lexicon, Leipzig 1750 ff, Nachdruck: Leipzig 1960/61.

Kurtz H.: Deutsche Literaturgeschichte, Berlin 1927.

Kosch W.: Allgemeine deutsche Biographie, Leipzig 1875.

454

Körner J.: Bibliographisches Handbuch 1948.
Kayser W.: Kleines Literaturlexikon, Bern 1953.
Koch M.: Die deutsche Literatur, Leipzig 1906.
Kluge F.: Etymologisches Wörterbuch der deutschen Sprache, bearbeitet von Mitzka, Berlin 1967.
Merker-Stammler: siehe: Reallexikon der deutschen Literaturgeschichte.
Mann O.: Deutsche Literaturgeschichte, Gütersloh 1964.
Mann O.: Geschichte des deutschen Dramas, Stuttgart 1964.
Morawski K.: Historia literatury rzymskiej, Kraków 1909.
Newald R.: Die deutsche Literatur; Vom Späthumanismus zur Empfindsamkeit in: de Boor-Newald, Geschichte der deutschen Literatur von den Anfängen bis zur Gegenwart V.Bd, München 1967.
Pape W.: Wörterbuch der griechischen Eigennamen, Braunschweig 1842.
Paulsen F.: Geschichte des gelehrten Unterrichts an den deutschen Schulen und Universitäten vom Anfang des Mittelalters bis zur Gegenwart, Leipzig 1919.
Podręczna Encyklopedia Biblijna, siehe: Gąsiorowski K.
Röhl H.: Wörterbuch der deutschen Literatur, Leipzig 1931.
Reallexicon der deutschen Literaturgeschichte, hrsg. von Paul Merker-Wolfgang Stammler, II. Band, Berlin 1926/28.
Röhl H.: Geschichte der deutschen Dichtung, Leipzig-Berlin 1935.
Rüetschi K.J.: Private briefliche Mitteilungen über Rudolf Gwalther, Zürich 1973 (und Ergänzungen 1986).
Sachwörterbuch der Deutschkunde, Bd.I/II, hrsg. von W. Hofstaetter, U. Peters, Leipzig 1930.
Scherer W.: Geschichte der dt. Literatur, Berlin 1905.
Walczak O., Scherer W.: Geschichte der deutschen Literatur, Leipzig 1920.
Wilpert G.: Sachwörterbuch der Literatur, 2. Aufl. Stuttgart 1959.

3. Bearbeitungen

Arnold R.F.: Die Kultur der Renaissance, Gesittung, Forschung, Dichtung, Leipzig 1905.

Arnold R.F.: Das deutsche Drama, 1925.

Bach A.: Geschichte der deutschen Sprache, Leipzig 1938.

Bednarski St.: Upadek i Odrodzenie Szkół Jezuickich w Polsce, Kraków 1933.

Bieńkowski T.: Fabularne motywy antyczne w dramacie staro- polskim i ich rola ideowa, Wrocław 1967.

Bieńkowski T.: Teatr i dramat szkół różnowierczych w Polsce. Zarys ogólnej charakterystyki. Odrodznie i Reformacja w Polsce, tom XXIII, 1968.

Bolte J.: Das Danziger Theater im 16. und 17. Jahrhundert, Hamburg 1895.

Borcherdt H.: Das europäische Theater im Mittelalter und in der Renaissance, Leipzig 1935.

Boriński K.: Die Poetik der Renaissance und die Anfänge der literarischen Kritik in Deutschland, Berlin 1886.

Brożek M.: Terencjusz i jego komedie, Wrocław 1960.

Busse B.: Das Drama, Leipzig u. Berlin 1927.

Cauer P.: Die Kunst des Übersetzens, Berlin 1903.

Conrady C.O.: Lateinische Dichtungstradition und deutsche Lyrik des 17. Jh., Bonn 1962.

Devrient E.: Geschichte der deutschen Schauspielkunst, Leipzig 1818-1861.

Ellinger G.: Die neulateinische Lyrik Deutschlands, Berlin 1930.

Engel-Janosi F.: Soziale Probleme der Renaissance, Stuttgart 1924.

Ermattinger E.: Das dichterische Kunstwerk, Leipzig-Berlin, 1921.

Francke O.: Terenz und die lateinische Schulkomödie in Deutsch- land, Weimar 1877.

Genée R.: Lehr- und Wanderjahre des deutschen Schauspiels. Vom Beginn der Reformation bis zur Mitte des 18. Jh., Ber- lin 1882.

Giovanoli S.: (siehe Anm. zum Vorwort).

Hahn W.: Literatura dramatyczna w Polsce XVI wieku, Lwów 1906.

Hase K.: Das geistliche Schauspiel. Geschichtliche Übersicht, Leipzig 1858.

456

Hartleb K.: Florian Rozwicz Susliga. Szkic obyczajowy z dziejów reformacji in: Przewodnik naukowy, 1912/luty.

Hirsch T.: Geschichte des akademischen Gymnasiums in Danzig, Danzig 1837.

Heiland K.G.: Über die dramatischen Aufführungen im Gymnasium zu Weimar. Ein Beitrag zur Geschichte der Schulcomödie. Progr. Weimar 1858.

Hirt E.: Das Formgesetz der epischen, dramatischen und lyrischen Dichtung, Leipzig u. Berlin 1923.

Holstein H.: Das Drama vom verlorenen Sohn. Programm des Progymnasiums zu Geestemünde, Ostern 1880.

Holstein H.: Johann Reuchlins Komödien. Ein Beitrag zur Geschichte des lateinischen Schuldramas. Halle 1888.

Holstein H.: Die Reformation im Spiegelbilde der dramatischen Literatur des 16. Jahrhunderts, Halle 1886.

Kehrein J.: Die dramatische Poesie der Deutschen, Leipzig 1840.

Kleinberg A.: Die europäische Kultur der Neuzeit, Leipzig-Berlin 1931.

Kleinberg A.: Die deutsche Dichtung in ihren sozialen zeit- und geistesgeschichtlichen Beziehungen, Berlin 1937.

Kochanowski J.: Odprawa posłów greckich, opr. Tadeusz Ulewicz, Wrocław-Warszawa-Kraków 1962.

Körte A.: Die griechische Komödie, Leipzig-Berlin, 1914.

Kot St.: Historia Wychowania, Lwów 1934.

Langhans W.: Geschichte der Musik in 12 Vorträgen, Leipzig 1879.

Lockemann F.: Literaturwissenschaft und literarische Wertung, München 1965.

Lukaszewicz J.: Historia Szkół w Koronie i Wielkim Ks. Litewskim, t.I, Poznań 1949.

Maassen J.: Drama und Theater der Humanistenschulen in Deutschland, Augsburg 1929.

Nadolski B.: Henryk Moller, humanista gdański z połowy XVIw. Eos, w.XLIX, 1957/58, zesz.2.

Nadolski B.: Kultura umysłowa w Prusach Król. w XVI i XVIIw. Zeszyty naukowe UMK, Nauki Hum. Społ., zesz.12, Toruń 1965.

Nadolski B.: Recepcja Terencjusza w szkołach gdańskich w okresie Renesansu, Eos L, 1959/60, zesz.2.

Nadolski B.: Teatr szkolny gimnazjum toruńskiego w XVII i XVIII wieku, Zsz. Nauk. UMK, Filol. Polska VI, Toruń 1966.

Nadolski B.: Ze studiów nad życiem literackim i kultura umysłową na Pomorzu w XV i XVI wieku, Wrocław-Warszawa-Kraków, 1969.

457

Nägelsbach K.F.: Lateinische Stilistik für Deutsche, Nürnberg 1852.

O sztuce tłumaczenia. Praca zbiorowa pod redakcją M. Rusinka, Wrocław 1955.

Okoń J.: Dramat i teatr szkolny scen jezuickich w 17 w., Wrocław 1970.

Poplatek J.: Studia z dziejów jezuickiego dramatu szkolnego w Polsce, Wrocław 1968.

Prutz R.: Vorlesungen über die Geschichte des deutschen Theaters, Berlin 1847.

Przychocki G.: in: T.M. Plautus, Żolnierz Samochwał, Wrocław 1951.

Reiss K.: Möglichkeiten u. Grenzen der Übersetzungskritik. Hueber Hochschulreihe, Bd.12, München 1971.

Rüsch E.G.: (siehe Anm. zum Vorwort).

Schmidt P.E.: Die Bühnenverhältnisse des deutschen Schuldramas, Berlin 1903.

Scherer W.: Poetik, Berlin 1888.

Schneider W.: Ausdruckswerte der deutschen Sprache, Eine Stilkunde, Leipzig-Berlin 1931.

Schücking L.L.: Die Soziologie der literarischen Geschmackbildung, 2. Auflage, Leipzig 1931.

Spingarn J.E.: A history of Literary Criticism in the Renaissance, New York 1899.

Srebrny St.: Wort und Gedanke bei Aischylos, Wrocław-Warszawa-Kraków 1964.

Tieck L.: Deutsches Theater, Berlin 1817.

Thomann Th.: Seneca, sämtliche Tragödien, Bd.1, Zürich und Stuttgart 1961.

Tync St.: Dzieje gimnazjum toruńskiego 1568-1772, t.I, wiek 16, Toruń 1928(Skrót DGT).

Tync St.: Szkolnictwo Torunia w ciągu jego dziejów, Toruń 1933.

Wellek R., Warren A.: Theorie der Literatur, Darmstadt 1959.

Witczuk T.: Teatr i dramat staropolski w Gdańsku, Warszawa 1959.

Zanta L.: La renaissance du stoicisme au XVI siècle, Paris 1914.

1687 007